周蓓 主編

『民國專題史』叢書

張乃燕 著

河南人民出版社

世界大戰全史

敘述第一次世界大戰的始末、戰爭發生的原因、戰爭中的政治家和軍事家、戰後重建及和平問題等，尤其對科學在戰爭中的運用做了深刻反思

圖書在版編目(CIP)數據

世界大戰全史 / 張乃燕著. —鄭州 : 河南人民出版社,
2016. 4(2017. 1 重印)
(民國專題史叢書 / 周蓓主編)
ISBN 978-7-215-10046-6

Ⅰ. ①世… Ⅱ. ①張… Ⅲ. ①第一次世界大戰 - 戰爭史 Ⅳ. ①K143

中國版本圖書館 CIP 數據核字(2016)第 079793 號

河南人民出版社出版發行
(地址 : 鄭州市經五路 66 號　郵政編碼 : 450002　電話 : 65788063)
新華書店經銷　河南新華印刷集團有限公司印刷
開本 710 毫米×1000 毫米　1 / 16　印張 46
字數 660 千字
2016 年 4 月第 1 版　2017 年 1 月第 3 次印刷

定價 : 297.00 圓

出版前言

中國現代學術體系是在晚清西學東漸的大潮中逐步形成的。至民國初建，中央政治權威進一步分散和削弱，加之新文化運動帶給國人思想上的空前解放，新學的啓蒙，新知識分子的産生，民國學術如草長鶯飛，進入一個自由而蓬勃的時代。中國傳統學科乃中國學術之根基與菁華所在，民國學人采用『取今復古，别立新宗』之方法，引入西方的學術觀念，積極改造，使史學、文學等學科向現代學術方向轉型。此外，大力推介西方社會科學的新學科和自然科學，在學習、借鑒乃至移植西方現代學術話語和研究範式的過程中，逐漸建立中國現代學科，使中國的學科門類迅速擴展。一時間，新舊更迭，中西交流，百花齊放，萬壑争流，開創了中國現代學術的源頭。

伴隨知識轉型和研究範式轉换而來的，還有學術著作撰寫方式的創新。中國古代的著作向來以單篇流傳，經後人整理匯編後，方以成册成集的面目出現并持續傳播。直到十九世紀末，東西方的歷史編撰體裁不外乎多卷本的編年體、紀傳體和紀事本末體等，章節體的出現標志着近代西方學術規範的産生和新史學的興起。章節體具有依時間順序，按章節編排；因事立題，分篇綜論；既分門别類，又綜合通貫的特點。以章、節搭建起論述之框架，結構分明，邏輯清晰，較傳統的撰寫體裁容量大、系統性强。它的傳入，使中國現代學術體系從内容到形式被納入了全球化的軌道。民國時期專題史的研究、譯介、編纂、出版恰恰是在這樣的背景下欣欣而發，是學術的實驗場，也是歷史的記録儀。編選『民國專題史』叢書的初衷正是爲了從一個側面展示中國學術從傳統向現代過渡的歷史進程。

專題史是對一個學科歷史的總結，是學科入門的必備和學科研究的基礎，也是對一個時代艱深新鋭問題的解答，是學術研究的高點。民國專題史著作中，既包含通論某一學科全部或一時代（區域、國别）的變化過程的，又囊括對一時代或一問題作特殊研究的，還有少部分是對某一專題的史料進行收集的。原創與翻譯并重，翻譯的底本大多選擇該學科的代表著作或歐美大學普及教本，兼顧權威性和流行性，其中日本學者的論著占據了相當比重。日本與中國同屬東亞儒家文化圈，他們在接納西方學術思想和研究模式時，已作了某種消化與調適，從思維轉換的角度看，更便于中國借鑒和利用，他們的著作因而被時人廣泛引進。

與當代學術研究日趨專業化、專門化、專家化的『窄化』道路迥乎不同的是，中國傳統學術崇尚『學問主通不主專，貴通人不尚專家』的通識型治學門徑，處于過渡轉型期的民國學術在不同程度上保留了這種特徵。民國學術大師諸學科貫通一脉、上千年縱横捭闔之功力自不待冗言，外交家著倫理政治史、文學家著哲學史、化學家著戰爭史等亦不乏其人，民國專題史研究呈現出開放、融通、跨界撰述的特點。與此同時必須看到，自晚清以來，中國的命運就在外侮屢犯、內亂頻仍的窘境中跌宕彷徨，民族存亡彷若命懸一綫。這股以創建學科、總結經驗、解決問題爲指歸的專題史出版風潮背後，包裹着民國學人企望以西學爲工具拯民族于衰微的探索精神，及以學術救亡的愛國之心。梁任公曾言：『史學者，學問之最博大而最切要者也，國民之明鏡也，愛國心之源泉也。』這種位卑未敢忘憂國的歷史使命感和國民意識是今人無法漠視和遺忘的。

『民國專題史』叢書收録的範圍包括現代各個學科，不僅限于人文社會科學，學科分類以《民國總書目》的分科爲標準，計有哲學、宗教、社會、政治、法律、軍事、經濟、文化、藝術、教育、語言文字、中國文學、外國文學、中國歷史、西方史、自然科學、醫學、工業、交通共19個學科門類。本叢書分輯整理出版，內不分科，單本發行，方便讀者按需索驥。既可作爲大專院校圖書館、學術研究機構館藏之必備資源，也可滿足個人研讀或興趣之收藏。

與目前市場已有的一些專題史叢書相比，『民國專題史』叢書具有規模大、學科全、選本精、原版影印的特點。本叢書選目首重作者的首創、權威和著作影響力，尤其注重選本的稀見性。所謂稀見，即建國後没有再版，且多數圖書館没有收藏，或即便有收藏，也是歸于非公開的珍本之列予以保存，普通讀者難以借閲。部分圖書雖有電子版，但作爲學術研究的經典原著讀本，紙質版本更利于記憶和研究之用。本叢書精揀版本最早、品相最佳的原版圖書作爲底本，因而還具有很高的版本收藏價值。

『民國專題史』的著作是民國學者對于那個時代諸問題之探究，往往有獨到之處，無論其資料、觀點短長得失如何，要之在中國現代學術史的構建與發展進程中，自有其開宗立論之地位。

戰場留影

君謀

序

世界大戰開始之年，乃予赴歐之後一年；世界大戰結束之年，乃予回國之前一年：故大戰始末，予得窺其全豹焉。予先後留學英國三年，法一年，瑞士三年；予所研究者爲化學，暇則涉獵彼國史乘，以償予夙好。又以其時適値世界大戰，其關係之重，影響之巨，尤非往時諸戰役可比，益欲於歷史上新陳代謝盛衰遞嬗之故例而外，爲吾國人所當引爲前車而急起直追者，凡關於精神上者若干事，關於物質上者又若干事，一一表而出之，以自附於提要鈎玄之義，爰搜集戰事資料，若手編纂，冀成巨帙。及至瑞士，復得蒐集「同盟」「協商」及中立各國書報，以定折衷之論斷。而又慮見聞之未周至也，休戰約既簽，曾一度赴西戰場，精攷察當日戰爭情形之大概。回國後，方期將大戰始末，原原本本，振筆直書，乃忽膺國立北京大學之聘，教授高等有機化學，及兩載；責職所在，未遑他顧，然每當深夜，猶復憑几握管，不顧疲憊，蘄是書得早日問世也。十一年夏，先父弁羣公在滬病篤，予南歸侍疾；迨先父逝世，予又以治喪留滬。回憶往年遊學之日，家人以戰事劇烈，俱欲予輟學歸國，先父時雖抱疴，猶力闢衆議，謂求學不可中道止，繼且一再賜書，諄諄勉予終業，予學業之得不中輟者以此，予得窺戰事之全豹者亦以此。自念若得完成此書，一則藉以貢獻國人，一則聊以紀念先父。脫稾有日矣，而吾浙省教育會又以會長見推，予赴杭就職垂一載，予書亦因是而暫行擱置。綜計是書付梓之日，已在大戰告終後四年餘，時日遷延，不能無憾；然其間又得參攷書籍數種，取材益以宏富，敍事益以確當，亦非無小補也。予又聞歐美各國之撰大戰史者，至今尚未殺靑，原其所以遲遲之故，求審慎耳。至私家著述之流布在彼國今日，雖層見疊出，而續出者尚不知凡幾。卽如與於大戰之法孟强將軍，嘗作「大戰如何結束」一書，於大戰後二年出版，其序首有言曰：『此時而欲著一切實之戰史，似覺太早。』據此，則予書之披露，儻亦未爲晚乎？夫作史，難事也：有個人之偏見，如魏蜀吳三國，司馬公以魏爲正統，朱子則以蜀爲正統；有國家之偏見，如滑鐵盧一役，英史家俱揚惠靈吞，德史家又僉譽蒲留歇。予著此史，雖自問立論公允，無所偏倚，然以非史家而著史，其中紀載，或不無挂漏之處，脫蒙大雅閎達，不弃而賜教之，是尤予之幸也夫。

民國十二年九月　張乃燕 時年三十初度

凡例

(一)本史詳紀此次世界大戰始末因定名曰世界大戰全史中分二十七章都二十餘萬言所蒐輯材料悉採取「協商」「同盟」暨中立各國之譔著互證參稽絕無偏徇之見。

(二)本史於大戰之遠因旁考各家一一追敍而於近百年中之事實抒寫尤詳卽以作世界近百年史讀亦無不可。

(三)本史紀述大概至一九二〇年爲止然於必要時亦述及一九二〇年以後事至如大戰結束後或力謀改革或侈議和平慘澹經營各行其是其影響於未來世界者至深且巨茲爲臚舉衆說一一推闡彰往知來庶時局得有眞正之解決。

(四)本史於戰時人物或政治家或軍事家凡關係重要足以左右戰局者咸採取其生平事蹟隨時敍入餘從略。

(五)大戰中應用之科學至爲繁夥書中不憚覼縷以見平日鏤肝鉥肺瀹導文明迨戰禍發生在在可變爲殺人之利器利害常相因也。

(六)史與圖相輔而行本史所載地圖於形勢阨塞尤爲明晰至當日戰爭情形暨新發明

之戰具，與關於戰事之各國名人所有影片，及饒有興趣之寓意畫，間亦擇要附入。

（七）本史紀載，仍用文言，句讀則概用新式標點。人名地名，旁列單雙線，以示區別。

（八）本書所據書報，另列一表；所載外國譯名，亦列有對照表：同附卷末，藉便檢查。

世界大戰全史目次

第一章　導言……一
第二章　世界大戰概說……一四
第一節　世界大戰與世界……一四
第二節　世界大戰與歐羅巴……二六
第三章　大戰之原因一……四二
第一節　德意志之勃興……四二
第二節　德奥意三國同盟……四六
第三節　俄法兩國同盟……五一
第四節　英德爭執之由來……五三
第五節　德人之經營巴格達特鐵道……五五
第六節　英法俄三國協商……五八
第七節　同盟協商在摩洛哥之接觸……六三
第四章　大戰之原因二……六八

第一節　土耳其侵入歐洲後之巴爾幹……六八
第二節　希臘獨立戰爭……七一
第三節　克里米亞戰爭……七二
第四節　俄土戰爭……七四
第五節　柏林會議後之巴爾幹……七七
第六節　巴爾幹戰爭……八二
第七節　巴爾幹戰爭後之東歐形勢……八四
第五章　大戰之實現……八六
第一節　奧皇儲之被刺……八六
第二節　奧塞之決裂……九四
第三節　德俄之宣戰……九九
第四節　德法之宣戰……一〇二
第五節　德之假道於比利時……一〇四
第六節　英德之宣戰……一〇六

第六章　同盟與協商之實力……一〇九
第一節　同盟與協商之陸軍……一〇九
第二節　同盟與協商之海軍……一一五
第三節　同盟與協商之經濟……一一九
第七章　德軍進攻比法及其見阻……一二四
第一節　德法兩方面之戰爭方略……一二四
第二節　德軍進攻比利時……一二九
第三節　德軍進攻法蘭西及其被阻……一三二
第四節　德軍進窺比法海岸及其被阻……一三七
第五節　德軍掠地之狀況……一四〇
第八章　俄軍進攻德奥及其敗績……一四三
第一節　俄軍進攻東普魯士及其受挫……一四三
第二節　俄軍進攻加里西亞……一四七
第三節　德軍進攻波蘭……一五五

第四節　奥軍進攻塞爾皮亞……一五八
第九章　英德海上之頡頏……一六一
第一節　竇畢茲之政策及其影響……一六一
第二節　英德海軍戰於南美海濱……一六六
第三節　英德海軍戰於北海……一七一
第四節　德意志殖民地之喪失……一七四
第五節　德意志對付英吉利於海上之手段……一七八
第十章　日本之侵占山東……一八四
第一節　日本與世界之關係……一八四
第二節　日本對大戰之決定方針……一九一
第三節　日軍之攻陷青島及侵犯我國之中立……一九五
第十一章　近東戰爭……二〇二
第一節　土耳其之加入戰爭……二〇二
第二節　英法聯軍之進攻達特奈耳與加里波利及其敗績……二〇九

第三節　意大利之加入戰爭……二一六
第十二章　俄軍之債敗……二二七
第一節　德奥聯軍之恢復加里西亞……二二七
第二節　德軍進陷波蘭……二三二
第三節　俄軍大敗時之法英聯軍……二三七
第十三章　德意志之控制近東……二四二
第一節　協商於近東之失勢……二四三
第二節　保加利亞之參戰及塞爾皮亞之撲滅……二四六
第三節　法英聯軍之登陸於薩洛尼加……二五二
第四節　德意志控制近東之完成……二五七
第十四章　德意志之謀解決戰爭……二六六
第一節　德意志未攻擊前之聲勢……二六六
第二節　德軍進攻凡爾登之失敗……二七〇
第三節　奥軍進攻佛南西亞之無功……二八〇

第四節　愛爾蘭革命之顛覆……二八三
第十五章　海上最後之決戰……二八九
第一節　德意志海上政策之變遷……二八九
第二節　英德海軍之大戰……二九一
第三節　吉青納之死事……三〇一
第十六章　協商之會攻……三〇五
第一節　協商會攻之籌措……三〇五
第二節　司的爾與散賚脫兩河上俄軍之攻擊……三〇七
第三節　衣松蘇河上意軍之攻擊……三一二
第四節　索姆河上英法聯軍之攻擊……三一四
第五節　凡爾登前法軍之攻擊……三一八
第六節　羅馬尼亞之參戰及其覆敗……三二一
第七節　當軸之更換與和議之空談……三三二
第十七章　俄羅斯之革命及其議和……三三九

第一節　俄羅斯君主政治之傾覆……三三九
第二節　俄羅斯中等階級之當國……三五〇
第三節　蘇維埃之統治俄羅斯……三六五
第四節　俄羅斯之單獨媾和……三七二
第十八章　美利堅之參戰……三八四
第一節　美利堅之世界政策……三八四
第二節　美利堅參戰之機緣……三九一
第三節　美利堅之準備……三九六
第十九章　大戰中中國之內憂外患……四〇二
第一節　中國因帝制釀成之日禍……四〇二
第二節　中國因參戰釀成之內亂……四一〇
第二十章　聯軍成敗之轉機一……四一九
第一節　聯軍所受興登堡戰線上之經驗……四一九
第二節　聯軍堅持聲中意軍之敗績……四二八

第三節　聯軍於近東勢力之恢復……四三三
第二十一章　聯軍成敗之轉機二……四三九
第一節　中歐羅巴之杌棿不安……四三九
第二節　聯軍諸國之轉危爲安……四四七
第三節　威爾遜提議和平十四條……四六三
第二十二章　德軍最後之攻擊……四六七
第一節　德軍攻擊之整備……四六七
第二節　德軍破英軍於畢加第及弗郎特……四七二
第三節　德軍挫法軍於哀因河及奧士河……四八一
第四節　德軍之見阻……四八五
第二十三章　大戰之結果……四九五
第一節　德意志之力竭退師……四九五
第二節　保加利亞與土耳其之乞降……五〇二
第三節　奧匈聯邦之瓦解……五一〇

第四節　德意志之求和及其革命……五二一
第五節　俄羅斯之別開一局……五三七
第二十四章　巴黎利議……五五〇
第一節　和議之經過……五五〇
第二節　和約之大概……五六七
第三節　國際聯盟規約與國際勞動規約……五七八
第四節　和約之反響於美利堅……五八五
第二十五章　大戰中人口與財產之損失……五九〇
第一節　人口之損失……五九〇
第二節　財產之損失……五九四
第二十六章　大戰中科學之應用於軍事……六〇〇
第一節　近百年來科學之進步……六〇〇
第二節　陸地戰爭……六〇二
第三節　海上戰爭……六〇九

第四節　空中戰爭……六一六
第五節　化學之應用於戰爭……六二三
第二十七章　結論……六三八
參考書報彙誌……一——四
中西名稱對照表……一——二六

紀念畫

戰場留影（彩色版） 卷首

地圖

一九一四年之歐羅巴（彩色版） 八六—八七
世界大戰形勢全圖（彩色版） 四一八—四一九
一九二〇年之歐羅巴（彩色版） 六三六—六三七
歐羅巴各國幅員及人口之比較 二七
歐羅巴之種族 二八
歐羅巴之文字 三〇
歐羅巴之宗教 三一
奧匈聯邦之種族一覽 九〇
西戰場要塞一覽 一二八
瑪因河第一役 一三五
西戰場之形勢（一九一四年十二月三十一日） 一三九
泰倫堡戰役 一四六
加里西亞戰役 一四九
智利海濱與福爾克蘭兩戰役 一六九
北海戰區 一七二
一九一四年阿非利加歐國屬地一覽 一七七
德意志宣布之封鎖區域一 一八一
青島戰役一 一九七
青島戰役二 一九八
土耳其形勢一覽 二〇六
達特奈耳與加里波利之海陸戰役 二一三
度那耶克戰役 二三〇
東戰場（一九一五） 二三六

巴爾幹戰場一覽 二五〇
米索波泰米亞戰役 二六二
俄軍通攻土耳其 二六三
巴格達特鐵道 二六七
凡爾登戰役以前西戰場之形勢 二七一
凡爾登戰役 二七七
裘脫蘭戰役 二九七
司的爾與散賚脫兩河戰役 三一〇
衣松蘇河戰役 三一四
索姆河戰役 三一七
羅馬尼亞戰役 三二五
勃來斯脫里脫夫司克和約後之東戰場 三八一
德意志宣布之封鎖區域二 三九二
興登堡戰線 四二〇
加波來篤戰役 四三一
西戰場德軍最後之攻擊 四八二
比亞佛河戰役 四八七
瑪因河第二役 四九二
瑪因河兩役戰線之比較 四九三
保加利亞投降時之戰線 五〇五
英軍進攻土耳其一 五〇八
英軍進攻土耳其二 五〇九
休戰後之西戰場 五二五
德意志艦隊之交付 五二六
凡爾塞和約後之德意志 五六九
奧匈聯邦之分裂 五七四
一九二〇年之土耳其與巴爾幹 五七六

影片

科學社會主義之鼻祖馬克思 三
主張鐵血政策者俾士麥 五
海牙平和會會所 六
倡導和平者諾貝爾 八
倡導和平者卡內基 九
弭兵運動犧牲者曉來斯 一一
一將功成萬骨枯 一二
塞拉約佛 一四
刺客之就逮 一五
蘇格蘭紅十字會看護婦隊 二五
亞爾薩斯 三四
人道主義下之科學家巴斯德 三七
被燬之城市一——以帕 三八
被燬之城市二——拔卜姆 三九
歐洲著名建築之一——來姆大教堂 四〇
德皇威廉一世在法國凡爾塞宮之加冕 四五
柏林會議 七六
奧皇儲斐迭南 八六
被刺前一小時之奧皇儲夫婦 八七
奧皇弗蘭茲約瑟 九三
寶珠頓行宮 九四
戰時密布時法總統之訪俄皇 九五
塞王彼得 九八
蒙王尼古拉 九九
德皇威廉二世 一〇〇
英王喬治五世與俄皇尼古拉二世 一〇一
法總統普嘉賚 一〇二

比王阿爾倍 一〇五
德皇威廉二世及其名將 一二五
德意志參謀總長毛奇 一三〇
德軍驍將克羅克 一三一
法軍統帥霞飛 一三四
巴黎衞戍總司令加里安尼 一三六
英軍統帥費賚起 一三八
德軍東普魯士總司令興登堡 一四四
奧軍統帥弗來得里大公 一四八
俄軍統帥尼古拉大公 一五一
加爾拍脫山間之奧軍 一五二
被轟後之不耳串米希壘 一五三
德兵作戰前之準備 一五六
一手創成德意志偉大海軍之竇毕玆 一六二
基爾運河口之德意志艦隊 一六三
英國海上參謀總長費歇 一六四
英國海軍總長邱吉爾 一六四
德國巡洋艦受姆頓號 一七〇
英國武裝商船路昔推尼亞號之沈沒 一八二
土皇摩哈默特五世 二〇三
土軍統帥恩佛 二〇四
土政府軍事顧問德將桑達斯 二〇八
最新式戰鬭巡洋艦上之重礮 二一一
七軍驍將基瑪爾 二一六
意王維克多愛瑪鈕爾三世 二二〇
意大利著名詩人阿農齊哇 二二三
德奧聯軍南路統帥麥耿生 二二九
興登堡之木像 二三二

來沃卜爾親王 二三五
法軍參謀長加司丹爾諾 二三八
西戰場法軍之壕塹 二四〇
德軍全盛時之威廉二世 二四三
保王斐迭南 二四八
麥耿生上將之母 二五一
希王康士但丁 二五二
希首相梵尼瑞洛司 二五四
駐薩洛尼加法英聯軍總司令薩拉意 二五六
奧軍攻蒙總司令克凡希 二五九
駐米索波泰米亞德士聯軍總司令果爾池 二六四
德皇儲弗來得里威廉 二七三
凡爾登守將貝登 二七五
凡爾登 二七九
奧皇儲喀爾 二八一
奧參謀總長霍眞度夫 二八二
新芬黨首領伐來拉 二八六
愛爾蘭革命要人甘斯門德 二八七
英海軍總司令奇利果 二九三
英海軍前鋒司令弼德 二九四
德海軍總司令雪爾 二九五
德海軍前鋒司令余伯 二九六
德國最新式之無畏艦與登堡號 二九八
英國最新式之戰鬭巡洋艦瑪利王后號 二九九
英吉利陸軍總長吉青納 三〇二
俄軍南路總司令勃羅細落夫 三〇八
意軍統帥加度那 三一二
法軍軍長法鋶爾 三一五

凡爾登守將倪凡爾 三一九
羅王斐迭南 三二二
德奧聯軍攻羅總司令福根海 三二七
土保聯軍攻羅總司令麥耿生 三二八
拉司波丁與諸貴女之茗話 三四一
俄皇尼古拉二世之末路 三五〇
俄羅斯新舊過渡時領袖克倫斯基 三五五
新俄羅斯領袖列寧 三六六
新俄羅斯領袖托羅次基 三六八
美總統威爾遜 三八七
美軍統帥潘興 四〇〇
手創民國之孫中山 四一六
英軍統帥海格 四二二
凡爾登守將基毓瑪 四二四
飛機之作戰 四二六
法國第一飛行家基納美 四二七
德國第一飛行家李德霍芬 四二八
英軍之巡哨蘇彝士運河 四三七
德意志首相荷爾惠克 四四〇
奧匈聯邦外交總長吉寧 四四三
教宗貝迺第克脫十五世 四四六
倫敦晚間之防禦齊泊林氣船 四四七
英吉利首相路合喬治 四四九
法蘭西前國務總理喀煜 四五三
法蘭西內務總長瑪爾維 四五六
法蘭西國務總理克來蒙蘇 四五八
瑪爾維案之高等法庭 四六一
德軍軍長虎底哀 四六九

聯軍之四統帥　四八〇
聯軍總帥福煦　四八四
德軍軍務總管魯登道夫　四八五
意軍統帥提阿士　四八八
法軍驍將戈路　四九六
法軍驍將孟強　四九七
法軍驍將譚果德　四九八
馬西頓尼亞聯軍總司令愛司牟來　五〇四
敘利亞聯軍總司令阿倫培　五〇七
捷克斯洛伐克總統麥薩利克　五一六
波蘭總統畢爾坐斯基　五一七
波蘭國務總理伯特來夫斯基　五一七
南斯拉夫攝政王亞歷山大　五一八
南斯拉夫國務總理柏希起　五一八
奧大利國務總理倫納　五二〇
德廢皇寄寓荷蘭之別墅　五三一
僑居荷蘭之德廢皇　五三二
德國極端社會黨領袖里勃克耐希脫　五三五
德意志總統愛勃脫　五三六
德意志國務總理夏德門　五三七
列寧對羣衆演說時之神氣　五四二
巴黎和會中之四頭　五五四
凡爾塞會場席上之德代表　五六〇
凡爾塞和約之簽字　五六一
聯軍過凱旋門之盛況　五六二
日內瓦　五八五
戰骨叢瘞所之一　五九三
奧國司各達廠之攻壘巨炮　六〇五

德軍七十五哩外轟擊巴黎之巨炮 六〇六
法軍方面之鐵絲網 六〇七
英國之湯克炮車 六〇八
髹色漆之裝運船 六一〇
德國潛艇U字第五十三號 六一二
德國載貨潛艇德意志號 六一三
法國之飛機 六一七
飛機中之抛擲炸彈 六一七
德國之氣艇 六一九
齊伯林伯爵 六二〇
毒氣之防護一 六二六
毒氣之防護二 六二七

寓意畫

赴巴黎 一二八
赴柏林 一二九
請君擇之 二〇〇
改組 二〇一
大門前之烈炬 三六四
仁乎暴乎 三六五
兄弟再合 四〇〇
背景 四〇一
地球之旋轉 四九四
今昔之感 四九五
和議成矣墟墓遍矣 五五〇
財殫力痡 五五一
此傘眞能遮蔽風雨乎 五八四
最後之暴君 五八五

世界大戰全史

吳興張乃燕君謀著

第一章 導言

地球六大洲，人類三大族，近百餘年來發生之關係，可不謂多乎哉！六大洲者，亞細亞，歐羅巴，阿非利加，澳大利亞，南北阿美利加是也；三大族者，「蒙古」「高加索」「哀的沃比」是也。夫旣舉六大洲三大族之地與人溝通而輻湊之，各因其利害之接觸，不能不發生關係，於是非澳與南北美旣一變而爲歐羅巴之殖民地，而「哀的沃比」復久爲「高加索」族所征服；其間大部「蒙古」族萃聚之亞細亞，不幸淪爲殖民地與半殖民地者，亦不一而足。卽有先醒之國，懼禍至之無日，步武歐西，以圖自存，而其勢亦等於孤立。然則歐羅巴之「高加索」一族，誠天之驕子哉！雖然，「高加索」一族，旣合謀協規以圖人矣，宜若可以相安於無事，乃其勢反各不相下，且始而嫉忌，繼而仇視，終且出於自相殘殺，而釀成亙古未有之大戰，蔓延及於全世界，此又何故歟？予得一言以蔽之，曰：此蓋肇端於歐羅巴之「工業革命」而已。

「工業革命」起於十八世紀之末葉，科學上之多所發明，其最大原因也。析言之，若機械之日出而日新，若汽若電若煤與鐵之效用日大，皆是也。惟其然，而製造交通傳遞三端，頓改舊觀。於是往昔社會之生活，國家之狀況，亦不得不變其本來之面目，而資本主義遂首應潮流而出矣。此主義出，而社會中卽發生兩種階級。何者？一廠之主人翁，既挾其雄厚之財力，頤指氣使，不耕而穫，而朝夕供役於其下者，僅僅以血汗之資，得免凍餒；相形之下，一則資財日以豐盈，一則終身淪爲僕隸，而資產勞動兩階級，遂判若天淵矣。此資本主義之所由大張也。夫旣有資本主義矣，而經濟帝國主義又相因而至。其故蓋由工廠之出品日益多，一國之內，供過於求，勢不得不求尾閭於海外。斯時也，大地上溫熱兩帶之農業國，無在不動彼族之覬覦，而商船所至，卽盡輦其原料以去。一轉移間，又復輸入，操我矛以攻我盾，久之，一國脂膏，盡被吸收，而反客爲主之勢成矣。此又經濟帝國主義之所由大張也。綜言之，資本主義爲之倡，而經濟帝國主義必從而應之，連類而至，如響斯應。所異者，今之經濟帝國主義，其所恃以朘削他國者，原未嘗不藉武力，惟視往日帝國主義之專以武力謀兼併者，又稍稍不同耳。

二十世紀之初，世界號稱獨立國者約五十，類皆有名而無實，故其間能具有絕大之勢力以支配全世界者，實不外英，德，法，俄，奧，意，日，美八國。試問此八國者，何一非處於資本主

科學社會主義之鼻祖馬克思

義之下，又何一非處於經濟帝國主義之下者乎？其他若印度，若埃及，若摩洛哥，若土耳其，若波斯，若安南，緬甸，高麗與我國，不過為經濟帝國主義所壓迫，非淪為彼族之殖民地，即為半殖民地已耳。雖然，鐘之無聲也，扣之則大鳴，水之就下也，決之則橫溢，彼被壓迫於資本主義與經濟帝國主義之下者，長此甘為他人之奴隸，異族之犧牲也則已，否則叩無聲之鐘

而不大鳴，決就下之水而不橫溢，吾未之見也．果爾，則又有所謂社會主義與民族主義在．社會主義者，反乎資本主義之謂也．秉是義者，蓋謂一切生產事業，當歸諸社會，不得為少數人所私有．故昔之談社會主義者，若坐待資產階級之覺悟，自馬克思之學說出，則又主張全恃勞動階級之起而奮鬭矣．馬氏從研究哲學與政治經濟學之結果，確信勞動階級將代資產階級於未來，一若資產階級代權貴階級於已往者然，歷史上遞進之程序，應爾也．今日社會主義之支派雖多，然其國際性質則一，綜言之，卽無論何國之勞動階級，應一致打破國界，認定推翻資本主義為公共目的是也．

民族主義者，反乎帝國主義與經濟帝國主義之謂也．民族主義由來舊矣，而近世之民族主義，則發生於法蘭西革命之後．其義蓋謂種族，文字，宗教，習慣相同下之民衆，應團聚於天然之疆域，以完成其政治與經濟之獨立國家而後已．近百年來德意志意大利之統一，巴爾幹諸國之獨立，挪威之分立，非其成效大著者乎？若夫匈牙利，波海米亞，波蘭，芬蘭，愛爾蘭之革命而未成，印度，埃及，斐律賓之謀脫覊絆而不果，雖不幸而中遭挫折，而其奮鬭之精神，固不因是而稍餒也．

反乎資本主義之社會主義，與夫反乎帝國主義之民族主義，既有然矣，而在帝國主義下之英，德，法，俄，奧，意，日，美八國則又如何？曰，彼因經濟帝國主義之接觸，決不免發生特殊之變化。斯說也，於何證之？證之英德兩國之互爭雄長可知矣。英爲工業革命之先進，論其地勢，海水環焉；而海軍又爲世界冠，其廣大之殖民地，皆其暢銷出品之市廛也。德以後起之雄，內患人滿，外乏市場，徒坐視英人之捷足先得而無從染指，且其歷年所經營之殖民地，又率爲遠荒瘠，尠可浚之利源，故德人欲發展其經濟帝國主義，勢不得不取之於英，英而欲保持其經濟帝國主義，非有以遏抑德人不可，而兩國之爭端，自此伏

主張鐵血政策者 俾士麥

矣。抑德人之思攫取於人者，非獨英也，於他國亦然，故其求地之心愈切，樹敵亦愈多。德法之爭利益於摩洛哥也，法英棄夙怨而言好矣；德之築巴格達特鐵道也，俄英釋前嫌而握手矣。德奧意既爲「同盟，」英法俄亦結「協商」以爲抵制。兩大戰團既各盤馬彎弓，躍躍欲試，事機一至，遂勃發而不可遏。說者謂此次世界大戰，原因雖甚多，而肇禍於經濟帝國主義之接觸，則尤彰彰也。

雖然，兵凶戰危，夫人而知之矣；百年以來，科學日精，殺人之械，談者色

海牙平和會會所

變，不幸而戰端啓，禍害之烈，實有不可勝言者，於是弭兵運動起焉。弭兵運動有二，一爲國際弭兵運動，一爲社會弭兵運動。

倡國際弭兵運動者，俄前皇尼古拉二世是也；其宗旨在解除各國之武裝，否則亦必減輕之。當一八九九年五月間，海牙平和會開幕之日，與會者自歐洲二十一國代表外，美利堅，墨西哥，日本，暹羅及我國亦嘗派遣代表，一堂濟濟，可謂盛矣。然卒因意見紛歧，不獲通過減輕武裝之提議；其得列爲會場之成績者，不過於海牙平和會得設永久公判法庭以爲仲裁而已。至一九〇四年，以美前總統羅斯福之提議，仍由俄前皇尼古拉二世召集第二次會議。至一九〇七年六月，又於海牙開幕。與會者有四十七國代表。當時所議決者，爲潛艇之襲擊，水雷之施放，市鎮之轟擊等，皆爲戰時殘忍之行爲，一一懸爲厲禁；而獨於武裝之解除或減輕，仍未能通過。厥後有提議一九一五年續開第三次會議者，而世界大戰已於將開會之前一年突然爆發，爲時已無及矣！

社會弭兵運動，其宗旨在聯合各國勞動階級之羣力，以消弭未來之戰禍。一八六八年，各國社會黨代表之開會於比京勃留塞耳也，通過反對戰爭案。其言曰：『不幸而戰爭將啓，凡交戰國之勞動階級，當一致罷工，以遏制慘禍之發生。』此通過之議案誠美矣，然越兩載而普法之役起，不聞有社會黨人起而實踐其言也。迨此次大戰，法人曉來斯痛切運之將至，力求實行勃留塞耳之議案，一矢口間，飲彈而死；嗣是而大多數之黨人，非惟噤若寒蟬，且爲之奔走於槍林彈雨之下矣！夫國際弭兵運動之不能成功，猶可說也，社會弭兵運動，則出乎黨人之羣力，似非國際弭兵運動可比，而亦卒不能成功者，庸非怪事乎？或謂各社會黨之所素揭櫫者，名號雖同，而意見未必一致，且皆生息於資本帝國兩主義結合之下，其不足以有彼等之蹂藉也明甚，審是則又奚怪焉？

倡導和平者

諾貝爾

以上兩種運動而外，有以私人

資格崛起而與其事者，則有若瑞典之諾貝爾與夫蘇格蘭之卡內基。茲二公者，皆以輕財仗義聞於世；其祈禱和平之心理，尤先後同揆。說者謂以國際與社會之運動，尚不能發生效力，如二公者，亦不過徒抱奢望已耳，然已弗可及矣。

各種弭兵運動之不能成功，既如前所述，而世界隱伏之危機，又隨時隨地而可以觸發。鬱之既久，發之愈烈，至一九一四年遂若洪流之橫溢矣。積四年餘之血戰，人口喪失近五千萬，財產損耗幾五千萬萬（銀元）夫以如許之代價，其結果不過由八大强國而減爲五。且巴黎會議時，此五國者，其妄自支配世界也，武斷如故，專橫如故。非惟對於已往之大戰，無幾微之悔

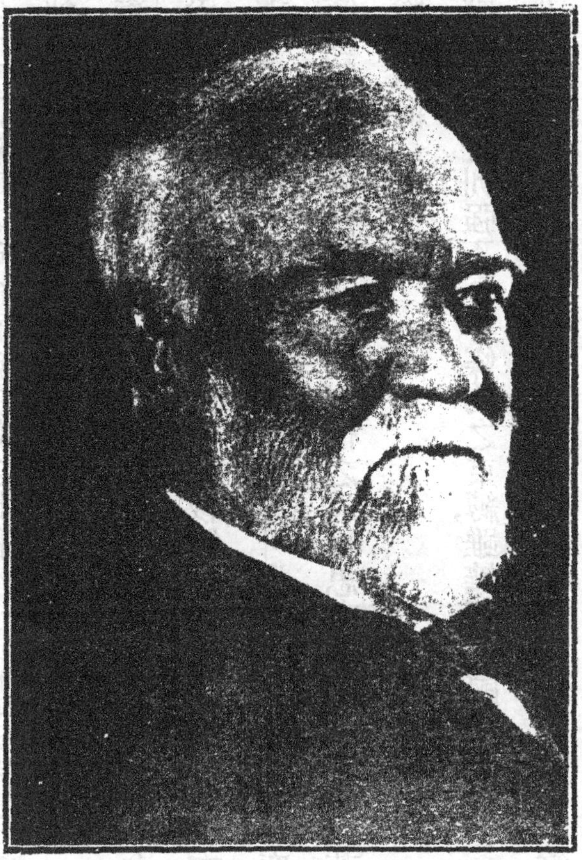

倡導和平者 卡內基

禍，而無形中猶復鈎心鬬角，爲第二次慘劇之預備，忍乎不忍？

所可慶者，凡帝國主義下之諸國，雖不惜互相殘殺，而社會與民族兩主義，幸得當此血飛肉薄中，乘勢而起矣。何者？俄羅斯之革命，社會主義之勝利也；土耳其之復興，民族主義之勝利也。其所由勝利者，實無一不受大戰之賜，試分述之。

一九一七年中，俄羅斯之革命凡兩度。第一度，時期在三月，推翻君主政治之革命也。然起而操國柄者，類皆出於資產階級，否則必不忍持賡續戰爭之政策，猶恃其帝國主義爲生活也。然正惟其賡續戰爭故，而民怨於以沸騰，沸騰而莫可遏，至十一月而第二度之革命起矣。是役也，勞動階級既取資產階級之政權而代之，馬克思之學說，又得一顯著之發展。此非社會主義之勝利而何？

土耳其於世界大戰以前，常受列強不平等條約之束縛，雖擁獨立國家之名，實一列強之半殖民地也。迨一九一四年大戰啓，土耳其政府突然加入「同盟」，舉往昔不平等條約，悉數以明令取消之。迨戰事畢，又以敗北故，其首都及各要隘，復爲「聯軍」所據，而一切不平等條約之束縛如故，且又變本加厲焉。土耳其至是，幾不國矣！乃突有基瑪爾其人者，首義於阿那多利亞，登高一呼，全國響應。尤異者，基瑪爾知生息於帝國主義下之列强，終不能不因切身之利害而漸致攜貳，吾窺其隱而投其隙，自足以制人而不爲人所制，閱三載而不平等條約又廢，卽與訂條約之經紀政府，亦隨之而傾覆。此非民族主義之勝利而何？

以上兩種主義之勝利，不過舉其犖犖大者言之，其他若德奧以社會黨人秉國政，雖不得謂社會主義之完全勝利，而一國中之勞動階級，實由是而得幾許之保障。至里勃克耐希脫盧森堡等之甘付犧牲，則更有足多者矣。民族主義之勝利者，土耳其之外，有若波蘭，芬蘭，捷克斯洛伐克（卽昔之波海米亞）等國之奮袂而起，其情形雖與土耳其不同，而其所達之目的，則一也。餘若埃及，印度，愛爾蘭，高麗，斐列賓等弱小之民族，雖不幸而偶遭摧折，其所抱之主義一日不泯，亦未必無光復之一日也。總之，俄羅斯社會主義之勝利，與夫土耳其民族主義之勝利，實皆隱

弭兵運動犧牲者　曉來斯

一將功成萬骨枯

受大戰之賜，天下事有因禍而得福，轉敗而爲功者，類若此也，然亦足悲矣！

抑予又聞大戰既畢，國際聯盟之組織，又因之而生焉。倡是策者，原欲排除國際之糾紛，亦藉以稍殺帝國主義之氣燄也。然在組織之始，仍爲五大强國所把持，而戰敗諸國與別開一局之俄羅斯皆無與焉。內既不能無專斷之弊，外又不能無向隅之憾，謂是種組織而有裨於國際也，其誰信焉？或謂國際聯盟，不若民族聯盟，以國際狹而民族廣也；或又謂民族聯盟，又不若人類聯盟，以民族廣而人類尤廣也。然而捫籥不足以當日，畫餅不足以充飢，託諸空言，萬不若見諸行事之爲美。故無論國際聯盟也，民族聯盟也，人類聯盟也，皆非空言所能奏效也。今者，受資本主義支配下之諸强國，其社會主義已有駸駸日盛之勢，而弱小民族之受經濟帝國主義壓迫者，其民族主義尤有旭日始升之象。尤幸者，社會與民族兩主義，隱隱中已若聯鑣並轡，奮往直前，一若不達其目的而決不止者。異時大功告成，氣象一新，由是而進言世界之大同，其庶幾乎！

塞拉約佛

第二章　世界大戰概說

第一節、世界大戰與世界

星星之火，可以燎原，涓涓不塞，將成江河，其塞拉約佛慘劇之謂乎！一九一四年六月二十八日，奧匈聯邦皇儲斐迭南偕其妃霍亨堡女公在塞拉約佛觀軍事演習，一轉瞬間，而夫婦二人俱飲彈以仆。若論肇禍地，其居民不過五萬餘，一蕞爾之城邑也；若論殺人犯，其年齡不過十有七歲，一中學之學生也；若謂被刺者爲奧匈聯邦皇儲，其名位至爲尊崇，然攷諸歷史，一國元首之突被暗殺者，或爲皇帝，或爲總統，亦屢見不一見，未聞因是而發生極大之戰禍也。何以奧皇儲一死而掀天動地之大戰因之而起？曰，禍之所作，非作於作之日，必有所由作，蓋履霜堅冰，其由來殆非一朝夕矣。質言之，斐迭南之被刺，實一九〇八年奧匈聯邦實行占領波黑兩州肇其端。波黑兩州者，塞爾皮亞民族叢居之地也，一旦爲奧匈聯邦所兼併，微特塞爾皮亞銜之，即凡隸于奧匈聯邦下之塞人，亦決不甘心臣服也。故此次奧皇儲之遇刺，驟聞之則可怪，深思之，則又不無蛛絲馬跡之可尋也。惟其然，故肇禍之後，奧匈聯邦政府遂張大其事，謂暗殺之徒，實爲塞爾皮亞政府所發蹤指示，突發最後通牒以問罪。斯時也，奧既咄咄逼人，而塞又不甘示弱，而兩國

刺客之就逮

之戰端啓矣。

以幅員論，奧之爲奧，謷乎大哉，塞之爲塞，眇乎小哉！卵石之不敵，其誰不知？然塞之於奧，居然敢以螳臂當車轍而絕無難色者，恃有强俄之爲其後盾也。夫塞之土地，雖僅足當奧十三分之一，而俄之視奧，則三十二倍而有餘。塞得俄助，何畏于奧？奧雖然，俄何以樂助塞，奧何以明知俄之助塞而視若無睹，卒至劍拔弩張，毫不退讓者，何也？曰，奧則恃有德意爲臂助，俄又恃有英法爲後援故也。故歐洲大戰，隨時隨地皆可觸發，奧皇儲之被刺，特其導火綫而已。

兩大戰團之對峙也，德奧意稱「同盟」，英法俄稱「協商」。「同盟」「協商」之外之可得而屈指者，比以德之犯其中立，蒙因與塞有脣齒相依之誼，而先後加入「協商」矣。意本「同盟」國之一，顧與奧有成約，其初不遽反汗而出以觀望，旋且脫離盟約而助「協商」矣。土本爲歐洲列强之俎上肉，人人所得而臠割者，既不得中立，又不得爲左右袒，毋甯瞻就一方之較爲得策，其加入「同盟」者，勢也。迨保起而加入「同盟」，羅起而入「協商」，於是全歐幾皆入漩渦中矣。

他若東方之日本，西方之美利堅，皆與歐洲大陸不相關涉者也。以地勢論，茲兩國者皆不妨作壁上觀。然日與英爲同盟，又以其利益所在，不得不與「協商」爲一致之行動。美當「同盟」「協商」疲弊之秋，思一擧足爲輕重，乃棄其閉關自守之孟祿主義而與德宣戰。嗣是對「同盟」方面，有宣戰者，有絕交者，紛紛然接踵而起，而歐洲大戰，乃一變而爲世界大戰矣。茲將世界各國參與戰事者與未曾參與戰事者，列表如左：

參與戰事各國人口表

國名	人口
奧匈聯邦	五〇，〇〇〇，〇〇〇
比利時	八，〇〇〇，〇〇〇
布利維亞*	二，二六八，〇〇〇
保加利亞	五，〇〇〇，〇〇〇
巴西	二三，〇〇〇，〇〇〇
中華民國	四四二，〇〇〇，〇〇〇

科司他里加	四二五，〇〇〇
古巴	二，〇〇〇，〇〇〇
受加度*	一，五〇〇，〇〇〇
法蘭西	九〇，〇〇〇，〇〇〇
戈德美拉	二，〇〇〇，〇〇〇
德意志	六七，〇〇〇，〇〇〇
大不列顛	四四〇，〇〇〇，〇〇〇
希臘	五，〇〇〇，〇〇〇
海蒂	二，〇〇〇，〇〇〇
洪度拉司	六〇〇，〇〇〇
意大利	三七，〇〇〇，〇〇〇
日本	五四，〇〇〇，〇〇〇
里半利亞	二，〇〇〇，〇〇〇

蒙丹尼格羅	五〇〇，〇〇〇
尼加拉加	七〇〇，〇〇〇
巴拿瑪	四〇〇，〇〇〇
祕魯*	四，五〇〇，〇〇〇
葡萄牙	一五，〇〇〇，〇〇〇
羅馬尼亞	七，〇〇〇，〇〇〇
俄羅斯	一八〇，〇〇〇，〇〇〇
桑馬里諾	一〇，〇〇〇
桑多度敏哥*	七九五，四〇〇
塞爾皮亞	四，五〇〇，〇〇〇
暹羅	六，〇〇〇，〇〇〇
土耳其	四二，〇〇〇，〇〇〇
美利堅	一二〇，〇〇〇，〇〇〇

烏魯甘*　四，五〇〇，〇〇〇

共計一，六〇七，五九八，四〇〇

*對德絕交而未宣戰者

未參與戰事各國人口表

國名	人口
阿皮西尼亞	八，〇〇〇，〇〇〇
阿富汗	六，〇〇〇，〇〇〇
恩度拉	六，〇〇〇
亞爾然丁	八，〇〇〇，〇〇〇
菩丹	二五〇，〇〇〇
智利	五，〇〇〇，〇〇〇
哥倫比亞	五，〇〇〇，〇〇〇
丹麥	三，〇〇〇，〇〇〇

墨西哥	一五、〇〇〇，〇〇〇
摩那哥	二〇，〇〇〇
迺巴爾	四，〇〇〇，〇〇〇
荷蘭	四〇，〇〇〇，〇〇〇
挪威	二，五〇〇，〇〇〇
巴拉甘	八〇〇，〇〇〇
波斯	九，〇〇〇，〇〇〇
薩爾伐多	一，二五〇，〇〇〇
西班牙	二〇，〇〇〇，〇〇〇
瑞士	三，七五〇，〇〇〇
凡南坐拉	二，八〇〇，〇〇〇
	共計一三四，三七六，〇〇〇

若以人口計，則全世界一，七四一，九七四，四〇〇人中，一，六〇七，五九八，

四○○參與戰事，占總數十分之九有奇。

世界人種，約分為三：曰「蒙古」族，曰「高加索」族，曰「哀的沃比」族。列表如左：

(一)蒙古族

- 南方系統
  - 漢族—漢人
  - 交趾支那族—暹羅人、安南人
  - 西藏族—西藏人、緬甸人
- 北方系統
  - 亞洲派
    - 蒙古人
    - 滿洲人
  - 歐洲派
    - 土耳其人
    - 保加利亞人
    - 匈牙利人
    - 芬蘭人
    - 拉伯蘭人
    - 利服尼亞人
    - 愛斯多尼亞人
- 準北方系統
  - 大和族—日本人
  - 韓族—高麗人

- 美洲系統—印第安人

(二)高加索族

- 含族—埃及人
- 閃族
  - 猶太人
  - 阿剌伯人
- 阿利安族
  - 亞洲派
    - 印度人
    - 波斯人
    - 阿富汗人
    - 阿曼尼亞人
  - 希臘人
  - 拉丁族
    - 意大利人
    - 法蘭西人
    - 西班牙人
    - 葡萄牙人
    - 羅馬尼亞人
  - 德意志人

歐洲派
- 條頓族
  - 英吉利人
  - 荷蘭人
  - 丹麥人
  - 瑞典人
  - 挪威人
- 斯拉夫族
  - 俄羅斯人
  - 波蘭人
  - 捷克斯洛伐克人
  - 塞爾皮亞人
  - 蒙丹尼格羅人
- 克爾特人
- 拔司克人

(三)哀的沃比族——非洲土人

歐洲戰場中,法,比,葡,英聯軍禦德軍於西,是謂「拉丁」族合「條頓」族與「條頓」族之戰。俄軍禦德軍於東,是謂「斯拉夫」族與「條頓」族之戰。德奧兩軍與意軍相持於南,又與塞軍相持於東南,是謂「條頓」族與「拉丁」族及「條頓」族與「斯拉夫」族之戰。英法聯軍之

蘇格蘭紅十字會看護婦隊

攻土，是謂「高加索」族與「蒙古」族之戰。德與軍之助土，是謂「高加索」族助「蒙古」族而與「高加索」族戰也。迨英國遣印度兵赴歐陸，則爲亞洲派之「阿利安」族與歐洲派之「阿利安」族之戰。繼而英法復遣非洲土人赴援，則爲「高加索」族利用「哀的沃比」族以與「高加索」族戰也。美國參戰，於是「蒙古」族之「印第安」人亦加入。「蒙古」族之日本人則與「高加索」族之德人戰於膠州，角逐於太平洋。是故戰場之上，白膚碧眼隆準而金髮者，吾知其爲德人英人俄人也；白膚棕眼隆準而褐髮者，吾知其爲法人意人羅人也；印度人則棕膚隆準；「印第安」人則紅膚隆準而高顴；「哀的沃比」人則黑膚鬈髮而厚脣；至黃膚棕眼而髮之黑如墨直如絲者，則中國人與日本人也。世界人口，旣已十分之九參與此次戰事，且已含世界三大種族而有之而戰地又幾徧於六大洲，斯戰也，謂之「歐戰」也可，謂之「世界大戰」也亦可。然或又謂總戰場在歐洲，世界之重心亦在歐洲，要當以歐洲爲主，餘五洲爲客。

東西歷史上最著之大戰，有可指數者，如一八一二年拿坡崙征俄之役，兵數五十萬人，已駭聽聞；然至一九一四年合東西戰場之德軍，實六倍之。又如一八一三年拿坡崙自俄京莫斯科敗退，遇聯軍於來伯齊，西史稱爲第一之大戰，然其時戰士亦僅四十七萬四千人。又一八六六年普奧薩獨伐之戰，兩國兵數四十三萬六千人。一八七〇年普法革拉凡洛脫之戰，兩國兵數三十萬人。一九〇四年日俄奉天之戰，戰線八十哩，時期二旬餘，兵數七十萬人，已可謂多矣；然比之此次之大戰，其戰線視前此之八十哩而兩倍之，且三倍之，又能於數月間集兵至二百餘萬，相去可謂遠矣。大戰四年餘，交戰國兵數達六千萬以上之多，是戰也，誠開前古未有之世界大戰也。

第二節　世界大戰與歐羅巴

世界大戰，六大洲中既以歐羅巴為主位，則歐羅巴大戰初啓時之情形，不能不分舉其大概，以為讀者告。

歐羅巴各國幅員及人口之比較（一九一三）

（一）圖中每小方代表人口二十五萬

（二）圖下數目代表每方粁之人口

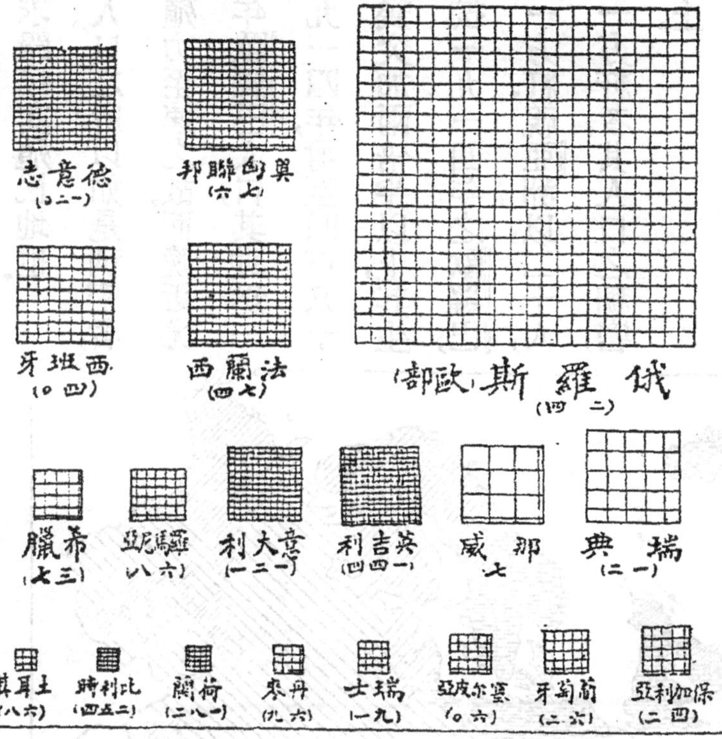

世界六大洲中，除澳大利亞外，以歐羅巴為最小。然其面積雖三，八五〇，〇〇〇方哩，而海岸綫則有五，〇〇〇，〇〇〇哩，是為六大洲中之最長者；其人口為四八五，〇〇〇，〇〇〇，又為六大洲中之最稠密者。

故其民族，因海岸綫之延長，而能富於冒險性，習於航海術；又因其人口之過于稠密，不得不侵掠他國，以求開拓其殖民地也。

雖然，歐羅巴人口之所以如是稠密者，皆由百年來繁殖力至速之故，而晚近尤甚。如一八〇〇年歐羅巴人口，其數爲一百八十兆，至一九一四年，增至四百八十五兆，百餘年間，幾突加兩倍半以上，其生齒可謂繁矣。又按一九一四年之歐羅巴，每四十八人占一方粁，視亞洲以二十人，美洲以四人占一方粁者，其人口之稠密，實遠出他州之上。

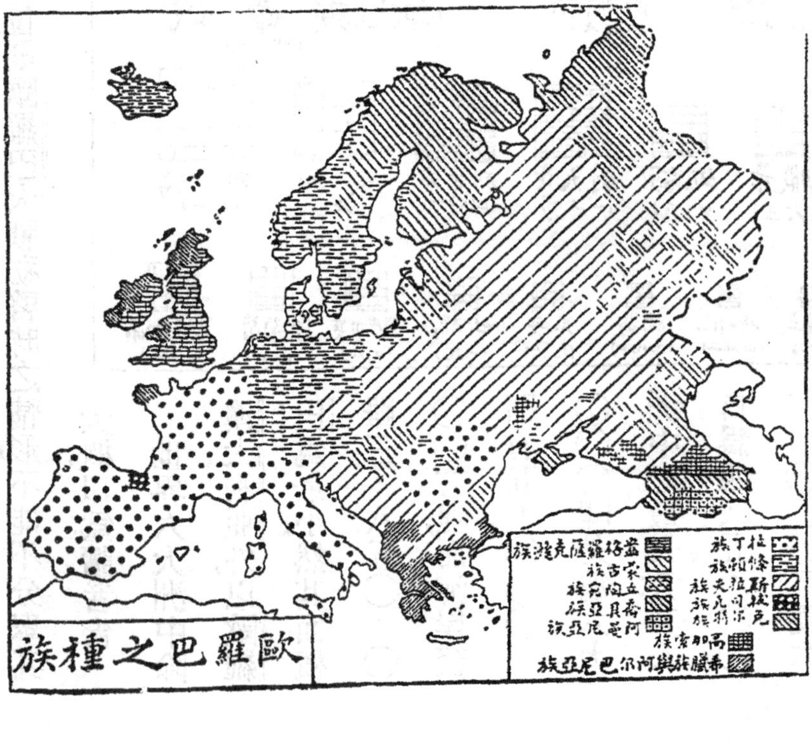

歐羅巴之種族

歐羅巴之種族，就其强大者言之，則有四，曰「拉丁」，曰「條頓」，曰「斯拉夫」，曰「

蒙古」。若法蘭西人，意大利人，西班牙人，葡萄牙人，羅馬尼亞人等，「拉丁」族也，其人口約一百零三兆。德意志人，英吉利人，瑞典人，挪威人，丹麥人，荷蘭人，暨瑞士人之四分之三，比利時之弗拉蒙人等，「條頓」族也，其人口約一百六十兆。「斯拉夫」族約可分為三支：一曰「東斯拉夫」族，俄羅斯人與魯舍尼亞人是也，其人口約六十六兆半；二曰「西斯拉夫」族，波蘭人，捷克人，斯洛伐克人，文得人是也，其人口約二十兆；三曰「南斯拉夫」族，塞爾皮亞人，斯洛文人，克魯西亞人是也，其人口共七兆半；綜計「斯拉夫」族人口，其數共九十三兆人。至「蒙古」族人，於北則有芬蘭人，拉伯蘭人，利服尼亞人，愛斯多尼亞人等，共九兆；於多瑙河中流，則有匈牙利人，約七兆；於南則有保加利亞人，約三兆半，土耳其人約六兆；於俄羅斯，則韃靼人約五兆；總計「蒙古」族人，其數約三十兆半。

此外「希臘」族三百五十萬人，居希臘；「克爾特」族二百萬人，居法之不列他尼及英之偉爾斯，蘇格蘭之北部及愛爾蘭之西北部；「拔司克」族約五十萬人，居法西之交界處。至「猶太」人散居各國，在全世界總數千二百萬中，居歐洲者，約九百餘萬人。

試即大戰中諸名人分述之，霞飛貝登屬於「拉丁」，興登堡麥耿生屬於「條頓」，列甯屬

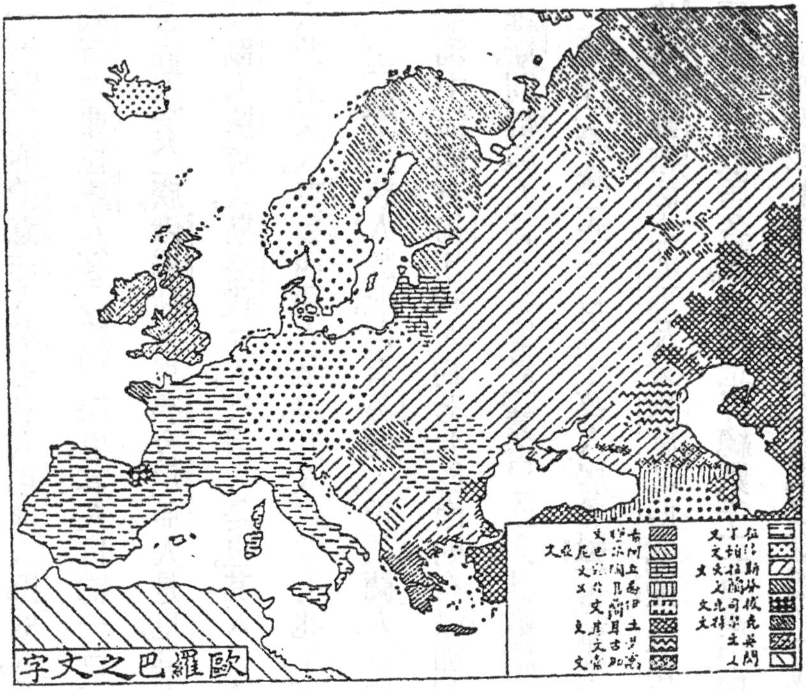

歐羅巴之文字

於「斯拉夫」基瑪爾屬於「蒙古」族外，克來蒙蘇路合喬治則爲「克爾特」人，福煦爲「拔司克」人託羅次基爲「猶太」人至近代科學界之泰斗於大戰正酣中完成其相對原理之恩斯坦，亦「猶太」人也。

雖然，歐羅巴之種族，既如前所述矣，然人類相處本無純粹種族之可言，況今日者交通愈便利，種族亦愈混雜。試就歐羅巴論之「高加索」「蒙古」兩大族，其狀貌，其性質，非截然不同者乎？然考之五世紀阿鐵剌之橫行歐陸，十二世紀成吉思汗之兼併歐亞，與夫十五世紀土耳其族之侵入東歐，則「高加索」族已含有

「蒙古」族之血統矣。今日「蒙古」族之芬蘭，匈牙利，保加利亞，土耳其諸國，日與「高加索」族諸國相接觸，更無論矣。此外若「拉丁」族之意大利法蘭西，則雜有「條頓」族之血統；「拉丁」族之西班牙葡萄牙，則雜有「閃」族阿剌伯人之血統；「條頓」族之英吉利，則雜有「拉丁」族與「克爾特」族之血統：如是者，又不一而足也。

言乎文字，則歐洲各族，除「猶太」「拔司克」與「蒙古」族外，皆源於「希臘」「拉丁」，然同一族中而其文字又互異。試即法文而論，其構造與意文不同，與西文葡文又不同。推而至於英之於德，俄之於波，亦莫不若是。故歐羅巴之文字分述之，幾多至二十餘種

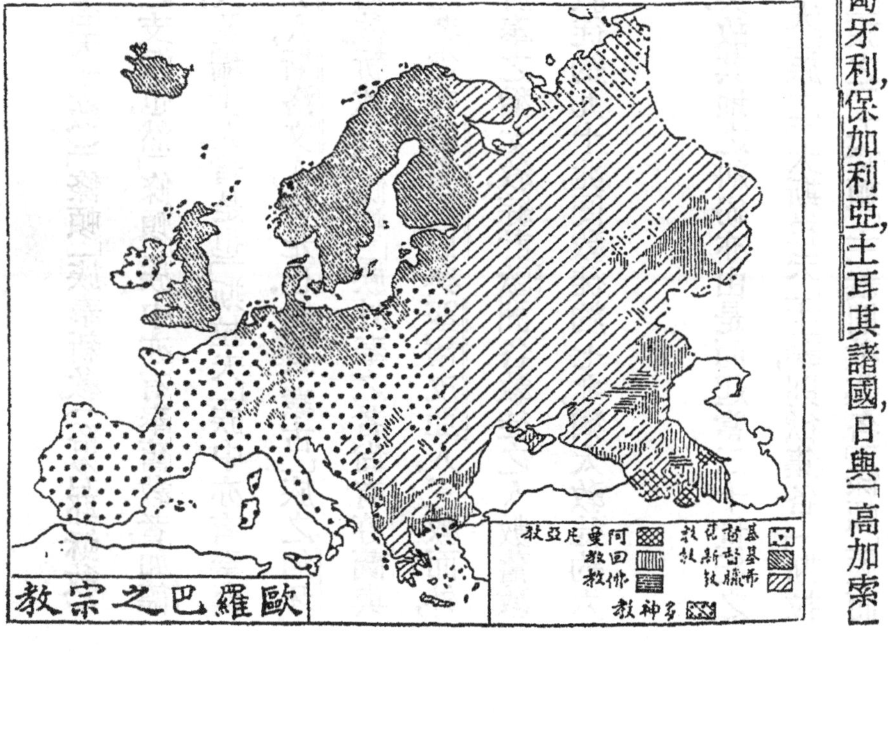

歐羅巴之宗教

云。

言乎宗教，概言之，則「拉丁」族奉舊教，（俗名天主教）「條頓」族奉新教，（俗名耶穌教）「斯拉夫」族奉希臘教：是三教蓋皆基督教之支派也。然「條頓」族中亦有奉舊教者，如德意志之南部，奧匈聯邦中之德人，比屬之弗人，及瑞士人，皆是也。「斯拉夫」族中亦有奉舊教者，如波蘭人，捷克人，魯舍尼亞人，克魯西亞人，斯洛文人，皆是也。餘若「蒙古」族之匈牙利，「克爾特」族之愛爾蘭，其人民亦皆崇奉舊教。新教自「條頓」族外，奉之者尚有芬蘭與愛司多尼亞人。希臘教自希臘俄羅斯外，奉之者尚有羅馬尼亞與塞爾皮亞人。三教而外，又有土耳其人韃靼人所奉之回教，猶太人所奉之猶太教。綜計歐洲各教徒之人數，舊教徒約百六十二兆，新教徒約八十一兆，希臘教徒約九十兆，回教徒約七兆，猶太教徒約六兆。

歐羅巴之種族文字宗教，既如是其復雜矣，故其地之糾紛，亦由是而起。當二十世紀之初，歐洲四大族，羣聚萃處，愈形接觸。如「斯拉夫」族之「大斯拉夫」主義，則欲集各「斯拉夫」一族而團結之，而以俄羅斯爲之長；「條頓」族之「大條頓」主義，則欲集各「條頓」族而團結之，而以德意志爲之魁；土耳其之倡「大以色蘭」主義，則又擬合全世界同教徒所集之地，舉土耳其，埃及，印度，波斯，多尼斯，阿爾支利，摩洛哥而團結之，而以土耳其爲之盟主。故以上三種主義，前二者以種族爲主，後者以宗教爲主。德土兩國之親善也，不啻若「大條頓」主義與「大以色蘭」主義之同盟也。迨至塞拉約佛慘劇出，有「大條頓」主義與「大斯拉夫」主義相接觸，幾若仇讎之逢於狹路，有不能並立之勢，而大戰於以起矣。

至「拉丁」族之團結力，遠不如他族之堅固。如西班牙僻處西南，又有比拉尼山天然之保障，自不復與人爭雄長。如意大利與法蘭西二國，本屬同種，而一爲「同盟」國，一爲「協商」國，其勢又若「拉丁」族之分裂。迨意大利脫「同盟」而加入「協商」，則「拉丁」族又認「條頓」族爲公敵矣。英吉利雖爲「條頓」族，而自以爲「盎格羅撒克遜」族，又若於「條頓」族中，能獨樹一幟者。故歐陸之爭，惟英吉利常若操縱其間，翻手爲雲，覆手爲雨，種族二字，蓋非彼所措意也。

「條頓」之英，「拉丁」之法，「斯拉夫」之俄，既相結而爲「協商」，於是「條頓」之德奧，「拉丁」之意，已若被困於重圍之中。迨意脫離「同盟」，於是德奧兩國，尤覺陷於絕地。試即其四周言之，西有法，東有俄，南有意，此三國外，足以操德人北門之管而控制北海者，英吉利也。厥後土保兩國，雖幸加入而「同盟」之形勢，依然如故，外受重圍，內憂糧絕，苟非生降，即遭餓斃。德之所以必突圍而出者，情也，亦勢也。

亞爾薩斯洛蘭兩州，德法兩國相爭不已之地也。按羅馬時，亞洛兩州曾隸戈爾省，（約今法地）原爲「克爾特」族所居地。及羅馬亡，「條頓」族進而瓜分之。及至四世紀至五世

亞爾薩斯　法國油畫家道賚作品

紀時，「條頓」族之「法蘭克」人據戈爾而有之，而兼轄亞洛兩州。至十世紀，亞爾薩斯幾盡爲「條頓」族所化，而洛蘭則又爲「拉丁」族所化矣。奧之强也，亞爾薩斯爲所併。依一六四八年凡斯脫法利亞和議，奧復讓亞爾薩斯所占土地於法。又據一六九七年里斯維克和約，法奄有亞爾薩斯全州，是法人更加一重保障矣。至一八七一年，德意志以戰勝之威，又將亞爾薩斯及洛蘭之一部而吞併之。嗣是法人對於亞洛兩州，認爲奇恥大辱，寢饋不忘恢復。甚且學校課本，無不以湔洗國恥爲材料；而油畫館中所繪國軍敗衄之情狀，尤無微不至。其所以激怒後生，鼓勵士氣，如是其切也！或曰，歐洲所以遭此次大戰之浩劫者，其原因不一，簡言之，東有波黑兩州，西有亞洛兩州，實皆興戎之地也。信矣哉！

更有進者，普法戰役中之軍官，自一八七一年至一九一四年，此四十四年中，太半已垂垂老矣。在法人積數十年之生聚教訓，既日夜不忘報復，而彼德人者，狃於前三次戰勝之已事，對於法人，既有滅此朝食之心，對於世界，尤有囊括席卷之想，故兩國領袖軍官之欲相時而動久矣。茲將一九一四年兩國重要軍官之年齡，錄之如左：

德將名	年齡
海司勒	七八
果爾池	七一
興登堡	六七
克羅克	六七
賓畢茲	六六
麥耿生	六六
毛奇	六六

法將名	年齡
加里安尼	七〇
霸胡	六六
加司丹爾諾	六三
賓拔依	六三
福煦	六三
霞飛	六二
愛司半來	六二

不特德法兩國之領袖軍官然也，即英之吉青納賁賚起，亦何獨不然；俄之尼大拉大公年近花甲，而意之加度那則逾古稀矣。返觀史册，則羅馬愷撒破本貝於法薩利亞時，年五十有二；英將馬爾拖羅勝於勃萊姆哈之役，年五十有四；美之華盛頓率師抗英時，年四十有四；法之拿坡崙挫奧軍於奧司丹里茲時，年三十有六；英將惠靈吞滑鐵盧一役，年四十有六；美利堅南北之戰，北將革蘭德年四十有一，南將李意年五十有四；日將乃木攻陷旅

順時，年五十有六。由是以觀，古來統帥中未有如今日大戰中各國領袖軍官之年邁者。夫以歐洲各國之領袖軍官，於行將就木之年，突然奮起，上以備家國之干城，下以展生平之抱負，幾不約而同，英雄髀肉，是翁矍鑠，古今中外，其情一也。

人道主義下之科學家
巴斯德

抑予又知當一九〇六年巴黎某報館徵求投票之多寡，以月旦十九世紀全國之偉人。時巴斯德得票最多，列第一。夫巴斯德不過一製革工人之子耳，而聲譽彪炳，功業卓著之拿坡崙大帝，則列諸第四。此豈漫為軒輊哉？推其意，一若拿翁黷武，功罪參半，而巴氏於化學，醫學，生理學上，發明至夥；即就其所發明之瘋犬病治療法言之，活人之多，已不可以更僕數。

故巴氏之列爲第一，蓋有由也。且巴氏嘗有言曰：

『今日有兩種互相衝突之主義：一爲流血與死亡之主義，即謀殺僇之新方法，并使國際戰爭時時可以觸發者也；一爲和平工作與健康之主義，即謀人類脫離其周圍之刼運者也。前者爲黷武主義，後者爲人道主義。黷武主義者，不惜犧牲萬千生命以圖逞一人之野心者也；人道主義者，當置人類生命於無論何種勝利之上者也。我等既爲人道主義下之工具，凡對於黷武主義之殘忍病，即當

被燬之城市一
以帕

竭力治療之，雖赴湯蹈火所不辭也，

味巴氏之言，幷考其對於人類之貢獻，知其得列爲國中第一者，正足以見一國民衆之心理，對於活人之人，則崇拜之，反乎活人之人者，必深惡而痛絕之。由斯以推，一國民衆之心理如是，世界各國民衆之心理，當亦如是，其猶聲色臭味之有同情乎！

被燬之城市二　拔卜姆

抑羣衆之心理，莫不厭戰，既如前所述矣，試進而溯之一九一四年六月二十八日以前，歐洲繁盛之區，如倫敦，如巴黎，如柏林，如羅馬，推而至於發出第一次最後通牒之維也納，茲數地者：自人民之職業言之，士安其學，工安其藝，商賈安其市廛，若不知戰爭之爲何事也；自人民之娛樂言之，若戲院，若跳舞場，若咖啡館，比肩繼踵，牽袂捉臂者，又若不知戰鬭之爲何物也。惟其然，故通衢之上，熙來而攘往，幾無在而非承平之景象矣！一入夜間，則尤電光照耀，幾同白晝；士女酣歌，時或達旦。而康莊之上，車水馬龍，絡繹不絕。入其境者，幾有山陰道上，不暇應接之勢。斯時也，又孰料匝月之後，有莫大之浩刼，突如其來者耶？迨戰事既作，向所謂莊嚴燦爛之城市，曾不旋踵，一變而爲寂寞荒涼之景象；其爲礮火所轟擊者，黔其廬，赭其垣，危樓斷壁，觸目皆是：向時繁華之場，無異于曇花之一現也！抑有

歐洲著名建築之一

來姆大教堂

甚者，此時有斷臂折足，一息奄奄，僵臥於醫院中者，一望而知爲戰場運回之傷兵也；扶兒攜女，兩淚涔涔，縞衣而過市者，一望而知爲新喪其耦之孀嫠也。綜其悲苦之情狀，豈太平無事時所能料及哉？由斯以觀，戰禍之烈，一至於此；誰爲爲之，孰令致之，此則不能不太息痛恨於當國之一二人也！

第三章　大戰之原因一

第一節　德意志之勃興

普魯士當威廉一世時，首相則有俾士麥，統帥則有毛奇；兩人之才，出類而拔萃，殆不易數數覯。其所抱之政策，野心勃勃，不可一世。其所以奉爲先務者，開疆拓土是已。故一出而敗丹，丹既戢戢然就範矣，復逞其兵力以敗奧，一躍而爲德意志聯邦之雄長，終則乘其有戰必克之勢以敗法，而收德意志聯邦成立之效果，自是德意志遂稱霸於歐洲大陸。德既稱霸，而歐洲形勢，由是一新，卒至事變棘，醞釀久，而大戰之機，乃兆於此。

普丹一役，爲普魯士雄心之起點，亦卽俾士麥所以試其鐵血政策之第一步也。先是，普以希來斯惠克霍耳斯丹兩州地勢至險要，攫而有之，旣足以縱橫北海，且得藉此以與奧爭霸於德意志，遂藉口丹人擅取德人所居之希霍兩州，會奧師伐丹，大破之，遂於一八六五年八月十四日簽喀斯丹約。據約：希州歸普，霍州歸奧，普得築基爾運河，以溝通北海與波羅的海，霍州隣近之勞恩堡，由德轉售於奧。時沃固斯登堡親王弗來得里以受奧之唆使，欲聯希霍兩州而自王之。普不之允，而普奧之齟齬遂起。普相俾士麥恐他國之助奧也，乃先以佛南西亞餌意，以比利時啗法。且波蘭革命之際，普曾助俄平之，俄旣感普，自不願助奧。於是而意法俄三國皆守中立矣。奧以希霍兩州事，陳諸聯邦議會，普則以有喀斯丹約在先，無用議會解決；雙方相持不下，戰事遂起。普名將毛奇大破奧軍於薩獨伐。普王威廉擬令毛奇長驅直搗奧都維也納，俾士麥忽諫止之。蓋俾翁不欲使奧一敗塗地而結兩國不共戴天之仇，竟以去就力爭，遂頓兵不進。一八六六年八月二十三日，普奧不拉格和約成立。據約：解散舊德意志聯邦，重組織之，擯出奧大利；希霍兩州歸普魯士；佛南西亞歸意大利。此約結果，奧未喪地，亦不賠款，惟不復爲德意志聯邦盟主耳。職是之故，異日普法之戰，奧堅守中立，絕不藉端助法者，亦以此也。蓋初未因此次戰爭而介介於胸；更如最後一九一四年之大戰，德奧同心禦外，無時或懈，以此知俾翁當時之對奧，取寬宏政策，所見蓋甚遠也。

是時之法蘭西，適拿坡崙三世時代，文治武功，皆稱極盛，駸駸然又有左右歐陸均勢之象。然普魯士方崛起東鄰，野心勃勃，非敗法蘭西，不得稱霸於歐陸，而普法戰爭之因肇焉。

一八六八年，西班牙以王位之繼承，屬之普王威廉族中之來沃卜爾親王。說者謂俾士麥之所嗾使，有以啓普法之衅端。法外長革拉蒙侯卽謂霍亨咤倫氏（普王姓）之王西，實侵害法之尊嚴與利益，卽飭駐普之法大使貝耐代梯要求普王發言否認。時威廉方遊愛姆司行宮，事前未與俾翁預洽，且視西班牙之王位，與普無甚關係，逕諾之。而法人猶以爲未足，再遣貝耐代梯致書於普，要求普王嗣後永不准以一霍亨咤倫繼承西班牙王位，詞同最後通牒，逾越外交常度。威廉雖視爲失禮，而仍禮遇法使，僅以否認覆文，商諸俾氏，予俾氏以全權修改之。時俾翁方與陸長羅洪統帥毛奇籌侵法之策，見復文措詞委婉，意有未愜，遂改而爲激烈，其語氣一若普王怒叱法使之字樣。一八七〇年七月十四日，此著名之愛姆司文書印出，法蘭西舉國震怒；是年七月十九日，法卽向普宣戰。適德意志聯邦各國，以法國實先失禮，羣起助普，普勢大振。統帥毛奇圍法將巴散於美芝，法將麥克馬洪率大軍救之，不得解，退歸山塘，毛奇更重圍之，法軍不支，大敗。法帝拿坡崙三世乞降。一八七一年正月十一日，德意志聯邦各君主擁普魯士王威廉爲德意志皇帝，加冕於法之凡爾塞故宮，德意志聯邦於是告成。二十八日，巴黎陷落。二月十二日，法國組織臨時政府於包爾都，擁梯爾爲首領，予以議和全權。德法兩國，遂於五月十日簽弗蘭克福和約。據約：亞爾薩

德皇威廉一世在法國凡爾賽宮之加冕

司洛蘭兩州歸併於德，並賠款五千兆佛郎。普魯士自敗丹以後，一勝奧而長德意志，再勝法而稱霸歐陸。俾士麥操縱大局，聲震遠邇，各國無不側目而視矣。德法兩國，因此遂成不解之仇。

第二節　德奧意三國同盟

德意志聯邦成立以後，俾士麥恐法蘭西之圖報復也，遂易其鐵血政策而爲陰柔政策。陰柔政策者何?卽以外交手腕，使歐洲各國不袒法，以孤法勢，而德則左右操縱，儼然爲歐洲之盟主。

俾士麥外交之第一步，卽爲聯俄奧兩國。德俄從無間言，且患難與共，由來已久。俄皇亞歷山大二世，德皇威廉一世甥也；姻婭之誼，益足增兩國之感情。且當一八六三年時波蘭革命，波乞助於普，威廉弗許，亞歷山大深德之；是德俄之同盟，理所當然也。至德與奧，雖有同種同文之關係，然互相爭長於聯邦，於茲已兩世紀。弗來得立大王之取西來西亞省於奧也，奧人猶憶之；薩獨伐之挫，奧遂被擯出於德意志聯邦，奧對之不能忘懷也。時適包安斯脫爲奧首相，包恨普，不善俾士麥。包不去，俾之目的不得達；欲達其目的，惟有先去包而已。

奧匈聯邦，三大民族所組織也；三大民族者，「條頓」「匈牙利」與「斯拉夫」也。一八六七年，「條頓」與「匈牙利」兩族訂約，分治奧匈，而「斯拉夫」族不與焉。首相包安斯脫既爲「斯拉夫」族所痛恨，亦爲「匈牙利」族所嫉妒。時領袖匈牙利者爲安得拉喜，以爲與德聯盟，可以膨脹匈人勢力。且一八六六年薩獨伐一役，受挫者奧人，而非匈人也。匈人之所欲發展者在巴爾幹，而與德之利害無衝突也。於是俾士麥之時機至矣。俾士麥由包安斯脫之紹介而識安得拉喜；俾安既會晤，推翻包之計畫乃定；而包則如在五里霧中，茫然不覺也。包卒於一八七一年罷職，繼之者即安得拉喜。安之對俄政策，即使俄自由處置加里西亞之波蘭人，而奧匈聯邦則自由發展於多瑙河畔及巴爾幹半島爲交換條件。條件既妥，於是所謂德俄奧三帝同盟者，即告成立。

德俄奧三帝同盟，實無同盟之性質。德俄雖修好，而奧俄之宿怨，終不得釋。奧儘向巴爾幹發展，巴爾幹諸小國多屬「斯拉夫」族，俄則自任「斯拉夫」族之保護人，是則俄奧兩國，終不能融洽也。一八七五年，德法風雲復起，德欲覆法，使其一蹶不能復振，俄聞而力阻之，以期見好於法；同時英亦不以德法再戰爲然，於是德志不得逞。夫俄不欲德覆法者，因恐法覆而德勢益盛，於俄有不利也，而德俄間之芥蒂於是生。

一八七八年適以近東之糾紛問題而開柏林會議。此會議中，俄奧兩國因巴爾幹問題之不能互讓，遂起衝突。俾士麥袒奧，俄德之隙遂生，俄代表高却果夫於是銜俾次骨。雖然，德皇威廉一世與俄皇亞歷山大二世舅甥間關係尙密，是德俄兩國，尙有調和之餘地，乃俄奧不兩立，則德處兩難間矣。聯俄必舍奧，聯奧必舍俄，事無兩可。俾翁展轉考慮，卒以聯奧較聯俄之利益爲大，於是遂棄俄而與奧於一八七九年結德奧兩國同盟，而三帝同盟遂解散。德奧同盟之內容祕密，大概如左：

(一)兩締盟國之一，如受俄羅斯攻擊時，兩締盟國須以全力互相援助，

(二)兩締盟國非雙方同意，不得單獨媾和。

(三)兩締盟國之一，如受他國攻擊時，其同盟國守善意中立；如攻擊者受俄羅斯之助，則同盟國立卽加入援助，至戰爭終了而後已。

德奧兩國同盟既成，俾翁恐其勢力之尙未足，又轉而媚意。意大利者，當其未統一前，其北部向受奧之宰制。奧意之宿怨，未嘗或釋。而意之與法，同源於「拉丁」，是意法之結合，實爲天然之趨勢；且意當獨立戰爭之際，拿坡崙三世助意，大破奧軍於馬琴泰及蘇耳甫

利諾，後日意之獨立，無不肇基於此，是法之示德於意也深矣。乃拿坡崙三世以兵護教宗駐羅馬，教宗者，意大利獨立之障礙物，而法竟助之，意之憾法，於此爲始。未幾普法戰爭起，法始撤回羅馬駐兵，意大利乘此時機，統一始告完成。迨夫普法戰爭而後，俾翁復揚言於意，謂法必不忘恢復教宗之權勢，意益恐怖。一八七八年之柏林會議中，俾翁陰許法取多尼斯。法之所以欲取此地者，以多尼斯爲阿爾支利之鄰省，得之可獨霸北非，增地中海之權勢。俾翁既壯其膽，法卒於一八八一年取之。然多尼斯在意之對岸，地勢所繫，殖民所關，意垂涎已久，今驟然爲法所得，能忍之乎？遂於一八八二年由俾士麥之請，結德奧意三國同盟。然則俾翁之用心，亦可謂深矣。盟約極爲祕密，世人無由得知其詳，然大體不外乎由三種條約構成之，即德奧條約，德意條約，奧意條約是也。據世人所喧傳者，大概如左：

(一)德奧條約，一如德奧同盟之規定。

(二)德意條約要點，則德意志受法蘭西攻擊時，意大利須負援助義務。

(三)奧意條約要點，則奧大利不得助教宗恢復勢力，致妨害意大利之統一。

自德奧意三國同盟告成後，德之聲勢益大，而俾士麥猶以爲未足，乃復修好於俄，結勸於英，以陷法於孤立。夫俄德關係，本以柏林會議之結果而成讎。然至一八八一年俄帝亞歷山大二世爲虛無黨所刺，新帝亞歷山大三世繼位，未幾虛無黨人又送以脅迫公開狀，俄帝徬徨無措。其時虛無黨人根據地在德國境內，俄政府欲假手德人以除內亂，不得不釋怨而親德，與俾士麥積不相能之高却杲夫，時亦以事去職，俾翁利用時機，俄德遂復言好。一八八四年九月七日，俄德遂訂密約，約以俄德兩國如受第三國攻擊時，俄德當守善意中立；所謂第三國者，於俄則指英而言，於德則指法而言也。同年俄奧亦釋前怨，復結三帝同盟。然至一八八七年，俄奧兩國卒以巴爾幹問題，三帝同盟又復破裂。然俄德兩國，重訂盟約，所謂「再保險約」者，其大意如左：

（一）兩締盟國中之一國，若與第三國有戰事時，其同盟國當守善意中立；惟兩締盟國中之任何一國，若先與法或奧啓戰端者，不在此例。

（二）德意志承認俄羅斯在巴爾幹之權利。

照第一條解釋之，德俄雖結「再保險約」，而與德奧之同盟，俄法之感情，無所損害也。照第二條解釋之，則德意志苟承認俄羅斯在巴爾幹之權利，則對於奧大利在巴爾幹之權利，未免有所衝突。異日「再保險約」之終不能久持，殆卽以此。然俾士麥相國二十八年，始以普魯士而冠德意志，繼以德意志而霸歐陸，運籌帷幄，折衝樽俎，使歐洲列强，但知言連橫而不敢言合縱，可謂神乎其術矣！

第三節　俄法兩國同盟

自一八七一年拿坡崙三世城下乞盟，身作俘虜以來，法幾一蹶不振；旋承認賠款五千兆佛郎，期以兩年清付，法之殘喘，幸得保存。顧俾士麥則以旣狡且銳之外交政策，結三國同盟以增厚其勢力，使野心勃勃之俄，牽之不能西漸，陰謀重重之英，制之無從東窺，而孤懸之法，是時惟德之鼻息是仰。旣聞德將毛奇又屢建議再圖法國，以絕後患，於是法人惶恐交集，不戰而慄，未雨綢繆，力又不給。正在徬徨無措之際，而時機至矣！一八八八年，德皇威廉一世薨，其子弗來得里嗣位，僅九十日，以癌病卒。弗來得立之子威廉二世踐阼之初，年方二十有九，性聰穎，豁達有大度，顧其野心勝於才能，驕狂過其識力，每臨大事，輕於一發，視乃祖之老成練達，俾士麥之謀定後動，大相懸殊。其唯一政策，卽君主獨裁是已，故與俾士麥積不相能，卒於一八九〇年罷其職，而對外政策，因之一變。初，俄德奧三國以一八七八年柏林會議之結果而齟齬，繼俄德以姻婭關係而結三帝同盟後俄奧之衝突於巴爾幹過劇，俄德乃單獨訂「再保險約」既而於一八九〇年「再保險約」期滿，俄帝方擬續之而威廉二世不允，俄德親善，自是告終，遂促成俄法之同盟。

夫拿坡崙一世之失敗，實肇因於莫斯科一役，（一八一二）故法人恨俄次骨。克里米亞之戰，拿坡崙三世統法英土聯軍以拒俄，則俄之惡法，又不言可知。甚者，法爲民權首倡，俄則厲行專制，政治上又如水火之不相容。然自「再保險約」廢，俄亦處於孤立。夫以法俄兩孤立國之相遇，而締盟之事以起。且俄之財政，既窮且窘，苟欲整內政，興實業，則苦無資本；向也藉援於英德，而德助之尤多，自一八八八年後，俄即利用法資，償還德債，脫離德資羈絆，以免債權之關係，而法俄關係，遂進一步。自一八八八年至一八九〇年之間，俄人所借法資，多至十億法郎；法民踴躍應募，達十萬人以上，不可謂不巨矣。俄之於法，既因經濟關係，而日益接近，法復在巴黎代捕虛無黨九人，以獻媚於俄。時俄以經營西伯利亞鐵路，取給法資過多，經濟界偶來恐慌現象，法又以五億法郎國債，代爲救濟，兩國親善機會益熟。法俄親善之機會既熟，於是法之總統遊俄，俄之皇帝答聘至法。兩國元首周旋之結果，

法俄同盟遂於一八九一年告成,翌年復訂軍事協約。法俄正式同盟內容,至一九〇一年,方揭載於各報紙。其大要如左:

俄法兩國之一,受他國攻擊時,二同盟之一國,須舉其海陸軍及經濟上之全力以互相援助;若二同盟國與交戰國媾和時,非經同盟國雙方協定,斷不單獨與交戰國締結和約。

俄法同盟要著,以軍事密商為前提。密商之大要:凡他國對於同盟國雙方之一下動員令時,同盟國雙方亦皆下動員令,是蓋默認德意志為假定敵人矣,但不公然揭之於世耳。一九一二年八月五日,法之內閣總理普嘉賚(後為總統)詣聖彼得堡,會俄皇尼古拉二世,同立海軍新協約,以匡同盟之不足,俄法同盟於是完成。

俄法同盟既成,不啻予德意志一大打擊。迨英吉利加入而成英俄法三國協商,其範圍益廣,而團結力亦益厚,特縱橫捭闔之謀,終屬破壞和平之禍根耳。

第四節　英德爭執之由來

英德國際關係,本無惡感,益以種族之同系,姻婭之式好,(英女王維多利亞之夫阿爾勃脫爲德人德皇威廉二世之母爲維多利亞之女）二國固親善者也。自普法戰爭以迄德意志聯邦之成立，英恆袒德。終俾士麥柄國之日，英德從無間言。英以爲德國縱橫行歐陸，無礙於英之海權，故無所慮於德也。及威廉二世踐位後，忽變俾士麥所行之政策。時德意志之人口日漸增加，其商務日漸擴充，國勢之蒸蒸日上，一日千里。威廉二世固野心勃勃者。向者俾士麥以普魯士冠德意志，再以德意志霸歐陸；今也威廉二世更進一步，竟欲以德意志而王世界。而所謂世界政策者，實在海外之發展，以伸拓其版圖。然德意志爲後起之雄，舉目四矚，海外殖民地已先爲人捷足先佔。世界各國得殖民地最多者莫英若，英向以海王自豪，在海面者莫不仰其鼻息。今德欲實行其政策，自不得不侵犯英之勢力，此兩國芥蒂之所自來也。

英吉利以地勢之險要，乘歐陸頻年多故，攫取海外諸地以爲藩屬，而使强大之艦隊連貫而保護之，故其國旗遍天下；英人常誇大英帝國內無日沒處，良有以也。或有詢於英人曰：『英之攻城略地，淩弱欺小，得爲文明國乎？』英人必答曰：『英吉利三島所產之山薯，不足以供三島人民之食，故不得不求之海外屬地以爲灌輸。』故無論何國，苟欲與英爭衡於海上，英誓必棄之。是以西班牙也，荷蘭也，法蘭西也，相繼受挫矣。今也德意志擴充其海軍，有加無已，無非欲與英國頡頏於海上。威廉二世嘗曰：『德意志之將來在海上，』英德戰機，已伏於此。

英德第一次之仇視，實見端於一八九六年威廉二世賀南非共和國總統克羅幹戰勝乾米生之電文。夫乾米生者，英人也，乾米生之率隊犯南非共和國，其爲受英之指使無疑。且一八八四年之倫敦會議，南非共和國外交之權，當屬於英國，今忽有此電文，如衆炬突燃，震眩一世，英人憤恨之聲，亦自是始。厥後南非英脫之戰，德顯然袒脫，使德於是時而即有禦英於海上之能力，則英德之國交，已早以破裂聞矣！

自是英德二國，皆日以擴充海軍爲職志。一八九八年，德之海軍費擴張比例，皆以英國爲標準。其時對於英國之比例爲一對於六；一九〇〇年，乃爲一對於四八；一九〇四年，乃爲一對於三五；至一九〇六年，乃爲一對於二九之比例矣。逮夫大戰之初，則幾與英國等，更進一步則超於英國矣。此英德爭執之由來，而卽英法趨於接近之原因也。

第五節　德人之經營巴格達特鐵道

巴格達特鐵道問題,實爲英德衝突之又一原因。德人經營東方,其規模之最大而又最猛者,莫此鐵道若:其小者,則有小亞細亞米索波泰米亞及亞洲土耳其諸地,因交通之便利,而實業於焉發展,商務於焉膨脹;其大者,復伸張其勢力於東方,以冀與英角逐於波斯印度與埃及。巴格達特鐵道之大計畫何自來?則以德之世界政策,與回教諸國之「大以色蘭」主義融洽而成之也。夫東方之土耳其,雖衰頹已極,而一息尚存,若欲鞏固國基,非聯盟諸回教國不可,於是土耳其爲之首,以結合波斯印度多尼斯阿爾支利摩洛哥諸國;又諸國者,地適爲比鄰,跨亞歐非三洲,殆可合而成一回教國大同盟,是謂「大以色蘭」主義。此主義固美,然有兵而無械,有庫而無財;他如交通也,實業也,教育也,商務也,無一足與列强抗衡者。時德之謀近東久矣,藉土之助以窺東方,而逞其隱謀;土亦藉德之助,以便整理一國之財政,發展一國之實業。一八八三年,果爾池將軍受蘇丹之聘,教練其陸軍,土之士官,轉入德國各陸軍大學,俾受高等軍事教育。希土克來脫之役,(一八九七—九八)列强擬取此島充國際共管矣;土耳其一失此島,則君士但丁堡之險要已撤,蘇彝士北岸無從守矣。惟德意志獨闢此議,結果土耳其命脈所繫,卒以保全,此則德土兩國親善之由來,而亦兩國利益之互相交換也。德皇威廉二世於一八八九年及一八九八年兩次遊土，以表其對於土皇之尊敬。方其第二次在土時，又作親善之演說，自稱爲「以色蘭」之良友。設有德人評及土事，亦均加以箝制。德國駐土大使皮勃斯丹男爵操縱土政凡十五年。（一八九七—一九一二）德施行於土之政策而得最大之效果者，卽於一八九九年蘇丹從德皇之請，以德之資本築巴格達特鐵道是也。巴格達特鐵道：起自拖斯福東岸之斯古塔利，（亞洲土耳其之極西城，在君士但丁堡之對岸。）經阿那多利，穿叨羅斯至阿達那及阿來卜，再繞苛特斯坦南面達木蘇耳，沿底革里斯河以迄巴格達特，再由巴格達特南向出巴比倫至卜沙拉以訖波斯海灣之瓜唯脫爲止境。全路之長凡一五〇〇哩，沿路兩岸每岸之闊凡六一二哩，共計凡一八〇〇〇方哩：皆許德人以永享特殊利益，蓋德皇海軍以外之最重要計畫也。尙有名海夾子鐵道者：卽由阿來卜經敍利亞及海夾子至美咖；該鐵道權亦在德意志掌轄之下。方巴格達特鐵道建築之始，德人亦曾請英法共同投資，和者固不乏其人，英終以此鐵道之將來，有礙於印度，起而反對之。英外長郎司董宣言曰：『凡有欲於波斯海灣以內謀建海軍根據地或築壁壘者，是對於英之利益，有直接之衝突，英必盡全力破壞之』故德人之招英股者，英人皆拒絕之。時瓜唯脫之酋長，本奉土皇之正朔，至時受英人之壓迫，亦反對此鐵道之及於波斯海灣矣。要之巴格達特鐵道之對於英，實有大不利焉。英俄方和，德踵起以窺印度，且英之視蘇彝士運河，如一身之脊髓，以其連埃及印度與英而一以貫之者也，至是亦須仰巴格達特及海夾子兩鐵道之鼻息矣！

第六節　英法俄三國協商

自克里米亞戰爭而後，英吉利以島勢之險要，海軍之堅强，抱閉關自守之政策，不復與他國相角逐。既而德意志勃興，爭長北海，爲英勁敵，而德之殖民及商務，又有蒸蒸日上之勢；英國至此，勢不能不變其政策；故自一八九七至一九〇七年間，歐陸列强，棄仇相結，而柏林會議所造之均勢，爲之顚倒矣。此十年間，直可謂之外交變化時期。至此又不得不追溯十九世紀中英法之關係與英俄之關係。夫英與法，世讎也；瓊英烈女之焚死，拿破崙一世之禁錮，友琴路易親王（拿破崙三世之子）之陣亡，皆法人所引爲痛心切齒而刻刻不忘者。其他若印度，若埃及，若加拿大，本在法人掌握之中，英人據而有之，讀史者，蓋屢見之矣。一八九四年，法國外交總長哈諾多鑒於英之侵佔埃及，益抱仇英政策，將與德修好。

英相沙司勃來與法本不相善，嘗謂「拉丁」者日趨於沉淪之民族也，故亦與德善。英法之衝突，遂見於法勗達之役。

時一八九八年法馬西斻上校率隊據尼羅河畔之法勗達，英政府遂遣吉青納將軍由嘉通發兵拒之。此時兩國皆厲兵秣馬，以備相見於兵戎，而其結果則竟由兩國外交家之調停，互相讓步；法退出法勗達而領惠臺，使法之非洲屬地，由北而西聯爲一氣，法勗達一役遂寢。調停其事者，法外長代爾喀賽與英外長郎司董也。

法勗達之役，實爲英法接近之第一步，蓋代爾喀賽之政策，夙以親英爲前提，且爲首倡英法同盟說者。英王愛德華七世愛法甚篤，自一九〇一年卽位以來，驟變其母維多利亞之政策，專以親法爲事，以爲與法提攜，則可以保全世界之均勢，而制德人之野心也。時日俄兩國方酣戰於旅順，英爲日之同盟，法爲俄之與國，二國以同盟之關係，似有不得不牵入漩渦之趨勢。英法苟牽入漩渦，德必乘此時機，以冀發展其横行天下之野心，故英法二國，斷不出此，兩國於一九〇四年四月亟行協商，以解決鈕芬蘭暹羅緬甸埃及摩洛哥之利害關係，所謂英法協商者是也。其關於埃及與摩洛哥，其內容如左：

法國承認英國在埃及之地位，英國確認法國在摩洛哥之利益，同時共保證蘇彝士運河直布羅陀海峽之航行自由。

當摩洛哥問題（詳後）爭執劇烈之時，英人許法以實力之援助，訂有密約，大意當法德開戰時，英國陸軍登陸襲擊德國側部，即英法陸軍協定是也；既而英法海軍協定又盛傳於世，大意謂法國以海軍全力集中地中海獨當奧意，英以海軍全力防德而兼護法。

自英法協商成立以後，代爾喀賽以法跨地中海，則足以兼顧北非之摩洛哥，阿爾支利與多尼斯；然對於沿地中海諸大國，如意大利，如西班牙，尤不得不與之修好。一八九八年，法意兩國簽商務協約：向兩國以關稅之爭執，頻年不解者，今日告一結局矣。尋法承認意之拓其勢力於脫里波利，而意亦不再有所求於多尼斯。自是以後，法意兩國雖無實際上之互助，而德奧意三國同盟之因之動搖，則顯然矣。一九〇四年則有法西之協約，各畫定其在摩洛哥之勢力範圍焉。

夫英法以世仇而歸和好，舉世奇之，而英俄之勢不兩立，亦竟至攜手，世事之變幻無常，洵有不可測度者矣。在十九世紀之百年中，英俄之相讎最深，角逐亦最力，蓋俄之久窺君士但丁堡而思達地中海，英必以全力阻之，而英之經營印度，俄亦必有以破壞之，故英俄之爭點，不在於歐，而在於亞，以其所爭之點，有地勢毗連之關係也。況日俄之戰，（一九〇四—〇五）以英祖日而俄敗，是則英俄兩國間之糾紛，似無從解決者也。

自葛賚長英外交以來，繼續郎司董之外交政策，即與俄棄怨言好。當一九〇五年之末，波斯國會要求改專制爲立憲。翌年七月，戴郎（波京）約有一萬四千餘人，聲明不再受王之節制，願求英使館保護；王不得已而從國會議員之請，遂於一九〇七年元旦日簽一改制約。是年老王卒，其子踐位，雖宣言紹述先志，然對於憲法，因有違回敎之本旨，而又畏立憲黨，於是貌合神離，延至九月尙未宣誓國民大譁，頓呈騷擾之象，英俄遂乘機干涉。夫俄之所以覬覦波斯者，以波斯適當其衝；甚欲假道波斯，以逞其東達印度，西擾君士但丁堡之野心也。而英屬印度與波斯間有小國曰俾路支者，英人吸收之而據爲己有，故所謂波斯者，不啻北界俄，南界英，而在此兩國勢力範圍之中也。顧俄自新挫於日，元氣已傷，且以英在波斯之南，其志終不得逞，而德奧又每飯不忘巴爾幹，於是俄遂有與英結合之傾向。俄諺有云：『吾友之友，亦吾之友。』蓋俄之友，乃指法而言；英旣友法，則又爲俄之友矣。時英亦以德駸駸日盛，利用時機，故於一九〇七年英俄協商遂告成立。此協商有關於波斯阿富汗西藏三種條文，其內容之大概如左：

（一）波斯境內畫分勢力範圍三區：北歸俄，英不干涉俄之特權；南歸英，俄不干涉英之特權；中區波斯自主，兩國在波斯之經濟利益爲均等，不得獨占。

（二）俄羅斯承認英吉利在阿富汗之特殊勢力；俄國不得派遣駐在官；兩國共同恪守商工業機會均等主義。

（三）英俄兩國承認中國在西藏之宗主權，並不派遣駐藏代表，但此約不妨害一九〇六年之中英條約及中英條約所承認一九〇四年之英藏條約。（英藏條約之一，西藏政府，不得英國許諾，不能將藏地割讓或租借與他國，西藏政府不得受他國干涉，並不得擅許他國以路礦等權。）

英俄與英法，本水火不相容也，竟釋前怨而相協商，無他，有畏於德耳；故無論爲同盟，爲協商，其效力皆均，正不得以協商故而異視之。英某報曰：『英俄法原屬協商耳，協商與同盟異也，葛賚則故將協商政策而變爲同盟政策，故雖無同盟定名，已有同盟旨趣，因之乃生一定之義務，且有一定之責任，所不同者，不過無正式締盟之形式耳。』即是以觀，可知英法俄協商眞象。英法俄三國協商既成，意大利之於德奥，又復不關痛癢，則德奥形勢，已包圍於英法俄三國之中，至是而歐洲均勢，又爲之一變。國際之營營擾擾，洵如一棋局也，能不寒心乎！

第七節　同盟協商在摩洛哥之接觸

當十九世紀末葉，歐洲列强，以蘇彝士河開闢後之便利，有巴爾幹之競殖勢力，及北非之爭相佔領，地中海遂爲逐鹿場矣。至二十世紀之初，非洲西北有回教國名摩洛哥者，雖奉土耳其之正朔，實擁獨立國之虛名。其地北界地中海，西臨大西洋，地勢險要；且又土地肥沃，礦產豐富。列强垂涎，已非一日。德意志之求尾閭地也久矣，今見摩洛哥之有隙可乘，遂乃蠱惑蘇丹，（摩王稱）得其許可，而投資於其境。然摩洛哥之東鄰阿爾支利，法屬也；法之圖摩洛哥也先於德，如路礦，如郵電，已早握其大半。德法兩國之利害，本不相容，至是而衝突遂起。

摩洛哥內地之數部落，以仇視歐人故，數數暴動；摩政府無力禁止，法遣兵剿之，遂乘機占領其地。德意志於此乃有所藉口矣！時俄羅斯方新挫於日本，無力西顧；英吉利又以南非獨立之戰，元氣未復。德皇威廉二世遂於一九〇五年三月藉英法之祕密協約為名，親至湯其亞（摩洛哥之沿大西洋海口）謁摩王。德皇承認摩為獨立國，禮遇甚渥，是不啻間接挑釁於法蘭西也。法方陷於孤立，卒從德請，開會公判。法外長代爾嗒賽不願抗席樽俎，乃辭職；或曰：『德皇之壓力使之然也。』時德法英美西摩諸國開會於西班牙之阿耳其西拉司。德國代表力爭摩洛哥完全獨立；英代表則以摩洛哥為一法國問題：兩說相持不下。一九〇六年十二月三十一日簽約，約存西京瑪德利特，期五年。據約：摩人巡緝全國，以法西軍官為之長，而以一瑞士軍官稽察之；國內立一國家銀行，英德法西諸國皆得派監理官干預之；各國在摩之貿易，有同等之機會。至一九〇九年，德法兩國，另立分約，以定兩國在摩相當之權利，而德國不欲使法獨吞摩洛哥之目的，卒告成功。

雖然，法之欲包摩洛哥而與阿爾支利多尼斯成北非之一大屬地，其雄心未嘗已也。於是煽動其阿爾支利及摩洛哥交界之匪徒，嗾使擾亂，乃得藉口武裝干涉，突然進兵。一九〇七年，摩蘭哈非特率叛軍戰敗國軍，入番市，（摩京）自稱蘇丹，以聲言能守阿爾其西拉司和約得列强之承認.既而摩蘭哈非特被圍於番市,不得已向法乞援.是時歐人之在番市者皆有殃及之虞.法人藉此,乃遣士兵數隊,統以法將長驅入番市.番市城內歐人,始皆出險.旋摩蘭哈非特迫於其弟之爭位,又乞援於法,而摩洛哥之實權,至是幾盡入法人之掌握矣.

德見法之勢力日拓,始悟爲法所欺,卽責問法人之違阿爾其西拉司條約;然法人始終堅持.是時也,英方有南非之不靖,未能盡力袒法;德人遂乘機要求在摩洛哥之相當利益.法人不允.一九一一年七月一日,德遂遣礮艇「本丹」號駛至阿加第爾以示威.是時駐英之德大使通知英外長葛賚曰:『法違約佔領番市,是以有「本丹」號之遣;解決之法,惟以摩洛哥均平剖分.非然者,則於法屬康哥畫一地以作酬勞耳.』葛賚與全體閣員商酌後,乃復德曰:『英法未有先事之協商,故英德關於摩洛哥之事,不能開議.』德以英正多故,勢不能顧法,遂又索法在中非之殖民地爲摩洛哥外相當之交換品.英財長路合喬治則謂德之要求,未免過甚,恐釀他禍;此七月事也.至九月,德又知俄國內訌未靖,力不能助法,遂以强力索法答復.法不得已與開議.一九一二年三月議定:摩爲法之保護國,而守開放主義，許德人自由貿易法割讓喀墨龍數地於德。議既成，德遂歸還阿加第爾。使德而能久據阿加第爾也，既能保護在非之屬地，復能奪英在南美之商務，甚至英有之兩海邊，一由大西洋而地中海而印度而澳大利亞，一由大西洋而南非而南美，皆爲所箝制矣。顧德竟猶豫未決者，亦有故；蓋英法協約之眞相，其實力所至，德未之知，故卒以觀望而失機會。

抑尙有進者，德人什九主戰，即不戰，亦不能不作備戰狀，以期洞悉法軍召集之速率。於是欲下動員令，既又以不能籌得巨款而罷。蓋德之財政，實恃外債；英法爲德之債主，至期而索償矣。德商諸美，亦不果。於此並可見德受財政之箝制；英法於美，有經濟之私約，致德不能逞其所欲也。

更就此役之結果而論，德法兩受損傷：德則摩洛哥所有之利益盡歸於法；法則割去康哥沿喀墨龍二三〇〇〇〇方杆，人口一百萬。惟英人以助法故，使英德之仇，愈演愈深。且此役實爲「同盟」「協商」接觸之焦點，亦即千鈞一髮之時也。法恃英爲後盾，故對德始終堅持，未嘗稍讓。夫德法以地勢之毗連，形同鷸蚌；英以海峽之蔭，成漁翁之勢；故德法相爭，英實坐收其利。況英法兩岸之最近者，相隔僅二十哩，大礮之射擊力所能及也，英又不得不預爲之備。故英法之締協商，實英之所以自護，亦卽借法以禦德之意，於法有何補乎？德人哈通嘗著「德法戰事記，」其首句曰：「德法和而天下定。」在德，威廉二世亦未始不思聯法以抗英；在法，哈諾多（史家兼外交家卽訂俄法同盟者）倡之於前，喀煜（曾四掌計政，一任首揆；任首揆時，適摩洛哥役也。）繼之於後，皆主法德提攜，以孤英勢者：可見德法又未嘗不知己之將爲鷸蚌，而英爲漁翁也。夫法之所以怨德者，不過一八七一年之敗，割去亞洛兩州，而法英則爲世仇；故法人有倡德以亞洛兩州歸法，法以南非馬特加斯加大島與德爲交換之條件，以冀德法之親善者。庸知英之愛德華七世郎司董葛賚輩，以靈敏之外交手腕，從中斡旋；復因法之代爾喀賽克來蒙蘇普嘉賚等力主親英：法英聯合之時機熟，而法德親善之說遂熄矣。一九一一年，普嘉賚繼喀煜任總揆兼長外交，一九一三年被舉爲總統，法英自是日益親密，以迄大戰，終成脣齒之交。

第四章　大戰之原因二

第一節　土耳其侵入歐洲後之巴爾幹

自一四五三年土耳其人佔領君士但丁堡之後，勢力日拓，旋卽蔓延巴爾幹半島，聲勢大盛。於是此數百年間，歐洲歷來崇奉耶教之大小二十餘國，不爲土耳其所征服，卽爲其所震疊。迨一六八三年土以常勝之軍圍維也納，爲波蘭王沙皮斯基所敗，由是土勢稍衰。

十七世紀之末，爲土耳其全盛時代之季世。論其幅員：在歐則有巴爾幹半島，匈牙利，倍薩拉皮亞，克里米亞，及沿黑海附近數地；在亞則有自地中海以迄波斯界之全境；在非則有沿地中海之北岸。（摩洛哥不與焉）說者謂爾時之地中海，宛然一土國之池沼。顧土於是時雖有可用之軍隊，而以之轄遼廓之版圖，顧此則失彼，擊東則遺西，其難以持久也明甚。是以所轄北非諸省，如脫里波利，多尼斯，阿爾支利，名雖奉土正朔，而實際則無異於獨立。十八世紀時，漢帕斯堡氏據匈牙利。而俄人復乘機而起，以排斥異教，於是黑海北岸之土人，乃不得不被擯矣。

十九世紀初，巴爾幹半島及亞洲之西部尚隸土皇掌轄。然土耳其帝國之地勢，適當歐非亞三洲之衝；即其所屬之人民，亦不能不以種族文字宗教而異。亞洲土耳其版圖之中，若土耳其人，阿剌伯人，苛特人同教徒居其多數者也；若阿曼尼亞人，希臘人，耶教徒居其多數者也。至歐洲之土耳其，則土人居少數，大半爲「斯拉夫」族之耶教徒。故近東問題之糾紛，卽因巴爾幹民族之複雜而起。巴爾幹半島者，世常目之「危險區域」者也，觀於近百年來歐陸之多故，罔不肇基於此，信然哉！

巴爾幹民族含有亞歐兩洲移居之人民，故極形複雜。如塞爾皮亞人，源於「斯拉夫」族，居塞爾皮亞蒙丹尼格羅波司尼亞及黑詹果維那各地者也。如保加利亞人，雖以「斯拉夫」一語爲國語，而屬於「蒙古」族，蓋由西亞移居於此，與「斯拉夫」族之土人混合而成者也。羅馬尼亞人自以爲羅馬後裔，則以今日所居之羅馬尼亞，卽往昔羅馬帝國之達西亞省，且所用之文字，亦根源於「拉丁」，實則「斯拉夫」之「伐拉克亞」支與少數之「拉丁」人混合而成者也。巴爾幹半島之南部爲希臘，卽古希臘舊壤，其居民每以今日之文藝學術，正爲高曾矩矱之所留傳，且以巴爾幹領袖民族自居，第按之實際，則今日之希臘人，雖所用文字爲古希臘文之變相，而實與「斯拉夫」人混雜者也。沿希臘數島之居民，大半爲古希臘族之嫡系。阿爾巴尼亞人則爲五方雜處之遊牧民族，堅忍耐勞，精悍善戰，而其中又分耶回兩派，回教徒忠於土皇，餘則爲四散之阿曼尼亞人及猶太人耳。阿曼尼亞人宗耶教，無一定之區域，故所處地位最爲卑弱，而常受他族之淩虐者也。猶太人雖亦無固定之疆土，然較之阿曼尼亞人差爲優勝，以猶太教與耶教相水火，而回教徒能利用之以與耶教抗；猶太人與回教徒之結合如此，故其地位視阿曼尼亞人爲勝也。至於巴爾幹之商務，皆執自猶太希臘及阿曼尼亞三族居民之手。

巴爾幹半島內，宗教與政治實有連帶之關係，甚至種族依宗教而分別。每一宗教團體，能於其所居之地，操行政司法之特權，其首領蓋爲土皇所承認者也。大都此半島之居民，皆奉希臘派之耶穌教，其宗旨禮節及組織，皆與俄相彷彿，蓋俄希人民，同皈一教。其首領稱總牧；總牧之居君士但丁堡者，爲土皇所特派，職是之故，總牧常爲其徒衆所疑忌焉。

統治以上諸族者爲土耳其人。其駕馭之力，無非由於征服巴爾幹半島以後之效果，兼之以耶回兩教之不相容。耶教徒之唯一職分：曰服從，曰納稅。且法律上於耶回兩教，皆遵土耳其之制，不得處平等地位；舉凡重要職務與海陸兩軍，無任用耶教徒者。

土耳其爲專制帝國，蘇丹（土皇稱）獨裁，設國務卿以輔行政，且有「以色蘭」（凡奉回教正朔之稱）盟主牧長以傳其意旨。全國分若干行省，每行省設一總督以治理之。土耳其政治腐敗，財政紊亂；法綱不舉，賄賂公行。在內，釀成國人之革命；在外，引起列強之干涉。說者謂巴爾幹諸小國使不自相屠戮，或歐洲列強分肥而勻，以土耳其當日⿸尢危⿰骨危之現象，其能免於滅亡乎？然則土國得延此一息者，蓋亦幸矣。

十九世紀前葉，英俄兩國最注意於土事。夫俄之所以垂涎君士但丁堡者，以其爲地中海之鎖鑰，一旦據有其地，可藉以經營四方之貿易，且得自由駛行船隻，以達雄霸地中海之野心也。矧巴爾幹諸民族，大抵與俄有同種同文同教之關係，是又爲俄人所易藉口也。英人對土之政策則反是：彼以俄人苟佔有土耳其，則其勢力範圍中之印度埃及，不能一氣聯貫，而時時有堵截之虞；且俄人而據君士但丁堡，則必與英人角逐於地中海，虎兕出柙，不可復制。此其事爲英之所不欲，又彰彰明甚。是以英之於土耳其，始終以保全其領土爲職志。當日英吉利對於近東之政策，蓋如是也。

第二節　希臘獨立戰爭

巴爾幹人民受法國革命之影響，復經數世紀以來土耳其之壓制，蠢蠢欲動也久矣。一八二一年，希臘首樹革命之幟。英國著名詩人擺倫投筆請纓以應之，一時希軍聲勢大盛。然經數年之血戰，希軍卒以衆寡不敵，行將顛仆；英俄法聯軍以保護希臘文化爲名，起而干涉。一八二七年，英俄法土四國代表會議於倫敦，要求土皇停戰。乃會議未及終了，適聯軍殲土耳其艦隊於那伐利諾。時英軍恐土耳其滅亡，不利於英，遂退出聯軍團體。俄法二軍大破土兵；俄軍長驅向土耳其進發；法軍逐土人出廱利亞。（希臘南部）土皇乞和，簽阿突利亞堡約，許希臘完全獨立。時一八二九年也。

塞爾皮亞亦時起革命，自希臘獨立後，遂於一八三〇年亦得地方自治，惟必奉土耳其之正朔耳。

第三節　克里米亞戰爭

希臘獨立戰爭結果，俄羅斯雖未得大償其慾望，（俄曾得高加索數地）然於巴爾幹半島已殖廣大之勢力；蓋由其地之居民，大半爲「斯拉夫」族，俄人於此藉同種之名，不難假保護兩字爲口實。且俄對土之唯一目的，卽爲佔君士但丁堡；君士但丁堡而入其掌握，則俄之艦隊可由黑海而至地中海。俄意欲與英平分土耳其，英以利害關係拒之，俄皇尼古拉一世遂單獨進行。

一八五〇年，適耶教之「羅馬」「希臘」兩派僧侶因柏來斯丁聖地管轄問題而起爭執，柏來斯丁者，土之行省，耶穌誕降之所也。各處教徒進香，源源不絕，由來已數世紀矣。爭執既起，俄以屬「希臘」教，故要求土政府予俄以在土境內保護希臘教之特權。土皇以俄干涉其內政，不之應。一八五四年，俄遂對土宣戰。

此役也，英以抵制俄之南下，起而助土。法因俄帝尼古拉一世不承認拿破崙三世爲法帝，且拿破崙一世之受挫於莫斯科，引爲憾事，乃亦挺身袒土。比特蒙（時加富爾當國）乘此出兵，俾將來得列席和會，以促成意大利之統一，亦復加入聯軍。時則奧大利以守中立故，大觸俄人之怒；俄人之意，以爲一八四八年匈牙利之革命，曾助奧以平亂，今俄遇勁敵而奧乃作壁上觀，兩國之仇，由是而始。至普魯士，以觀望故，亦守中立。

聯軍先攻克里米亞，以絕俄軍黑海之出路。尋聯軍陷西拔司篤卜爾，（克里米亞要塞）俄軍漸不支，聯軍亦無再進意，雙方遂息兵。一八五六年，雙方簽和約於巴黎，列席者爲英法俄土奧普比特蒙諸國和約規定：黑海爲中立區；沿黑海各地，不得築礮壘；黑海之中各國皆不許駛行艦隊；多瑙河可由各國自由行駛；俄羅斯拓地自多瑙河至摩耳達維亞，得倍薩拉皮亞之一部；否決俄在土保護「希臘」教徒之要求；許摩耳達維亞及伐拉克亞兩省之地方自治，惟仍奉土耳其之正朔。

克里米亞戰役之結果：土耳其反受其利，且又列席巴黎會議，與歐洲列强抗席樽俎之間；俄羅斯故犯和約，不承認黑海之中立：此皆受戰爭之直接影響者也。若間接之影響：在俄則釋放奴隸；在意則促成統一；在法則增加拿坡崙三世之權勢。

第四節　俄土戰爭

自克里米亞戰爭以後，摩耳達維亞及伐拉克亞之羅馬尼亞人依希臘之故事，擬脫土耳其之羈絆而成一獨立國。一八七五年，黑詹果維那之農民，因歷受土之苛稅及土官之酷待，忍無可忍，起而革命。翌年，保加利亞繼起。土政府遣重兵分剿之。斯時耶教徒遭土人之殘殺，歐洲各國聞之，咸大怒。俄帝亞歷山大二世藉口土人殘害耶教徒，乃倡議伐土。英及其餘各國猶豫未決，俄軍遂於一八七七年對土宣戰。是年冬，俄軍陷波來符那。（在保加利亞）翌年正月，陷阿突利亞堡；方將長驅入君士但丁堡，土皇遣使求和。一八七八年二月，俄土簽聖司梯法諾和約。據約塞爾皮亞蒙丹尼格羅羅馬尼亞完全獨立；保加利亞包羅羅米利亞及馬西頓尼亞完成一大保加利亞；土耳其仍有君士但丁堡及其附近與阿爾巴尼亞。然希臘及塞爾皮亞亦垂涎馬西頓尼亞，起而反對「大保加利亞」；英又以聖司梯法諾和約若告成，俄勢力必益形擴大；奧亦因欲得沿愛琴口岸，同聲否認。於是歐洲列強皆謂巴爾幹問題，乃全歐所關，不可不由全歐解決之。俄以衆寡難敵，不得已而從衆意，遂於一八七八年開柏林會議。列席者爲英俄德奧法意土等國。德首相俾士麥被推爲主席，提司來利代表英，高却果夫代表俄，皆會議席上之中堅分子也。會議之結果如左：

(一)聖司梯法諾和約完全取消。

(二)塞耳皮亞蒙丹尼格羅及羅馬尼亞完全獨立。

(三)「大保加利亞」三分其地：保原地得稱自治國，惟奉土之正朔；羅米利亞之東部設耶教總督以治之；馬西頓尼亞仍屬土耳其。

柏林會議

(四)奧大利得波司尼亞及黑詹果維那兩州之統治權，惟以尙屬土耳其爲名．奧又得拿維拔柴之軍政及商務特權．

(五)英得據居伯羅司島。

(六)俄以度勃羅劇數地易羅馬尼亞所屬多瑙河北岸之倍薩拉皮亞。

(七)列强承認土耳其之保全。

柏林會議之結果，未得巴爾幹問題之解決，反益增其糾紛。保加利亞自是臥薪嘗膽，以冀貫徹其「大保加利亞」之主義。俄羅斯以有勝土之功而無其實，憤而進行其新計畫，即一方南下印度以制英，一方煽動巴爾幹諸小國以拒奧。至若此次之德意志，一無所得，反以袒奧爲俄所恨，惟俾士麥於柏林會議中爲之主席，尙得引以爲虛榮耳。

第五節　柏林會議後之巴爾幹

自柏林會議而後，巴爾幹頓成一世界重要問題；所以然者，一爲諸小國之相率抗土耳其；一爲諸小國之互相仇妒；一爲列强之利用諸小國，競殖其勢力於巴爾幹。醞釀既熟，遂演成世界大戰。

巴爾幹諸小國之中，希臘獨立最早，蓋其時在柏林會議之前。獨立成功，國人於一八三三年改國體爲君主立憲，迎立巴燕之烏多親王；然至一八六二年而又廢之，以丹麥王克利斯金九世之子承其位，是爲喬治一世。後英吉利以伊沃寧島嶼見歸，(一八六四)土耳其亦讓出丹色利，(一八八一)版圖遂漸擴大。乃希臘猶以爲未足，緣有希人所居之數地尙奉土皇正朔，若馬西頓尼亞與愛比路司與愛琴島嶼者，正不一而足；而克蘭脫居民幾全爲希人，屢謀脫土人之覊絆而不果。至一八九七年，希臘對土宣戰，卒爲所敗，志不得遂。一九一〇年，克蘭脫領袖梵尼瑞洛司爲希首相。梵生平所抱政策，一爲力圖希臘民族問題之解決，一爲慫恿巴爾幹諸小國合縱以抗土耳其。

塞爾皮亞與蒙丹尼格羅之獨立，得自柏林會議者也。初，塞之掌政權者有兩族：一曰喀拉喬治維起，一曰屋勃來諾維起。當一八〇四年時，喀氏起義，謀塞爾皮亞之獨立而不成，至一八一五年，屋氏踵起，屢敗土軍，卒於一八三〇年獲得塞爾皮亞之地方自治而爲之首領。數傳至米蘭，以柏林會議之結果，既得完全獨立，遂於一八八二年晉號爲王。米蘭崇尙專制，且好親奧。一八八五年爲保軍所敗，民心蠢動，乃許國人改良憲法以緩和之。然至一八八九年卒爲國人所廢。其子亞歷山大卽位，厲行專制，甚於乃父。至一九〇三年遭暗殺。國人迎喀族之彼得爲王。彼得改良憲法，易親奧而爲親俄，而奧人之勢力盡失。波黑兩州，塞民族所居之地也，柏林會議結果，奧獲得兩州之統治權，塞人對之耿耿不忘，而兩州人民，祕密結社，以圖反抗，塞政府復予以援助，促其革命，意欲舉波黑兩州歸還塞人。奧大利乃抵制塞人貨物之進口（一九〇五）以困塞，蓋塞向以家類及農產物爲出口大宗，特法奧爲行銷場，一旦受奧抵制，塞人自必受困，而奧之策略勝矣。一九〇八年，奧皇正式宣布波黑兩州幷入奧國，而塞人仇奧之心，至是乃更進一層矣。蒙丹尼格羅，塞之同種國也，其領袖尼古拉於柏林會議後稱王號，所抱政策，視塞爾皮亞爲轉移。

與塞爾皮亞蒙丹尼格羅同時得完全獨立者，又有羅馬尼亞。國王加羅爾及王后以利沙伯雖爲德人，深受國民之愛戴。后尤以文學著，嘗以喀門特西爾伐別號署籤題，著作宏富，一時傳誦。至其對外發展，一如其餘諸小國。俄之倍薩拉皮亞，奧之蒲古維那及德蘭西耳伐尼亞，其居民泰半爲羅人，羅人時時欲收歸己有者也。然與俄奧抗，力實不敵，祇能徘徊觀望，以待時機而已。

巴爾幹諸小國中，維保加利亞之獨立爲最晚。初，保加利亞賴俄人之助，宣布自治，而俄人在保勢力，亦因之日益擴充。且保王亞歷山大又與俄皇有連，重以軍政長官之顯要者，皆俄人充之青年志士日覩大權之旁落憤皆欲裂咸謂保加利亞者保加利亞人之保加利亞也斯言出而俄保之釁肇其端矣一八八五年保人之居東羅米利亞者違柏林和約而叛歸保國俄皇以事先未嘗與聞深惡保人之專擅乃撤回其在保之軍官使保軍失其統馭以爲懲罰之地塞爾皮亞見機可乘乃大舉侵保保人雖失統將而驍勇善戰卒破塞兵保既獲勝廢亞歷山大立德人斐迭南(一八八七)而保之親德自是始一九〇八年保加利亞正式宣布完全獨立斐迭南乃稱王號自是而後保人專謀國外之發展意欲由馬西頓尼亞而達愛琴海蓋其地爲保人所夙昔覬覦者也然是事也非特見阻於土且又見阻於希塞而異日保與希塞之爭端可於此預卜矣

土耳其自柏林會議後雖疆域日蹙猶不失爲老大帝國惟各國對土政策驟爲一變俄以俄土戰爭之結果雖勝而不獲利遂棄巴爾幹而覓新機會於遠東終釀成日俄之戰英以攫取埃及蘇彝士運河故亦失睦誼於土德意志勢力遂乘機侵入德自俾士麥罷職後政策亦爲一變向之視土耳其爲無足輕重者今則威廉二世之視綫專注於此巴格達特鐵路也果爾池將軍之教練土軍也皆德土兩國親善之效果時土內政紊亂財政竭蹶巴

爾幹叛離諸國，咄咄逼人，歐洲列強，又無不爭先恐後，以封殖其勢力，國勢瀕危，莫此爲甚。且蘇丹哈米突，暴君也，怙其專制之淫威久矣，國人忍無可忍，遂釀成一九〇八年之革命。

土耳其青年志士，往時遊學歐西，俱吸受法國革命之空氣，羨人民自由之精神；歸國之後，組成統一進步黨，固日夕以改革政治爲宗旨者也。一九〇八年六月二十三日，黨人以軍隊之援助，逼令哈米突復一八七六年之憲法。（哈米突於一八七六年卽位之初，卽訂定憲法，二年後廢之。）哈米突陽奉陰違，黨人卒囹禁之於薩洛尼加，迎其弟摩哈默特五世踐位，土耳其君主立憲，始告成功。新政府之下，舉凡回教徒耶教徒猶太教徒，皆受同等法律之待遇。然執政諸青年，（統一進步黨員）常以厲行土化主義爲已事；土化主義者，卽集各省行政之權於中央，各學校中又以土文爲强迫科者也。顧土國版圖中之諸異族，本有地方行政之獨立，至是反受束縛。於是阿爾巴尼亞，阿剌伯，馬西頓尼亞，克蘭脫先後叛亂。歐洲列强之在土耳其，如領事裁判權，如關稅權，如宣教權等，本有特殊之勢力，至是盡爲土執政青年所恢復，尤不免觸列强之忌。時奧乘機奪波黑兩州，（一九〇八）保亦正式宣布獨立，（一九〇八）意則占脫里波利，啓來酒加，愛琴島嶼，是謂意土戰爭。（一九一一）

初，德以與哈米突同好惡，見棄於土之執政青年。迨列强壓迫日烈，德忽挺身而出，土耳其瓜分豆剖之禍，方得以免；而德人在土之勢力，不特盡行恢復，且蒸蒸日上矣。

第六節　巴爾幹戰爭

巴爾幹諸小國鑒於土之日趨傾頹，由希人梵尼瑞洛司之主張，組織一巴爾幹諸國攻守同盟，以對付土耳其。一九一二年，希保塞蒙四國要求土政府許馬西頓尼亞自治，土不許，戰事遂起。時列强因摩洛哥形勢嚴重，危機一髮，遂無暇干涉。

土耳其四面受敵：蒙人攻阿爾巴尼亞；塞人掠北馬西頓尼亞；希人擊南馬西頓尼亞；保人窺脫拉斯。保將薩服夫身先士卒，掠取基克基利塞，復大破土軍於羅爾菩加斯，土軍退守却泰嘎以保君士但丁堡。同時塞軍於西佔不里司抵那，拿維拔柴，摩那斯抵及賨拉孰；希軍陷馬西頓尼亞南部，佔薩洛尼加及愛琴海內數島嶼。各國經英外長葛賨之調停，於一九一二年十二月三日簽休戰約於倫敦，然此約未能發生效力，因土不願交阿突利亞堡於保及愛琴諸島於希。翌年二月，戰事復起。希人進佔耶尼那；保塞聯軍攻陷阿突利亞堡；蒙人亦同時猛攻斯古塔利，於第二次休戰期內陷落之（一九一三年四月二十三日）

一九一三年五月三十日，參戰各國代表齊集倫敦，簽訂和約，即所謂倫敦和約是也。此約之結果：土耳其除保留君士但丁堡及鄰近諸地外，幾已逐出歐洲；克蘭脫割歸希臘；愛琴諸島及阿爾巴尼亞容後定：是謂第一次巴爾幹戰爭。

第一次巴爾幹戰爭之結果，巴爾幹諸小國獲完全勝利；然以權利之分配未均，各小國間又發生莫大之波折。保加利亞以首功而索馬西頓尼亞全州。然希之覬覦薩洛尼加，已非一日；塞因奥之干涉，不能收戰勝阿爾巴尼亞之果，至是亦欲得馬西頓尼亞之一部爲交換品；羅欲覓沿黑海之一海口，以償其素願：故皆不之允，戰爭遂起，所謂第二次巴爾幹戰爭也。是役以保爲衆矢之的：塞蒙兩軍攻其西，希犯其南，羅窺其北。保軍經數次血戰，卒以衆寡不敵而敗，土亦乘機奪回阿突利亞堡。各國因奥之發起，開和會於羅京蒲加來司脫。一九一三年八月十日，約成：希得馬西頓尼亞之南部；塞獲馬西頓尼亞之西部，且與蒙同分拿維拔柴；羅由保沿黑海畫出一邊以償；至保則於馬西頓尼亞之沿海地及西脫拉司外，凡第一次巴爾幹戰爭所獲之勝利幾全喪失。一九一三年九月二十九日，土保簽約，所謂君士但丁堡約者，土收回阿突利亞堡及東脫拉司。是時巴爾幹最難解決之問題，厥維阿爾巴尼亞塞蒙二國久垂涎此地且欲分而吞之然見阻於奧意卒不果其所以被阻者蓋不欲塞之得有海口而擴其勢力於阿突利亞的克海也職是之故阿爾巴尼亞問題遂成大戰前之一焦點蓋俄以種族之關係而袒塞德亦以種族且兼同盟之關係而袒奧塞卒以壓迫過甚而還竇拉熟蒙亦還斯果塔利阿爾巴尼亞卒爲自治國而以德之維德親王威廉長之而紛爭暫定

第七節　巴爾幹戰爭後之東歐形勢

巴爾幹戰爭之結果保與塞蒙希羅四國之互相仇視益甚向之一致仇土者今且同類相殘矣列强於諸小國既各有袒護於是巴爾幹問題乃一變而爲列强問題

二十世紀初德奧兩國於巴爾幹勢力至爲偉大土之於德維命是聽宛然一被保護國巴爾幹諸小國幾無有不與德發生關係者保王斐迭南德人也羅王加羅爾亦德人也德皇威廉二世之女弟蘇斐亞許字將來之希王康士但丁塞王亞歷山大一切仰奧皇之意旨故當時之巴爾幹實「條頓」族勢力範圍中之巴爾幹也及至一九〇三年塞王亞歷山大被刺後新王彼得以與俄關係較深遂傾向俄此不可不謂予德奧以一大打擊至俄國

則自敗於日本以後，遠東方面，已無從逞其野心，遂返其視線於巴爾幹，且以保護「斯拉夫」一族爲名，以實行其籠絡之政策。德奧兩國，見俄人如此，乃行先發制人之計；一九〇八年十月七日，奧違柏林和約，正式宣布波黑兩州隸諸奧國版圖之下。俄以新挫之後，元氣未復，不敢猝動。自是「條頓」人之勢益强，一時德皇威廉二世威震東西，列强姑避其鋒，待諸異日。無何，意土戰爭起，土失脫里波利，足證意之於三國同盟，無足輕重，而異時之易於脫離盟約，亦於此見端。且意奧兩國之仇恨，由來甚深，此爲三國同盟之一大弱點，而亦日後反響之所由來也。巴爾幹二次戰爭告終，如前節所述，塞蒙兩國擬東拓至阿突利亞的克海邊，卒爲德奧所阻，不果，自是「條頓」「斯拉夫」兩族仇視益甚。一九一三年，各國報章，莫不謂歐洲形勢險惡已極，其機一發，必至牽動全局。各國之準備戰事，自茲益急：德國增加常備軍十三萬六千人；法國隨之改二年當兵制爲三年；俄國改三年制爲三年又四分之一；奧增常備軍九萬七千人；意亦有重大軍政之改革，此則實行强迫從軍制；英又密增其海軍。各國鉤心鬬角，惟恐落後。形勢如是，欲求世界之和平，其可得乎？故奧儲之被刺，不過大戰之導火綫，其醖釀則固非一朝夕之故矣。

第五章　大戰之實現

第一節　奧皇儲之被刺

大戰見端，起於奧塞兩國之決裂，而決裂之原因，又由於奧皇儲斐迭南之被刺；斐迭南者，奧匈聯邦之繼承人也。先是，一九一四年六月間，斐迭南偕其妃霍亨堡女公至波司尼亞觀兩州之軍事演習，兩州者何？波司尼亞與黑詹果維那是也。一八七八年柏林會議議決，畀奧以統治兩州之權，一九〇八年奧竟擅自取歸，認爲己有。兩州之居民皆塞籍，奧之南鄰爲小且悍之塞爾皮亞，固日夕覬覦此兩州，以冀達其「大塞爾皮亞」之目的者也。奧既强占兩州，而兩國之嫌隙，由是而生。洎兇案既起，刺死皇儲者，

奧皇儲斐迭南

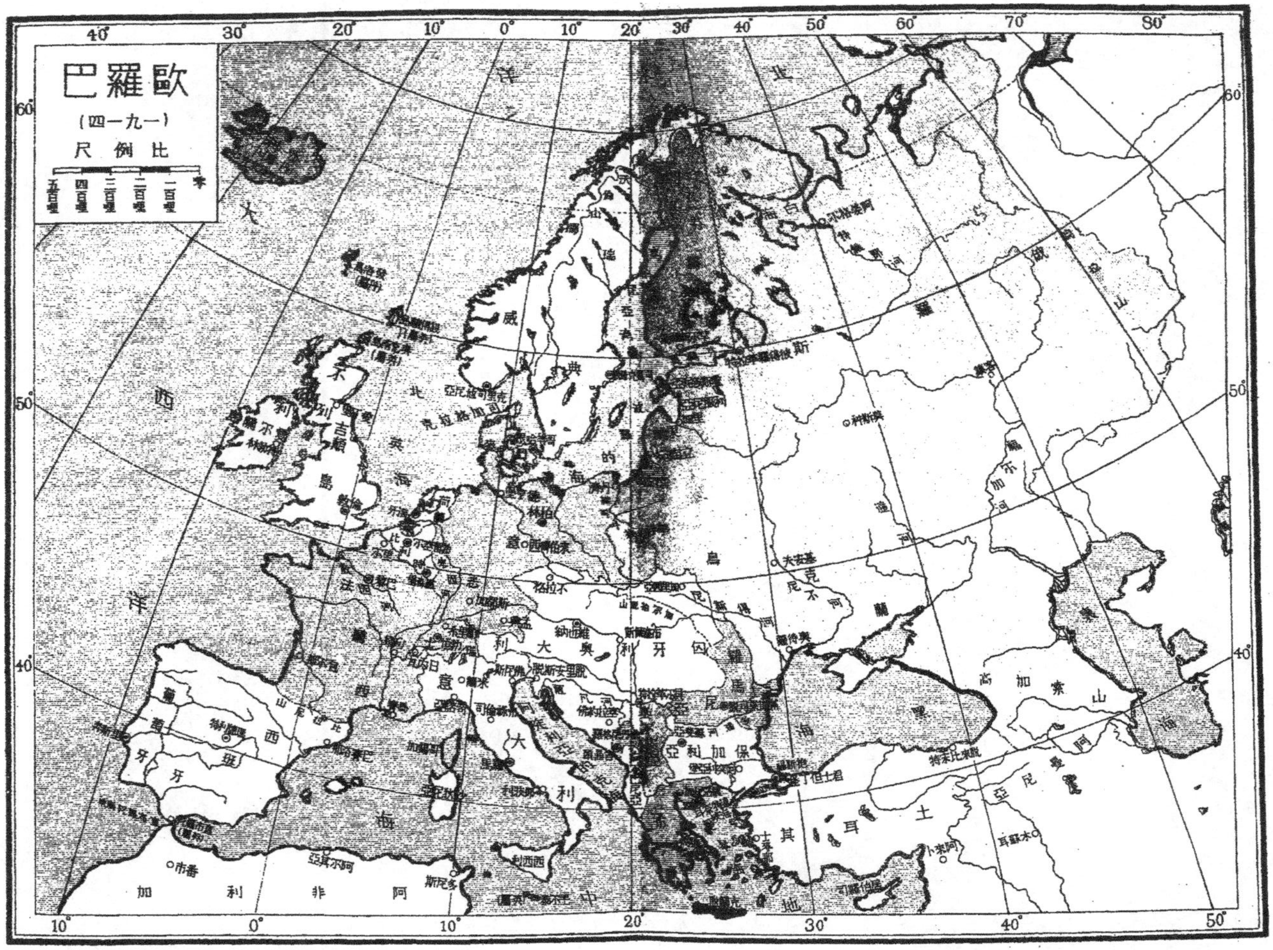
歐羅巴
（一九一四）
比例尺
零
一百哩
二百哩
三百哩
四百哩
五百哩

被刺前一小時之奧皇儲夫婦

又爲旅奧之塞人，而奧人乃大譁。維時奧皇儲偕其妃於六月二十七日抵波司尼亞之首府塞拉約佛，二十八日晨，皇儲偕妃由阿不耳碼頭驅自動車至市會，將至菊木利亞橋，暴徒突向之擲一炸彈，皇儲以手撥彈，彈落於後車，傷陸軍侍官及行路之婦女。暴徒名喀勃利諾維起，年二十，黑州之塞種人也，操印刷業，當場被逮。迨宴會既畢，皇儲出市會，取道弗蘭茲約瑟街；此街之命名，以奧國取得波黑二州，始於老皇弗蘭茲約瑟之手，奧人以其名名之，所以誌不忘也。未幾皇儲車至弗蘭茲約瑟街與阿不耳碼頭交界之角，而炸彈又飛至，幸不爆裂；暴徒急出手槍擊皇儲，皇妃以身蔽之，胸腹洞貫而仆，皇儲頸部又受彈洞穿，兩人同時長逝。刺客名卜林切布，年十七，波司尼亞之中學生，亦「大塞爾皮亞」主義下之塞種人也。立就捕，供詞牽涉甚衆，皆塞種人。後知暗殺之總機關在塞京貝爾革拉特，主謀者爲塞軍官，奧人至此忍無可忍，驚天動地之風雲，於是乎起！夫塞爾皮亞之於奧皇儲，何以必欲置之死地而後快？質言之，則斐迭南之「大帝國」主義與塞之「大塞爾皮亞」主義，利害衝突，積不相能也。考兩主義之由來，實奧匈聯邦境內民族複雜之所致。據一九一〇年之調查，列二表如左：

奧大利國民	日耳曼族		內含二，〇〇〇，〇〇〇之操德語之猶太族	一〇，〇〇〇，〇〇〇
	斯拉夫族	北斯拉夫族	捷克族與斯洛伐克族	六，五〇〇，〇〇〇
			波蘭族	五，〇〇〇，〇〇〇
			魯舍尼亞族	三，五〇〇，〇〇〇
		南斯拉夫族	克魯西亞族與塞爾皮亞族	八〇〇，〇〇〇
			斯洛文族	一，二五〇，〇〇〇

- 拉丁族
  - 意大利族……八〇〇，〇〇〇
  - 羅馬尼亞族……三〇〇，〇〇〇

- 匈牙利國民
  - 匈牙利族
    - 內含一，〇〇〇，〇〇〇之操匈語之猶太族……一〇，〇〇〇，〇〇〇
  - 斯拉夫族
    - 北斯拉夫族
      - 斯洛伐克族……二，〇〇〇，〇〇〇
      - 魯舍尼亞族……五，〇〇〇，〇〇〇
    - 南斯拉夫族——克魯西亞族與塞爾皮亞族……三，〇〇〇，〇〇〇
  - 拉丁族——羅馬尼亞族……三，〇〇〇，〇〇〇
  - 日耳曼族……二，〇〇〇，〇〇〇

據右二表所載，其主要之「日耳曼」「匈牙利」兩族，其人口前者僅一千二百萬，後者僅一千萬，而奧匈聯邦「斯拉夫」族之人口除波黑兩州之五一，九一九之居民不計外，已達二千一百七十五萬之衆；夫以占全國最多數之民族而受制於少數民族之下，其能甘心乎？且自法蘭西大革命以後，革命之風已充滿歐陸，矧匈牙利在往昔亦嘗受束縛於奧大利者，一八四八年之革命，雖因俄援奧，未竟其志，而進行之熱忱，未嘗或懈；一八五九年，

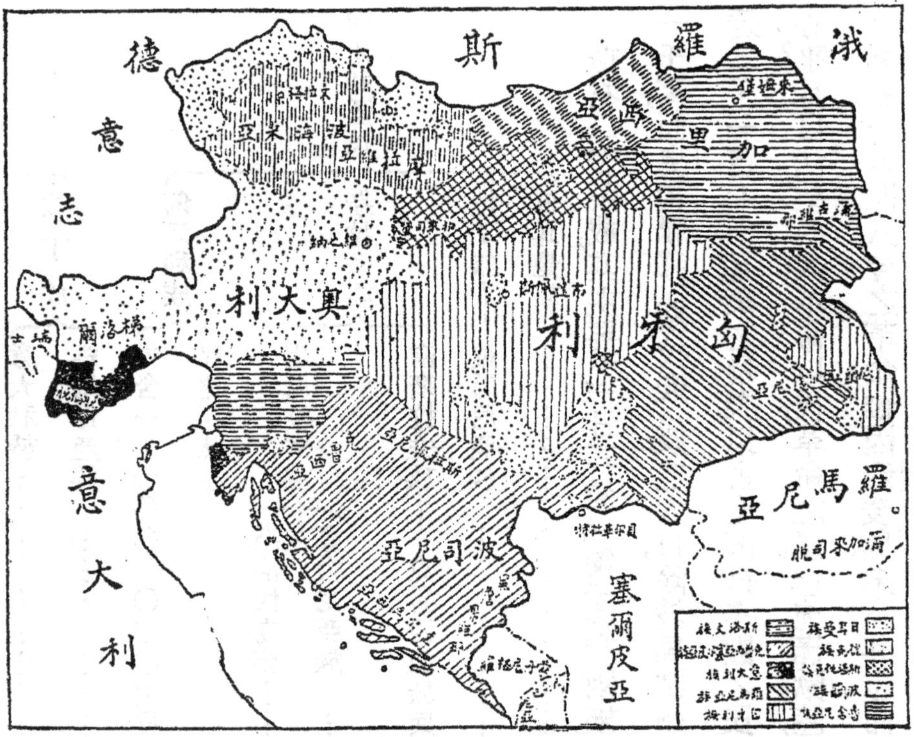

奧匈聯邦之種族一覽

奧敗於意法聯軍；一八六六年，奧又大挫於普魯士；於是奧皇弗蘭茲約瑟鑒於內憂外患，相繼迭乘，遂於一八六七年，許匈牙利獨立，奧皇兼攝匈王王號，奧大利帝國，改稱奧匈聯邦。初，一八四八年之役，波海米亞之「捷克」族，亦欲揭革命之旂而不果，及見奧匈聯邦成立，於是南北各「斯拉夫」族益憤，頓呈不安之象。皇儲斐迭南實「三重」主義之首倡者。「三重」主義維何？即合「斯拉夫」各族，組成一自治國，與奧匈鼎足而立，而以奧皇主之。此項計畫：對內則各「斯拉夫」族既得自治之權，必感斐迭南之厚德，而願聽其指揮；對外則巴爾幹之諸「斯拉夫」族，無所藉口而攫取其土地，以擴充己國之版圖：是誠高瞻遠矚之政策，而亦斐迭南之絕大野心也。然其時尚有一主義焉，與斐迭南之「三重」主義，勢不兩立，即爲塞爾皮亞之「大塞爾皮亞」主義。此主義維何？即凡塞族所棲止之地，奧版圖內之波司尼亞，黑曾果維那，達爾馬西亞，克魯西亞，必奪而歸諸塞爾皮亞王國中而後可。時奧皇弗蘭茲約瑟，年已八十有四，在位之日，可屈指數，異日斐迭南嗣位，即「三重」主義實行之期，故塞人必死斐迭南而後已也。

或曰，斐迭南英明有大志，苟一旦嗣位，則滿朝羣僚，斷不敢以向日之弄老皇弗蘭茲約瑟者弄斐迭南；故斐迭南果行踐阼，必羣僚所不願。或又曰，斐迭南之死，其主謀出於維也納；一九一九年，皇妃霍亨堡女公之宗教顧問某，嘗述塞拉約佛之慘劇，謂皇儲之死，實由於維也納之諸親貴及匈首相鐵察之陰謀。然則皇儲之死，除奧塞間之關係外，奧與匈皆不能無嫌疑焉。其說不一，姑並誌之。

奧皇儲斐迭南之妃，有名蘇斐亞而氏秋丹克者，「北斯拉夫」族之「捷克」支人也，爲伊薩蓓拉公主之女侍官；斐迭南戀之，遂與訂婚。又伊薩蓓拉之女，曾欲許字斐迭南，不幸而中變，女常鬱鬱，及他適後，卒爲女僧。惟奧人對於斐迭南與蘇斐亞之結婚，不能無異議，謂蘇斐亞非皇族，斷不能以非皇族之女而爲異日之后。老皇弗蘭茲約瑟，於其儲之偶蘇斐亞，初不之允，繼以斐迭南求之再三，方如所請；惟必詔告國人，將來斐迭南嗣位，決不奉蘇斐亞爲后；蘇斐亞所生之子，決不能嗣異日奧皇之位；斐迭南亦勉從之。然考匈牙利之舊制，蘇斐亞亦可爲后，祇以其屬之「斯拉夫」族而恨之耳。乃蘇斐亞自嫁斐迭南後，命途日佳：越五年，老皇錫以「殿下」之尊稱；又越四年，竟賜以霍亨堡女公爵；嗣後一切禮秩，甲於貴嬪。當時維也納人民，莫不嘖嘖私議。老皇崩後，斐迭南卽位之日，其第一事卽册蘇斐亞爲后，昔日之誓，或不免食言。以此可見斐迭南之「三重」主義，雖曰其政策，其野心，亦未始非由戀愛蘇斐亞之一念而起。

奧皇儲斐迭南，老皇之弟卡爾路易之子也。其死也，漢帕斯堡皇族，增一慘史；奧老皇弗蘭茲約瑟又添一巨創。夫弗蘭茲約瑟者，非爲十九世紀歐洲大改革後憖遺之一老乎？並世英雄，什九物化，彼則雖經奧意，奧法，奧普諸役之敗績，而坐鎭泱泱大國如故；雖經匈牙利波海米亞之變，而擁九五之尊又如故。在弗蘭茲約瑟，不可謂不幸！然其弟麥克西米倫伏誅於墨西哥；其子魯鐸爾夫暴卒於獵舍；后伊里沙伯遊幸日內瓦，又被刺於無政府黨：帝王家所受之慘禍，古今中外，罕有其比。今則皇儲夫婦又遭橫死，於是老皇忍無可忍，欲以此事爲藉口，俾師出有名，滅塞以杜後患。當奧塞決裂時，「日內瓦日報」主筆伐尼安亞傳弗蘭茲約瑟之言曰：『以奧大利之國勢，舉足重輕，何不保持和平，以弭世界之大禍；且以弗蘭茲約瑟之行將就木，何不仗義而前，爲舉世之仁人；計不出此，而燃導火線於世界，不大可惜乎？雖然，事亦有出於不得已者，以待千秋論斷可耳。』嗚呼！

奧皇弗蘭茲約瑟

第二節　奧塞之決裂

自奧皇儲被刺之惡耗傳來，歐洲各國，莫不震驚失措，蓋咸料大禍之醞釀已久，爆發之期，已在眉睫，且爾時奧塞之關係，已一變而爲「日耳曼」與「斯拉夫」兩大民族之問題矣！

寶珠頓行宮

俄之於塞也，名雖同族，顧其南牧巴爾幹之野心，無時少戢，至是時會之來，有所藉口，勢不得不盡吾力以助塞。若夫德之於奧，則以同種同盟之關係，又不得不爲之後盾。「日」「斯」兩族，一旦接觸，而均勢問題於以生。均勢問題者，「同盟」「協商」之接觸點也；於是全歐幾皆捲入漩渦中矣！

奧塞關係，既牽動歐洲全局，於是「同盟」「協商」兩方面各事布置，以爲萬一之備。七月五日，德皇威廉二世召集海陸軍首領外，若「克虜伯」砲廠總理，若財政要人，若駐各國德大使等，開軍事會議於寶珠頓行宮，所議祕密傳説會議結果，先以外交取勝，以增進德意志之威權，文不能取勝，則繼之以武，是皆各軍官所一致渴望者也，德之方針於是決。或曰，奥之最後通牒，實此會議之所促成也！六日，德皇忽出巡遊於挪威海濱，以爲消夏計，蓋德皇於每年盛暑時，必出巡遊；當此夏日炎炎，忽言出遊，此尤足以表示其雍容無事之態度，而使人不疑也。二十日，法總統普嘉賚偕國務總理維維亞尼訪俄帝尼古拉二世於聖彼得堡，會商軍政要務，與外交上之一致行動。同時英之海軍，大演習於北海。「同盟」「協商」各有盤馬彎弓之概，故至奥之最後通牒發出，與夫塞之嚴行拒絕，而大戰作矣！

戰雲密布時法總統之訪俄皇

在全世界注目之奥京維也納城中，時則有示威運動，遍地皆是。「日耳曼」學生三百人，圍塞爾皮亞之使館，而焚其國旂，燬其器具。皇儲遺骸運歸都城時，學生結隊迎迓慷慨激昂，讙呼震地。其最激烈者，則為波司尼亞首府，凡塞人所設之商店，被毀百三十餘家，學生結隊遊行，均首插紅旂，大書「愛國」二字，同聲高呼，誓不與塞人共天地。至塞京貝爾革拉特，塞人於奧，亦復裂眦嚼齒，握拳透爪，以圖一逞；甚至駐塞奧領事之被戕，報章論調，不復以嚴究罪人為事。迨七月二十三日，奧以暗殺皇儲者，雖人為奧民，地為奧地，而主謀之處，則為塞都，塞政府之查辦，其結果不過敷衍塞責，乃遂對塞發最後通牒，限四十八小時答復，其內容如左：

(一)塞政府當治排斥奧國者之罪，並保證以後不再發生此種事變。

(二)塞政府當於官報宣言申明排奧之失當。

(三)塞政府於凡加入排奧之官吏軍人，當表示歉意，並須一律罷免之。

(四)塞政府須嚴行處分暗殺事件之罪人及與此案有關係者。

(五)塞政府當立卽通知塞王，將此宣言曉諭各軍。

(六)塞政府當嚴行禁止刊行排奧報章及別種印刷品。

(七)塞政府須解散「納洛德那奧特勃拉那」之祕密社，並禁止將來復組織此種排奧性質之團體。

（八）塞政府當嚴行禁止排奧教育。

（九）此次暗殺皇儲，隱有關係之軍人官吏，須一律罷免，並嚴重處罰；其關係人之姓氏，須由奧政府指定。

（十）處分犯罪人，奧政府須派代表至塞國，爲共同之裁判。

（十一）塞政府當於奧皇儲既被刺之後，說明其在國內外當道之言行。

塞政府以第九第十兩條，與塞之獨立生存有關，且謂奧政府而未能滿意，可交海牙平和會公判之；否則取決於列强之會議。不謂答復至奧，奧政府意殊未饜，遂令駐塞公使即日歸國，而駐奧之塞使，亦畀以旅行券，促令離去；於是雙方大下動員令。至二十八日，奧遂向塞宣戰矣。

初，英外交總長葛脅於月之二十四日提議於駐倫敦德法意各大使，調停奧塞之爭端，開會議於倫敦。時意先贊成，法亦允諾，而德使獨否認。蓋德以奧塞之交涉，當由奧塞兩國自決之，葛脅之提議，不啻如仲裁制；且俄以袒塞而俄奧之齟齬生，勢亦必由俄奧請求而後可，否則不能避越俎之嫌。至二十七日，德政府電其駐英大使里企諾夫斯基親王，使通知英政府，謂德不能坐令同盟國與塞爾皮亞之爭端，一聽列強之公斷；若俄奧有開戰之虞，則德願調停其間耳。同日，又電謂德已勸告奧政府，與俄國自相交涉云云。翌日而第三電又至，則謂已得奧外長勃企杜特之答覆，深惜其勸告之已晚，吾國已與塞開戰矣。要之，自奧皇儲被刺之後，奧之最後通牒，幾及一月始發出，此一月中，德奧兩國，已胸有成竹，且偵知爾時之列強，英則有愛爾蘭獨立問題之糾紛，俄則有罷工風潮之日益洶湧；至於法，則全國人民方竭全力以反抗其三年從軍之新制，其政府又復審判與政治極有關係之「飛加羅」報館主筆加而曼脫謀斃案，（殺加而曼脫者，前國務總理喀爍妻也，世傳加欲宣揚喀之隱事，喀妻因殺之以滅口，釀成大案，）警報迭來，自顧不遑，況是時總統總理，遠遊俄都，

塞王彼得

協商機密，寧非「同盟」一方之絕好時機！至「協商」一方，塞之敢於毅然拒絕者，實恃有俄法英三國爲之後盾。若夫俄法：一則雖敗衄於日，而元氣已復；一則雖見挫於普，而軍備已充。英則以海上艦隊甲天下，縱令德人急起直追，而仍有望塵莫及之虞。矧乃「協商」新成，精神團結；益以地勢之險阻，財力之雄厚，乘此以蹶德，其時會正不可復得！兩方盤旋已久，一旦奧塞決裂，而「同盟」「協商」如箭離弦，如刀出鞘，勢已不可復止。戰釁一啓，即褊小如蒙丹尼格羅，亦以與塞人同種，有脣齒輔車之誼，亦於月之二十九日向奧宣戰。

蒙王尼古拉

第三節　德俄之宣戰

奧塞既宣戰，於是全世界之視綫，突由多瑙河而移於倫佛河；換言之，即集於維也納與聖彼得堡兩地耳。蓋俄不對奧宣戰則已，對奧宣戰，德必起而助奧，致牽全歐於漩渦中，此勢所必至也。七月二十五日，奧塞邦交決裂，俄皇尼古拉二世即召集御前會議，議決下半部之動員令,俟奧一攻塞,令即隨下。二十七日,俄陸軍總長告駐俄之德陸軍隨員,謂吾國雖已爲軍事之預備,然動員令尚未下,苟奧國一旦侵入塞境,則吾國當於鄰奧之軍區,立下動員令,而於鄰德軍區則不爾,此即二十五日御前會議所議決者。至二十六日,奧政府下半部動員令。二十九日,俄以奧既對塞宣戰,遂下半部之動員令於鄰奧境內。同日,威廉

德皇威廉二世

二世乃自挪威海濱歸。二十八日,德對塞宣戰。是日晚,德皇再召集緊急會議於寶珠頓行宮,終宵討論,嚮明方已,於是對俄對法宣戰遂決。法總統普嘉賚及內閣總理維維亞尼亦於是日歸巴黎,總理宣言,與俄國取一致行動,蓋預有接洽也。是日駐俄德大使波塔來司告俄外長薩紹諾夫,謂德

國欲擔保塞國疆域之安全，奧政府必能實踐其言，不至失信。薩紹諾夫駁之，謂塞國雖幸而保存，亦必降爲奧國之附庸，俄政府而加以容忍，則民情憤激，勢必乘間革命，俄政府之不能不俯順民意者以此。既而奧見俄之態度强硬，願開和平談判。至三十日下午一時，德

英王喬治五世與俄皇尼古拉二世

皇聞俄已下半部動員令，致電俄皇曰：『聞貴國已下動員令，此舉危險已極，使朕居中之地位，亦爲動搖矣。』三十一日，奧以俄於毗奧之地下動員令，亦下全部動員令，以爲抵制。俄聞之，又遂下全部動員

令。是日下午二時，德皇致俄皇電曰：『若俄不立卽取消其動員令，則破壞和平之責，俄當負之。』同日晚十二時，德遂發出最後通牒，限以十二小時答復；時間既促，詞復激烈。如俄而果接受此牒也，則一等强國之令名，必爲所損。無何，俄皇覆德皇曰：『爾我之渴望和平，彼此同心，願繼續談判，不致孤注一擲。』德皇以其詞氣含糊，認爲緩兵之計，遂再電俄皇，促其切實答復，俄置不理。八月一日，德皇遂下動員令。令既下，全國民政，不數小時，皆移於軍官掌轄之下。同日，德遂對俄宣戰。

第四節　德法之宣戰

當德對俄宣戰之前一日，德政府致電於駐法德大使許恆，使詢問法政府意嚮，謂德俄不幸開戰，法究取何等態度，幷限十八小時答復。八月一日，法國務總理維維亞尼最後之答復，則謂法國態度，當視其利益之所在而定。德法談判既竣，法遂於是日下全部動員令。二日，下戒嚴令。三日，德藉口法飛機盤旋於德境內，抛擲炸彈，損傷威塞爾，哀弗爾，喀爾司路安，牛倫堡等處，又謂法飛機在比境內，尤破壞比之中立，至是而德法又復宣戰。

此時之法，元氣雖已恢復，然單獨禦德，力有所不敵，其所以毅然決然與德戰者，以有英俄之助，及意大利之觀望也。外交旣妥，於是國內之謀斃報館主筆案，亦輕率了之，以一致對外。被告喀爔夫人，竟判决無罪。

法總統普嘉賚

當戰雲密布之際，德法之社會黨，無不主張弭戰。法有曉來斯其人者，爲全世界和平主義之首倡，人皆奉爲先河者也。曉來斯善辭令，演說時口若懸河，聽其言論，莫不爲所感動。且彼於巴黎「人道」日報鼓吹弭兵外，復隨地演講，以冀保世界和平人類幸福；卽至戰釁已啓，猶欲運動全歐工界立時罷工以抵制懷抱帝國主義者之侵掠政策。不謂三十一日晚，曉來斯方出自「人道」報館，偕二三友人，小飲於蒙麥脫街之「克魯阿樂」咖啡館，舉杯祝世界之和平，而突有暴徒者出，乘其不備，連發手槍，一倏忽間而讀破萬卷富於思想者之頭顱，已飲彈而仆，至是而世界和平之保障，可謂全撤矣！暴徒名維蘭，立就捕，或謂維蘭此舉，實受當軸侵掠家之嗾使。未幾而德之社會黨，除里勃克耐希脫等之少數共產黨外，多數左袒政府之宣戰，而法之社會黨亦加入「神聖團體。」「神聖團體」者何？即無論爲保王，爲共和，爲社會黨，當國家危急之秋，亦復消除意見，歸於一致，戮力對外是也。夫如是，而世界之和平，益不可得矣。

第五節　德之假道於比利時

德對俄法既宣戰，其軍事上之惟一計畫，對俄利用守，對法利用攻。蓋俄遠處東隅，地盡空虛，且冬令將屆，一旦深入其境，則不免蹈昔日拿翁之覆轍；惟專用守勢，則可殫其全力以攻法，法敗則俄無能爲，而英亦隨之屈服矣。顧法毗連德國之地，山河險阻，道路崎嶇，其所恃爲固圉者，又復堅壘深溝，形同金湯，攻之亦非易易；且其北境則與比爲鄰，防禦懈弛，苟假道於比，則如迅雷之不及掩耳，法人於此，防不勝防，德之操勝算也，如左券矣！德之軍事計畫既定，遂於八月二日占盧森堡大公國。是晚，德要求假道於比，以襲法，比拒之，且宣布戒嚴，準備戰具，英法軍官，分布險要。五日晨，比恃英法之援，與德決裂。五日午，德軍進境者達三十萬。

比利時之中立，於此大戰最有關係，不可不補述之。一八一五年，維也納會議結果，聯荷蘭比利時而爲一國，稱荷蘭王國，以奧蘭治族人爲之領袖，蓋欲限制法國或他國之吞併也。惟此新王國種族有二：一爲「弗拉蒙」，傾向於荷，蓋系於「條頓」族者也；一爲「伐龍」，同情於法，蓋系於「拉丁」族者也。一八三〇年，比利時革命，列强亦遂承認其爲獨立國。一八三九年，英法俄奥普五國簽約，擔保比利時爲永久中立國。一八七〇年，普法戰爭起，英相克蘭斯頓與普法分簽特別條約，以擔保比之中立。一九〇七年，海牙平和會復申明中立國定例曰：

比王阿爾倍

（一）中立國之疆界不得侵犯；

（二）中立國不得假道以輸運交戰國之軍隊。

由是以觀，比利時之中立，各國所不能侵犯者也。大戰之前，德人於鄰比之區，建築輕便鐵道，德人雖以商務爲名而掩飾其非，終不能釋人之疑。至大戰之始，比國各要塞發見英法軍官，是各國之對於比之中立，早已胸有成竹也。德相荷爾惠克在下議院宣言曰：『德軍已假道盧森堡，（其永久中立，爲列强於一八六七年所承認。）今又將假道比利時，其中立固不能侵犯，然德不假道比以攻法，法必假道比以攻德，若法先假道，則德軍之厄運立至，法可待而德不可待，故宜先發以制人，且事有出於不得已者，詎尙能以法律束縛之乎？矧夫假道之策，乃爲暫時計，戰爭一了，卽可恢復原狀，我德固負賠償損失之責也。』據荷氏之宣言，德之犯比中立，彰明較著，故卒爲世人所藉口。德比既決裂，德軍逕襲，以爲指日可下，然比人抵抗力之充分，出乎德人之所預料，而作戰方略，因之頓挫。迨法國防守完成，「協商」已占優勢，戰爭延長，皆從比利時抵抗而生莫大之影響也。

第六節　英德之宣戰

八月四日，德軍長驅直入比境，比王阿爾倍遂乞援於英法俄三國。英外長葛賚電英之駐德大使哥斯鎭，責問德政府侵犯比之中立，要求德軍立卽退出，若置之不理，卽請發歸國護照，英政府當盡全力以維持比之中立，蓋一八三九年五國簽字之條約，英亦參與其中者也。德外長耶果謂英使哥斯鎭曰：『德軍隊已入比境，不能收回。』英政府聞之，遂於同日晚十一時對德宣戰;駐柏林英大使哥斯鎭返英,駐倫敦德大使里企諾夫斯基親王返德。十餘年來利害不相容之英德,終見訴於武力以解決之矣!

英之對德宣戰,自表面觀之伸正誼,扶弱小,始終保護比利時之永久中立,振振有詞,名正而言順也;不知其所以宣戰者,實有最大之生死關鍵在!前節所述鄰比之法境,防衞空虛,比守中立,足以爲法之保障,而不知尤足爲英之保障也。以地勢論,英比僅隔一海峽,比之昔爾脫河,與英之推姆斯河,遙遙相對;昔爾脫河一落敵人之手,則英之東部不能守,敵人乘勢登陸矣。昔拿破崙以盎凡斯爲手槍對英倫心臟之直射點,以盎凡斯爲昔爾脫河之口岸也。故比之於英,猶脣之於齒,比之永久中立,即所以保護英之地位也。有破壞比之中立者,英必棄之;當「百年戰爭」(起自一三四〇)之際,英助比人以抗法軍;後西班牙稱霸歐陸,英人復殲西之「無敵艦隊」(一五八八)而比人得以脫西之羈絆;法蘭西大革命時,羅勃司比堂董諸執政,以覬覦比而爲英相必得所阻(一七九三)拿坡崙之世,拿以占比故,而終成英法不解之仇;由此以觀,英之重視比之中立,不啻重視其偉大海軍也。故其所謂伸正誼,扶弱小,爲保護比利時之永久中立而戰,特假借之美名詞耳!

八月中旬，「同盟」方面，惟德與奧；「協商」方面，爲俄法英比塞蒙六國，兩方握拳透爪，務求達勝利之目的而後已。且德奧雖若寡助，而兩國之團結則甚固。英俄法三國爲防遏中道寒盟起見，復於九月在倫敦協定三國中無論何國，苟非得全體贊同，決不得單獨媾和，是謂倫敦之約。

第六章　同盟與協商之實力

第一節　同盟與協商之陸軍

大戰開始矣，當未記戰事之前，請先述「同盟」與「協商」之實力。實力維何？曰陸軍，曰海軍，曰經濟。

德意志以陸軍冠天下者也。凡身體健全之男子，自十七歲至四十五歲，均為當兵年限；其實在服役，則自二十歲至三十九歲。初入伍時，為現役兵：步兵之現役期限為兩年；騎兵與馬砲兵則三年。現役期滿，退為豫備兵：步兵五年；騎兵與馬砲兵四年。豫備期滿，退為後備；後備分兩期：第一期五年，期滿入第二期，至滿三十九歲止。此外則為國民兵，其中又分二類：第一類為十七歲以上，三十九歲以下，未經訓練之人；第二類為三十九歲以上，四十五歲以下，已訓練或未訓練之人。如每年營中額數已滿，則另為補兵，依次補入國民兵。至德意志軍隊之組織法：其步兵每千人為一營，三營為一團，二團為一旅，二旅為一師，二師為一軍；另有十師，則每師有三旅，此例外也。每步兵一師，附以砲兵一旅，（旅分十二隊，計司砲七十二尊。）騎兵一團，（團分四方隊）每軍附重砲隊四隊，工兵一營，衝鋒兵一營。

全國共分有二十五軍；每軍有司令部一，參謀部一。一九一二年之律，規定平時兵額七十萬人，（其實不止此數）戰時可召集曾訓練者四百萬人。然在生死與共之大戰中，男子之服役者，乃擴而爲十五歲以上，六十歲以下矣。故一年之中，可得服役之人約一千五百萬，其中加以精選，至少可得六百萬人，如是則赴前綫者，已不下五百萬人，且每年又可得新軍五十萬人，故德意志之人力，除俄羅斯以外，可謂無匹；而其訓練之精，尤有非他國所能及者。

奥匈聯邦之陸軍，大概仿德意志制。後備兵有二：一爲奥大利之後備兵；一爲匈牙利之後備兵。國民兵則奥匈一律。全國共有十六軍。每軍分步兵二師，（每師又分二旅）騎兵一旅，砲兵一旅，及別種軍隊；戰時每軍各加後備兵一師。全國之軍隊，平時凡四十萬人，戰時可得二百萬人。（國民兵不在此例）大戰中奥匈聯邦可得已訓練未訓練之兵約六百萬人於戰場。唯種族複雜，頗難駕馭；聯邦政府知其然也，故以波族當意軍，意族當俄軍，徵發調遣，煞費苦心，然終非盡善之道也。

意大利陸軍：分現役兵，豫備兵，地方後備兵三種。在戰時卽分爲三綫：現役兵列於第一綫；豫備兵列於第二綫；地方後備兵列於第三綫。凡男子自二十歲始服兵役，役期共十九年：即現役二年，豫備十年，地方後備七年是也。軍隊之編制：每軍分二師，每師分步兵二旅及砲兵二團，（共五隊）每旅又分二團，每團又分三營。平時意大利共有十二軍，及騎兵二十九團；每軍尙附有衞鋒兵四營。（內步兵三營，脚踏車兵一營。）此外尙有陸軍警察兵六營，守山砲兵八團，蓋皆獨立者也。意軍平時兵數約三十萬人，戰時能置於前綫者，約百二十萬人。

法蘭西之陸軍，自經一八七〇年挫折以來，臥薪嘗膽，數經改革，至一九一三年而頒行新律；然此與一九〇五年之律無稍異，不過變本加厲，改現役兵兩年制爲三年制耳。故法國男子，除身體不合格外，無一人不入伍者。職是之故，法國徵兵制，在世界各國中可謂最嚴厲者。至從役年齡之支配，則自二十歲起，入現役軍凡三年，期滿依次入豫備軍十一年，地方軍七年，地方豫備軍七年，至四十八歲止，共二十八年。法蘭西全國共有二十一軍；以二十軍分駐於母國，其餘一軍，則駐阿爾支利。每軍分爲二師，師分二旅，旅分二團，團分三營，每營共一千人，皆步兵也。每軍之中，步兵而外，尙有騎兵一團，及砲兵十二隊。（每隊有砲四尊至六尊）凡每八軍，又有衝鋒兵一隊。又騎兵十師；每師又分六團。更有以特別區域之兵湊合成師者。此外又有「坐阿芙」兵四團，（此等軍隊，照例駐阿爾支利，然屯母國。）非洲衝鋒軍六團至在非洲所招者，則有「土哥」兵二十營「司伯衣」騎兵四團，「散南格來」遊擊步兵一師。全國豫備軍共分十一班，以此推算，每營可得二千人。地方軍在動員令既下之後，可得三十六師，以充交通操作守衞等役。然與地方軍司同樣之役者，尙有憲兵共和護衞軍稅關役員及森林防禦兵。其在阿爾支利之一軍，則法人與土人參半；在一九一四年，此軍有八萬七千人。國內外平時兵額爲七十萬人，戰時可立置一百四十萬人於前綫；一月之後，可得已經訓練之兵四百萬人。其訓練之精，稱世界第二。每年可得新軍二十萬人，較之德之每年五十萬人者，有遜色矣。

俄羅斯亦行通國皆兵制；國內居民，有百七十兆，故其兵數之多，列世界第一。男子當兵期限，自二十歲以迄四十三歲。其現役期，則步軍三年，餘皆四年。全國共分三大軍區：一爲歐俄，共有二十七軍及騎兵二十師；一爲高加索，共有三軍及騎兵四師；一爲西伯利亞，共有五軍：總計俄羅斯平時有兵約一百七十萬人，較德意志平時兵數倍之矣。戰端一啓，可得五百五十萬人於前綫，而後方之調遣而來者，尙續續無紀極。俄戈閣將軍謂自大戰開始以迄一九一六年終，俄軍之召集者達一千四百萬人之多。以人數論，俄軍之多實足驚人。然其兵士之程度，軍官之統率，與夫國內之交通，遠不如中歐與西歐各國，故人數雖多，未足以影響戰爭也。

英吉利陸軍爲召募制，與歐洲各國不同。英本島國，無預於歐陸之爭，而其海軍强盛，足以自守，故陸軍非其所重也。其陸軍之用途有二：一以衞戍母國；一以防禦屬地。一言以蔽之，用於守，非用以攻也。故其全國（母國及屬地）兵員平時二十五萬人，戰時亦祇八十萬人。然使戰事不遽完了，而延至三年之久者，則英全國所召集之大軍，可增至五百萬人也。

三同盟國之陸軍統計

國名	平時兵數	戰時兵數
德意志	八七〇，〇〇〇	五，二〇〇，〇〇〇
奧匈聯邦	四〇〇，〇〇〇	二，〇〇〇，〇〇〇
意大利	三〇〇，〇〇〇	一，二〇〇，〇〇〇

統計	一，五七〇，〇〇〇	八，四〇〇，〇〇〇

三協商國之陸軍統計

國名	平時兵數	戰時兵數
法蘭西	七二〇，〇〇〇	四，〇〇〇，〇〇〇
俄羅斯	一，七〇〇，〇〇〇	五，五〇〇，〇〇〇
英吉利	二五四，五〇〇	七三〇，〇〇〇
統計	二，六七四，五〇〇	一〇，二三〇，〇〇〇

以上兩表，第就戰前形勢而言。大戰啓後，意大利脫離「同盟」而加入「協商，」「同盟」方面，復又得土耳其之助，於是兩方形勢爲之一變。土耳其有現役兵四十二萬，豫備兵七十八萬，故戰時兵數亦有百二十萬之多，且轉戰經年，又得德人爲之教練，故足以補意大利之缺也。

至巴爾幹諸小國：羅馬尼亞平時有兵九萬五千人，戰時可得五十萬人；保加利亞平時有兵六萬人，戰時可得三十八萬人；希臘平時有兵二萬八千人，戰時可得三十五萬人；塞爾皮亞平時有兵二萬五千人，戰時可得三十二萬人；蒙丹尼格羅平時有兵一萬人，戰時可得四萬人。

巴爾幹而外，比利時平時有兵四萬二千人，戰時可得二十二萬二千人。

第二節　同盟與協商之海軍

海軍之重要，不下於陸軍，蓋有强大之海軍，然後可以執國際間之牛耳，可斷敵人之商務，可奪敵人之殖民地，其甚者，更能封鎖敵人之口岸，使之困斃，其重要有如此也。海軍中堅之力爲無畏艦，卽新式之戰鬭艦，最大者至三萬噸，或更過之，其速度爲每小時行二十二浬，或二十三浬。其次則爲戰鬭巡洋艦，船身較小，其武裝自小砲外，裝重砲自八尊至十四尊；所謂重砲者，其口徑均在十二吋以上，至英德新造之砲，則均以十五吋爲標準矣；此種軍艦，大概與無畏艦彷彿，惟船身以小而輕，故其速度爲每小時行二十六浬至二十八浬，以是戰爭時，戰鬭巡洋艦較之無畏艦，更爲敏捷。其次則爲巡洋艦，凡三種：曰裝甲巡洋艦，船身四周裝甲，曰保護巡洋艦，其船面裝以鋼板，要害處均予保護，故名；曰無保護巡洋艦，卽船面無鋼板之巡洋艦也。此三種巡洋艦，又各視其堅銳之程度，分爲一等二等三等，實則各國有各國之標準，無一定之界說也。砲艇實卽一小巡洋艦。驅逐艦魚雷艇潛艇皆用以放逐魚雷；在水面者，謂之驅逐艦，謂之魚雷艇；在水中者，謂之潛艇。大概此等水面船隻，自三百至二千一百七十噸者，謂之驅逐艦，四百噸以下者謂之魚雷艇，此又驅逐艦與魚雷艇之別也。驅逐艦與魚雷艇，至今日已失其重要。潛艇爲最新發明之利器，能出沒海中，各國竭力製造，故其勢力未可輕視。尙有所謂輔佐巡洋艦者，實卽武裝之商船，英有二，一爲「路昔推尼亞」卽被德潛艇擊沉而啓德美之爭端者也；（見第九章第五節）英之外，德有四艘，俄有七艘，法意日本等國亦皆有之。此外又有運煤船，運油船，布水雷船，掃水雷船，修理船等，其數極多，不能盡述。要之列强海軍，年年增加。且戰時所造之飛機，其數多，其術精，與時俱進也。茲舉一九一四年「同盟」「協商」之海軍列表如左：

三同盟國之海軍

艦類＼國名	德意志	奧匈聯邦	意大利
無畏艦	二〇	四	八

戰鬥巡洋艦	七		
戰鬥艦	一九	九	九
一等巡洋艦	一〇	三	六
二等巡洋艦	五	二	四
三等巡洋艦	三八	七	一〇
砲艇	七	三	六
驅逐艦	一四〇	一八	三七
魚雷艇	四八	五三	七一
潛艇	三二	一五	二二
噸數	一，〇七二，六四八	二二七，一三四	三四二，三四七
人數	六五，七八三	一八，一〇〇	三三，〇九五

三協商國之海軍

艦類＼國名	英吉利	法蘭西	俄羅斯
無畏艦	三〇	一七	九
戰鬪巡洋艦	一一		五
戰鬪艦	三八	一五	七
一等巡洋艦	四三	一八	六
二等巡洋艦	三六	四	五
三等巡洋艦	三四	九	四
砲艇	九	六	九
驅逐艦	二二九	八八	一〇一
魚雷艇	五九	一七〇	二二
潛艇	八四	八九	四七
噸數	二,〇八六,三四五	七二九,五五六	四二三,三六九
人數	一三七,五六〇	六一,一〇〇	五二,四六三

就以上兩表觀之，德海軍不如英，「同盟」海軍尤遠不及「協商」，益以意大利之去「盟」就「協」，雙方更無比較之可言；不過此次大戰，乃英德之爭霸權於海上，爭點祗在北海，他國特其陪襯而已。以形勢論，英海軍在可戰可守之地位，而莫利於守。德海軍而欲爭霸權於海上，勢必出於一戰，以解北海之圍，否則終受困於敵方封鎖之策也。

此外土耳其加入「同盟」，亦有戰鬪艦三艘及巡洋艦等，噸數達四萬五千噸；迨德之「戈朋」與「勃來斯老」兩艦加入後，聲勢爲之一振。（見第九章第二節）巴爾幹諸小國中，希臘以泛海國稱，故亦有一小規模之海軍，至羅馬尼亞則唯有裝甲巡洋艦一艘而已。他若美日兩國，亦爲世界海軍國；美國海軍之噸數爲八六七，五一一；日本爲五九二，六六五。設以數量之多寡等差之，則一九一四年世界之海軍，當爲英德美法日俄意奧之順序也。

第三節　同盟與協商之經濟

兩方交綏，勝負決之陸軍或海軍，是固然已；然自陸海軍而外，對於勝負之判決，其重要足以與陸海軍相埒者，厥惟經濟。戰事而能速了則已，若一延長，則兩方之勝負，尤當視其經濟以爲判．經濟維何？簡言之：一曰食物之源源接濟；一曰軍需之層出不窮；一曰財力之足以維持．

今先就食物論之，英吉利孤懸海外，其食物之大宗，麥類百分之八十，肉類百分之四十，以及牛乳，牛油，糖，穀類，大抵皆爲輸入品，間亦有由「同盟」國輸入者，不過少數，餘則來自各地；使無海軍之力爲之護送，則英吉利三島不出三月，民有菜色矣．法蘭西富於農產，故足自給；其可慮者，卽德軍之長驅直入，占其土地，使能耕之農夫，皆釋耒而從軍耳．俄羅斯土地肥沃，卽以一千萬人置之前綫，亦無乏食之患．至「同盟」方面，則瞠乎後矣．意大利食物自給有餘，給人不足．奧匈聯邦足以自給．德意志之仰求輸入品，與英情形略同，惟所處之地勢較惡，一經戰事，卽被封鎖．向之仰給於俄美兩國者，今俄以干戈相見，美則重洋遠隔．奧匈聯邦與羅馬尼亞，雖亦能供給，然不能代俄美兩國，故戰事設竟延長，則德必受食物缺乏之虞．然其戰前之預備，與夫科學方法培植之精良，斷不致於短促期間，卽告饑荒，不過其士馬之不得飽騰，已顯然有必至之勢耳．

次論軍需．英吉利以執海上之霸權，故無原料缺乏之患；國內多產煤，故實業以盛；戰時丁壯未盡從戎，故軍需廠內，不乏人爲之製造。法蘭西國內煤與鐵之產額均不多，雖亦有殖民地爲之供給原料，然祇能勉强敷衍而已。至俄羅斯，則實業極爲幼稚，全仗英法爲之接濟。意大利無煤，其煤均來自英吉利；鐵亦極少，故戰時必感軍需之困難。奧匈聯邦產煤鐵銅甚豐，因是實業繁盛，其「司各達」砲廠與德之「克虜伯」法之「克勒索」齊名。德意志情形最爲特別，煤鐵極富，而銅與橡皮則時虞缺乏，故於軍需不無影響；然德人有鑒及此，乃於戰前竭力獎勵全國各商店各私宅各衙署門前標示之牌匾，悉用銅製，以爲戰時拆用之備，類乎是者，不勝枚舉。益以化學一端，素著高明，能以人力代天工，故戰事延長，當亦不致有軍需缺乏之患也。

最後論財力。戰事延長，交戰國之如何支持，亦當視其財力之充分與否；其源得之國民，得之締盟國，或竟借之中立國，然終不如得之國民與締盟國之爲愈也。大戰既啓，現金之準備，極爲重要；國之現金缺乏者，則惟有抵押品與徵稅爲之抵償。英吉利無戰爭現金，然其銀行制度伸縮自如；人民之富，又視其餘戰爭各國爲倍蓰，故英吉利卽受金融恐慌，當亦不若各國之烈也。法蘭西徵稅甚重，所負國債亦甚鉅，然現金充足，其數達三，六二五有戰爭費，其現金儲諸國家銀行，故俄羅斯對於財力一端，無須抱悲觀也。意大利之財力不甚充裕，良由支付國債利息之重，與其維持頭等國之名而耗費於海陸軍也；然每年統計，尚能稍有餘剩者，不過重抽其國民之稅耳。奧匈聯邦之歲入，大概得之關稅，故大戰一啓，奧匈聯邦卽不得不受財力之牽制矣。德意志於其國內各銀行中贏餘甚多，重以戰爭現金，早已儲諸「司邦道」敵樓，以應不時之需；其貯存之款，一爲一八七一年法之賠款，現金中提出一二〇，〇〇〇，〇〇〇馬克，一九一三年加至二四〇，〇〇〇，〇〇〇金馬克，同時又加以一二〇，〇〇〇，〇〇〇銀馬克，共計現金三六〇，〇〇〇，〇〇〇，〇〇〇馬克，苟有戰爭，卽於下動員令之第一日，全數交於帝國銀行，以增發三倍之鈔票，故德意志財力充盈，亦政府籌之有素也。至戰衅既啓，商務實業因之停滯，德惟有用其貯蓄籌之國民，此則「同盟」方面又小異於「協商」者矣。今就一九一四年「同盟」「協商」之財力及國債，以華弊計算，（每華幣一元，等於英幣二先令，德幣二馬克，法幣二佛郎半，餘類推。）列表如左：

國名	財力	國債
英吉利	一七〇，〇〇〇，〇〇〇，〇〇〇	六，六一〇，〇〇〇，〇〇〇
法蘭西	一二〇，〇〇〇，〇〇〇，〇〇〇	一三，一五〇，〇〇〇，〇〇〇
俄羅斯	八〇，〇〇〇，〇〇〇，〇〇〇	八，九〇〇，〇〇〇，〇〇〇
意大利	四〇，〇〇〇，〇〇〇，〇〇〇	五，七二八，〇〇〇，〇〇〇
奧匈聯邦	五〇，〇〇〇，〇〇〇，〇〇〇	七，五九八，〇〇〇，〇〇〇
德意志	一六〇，〇〇〇，〇〇〇，〇〇〇	九，九九八，〇〇〇，〇〇〇

餘若比利時土耳其及巴爾幹諸國，均從略。

第七章　德軍進攻比法及其見阻

第一節　德法兩方面之戰爭方略

一八七一年普法戰爭既告終了，兩國當軸復亟亟焉從事於第二次戰爭之籌備。德不惜傾其全力，求一鼓而殲滅法；法則生聚敎訓，乘時報復，以斬克復亞洛兩州之舊地。光陰荏苒，似白駒之過隙。既而德之生齒逐歲增加，商務日繁盛，國帑日充盈，而軍事之布置，尤臻完備，其勢力已遠出法國之上。法人於此，自審其力之不能敵德也，不得已而北盟俄，西聯英，而歐洲大陸，遂不復如曩昔之形勢已。

法俄之同盟，勢足以令德君臣之旰食；蓋以德之全力對一法國，自不患爲敵所乘，今則當分其防法之力以防俄，備益多，力益分。而意大利者，又若模稜首鼠，設一旦中途而食其前言，且不免有倒戈相向之勢，此實德人之隱憂也。然德雖孤，而對敵之攻勢，一如往昔，此無他，陸軍之强，槍礮之精，參謀部之籌畫有素，有以使然也。

一九一四年，德意志參謀部籌設之完備，實爲有史以來所僅見，此蓋世人所公認也。其所以有如是之成績者，要不得不歸功於毛奇。毛奇爲普丹、普奧、普法三役之常勝將軍，德

人倚之若長城此次大戰開始，德之參謀總長名毛奇者，即前此常勝將軍之猶子；德皇以

德皇威廉二世及其名將

海林琴 荷爾惠克 貝散勒 阿安能 福根海 魯登道夫 弗郎沙埃 德皇儲 毛奇 麥耿生 皮羅
寶坐茲 興登堡 海司勒 袞米希 克羅克 德皇 維登堡公 巴那王儲

之長參謀部，殆以其威名之足以驚人而樹之先聲歟！

德意志所奉之戰爭方略，皆出於克老山維茲（一七八〇——一八三一）克又常勝將軍毛奇之師也。其學說有如下三種：

（一）與敵國戰，既擊敗之，尤當毀其軍隊；

（二）獲敵國作戰之實力；

（三）得敵國輿論之輔助。

所謂得敵國輿論之輔助者何？卽煽誘敵國人民之心理，使之厭惡戰爭，失道寡助，成爲瓦解，而預占無形之勝利。若夫破其軍，占其首都，在昔毛奇用之以直搗法京巴黎，豐功偉烈，至今猶嘖嘖人口。此次大戰，德人以全力猛撲法軍，損失之鉅，毫不顧惜；蓋其目的地爲巴黎，巴黎既得，法自喪膽，城下之盟，旦夕可待。又當勝負未決時，德人以巨金運動敵國之輿論，使反對政府之作戰計畫，以故德之間諜，與夫中立國之說客，常接踵於「協商」各國：是亦本克老山維茲之學說也。至攻法之方略，則在迅速決勝，如往日蒲留歇惠靈吞之戰勝於滑鐵盧然，爲時不及一週耳。時老將毛奇有言曰：

『說者謂戰爭計畫，須曠日持久，及各方攻擊而後能決勝，此欺人語耳。實則第一次交綏之結果，而勝負之形勢已判』。

毛奇又曰：

『戰爭方略，在一遇敵人，立施攻擊無稍緩；而對於我國之軍隊，當如身使臂，臂使指，聯爲一氣』。

德參謀部準備如此，故攻取巴黎，利在神速；其預決之時期，不過六週。希里芬上將任參謀總長時，復引漢尼拔破羅馬大軍於加南之故事，擬以兩翼圍敵軍而夾擊之，以爲取勝之地，此德人方面之計畫也。然法自一八七五年以後，凡壤地之鄰德者，早已分築礮壘，嚴密防禦，其最著者曰凡爾登，曰多爾，曰哀比那爾，曰倍爾福脫：莫不崇墉鞏固，堅若金城。時則又有德之福根呼順中將建議，謂法軍左翼，暴其弱點，當以我國右翼之軍隊猛擊之，故侵犯比利時中立一說，希里芬倡之於前，福根呼順和之於後，胸有成竹，目無全牛；德人之陰謀，已昭昭然矣。

大戰以前，歐洲各國，莫不各築礮壘，以防萬一，而尤以德法兩國爲最力。至礮壘之若何

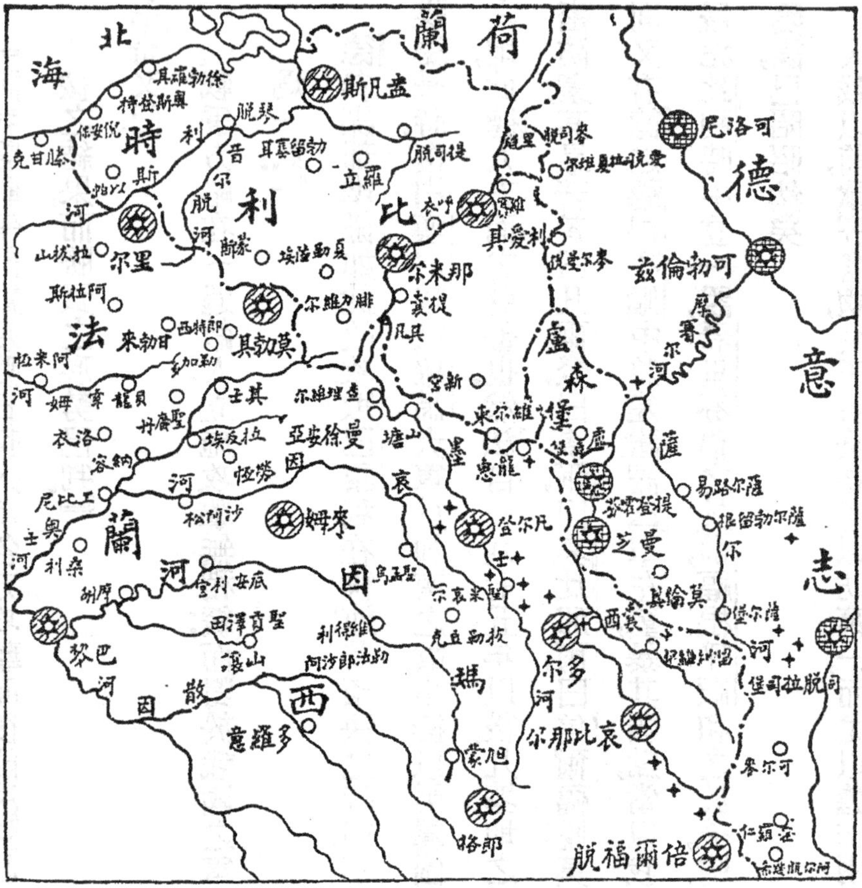

西戰場要塞一覽

堅固事前尙難懸揣，一旦交戰，則實驗時至矣。顧德人於未戰前，有失著二：一則自以爲其新式短礮（奧「司各達」礮廠出品）必能攻破敵國礮壘；二則未料及比人之敢於迎戰。故「利愛其」「那米爾」「盎凡斯」三役，德軍雖攻破其壘，而死亡枕藉，且已踰預計之日程：軍事

赴巴黎

(德人之目的)

Lustige Blätter, Berlin.

德國寓意畫

赴柏林

（法人之目的）

La Vie Parisienne, Paris.

法國寓意畫

方略，因之失敗。不寧惟是，德參謀部以俄國軍隊之調集，必萬分遲緩，絕不視爲重要；不圖德軍方進窺巴黎，而俄軍已突陷東普魯士。德人於此，勢不能不抽調軍隊，救其後方，而參謀部「一鼓破法，移師擊俄」之計，頓成畫餅矣。

至法人之方略，似亦預知德必破壞比國之中立，然不能料衝入比境之德軍隊實力如何。故法之上策，莫若俟德軍之侵入，節節退讓，以避其鋒，不使有用之軍隊，付之虛擲；迨時機既至，一鼓作氣，突然加以痛擊。此以逸待勞之策，霞飛將軍所以有瑪因河上之捷也。（見本章第三節）抑法人之初意，猶不僅此。大戰開幕，法人雄心勃勃，欲一鼓直擣柏林，且欲以最短之時間，分勝負而定全局。當時最大希望，即以猛攻東普魯士之責委諸俄人，使德軍腹背受敵，不遑兼顧；乃泰倫堡一役，（見第八章第一節）德加俄軍以巨創，而法之軍事計畫，亦歸於失敗。觀乎此，而知德法兩國預定之軍事計畫，皆不能有效，而戰事遂延長矣。

第二節　德軍進攻比利時

德軍既犯比利時，長驅直入，一往無前；雖經比軍迎擊，終以爲指日可定。詎知距德境約二十哩，比礮壘名利愛其者，礮臺十二，環繞四週，首當德軍之衝；蓋其地卽比之軍事保障也。八月四日，德將克羅克軍前鋒哀米希將軍進攻利愛其東境，招降利愛其守將賚芒。賚芒以一師二旅之兵力，與德軍酣戰一晝夜，德軍死亡枕藉。既而德大軍驟至，渡墨士河，為哀米希後盾。哀米希乃復以四十二糎口徑重礮續行攻擊。七日，魯登道夫旅長首先衝入

德意志參謀總長毛奇

礮壘，而利愛其遂陷。利愛其既陷，德軍節節進攻，每戰必勝。時比王阿爾倍親率大軍集中羅文；無何，守利愛其之比軍，亦退至其地，與王卒會合，謀持久。十九日，比軍復大敗，德軍陷羅文。比殘軍退西北部，守盎凡斯。二十日，克羅克軍進佔比京勃留塞耳；復乘勝南下，窺蒙斯及莫勃其。同時德將哈胡仁及維登堡公阿兒勃來希脫進窺比

之東南境。二十二日，德皮羅軍又以重礮轟那米爾礮壘，陷之。自是比軍重陷於四面楚歌之中，窮於接應，遂一蹶不能復振。

法軍之所以不及赴援者，以軍隊調集，事起倉猝，一時未能完備；且所調集之軍隊，大都分駐於法德毗連之地。故當德軍進陷比利時，法統帥霞飛即命霸胡與加司丹爾諾兩軍分道進攻亞爾薩斯洛蘭兩州，以擣德軍之虛。七日，霸胡將軍占亞州之阿爾脫幾希，翌日，陷密羅仁，失而復得；其北則加司丹爾諾將軍侵入洛州，旋又據薩爾堡：此蓋法人之舊地，而亦霞飛之策略也。然是時德軍方由盧森堡比利時鼓勇直入，法軍雖攻入亞洛兩州，又不得不移兵北向，以抵禦維登堡公及德皇儲威廉兩軍於阿兒丹森林間。同時霞飛復遣郎薩克率師馳赴

德軍驍將克羅克

比境，以助英軍；蓋由英將費賚起於二十日率軍五萬進駐法公台至比蒙斯，爲數無多，又非精銳，故法遣郎薩克助之也。顧其時加司丹爾諾軍之在洛州者，爲海林琴與巴燕王儲路不賫脫兩軍暨曼茲礮壘之防兵三面包圍，不得已率殘軍退至囊西；而亞州之法軍旋亦退出。至是法軍進攻亞洛兩州之策略，已完全失敗。然法人於斯兩州者，以國恥所在，每飯不忘，雖一時敗挫，而增長法人之敵愾，則不得不歸功於是役。

是時法比英聯軍屢戰屢北，德軍乘勢追襲。法大軍由阿爾丹退山塘，蒙美提，龍惠。郎薩克軍又因皮羅軍之進逼，於二十二二十三兩日連敗於夏勒陸埃，退歸法境。其凡與莫勃其兩壘二十三二十四兩日，英德軍戰於蒙斯，英軍敗退，守甘勃來勒夏都郎特來西之壕塹；又以克羅克軍之進逼，不支而再退。是役英軍喪軍官二三人兵一三四一三人。自是比境除西北一部分外，皆爲德軍所佔，德軍遂侵入法境。

第三節　德軍進攻法蘭西及其被阻

德軍侵入法境，所向披靡。時法蘭西當呼吸存亡之頃，舉國之人，咸倚統帥霞飛若長城。霞飛者，大戰以前，未聞有赫赫之名。十八歲時始爲少尉，厥後由尉而校而將，及爲統帥，年六十矣。初雖服務安南蘇丹及馬達加斯加諸地，訓練士兵，建築要塞，亦無特殊之勳績；說者謂承平之世，無可表見故也。然霞飛之一旦擢爲統帥，亦自有說。霞出身陸軍工程，工計算；性質直，勤於操作，即一刀一鞍，亦必躬自洗濯；在軍與士卒共飲食同甘苦；不與聞政治，不迷信宗教；儉以自奉，誠以待人：一模範軍人也！雖當時資格學識足與霞飛相埒者，不乏其人：如霸胡，如加司丹爾諾。然霸爲貴族所擁戴，加出身貴族，而又墨守宗教。故米也郎爲陸軍總長時，不委霸與加以重任，而特識霞飛於萬軍之中也。霞飛既爲統帥，霸與加副之。霞飛鎮靜有謀，見德軍之勢盛，乃命全軍暫退以避其鋒，並以期聚精會神於後方，以備背城之舉，故法之利爾，伐倫新，莫勃其，曼徐安亞，蒙美提及龍惠相繼淪陷。九月二日，德軍續進：克羅克軍進攻工比尼；皮羅軍進攻勞恆；哈胡仁軍於阿的尼附近渡哀因河；維登堡公阿兒勃來希脫及皇儲弗來得里威廉兩軍屯於符齊安及凡爾登左近；巴燕王儲路不賚脫與海林琴兩軍與法要壘凡爾登多爾哀比那耳倍爾福脫相對峙。

德軍之攻法，既勢如破竹，迎刃而解；又復奮勇前進，以期達攻奪巴黎之目的。巴黎人民，驚惶無措，聞礮聲隆隆，尤不寒而慄。法政府遂遷於包爾都，又簡加里安尼爲巴黎衞戍總司令。加里安尼有肝膽，從容就任，嚴密布置，以期決一死戰。是時法軍左翼退巴黎北境以拱衛都城，右翼堅守凡爾登，中路駐瑪因河南岸，俾成一直角形。當是時德軍深入重地，勞逸自分，霞飛乃下令曰：『時間已至，諸軍當奮勇直前，寧死毋退。』此所謂瑪因河之第一役，而法人之生死存亡係此矣。

法軍統帥霞飛

法軍既不再退，而兩軍之惡戰以起。自九月六日始，至十二日止；計雙方兵士凡二百餘萬人，戰線百五十哩。戰鬪之猛，戰區之大，為歷史上所未有。先是，德右翼克羅克軍以法英聯軍左翼賚賚起軍新挫，易視之，突由巴黎之北轉向東南，進攻摩胡及哥羅米哀，意欲會皮羅暨哈胡仁兩軍，與法軍決最後之勝負於山讓及維得利勒法郎沙阿等處，其地卽在巴黎凡爾登線內。使德軍攻破此綫，則法軍當被橫截為二，首尾不能相應，而全軍覆沒矣。

不知克羅克軍並非對費賚起軍，乃對法將摩拿利新組織之第六軍。先是，加里安尼見形勢已急，乃盡調巴黎守兵於四十哩之外，命摩拿利統之，以猛撲德軍右翼，實舉世罕有之

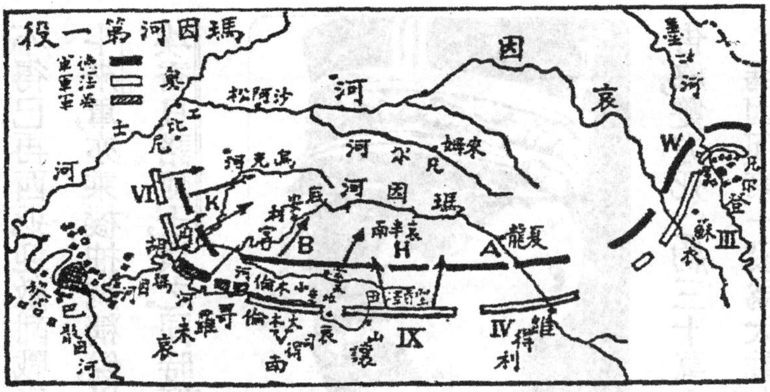

德軍
W　德皇儲弗來得里威廉
A　維登堡公阿克勃來希脫
H　哈胡仁
B　皮羅
K　克羅克

法軍
III　薩拉意
IV　嘉利
IX　福煦
V　愛斯半來
VI　摩拿利

英軍
費賚起

冒險舉動。又其時巴黎之自動車，悉用以載兵士赴前敵，搜括殆盡，法人因美其名曰「自動車隊」。一戰場法軍，得此新援，士氣大振。摩拿利軍與克羅克軍戰於烏克河畔。法軍在凡爾登之西者，亦同時進攻，鏖戰於瑪因河附近，是謂瑪因河之役。

是時法將福煦亦統率新組織之第九軍加入嘉利所統之第四軍與愛斯半來所統之第五軍之間，聲勢益壯。克羅克軍既受摩拿利軍攻擊，

不得已，再西返迎敵，酣戰二日，勝負未分，皮羅軍分兵赴援。而法軍之對皮羅軍者，爲愛斯半來軍，亦乘機抽調精銳，以援福煦。時福煦軍適受重迫，得此援軍，突猛擊哈胡仁軍於番埃香貝諾阿士，潰之。同時摩拿利軍復接加里安尼援不絕於道，與費賚起及愛斯半來兩軍猛攻克羅克與皮羅兩軍。克皮兩軍遂不能支，乃向北退。巴燕王儲軍及海林琴軍轉攻沿亞洛兩州之礮壘，又爲加司丹爾諾軍阻於囊西。德皇儲軍力搏阿而克痕，復爲薩拉意軍力拒。維登堡公軍亦爲嘉利軍擊退。德軍既不得逞，法軍遂乘勝渡瑪因河，收復夏龍及來姆，追至哀因河，瑪因河之第一役遂告終，雙方死亡約三十萬人。

巴黎衛戍總司令加里安尼

瑪因河第一役爲大戰中之第一關鍵，亦有史以來之一大關鍵也。苟德人而勝，則法必覆，法覆則英俄亦隨之，大戰亦當於是日告終，而德之稱霸天下，亦將成事實矣。乃法卒敗之，而沿長戰事至四年之久，以爲最後之勝利張本，則法之救己救英救比救俄之功，豈尋常可比哉！霞飛統帥以再造之功，成全國崇拜之英雄；「爸爸霞飛」之尊號，由此聲遍全國：倚畀之誠，於茲可見。名將加里安尼既拱衞京師，復遣援兵，促成瑪因河之捷，自當分霞飛之功。福煦亦於此役露頭角，成後日瑪因河第二役立功之「聯軍」統帥。至若比之力拒德軍，使後方法軍有所整備，而卒收瑪因河之全勝，其功尤不可沒，卽其事亦殊出德人意料之外也。

第四節　德軍進窺比法海岸及其被阻

瑪因河一役，德軍潰者，祇哈胡仁軍，餘皆未受巨創。克羅克統率羣將，且退且戰，至哀因河附近，早已浚深壕，以爲負固計。此綫自納容嶺起，其北適自哀因流入奧士，復由哀因之北岸，以迄殷利奧白；再由哀因北而南向，至來姆，越阿而克痕森林，以迄凡爾登。法軍自南進攻勞恆，不克。德軍自北窺來姆，亦不果。自九月十九二十兩日，德軍以礮火猛轟來姆，哀因兩軍，亦相持不下，形勢遂暫定。

中路形勢既暫定，於是右翼德皇儲軍力攻凡爾登境。初，德軍曾陷凡爾登南之小壘脫羅容，至是進佔聖米哀爾於墨士河之南，若將三面包圍凡爾登壘者，法人亦力守之，至亞爾薩斯一方，法軍進據泰恆。

在西，則法軍自阿米恆襲克羅克軍之右翼。德軍急退北，以避其銳氣，卒至戰線延長，自納容以至海濱，幾成一直角形。德軍據甘勃來，杜威，里爾；法軍守阿米恆，阿拉斯，以帕及滕甘克。

時比軍尙守近海之馬利恆及盎凡斯，德軍恐英法聯軍由此登陸，遂於九月二十七日陷馬利恆。盎凡斯爲世界堅壘之一，翌日亦落於

英軍統帥費賚起

德軍之手；雖得英法海軍陸戰隊之赴援，亦以衆寡不敵而敗。比之堅壘，自是皆成虀粉；殘軍遂退弗郎特境。

德軍乘勝占琴脫勃羅其及徐勃羅其與奧斯登特兩海岸，蓋欲藉之爲潛艇根據地，得自由行駛於英吉利海峽，以斷英軍赴法之路；故擬再襲法海岸滕甘克，加來與蒲落尼，於是巴燕王儲皮羅將軍及維登堡公三軍猛向渡佛海峽進攻。十月底，兩軍遇於以散河之

以帕，拉拔山及阿拉斯之前面．當時戰區皆在弗郎特州，故世卽名之爲弗郎特之戰，亦稱之爲以帕第一役云．

時比殘軍以死力禦維登堡公軍於以散河，英艦隊亦於海面發礮助戰，自倪安保至以帕之德軍，幾不能支．然德軍又進佔提克司蜜特；其南巴燕王儲軍自拉拔山進屯納夫夏板耳，亦終不得逞於海岸．再南德皮羅軍與法摩得意軍相持於阿拉斯．尋德軍復以全力攻以帕，而英法援兵適至，以帕得以保持．兩方形勢不相上下，劇戰遂

西戰場之形勢
(一九一四年十二月三十一日)

告一段落，而互持於壕塹中矣；即偶有出入，亦不過數百碼地之數。尋屆冬令，兩方軍士皆於壕中設具以防嚴寒。

自哀因之役以迄弗郎特之戰，戰線遂延長自英吉利海峽以迄瑞士。一九一四年止，比軍守戰線十八哩；英軍三十一哩；法以大軍二百五十萬人守其餘之五百四十三哩。西歐形勢，暫告大定。

德軍又復被阻於進窺比法海岸之役矣，竇畢茲常惜之。竇畢茲者，德海軍之領袖也；當時陸軍將領之目的在法，而海軍將領之目的則在英。大戰初起，比法海邊，防衞懈弛，以德軍之聲勢，使用其直搗巴黎之精銳，移以進窺比法海岸，比法海岸一入德人之掌握，則英無可守之險勢必不支。而大戰或即因以告終；乃陸軍派舍此圖彼，此竇畢茲之所以引為憾事，而歸咎於陸軍派也。及德軍既挫於瑪因河上之後，再圖進窺比法海岸，晚矣！

第五節　德軍掠地之狀況

德軍既挫於瑪因河，其對法之第一軍事計畫敗；復不得志於比法海岸，其第二軍事計畫又敗。然比利時全境，除倪安保至以帕一小段外，已盡為德人所有。比京勃留塞耳，德則設總督以治之．自是比之工業之財產，皆在德人掌握之中．甚至羅文之大學及教堂，盡付一炬．然德人於羅文之被焚，諉過於其地居民之欲圖反攻．德將皮羅嘗出示恫嚇利愛其居民曰：『阿爾丹城內居民，旣已宣布和平趨向，復乘我軍不備，突然襲擊，故予下令火滅全城．主使者可百人，皆伏誅．爾輩其萬勿效尤，以貽後悔．』德軍之在伐佛爾城者，向居民勒索三百萬佛郎，否則以焚燬羅文之策對付之．『協商』目擊德人之慘無人道，羣起非議；而德人則强詞以解曰：『此軍事上之所必需耳．』又曰：『戰凶事也，以凶事中而求和平，設汝與我易地以處，又將何如？』時比主教曼爾西哀上書教宗，訴德人之暴；又復力懇各國速援其水深火熱之同胞，自是表同情於比者日以衆．

於英則吉青納自簡爲陸軍總長後，加意招募新兵，日夜練習．一九一四年八月，法戰場之英軍，不過十五萬，至一九一五年四月，已逾七十五萬；而此七十五萬中，英屬地加拿大，澳大利亞，紐西蘭，印度，尙不與焉．

於法，自瑪因河德軍見阻以後，法之軍勢，得以保持；政府遂於一九一四年十二月間由包爾都遷回巴黎，而民氣爲之復振．然德軍已佔法之北境，其地約當全法二十分之一，如里爾，聖廣丹，杜威，伐倫新，莫勃其，山塘，蒙美提，凡爾文，勞恆等地，皆富於實業，豐於礦產之區域。全法鐵礦百分之九十，鋼鐵實業百分之八十，煤百分之七十，至是皆落德人之手。

於德，瑪因河上德軍失敗，克羅克不復重用。然德人驍勇善戰，雖見挫於瑪因河，其精銳依然存在。德軍在比法掠得之地，克氏之力居多，其功不可沒也。至德軍之所以失敗，德皇歸咎於參謀總長毛奇，以爲非罷黜之不足以鼓厲軍心；毛奇罷斥而陸軍總長福根海（曾任中國陸軍教師）繼其任。夫德人預計先一鼓破法，復以凱旋之兵，東向擊俄；不謂法未破，而俄大軍已攻入東普魯士，德參謀部遂命西戰場軍隊堅守所獲地，而聚其全副精神於東戰場。

第八章　俄軍進攻德奧及其敗績

第一節　俄軍進攻東普魯士及其受挫

瑪因河德軍之見阻，由俄軍之拊其背也。俄乘德人之不遑後顧，突攻東普魯士，聲勢之浩大，足令聞者股弁。德於是時，非抽調西方之精銳，兼程赴援，不足絕後顧之憂也。至俄之進攻東普魯士，由於俄法之預有成約；大旨謂當德軍壓法境時，俄當乘德東部之空虛，長驅深入，俾德不暇接應，而東西夾擊，可一戰而成功。至是俄卒如約，遣賚倫甘拍夫率一軍自尼門河，薩姆沙納夫率一軍自那賚夫河，同攻入東普魯士。說者謂俄德地勢，自俄屬波蘭邊境以迄柏林，僅二百哩，俄統帥尼古拉大公不欲由此直入，而必迂道進擊者，以波蘭地勢陡出，東普魯士障其北，奧之加里西亞屏其南，一旦直入，將被德奧軍之夾擊，必至全軍覆沒，故俄軍不得不以一面攻東普魯士，一面攻加里西亞。

俄之攻入東普魯士也，勢頗洶洶。東普魯士守將弗郎沙埃禦之於哥皮能，敗績；俄軍追擊，復遇之於殷司得堡，又敗績，弗郎沙埃遂退保哥尼斯堡及維司斗拉河之東岸。俄軍之由賚倫甘拍夫統率者，復進圍哥尼斯堡。東普魯士之居民，紛竄柏林，即比法居民同竄巴黎之日也。

「協商」之計畫，不可謂不敏捷。然東普魯士之地勢，道路崎嶇，不利行軍；益以湖池河沼，縱橫布列，密如蛛網。俄軍不諳地勢，貿然深入，已爲失計。時德之朝野上下，以俄軍之突焉進逼，莫不驚皇失措。時則魯登道夫適歸自西戰場，乃力薦宿將興登堡於德皇，且謂非興登堡不足以禦强俄於東普魯士。德皇從之，立遣魯登道夫賚命往訪興登堡，爲之勸駕。時興登堡方躬耕隴畝，翛然物外。魯登道夫一見興登堡，白德皇命。興登堡欣然就道，至東普魯士膺統率之職，而畀魯登道夫以參謀長。興魯兩人，和衷共濟；凡遇一事，

德軍東普魯士總司令興登堡

意見每爲一致，一若左右臂之相聯者，直至戰爭終了而後已。

試復述興登堡將軍之歷史。興登堡者，一八七〇年普法之役，曾著戰功。又服務於東普魯士有年；退任後，於東普魯士之形勢，靡不詳晰考慮，瞭如指掌。或謂德下議院嘗建議將東普魯士所有湖沼，悉改田疇；興登堡聞之，馳赴柏林，謁見德皇，力陳不可。德皇乃作該諸之辭以答曰：『請如卿議，此湖沼已不啻爲卿有，卿可善自爲之。』觀此則興登堡知俄德之戰，必不能免，料之已審，籌之有素；一旦兩國啓釁，大有舍我其誰之槪。或又謂興登堡嘗與德皇爲作戰之戲，以鬬軍智；德皇爲興登堡所圍，不能解，遂佯爲宣告罷戰。旣而宴諸將，諸將稱觴相視，德皇亦自矜詡，興登堡忽起立，徐語德皇曰：『然則今日之結局，陛下竟爲臣俘虜矣。』德皇聞其言，滋不悅，興登堡遂乞歸田里。至一九一四年，大戰實現，俄軍攻東普魯士，德皇卒如魯登道夫之請，寄興登堡以重任。興登堡髀肉復生，乘時奮起。抵任時，衣服藍縷，一軍皆驚，若不知其胸中有數百萬甲兵也者。興登堡收拾弗郎沙埃之殘軍，益以由西戰場抽調之卒，總數亦不過十五萬人，先出禦薩姆沙納夫軍，佯敗於弗蘭克諾，此蓋誘敵之計也；而薩姆沙納夫不之覺，猛進如故，且欲渡河達河倫司丹，行至奧司丹落特，其

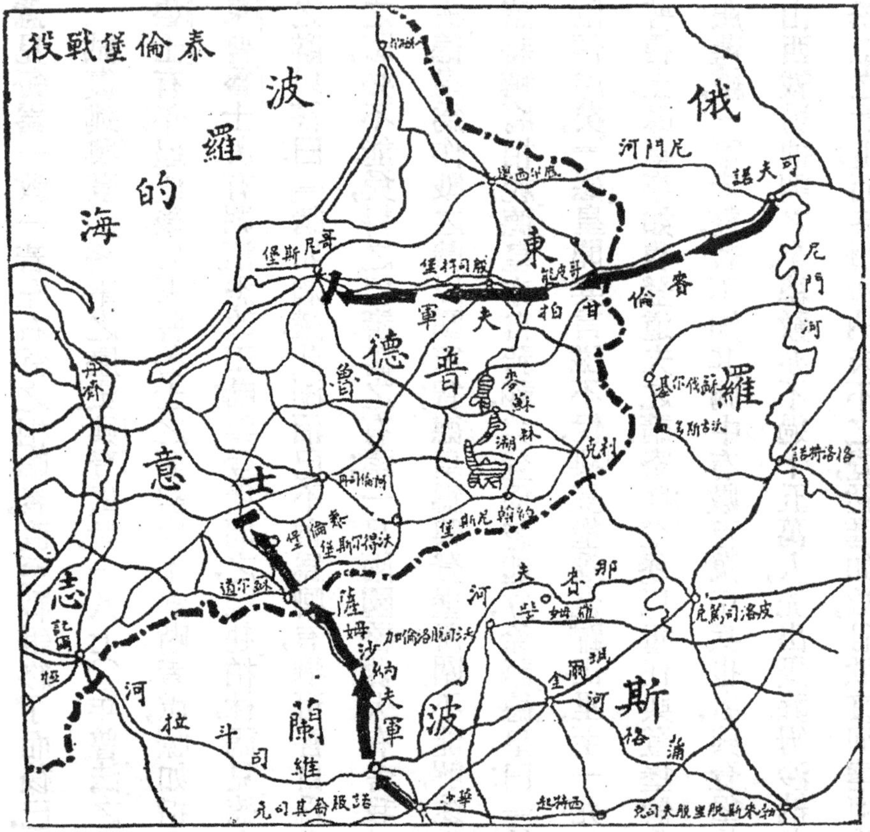

地當阿倫司丹與維司斗拉河之間，彌望皆森林湖池河沼，衡從皆是。八月二十六日，薩姆沙納夫始知中計，欲退不得；蓋興登堡列陣河後，敵不得入，正進退維谷時，興登堡以兩翼由側面包圍俄軍於泰倫堡及麥蘇林河之間，擊以重礮，戰五日，俄全軍覆沒，薩姆沙納夫戰死。賚倫甘拍夫亟撤哥尼斯堡之圍，退歸俄境。是役興登堡生俘俄軍九萬人，將二員，軍械子彈無算，是謂泰倫堡之役。九日，興登堡復移勝軍窮追賚倫甘拍夫軍，至俄境之蘇伐爾基，賚倫甘拍夫軍退至尼門河。幸俄援軍由可夫諾與維爾那齊至，興登堡乃退歸東普魯士。

總之，泰倫堡一役，實予俄軍以巨創；俄法間之軍事計畫，亦受一大打擊。惟興登堡以是役故，得與拿坡崙後先媲美，聲譽所播，幾遍環球。德皇崇其功，擢爲上將，畀以統率東戰場全軍之職。德人亦以其摧敵之功，將九月一日紀念毛奇統帥大破法軍之期，改而爲紀念興登堡此役也。興登堡遂爲全國崇拜之英雄。

第二節　俄軍進攻加里西亞

當大戰之開幕也，德奧約定，德以全力猛撲法軍，奧則力拒俄軍於北，獨當一面。奈奧之軍隊，爲異族所集合，而散漫無團結力，軍官亦因是無統馭能力。且奧之南有獷悍之塞蒙兩國，其西南又有乘機觀望之意大利；故不得不分兵以禦塞蒙，又不得不分兵於脫里安斯脫及脫倫底諾以防意於萬一。加里西亞者，舊屬波蘭地也；以地勢論，加里西亞及奧匈平原間，有橫貫之加爾拍脫山嶺；以軍事上之便利論，加里西亞偏於俄境，與於加里西里之來姆堡耶路斯拉夫不耳串米希及克拉可夫等處，堅壘密布，嚴陣以待，亦可謂周且至矣。至守衞加里西亞之上策，亦不外先發制人。奥乘俄之注意東普魯士也，乃遣鄧格耳將軍率三十萬人屯不耳串米希及耶路斯拉夫，以窺俄之湯馬沙夫與維司斗拉河之間；沃乎芬堡將軍率三十萬人屯來姆堡至蒲格河上流之南北兩岸以迄哈里起，與鄧格耳軍成一直角形。一九一四年八月十日，奥軍侵入俄境，佔克拉司尼克，復破俄軍於路勃林。時俄將之守此境者爲伊伐諸夫，至是乃退於蒲格河之北岸。

俄之軍事計畫，初不擬由奥之北攻入加里西亞，而秣馬厲兵於路子克，度勃諾及基安夫之間者，蓋欲窺奥之東部也；故對鄧格耳軍則主退却，對沃乎芬堡軍則主力拒。八月十四日，俄將羅士基率大軍由路子克及度勃諾進攻加里西亞之東北部，佔沙加耳；越六日，復進駐距來姆堡三十

奥軍統帥弗來得里大公

哩之內。同時俄將勃羅細落夫率一軍自基安夫進窺沃平芬堡之右翼。二十七日，勃羅細落夫軍占泰諾卜爾及哈里起，旋進迫來姆堡。

來姆堡一役，始於九月一二兩日。勃羅細落夫攻奧軍右翼，陷格尼拉里伯線；羅士基於來姆堡之北攻奧軍左翼，以絕沃平芬堡之交通。奧軍軍隊本雜亂，而兵士之屬「斯拉夫」族者，又逗遛不進。俄軍卒於九月三日陷來姆堡，俘虜十萬人。

勃羅細落夫軍乘勝據吉諾維茲，旋越加爾拍脫山與羅士基軍會合，進窺不耳串米希。時奧之鄧格耳軍方侵入波蘭，聞

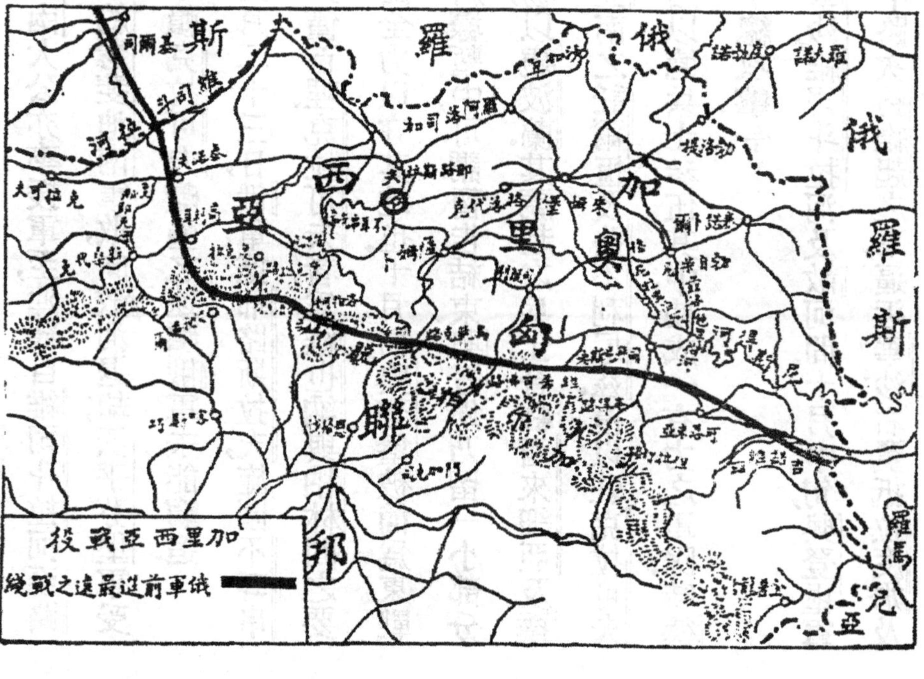

耗後，遂回兵救沃平芬堡；而奧將約瑟斐迪南大公亦率援軍至，陣綫自維司斗拉河至路勃林。自九月六日至十日，兩軍大戰之結果：約瑟斐迪南軍敗，向散河退却；沃平芬堡軍受創尤重；鄧格耳軍雖力戰，終以不支而退。幸賴克拉可夫礮壘之遠擊，俄軍未能窮追。

時加里西亞已入俄軍勢力範圍之中。九月二十三日，俄軍據耶路斯拉夫，旋圍不耳串米希；九月三十日，進屯泰諾夫，距克拉可夫僅百哩。克拉可夫者，爲維也納與柏林間之要衝，俄軍得之，奧與德將成爲兩截，故奧必出全力以守其地也。十月初，興登堡被簡爲東戰場德奧聯軍統帥。時西方戰事，不過相持於壕塹中，可謂暫告結束。興登堡乃留一小部分之兵士守東普魯士，餘皆悉數調赴東戰場，以窺波蘭。其調赴之兵士，合駐西來細亞及撲順之德軍凡七十五萬人，咸次於西來細亞南之託爾恆及路不利尼茲，復以駐克拉可夫之奧軍不能得力，置德軍官數人統率之，而以德兵士參伍其中，使成一有力之軍隊。時德奧聯軍數達百萬；興登堡見時機已至，遂下總攻擊令。

俄統帥尼古拉大公得耗，令各軍退至華沙、維司斗拉河及散河間。十月中旬，興登堡軍之左翼已進駐維司斗拉下遊之拍勞克；中路次路維起之東，逼近華沙；右翼抵拉度姆及奧司多維克。時鄧格耳軍在維司斗拉河散河之間，乘勝收復耶路斯拉夫，幷解不耳串米希之圍。

自十月十六日至十九日，爲華沙之戰。興登堡之左翼突爲來自諾服喬其司克之俄援

俄軍統帥尼古拉大公

軍所攻，德軍中路及右翼亦暫退。統率俄援軍者爲賫倫甘拍夫，曾爲興登堡擊敗於東普魯士者。然劇烈之戰，實在興登堡之右翼。俄將羅士基堅守維司斗拉河畔之伊文甘拉特，德軍不得渡，卒於十月二十二日退却。十一月三日，德軍又爲羅士基軍所追，棄基爾司。興登堡全軍退於伐爾脫河之後面；奧軍亦退守克拉可夫。俄軍乘勝復佔耶路斯拉夫，圍不耳串米希，重向克拉可夫進攻。

十二月八日，保將特米脫里夫統率俄軍進攻克拉可夫，尋奧軍越加爾拍脫山之度格

拉路以襲其後，特米脫里夫又退泰諾夫。

同時另一俄軍進窺蒲古維那以圖據加爾拍脫東南部之險要。一九一五年一月六日，俄軍佔金普龍；十七日，越加爾拍脫山之基爾里拔拔路，自是遂迫匈牙利之德蘭西耳伐尼亞。斯時也，使俄人而能佔蒲古維那與德蘭西耳伐尼亞，則羅馬尼亞亦將因地理與軍事之關係，起而助俄，奧之厄運可立待。由是奧匈朝野大驚，一月十三日，老皇弗蘭茲約瑟罷外長勃企杜特職，而易以匈人蒲齡。蒲齡秉政而奧匈之政見一；奧匈之政見一，則政局前途無所阻，而匈牙利之利益，亦得完全保存矣。適興登堡二次大舉進攻波蘭，奧之友琴大公亦率三軍赴匈爲應援，俄以首尾不應，卒爲奧軍恢復蒲古維那，三解不耳串米希之圍。加爾拍脫東南之險，亦賴以保存；而羅馬尼亞卒以俄軍不得逞，亦不敢妄動。

加爾拍脫山間之奧軍

一月中旬，爲奧軍總攻擊時期：勃姆愛木里率第一軍越加爾拍脫之度克拉，洛拍可夫。烏孰克三路，以救不耳串米希；德將林心琴率第二軍由門加克司北向弗冷齋率第三軍次蒲古維那。弗冷齋軍進行最速，收復基爾利拔拔路及吉諾維茲後，再北向入加里西亞，越可落米亞，佔司丹尼斯老之鐵道總綫，然不久即退回可落米亞。林心琴軍自門加克司進窺來姆堡，不得逞。勃姆愛木里力戰兩月，力不支；度克拉路及洛拍可夫之北部，卒於三月下旬爲俄軍所得。

奧軍既敗，不耳串米希礮壘又被圍。守將柯斯麥南克以羅掘既盡，不得已而與俄軍爲背城之戰，不利，乃悉燬其軍用品，率十二萬守兵以

被轟後之不耳串米希壘

降。此外自來姆堡經不耳串米希至泰諾夫及克拉可夫之鐵道，亦全為俄軍所得。俄軍之圍不耳串米希壘者數十萬，至是亦得移用他處。四月杪，俄軍共佔加爾拍脫峯凡七十五哩，轄及度克拉，洛拍可夫及羅司篤克諸路；加里西亞又復入俄軍掌握矣。

一九一五年春，俄軍以目的地克拉可夫終不能達，且有疲色，德軍又進攻波蘭不已，於是俄軍之在加里西亞者漸不振。

俄羅斯無普及教育，軍士泰半無智識，卽中級軍官中亦有不識字不辨圖者，故軍士作戰，徒迫於軍官之命令，軍官則又受迫於彼得羅格拉特之命令；彼得羅格拉特者，專制政府之首都也。俄皇尼古拉二世優柔寡斷，諸佞臣乘間弄權，無異挾天子以令諸侯，朝中賄賂公行，弊竇百出。朝臣中有袒「協商」者，有袒「同盟」者，各樹一幟，以排異己。俄皇后亞歷山德拉又為德人，有通德之嫌疑；多魚之漏，時或有之。在野則懷有革命思想者，祕密結社，以待時機，有觸卽發。俄之崩潰，誠旦夕間事！至一國軍事，既無財力以充戎費，又乏鐵路以便輸運；且國內工廠，寥寥無幾，軍械彈藥，咸仰給於日美兩國，而運輸則僅恃遼遠之西伯利亞鐵道：軍事上之不便利，又不言而喻。以此禦久經訓練軍械充實之德軍，勢必不敵；加里西亞之數勝，特徼幸耳。且俄軍精銳，已盡出於初次調集時，一戰而受衂於東普魯士，其元氣已不易恢復，況復經加里西亞之久戰，欲不爲强弩之末，其可得耶？

第三節　德軍進攻波蘭

一九一四年十月，俄軍方進攻加里西亞，克城陷地，勢不可遏。迨興登堡攻入波蘭，擬多方以分其勢，而俄果分道赴援矣。興登堡初次攻波蘭，既無功而返，而於奧則加里西亞之圍立解，於前節見之矣。當興登堡之由波蘭退兵也，乃沿維司斗拉河而駐於伐爾脫河之後，掘壕築壘，以謀二次之進攻；又復北毀伐爾脫附近之鐵道，以冀誘俄軍之深入而斷其交通。十一月初，興登堡乃遣麥耿生以八十萬兵由託爾恆攻入波蘭之西北部；已則渡伐爾脫河，突出酣戰，歷二十三二十四兩日，麥耿生曾被重圍，旣又潰圍而出，破俄軍防線於洛治，俘虜九萬人。十二月六日，德軍陷洛治，進軍於華沙三十五哩之內。是役也，德軍雖不能取華沙，而波蘭之西部，已皆爲所得。

一九一五年之初，俄軍戰線長九百哩：其中路羅士基軍陣於波蘭之諾服喬其司克華沙及伊文甘拉特三壘前，拉夫加與勃孰拉兩河之後；其及右翼在那賚夫與尼門兩河間，亦歸羅士基掌轄；其左翼則爲伊伐諾夫與愛伐脫兩軍，次於尼達河，在基爾司之西；特米脫里夫軍在加里西亞，據泰諾夫；勃羅細落夫軍據加爾拍脫山之北部；亞力山夫軍屯蒲古維那。至德軍之支配：則自守東普魯士之四軍外，當羅士基軍於正面者爲麥耿生軍；其右則爲鄧格耳之奧軍，駐尼達河之西；再南則爲德將符一喜所統率之德奧聯軍，陣於泰諾夫之西；極右則爲友琴大公所統率之奧軍，禦俄軍於加爾拍脫山間。

一九一四年十二月，麥耿生進攻無功。一九一五年二月初旬，麥耿生重行攻擊；時適冬令，嚴寒逼人，復以遍地積雪，攻者困於視察，其結果僅獲俄軍拉夫加河之三戰壕耳。二月中旬，興登堡由東普魯士攻入蘇伐爾基，殲俄兵一軍，進次尼門

德兵作戰前之準備

河之東岸，格洛特諾之附近，離彼得羅格拉特至華沙之鐵道僅十哩。同時另一德軍進攻抱勃耳河以攻奧沙維茲；又一軍攻華沙北六十哩內之不耳察希尼子，以冀渡那賚夫河而斷華沙之交通。至二月終，德軍於尼門，抱勃耳，那賚夫三河之總攻擊均不利，暫向東普魯士退却。一九一五年四月，俄軍據奧屬加里西亞之大半，而德軍則據俄屬波蘭三分之一。俄軍雖仍固守華沙，然其軍勢則漸不振矣。

波蘭者，俄普奧於十八世紀中三分之：俄得波蘭之大半；普得西來細亞；奧得加里西亞。波蘭共有人口二千三百萬，分布數地，爲純粹之斯拉夫族；言語文字悉皆統一，而又從羅馬教。雖亡國已百五十餘年，其不忘祖國之心，拳拳如故也。俄德奧既相見於疆場，其軍隊中之波蘭兵士，亦互相殘殺。波蘭之建築物，凡迫近於戰場者，盡燬於槍林彈雨之中，較之比利時之殘破，殆又過之；悲慘之狀，幾不忍睹。往時俄遇波蘭，較德奧尤殘酷，至是俄恐波人乘間革命，乃許其自治，而以効忠俄國，殺退敵兵爲互易條件。然同時奧之於波，亦有同等之約；而隸奧之波蘭民族，又素受奧人較優之待遇，故俄統帥尼古拉大公許波蘭自治之宣言出，波人洞燭其情，卒歸無效。蓋波人之心理，德奧勝固非其所願，俄勝則尤非其所願也。

俄之於波蘭，以同一「斯拉夫」族而加以吞併；其於塞爾皮亞，則又以同族之關係，而力負保護之責，且因是而啓世界之大戰，亦在所不恤。所以然者何？爲巴爾幹之利益耳。不然俄與保，亦得稱同族也，又何以相周旋於疆埸乎？

第四節　奧軍進攻塞爾皮亞

當奧之對塞宣戰也，世人咸以爲易與之事；塞奧之不敵，其誰不知？然塞兵額二十五萬，後備兵五萬，加之與塞同休戚之蒙丹尼格羅兵五萬，又皆獷悍趫捷，慣於山戰，往年兩次巴爾幹之戰爭，不啻爲軍事上實地之練習；故奧雖以大軍壓塞境，而勝負則未可逆料也。

一九一四年八月中旬，奧軍二十萬渡特利那及薩凡兩河，以窺塞之西北部，而直擣其伐里安服之大本營。塞王彼得聞訊，立遣王儲亞歷山大迎敵。兩軍戰於特利那與薩凡間之夏拔茲及耶大地皆山僻；塞人於此方形勢，瞭若指掌。奧雖有重礮飛機，足以威脅塞人，然其由北部及由西部攻入之兩軍，終爲塞軍截斷，以呼應不靈而致敗；此八月十六至二十三，一來復間事也。是役塞軍死三千人，傷萬五千人；奧軍死八千人，傷三萬人，降於塞軍者約四千人，輜重喪失，難以數計。其時奧軍復以俄之窺加里西亞甚猖獗，不暇留意於塞，遂收拾殘軍而歸。

奧軍既退出塞境，塞軍反乘勢進窺奧境。九月初，塞以一軍由貝爾革拉特渡多瑙河，據山姆林；又一軍進攻波司尼亞以窺塞拉約佛。奧不得已再集二十五萬人以禦之。九月初旬，塞軍敗績；奧軍乘勝復窺伐里安服，十一月十五日陷之。塞京貝爾革拉特亦於十二月二日為奧軍所得。

亡何，塞軍力禦，卒敗奧軍，恢復伐里安服，俘奧兵四萬，奪礮五十尊，子彈無算。奧之右翼殘軍，渡特利那而回也，又為蒙軍困於維希革拉特。十二月十五日，塞軍恢復首都，自是塞境內無復有奧兵蹤跡。

奧塞戰爭之結果，可謂兩敗俱傷。然奧以大國之故，元氣不難恢復，故擬於一九一五年二月間與塞謀最後之武力解決。方籌備中，意大利政府忽對奧發一警告，謂奧匈於巴爾幹任何行動，必得意大利之同意，否則兩國親善，或因之決裂。奧於意雖深讎，而形格勢禁，決不欲以懲罰區區之塞而毆同盟之意，加入「協商」，故一聞意人之警告，而尅期大舉伐塞之說遂中止。

自是奧塞兩國，相持不下。局部衝突，無關大勢；而塞京貝爾革拉特則受奧軍重礮之轟擊無已。時奧之懲罰塞，既不得逞；塞欲爲其同胞謀脫奧人之羈絆，亦未能有濟：各俟俄德奧東戰場大戰之結果耳。

第九章　英德海上之頡頏

第一節　竇畢茲之政策及其影響

一九一四年八月四日，英吉利既對德意志宣戰，兩國以無綫電知照其海軍令爲祖國効力。北海之中，陰風慘慘，英德角逐之場也；波羅的海之中，濃烟縷縷，俄德爭雄之區也；地中海，印度洋，大西洋，太平洋之間，則英日俄法艦隊共追逐德艦隊之所也。回溯二十年前，英德向無違言，益以姻婭之關係，其情誼尤親於他國；英許德以陸軍稱霸於歐陸，德許英以海軍稱雄於海上，一若鴻溝之畫，各不侵犯矣，而英德兩國，始而相覬覦而相仇，終且不免決裂者，何哉？則以德皇有『德意志之將來在海上』一語有以造成之也。德皇何爲而有是語？蓋有足以自豪者在：當一八七〇年普法戰爭之後，德意志之艦隊噸數，既不及法，又不及俄，若以比素稱海王之英吉利，更瞠乎其後；迨一九〇九年，德之海軍忽一躍而爲世界第二，設復數年，必且超越英吉利艦隊之上矣。英亦恍然大悟，汲汲焉從事艦隊之增造，以維持其「所轄艦隊等於兩國艦隊」之政策，此英吉利之所以防德意志也。然德意志海軍力能於十五年間突飛猛進，而與英相頡頏者，亦非竇畢茲一人之聰明毅力，不足以致此。寶畢茲者，一手造成德意志海軍之偉人也。

德意志之內閣，或總理，或各部總長，此去彼來，每多更調，惟寶畢茲上將之長海軍部，始終未嘗更動。所以然者何？寶翁猶德意志海軍之父，德皇倚爲長城，以冀達其覆英吉利而稱霸天下之目的也。寶畢茲於一九一四年，春秋已六十有六；彼自幼側身海軍。一八九一年，任基爾參謀長，以建造及改良魚雷艇之結果而名大噪，旋又設魚雷艇專門學校，以研究施放魚雷之專門技術，成績昭著。一八九八年，升爲海軍次長，履任後，即倡設海軍社，以皇弟亨利爲之長，復分設支社於各府各縣，同時又設海軍新聞社，無一非鼓吹海軍之重要，使德意志人民，皆具海軍智識，以爲將來稱霸海上之預備，其用心亦良苦矣。一九〇〇年，寶畢茲升任海軍總長；自是而後，

一手創成德意志偉大海軍之寶畢茲

基爾運河口之德意志艦隊

大權在握，措置裕如矣。是年上議院應竇畢茲之提議，通過海軍律，立增造戰艦二隊，簡言之，即將德意志原有之海軍而倍之是也。自後一九〇六，一九〇八，一九一二年，凡三建海軍議案。一九一三年，海軍航空議案之附入陸軍議案者，皆爲國會一一通過。上述所謂一九一二年之議案，蓋已不啻增設一第三艦隊矣。一九一四年，基爾運河竣工，德意志軍艦，得出沒於北海波羅的海之間。總計新建之艦隊，以數目論，尚不逮英，至製造之堅銳，則過無不及。大戰既啓，竇畢茲欣然謂德皇曰：『今而後，海軍可以戰守惟命矣。』

英吉利既悟德意志野心之所在，臥榻之側，自不容他人鼾睡，於是增加艦隊，不遺餘力。德造二艦，英則三之四之競爭之烈，莫茲爲甚。且英又令地中海之艦隊，調回北海，以資防守。而保護印度航路之安寧，則委之法蘭西海軍。主其事者，費歇上將也。費歇始造無畏艦，意謂德既乏資本，又缺造船廠，勢不能造此巨大之船隻。乃竇畢茲於三年中（一九〇六至一九〇八）竟造成無畏艦十七艘。一九〇八年，德下議院應竇畢茲之提議，通過建造無畏艦五十八艘之議案，竇畢茲蓋亦足自豪矣。然無畏艦之增造，實無補於海上戰爭，費歇後鑑及之，德誤而英亦誤也。費歇曾爲英之海上參謀總長凡七年，（一九〇四至一

英國海軍總長邱吉爾

英國海上參謀總長費歇

九一〇）一九一四年末，拔登堡親王路易辭職，費歇復爲海上參謀總長，與海軍總長邱吉爾和衷共濟，旋簡奇利果上將（費歇之生徒）爲海上總司令，弼德中將爲前鋒司令，以禦德意志艦隊於北海之中。

德意志陸上形勢，爲法俄兩國所包圍；海上形勢，又爲英所包圍。英對德之唯一政策，即以海軍封鎖北海，斷絕德意志與外洋之交通，使德之海外殖民地，失其聯絡；海外商務，失其保護；其海外艦隊，既不能駛回北海，而北海艦隊，又不能越雷池一步：如是而德之海外艦隊，不啻爲英之囊中物矣。職是之故，德意志一方原料餉械之向由海外供給者，至是無由輸入；商務既絕，工廠自停，工人以輟業而無以維持其生活，無異自處於絕地。至是英乃藉海軍力運亞非美三洲之兵以登歐陸，與既困猶奮之德人鬥，務必置之死地而後已，於是向之所謂均勢者，至是皆爲英人所左右矣！

封鎖者，英人所用之慣技也。往時攻拿坡崙，曾以此技施之於法。今德意志崛起而與英爭霸，英人舉向之施於法者，移而施之於德。德之食品，向來自海外，至是來源頓絕；一國之婦孺老少皆有乏食之虞。時有英之大文豪貝那曉論封鎖政策之利害曰：『有嬰孩於此，吾固不忍死之者也；必欲死之，則當殺之以炸彈手鎗，而決不忍見其餓斃也。』此殆目擊其祖國封鎖政策之殘忍，而爲鳴不平乎？

由是以觀，德意志唯一政策，唯有與英吉利立決勝負於北海，以爲孤注之一擲，或不無萬一之望。乃自大戰既啓，德皇專注意於陸地之雌雄，而置其他於不顧，此賨畢茲所以引爲憾事，不得已而出潛艇襲擊之下策也。

第二節　英德海軍戰於南美海濱

德意志艦隊，皆集中基爾運河東出波羅的海，可以與俄羅斯艦隊相角逐；西出北海，可以與英吉利艦隊相頡頏。故屯於波羅的海及北海之艦隊，皆爲其總艦隊，而波羅的海與北海以外之艦隊，概爲其海外艦隊。

大戰之初，德國海外艦隊，厥爲地中海與太平洋兩處。在地中海者，僅「戈朋」與「勃來斯老」兩艘。「戈朋」爲最堅銳戰鬥巡洋艦之一，「勃來斯老」則爲尋常巡洋艦。此兩艦出沒地中海，足以妨害「協商」國之運輸，而於法兵之由阿爾支利運往法境者，尤爲所梗；故英法地中海艦隊，不得不用獅子搏兔之全力，以謀對付。兩艦以衆寡不敵，遁至美西那，繼又駛入達特奈耳海峽，抵君士但丁堡。異日土耳其之加入同盟，此亦其一因也。

德艦隊之出沒於太平洋者，有巡洋艦八，（內一艘名「以利沙伯皇后」屬於奧）皆停泊青島。既而太平洋艦隊司令司彼將軍率「香霍斯脫」「格那賽瑙」「紐恩堡」「來伯齊西」「特來斯頓」五艘乘間逸出青島，而向南美之西岸前駛，蓋欲以避日英艦隊遠東之鋒，而亦求南美之接濟煤餉也。時英亦有三巡洋艦駐南非：曰「好望」，曰「蒙木斯」曰「格拉司果」；又老式戰鬥艦一曰「加諾帕司」；裝甲商船一曰「沃脫倫篤」皆爲克拉道克少將所統率。一九一四年十一月一日，英德兩艦隊遇於智利海濱。（近可洛奈爾）英之「加諾帕司」號因修理未參與戰事；德之「來伯齊西」號亦然。時夕陽反照，海潮突向英艦衝激。至七時，德之「香霍斯脫」號率其餘三艘乘機奮擊，英艦皆爲敵彈所中：「好望」號先受巨創而被焚，火光冲霄漢，高約二百呎，至七時五十分，乃炸裂而沉沒；旋「蒙木斯」號亦被擊沉；「格拉司果」與「沃脫倫篤」兩號皆逸去。而克拉道克少將則與其全艦之將士一六五〇人皆與波臣爲伍矣。至是德艦隊遂獲全勝。

克拉道克敗耗至倫敦，英朝野莫不裂眦切齒，衆口一辭，求雪此恥而后已。時海上參謀總長拔登堡親王路易德人也，與英王室有姻婭之誼，轉入英籍，迭長海軍，至是突爲辭職，以避嫌疑。費歇繼之，其第一政策，卽遣海軍少將司得提於十二月初率戰鬭巡洋艦二：曰「無敵，」曰「無撓；」裝甲巡洋艦三：曰「加瑙文，」曰「甘德，」曰「康沃爾；」巡洋艦一：曰「勃里司多；」裝甲商船一：曰「馬西頓尼亞：」凡七艘，奉命前往南大西洋復仇。迨司得提抵福爾克蘭島，「格拉司杲」號亦來聽命，乃以無線電召「加諾帕司」號至福爾克蘭島之斯丹來口岸。時德之司彼將軍已率隊至好望角，電浪所傳，亦爲偵得消息，擬於中途要擊英艦隊；司彼固不意司得提之新艦隊，已潛至福爾克蘭島也。十二月八日，兩艦隊遇而開戰。司得提以早知司彼之來而取優勢，而司彼則猝不及防，迨知中計，爲時已晚。戰鬭結果，據司得提之捷報觀之：「香霍斯脫」「格那賽瑙」「來伯齊西」「鈕恩堡」相繼沈沒，司彼殉焉；「特來斯頓」則於翌年三月間被燬；司彼全軍至是乃覆沒無餘。

如前所述，德意志在太平洋之艦隊凡七艘，五艘爲司彼所統率，已爲司得提殲滅於南美海濱；餘二艘仍留青島：一卽著名之「愛姆頓；」一爲「哥尼斯堡。」「愛姆頓」僅爲三三五〇噸之尋常巡洋艦，其速度爲二十五浬，最大礮徑，不過四・一吋。此艦出沒於印度

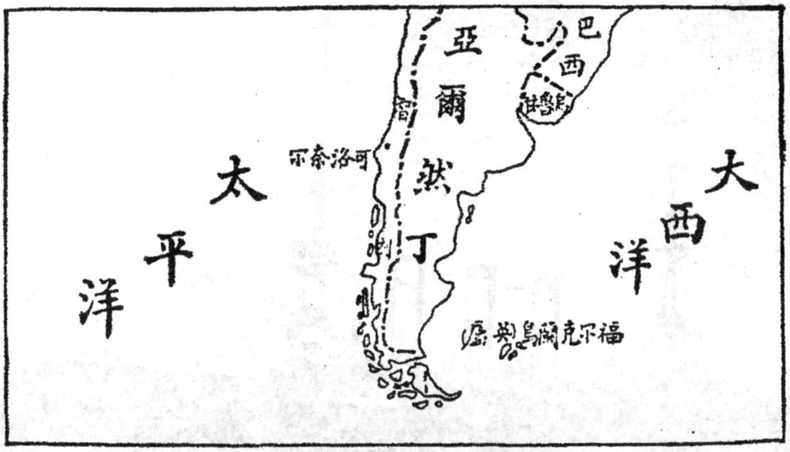

智利海濱與福爾克蘭兩戰役

洋者三閱月，擊沈「協商」國商船凡二十五艘，合計損失所載之貨物約值二千萬銀元之譜；旋又擊馬德拉斯之油池而焚之；又毀停泊蘭貢海岸內之英船四艘；又潛至檳榔嶼擊沈俄巡洋艦一，法魚雷艇二。「協商」國艦隊往來追襲，而終不能得其蹤跡之所在，倏東倏西，神出鬼沒，眞足令協商國聞之而舌撟不下也。

先是，「愛姆頓」之縱橫海上也，時變其艦上之旗幟，屢髹其艦體之顏色，以誘擊「協商」國商船。如法船來，則樹英旂；英船來，則懸法旂；英法船來，則升俄旂。駛至敵船之旁，而敵不疑，乃突出而加以轟擊。其屢髹其船體之顏色也亦然。尤奇者，又以法接得「協商」國商船之無線電報，而知其蹤跡之所在，俟其將至而邀擊之。其飄忽如風雨，其隱見如神龍，使「協商」國商船往來海上，咸有戒心者，「愛姆頓」也。至某日，「愛姆頓」又駛至爪哇南之可可島，將毀其無線電台，突爲一澳大利亞之巡洋艦「西得南」號所見，奮力追擊，「愛姆頓」乃觸海岸而被焚焉。「愛姆頓」之艦長日密和勒上尉，被俘解往倫敦，誠不失爲舉世一奇傑矣。

「哥尼斯堡」號聞於「愛姆頓」沈沒之前數日，毀於東非之淺灘內；計其所沈「協商」國船隻凡十二艘，其艦長之勇敢，亦足與密和勒媲美。

德國巡洋艦愛姆頓號

一九一五年三月十日，德巡洋艦「埃得爾弗來得里」號逸出北海，爲英艦窮追，西行三萬哩，方抵美佛其尼亞省鈕乎堡鈕和斯海口內而避禍焉。又德巡洋艦「威廉皇儲」號擊沈英船九，挪威船一，亦於同年四月十一日遁至鈕平堡鈕和斯海口內，解除武裝焉。

總之，德之海外艦隊，至斯已無孑遺，其蟄伏於基爾運河之巡洋艦，偶或逸出，亦殊危險。德意志之不願以海軍爲孤注，其以此歟！

第三節　英德海軍戰於北海

一九一四年八月二十八日，英艦隊之一部分與德艦隊之一部分戰於海里果蘭灣，是即英德海軍遇於北海之第一役。海里果蘭島者，距德意志海濱可三十哩，實爲基爾運河之咽喉。德人以基爾運河爲其海軍之根據地，乃於此島嚴密佈置，置重礮三六四尊，內一四二尊皆四二糎口徑。世界軍事專家咸謂以全球之海軍力撲此島，其勝負之數，亦未可預卜；蓋敵國艦隊若駛入此島十五哩以內，皆爲其重礮力之所及，世人呼之爲世界第一堅壘，殆非虛語。二十八日晨，天氣清朗，波濤不驚，英艦分隊長基司率八潛艇逼近海里果蘭；其西北則爲泰立脫分隊長之驅逐艦隊；東則爲古德奴分隊長之輕便巡洋艦隊；西南則爲克利斯金將軍之巡洋艦隊；弼德將軍自率其戰鬭巡洋艦隊布陣後方，指揮一切。俄

而德之驅逐艦一隊，巡洋艦二艘出而應戰，英潛艇二，小驅逐艦二故向西退，以爲誘敵之

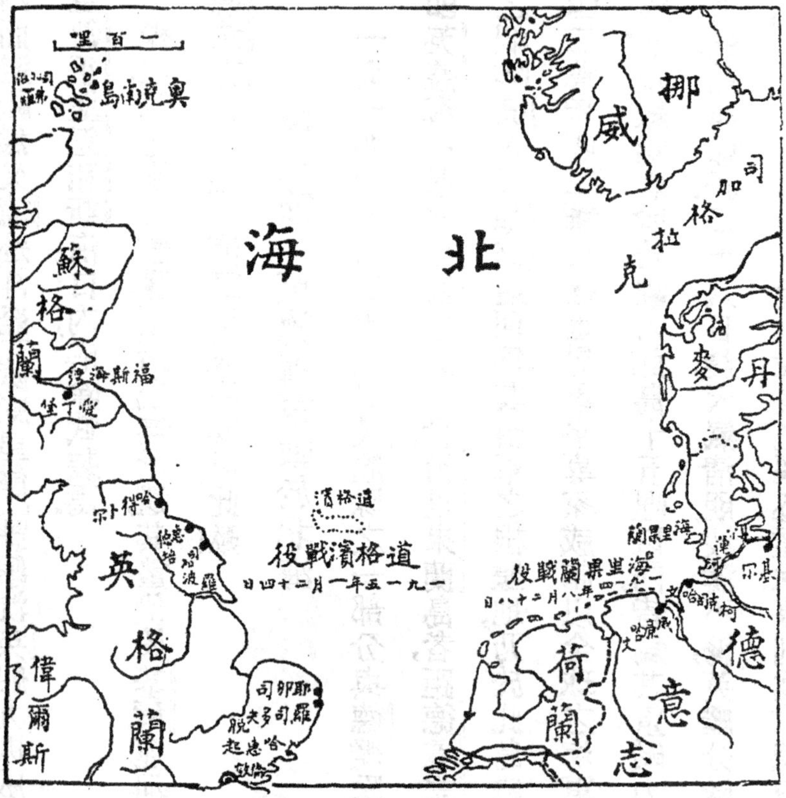

北海戰區

計，德艦隊進擊之，忽見英驅逐艦隊由西北衝出，德艦又復退還，斯時英德兩方之巡洋艦，已起戰鬬，英之「阿利蘇薩」，當德之「阿里阿定」，「無畏」對德之「司脫拉司堡」，兩方驅逐艦隊亦同時鏖戰。勝負未分，遂各休戰，既而德艦隊見英之潛艇隊及驅逐艦隊尚在海里果蘭附近，以爲英之大隊已去，

又出擊之。英驅逐艦頗受創，急以無線電乞援於弼德。弼德率大隊至，戰數小時。德巡洋艦「麥因茲」「可恆」「阿里阿定」均沈沒，「司脫拉司堡」受創，又沈沒驅逐艦一，死七百人，被俘三百人；英則「阿利蘇薩」受傷，死三十二人，傷五十二人：結果雙方引退。

海里果蘭之役，英艦隊取攻勢，而德艦隊應之；道格濱之役，德艦隊取攻勢，而英艦隊應之。說者謂道格濱之役，德所以復福爾克蘭一役之仇也。一九一五年正月二十四日，德意志海軍少將余伯率戰鬭巡洋艦三艘：「散得利茲」「毛奇」「特弗令格」；一裝甲巡洋艦一艘：「蒲留歇」；一輕小巡洋艦六艘；驅逐艦一隊：自威廉哈文駛出。以海里果蘭北面之水雷區域擴大，再以潛艇繞之，意欲誘英艦隊入水雷區域。時英吉利海軍少將弼德率戰鬭巡洋艦五艘：「獅」「虎」「公主」「鈕西蘭」「無制」；一輕小巡洋艦七：「沙司漢帕頓」「諾丁思」「勃明恩」「羅司多夫脫」「阿利蘇薩」「奧陸拉」「無畏」；及泰立脫分隊長所率之驅逐艦隊迎擊。英德艦隊，戰於北海之道格濱。戰綫延長二百哩。弼德偵知此計，避水雷區域而迂道以進。結果德艦「蒲留歇」沈沒，「散得利茲」「毛奇」「特弗令格」受創；英之「獅」亦受重傷：各回原駐地焉。

第四節 德意志殖民地之喪失

大戰初起，德人雄心勃勃，意謂陸軍之强，爲世界冠，最後之勝負，終決之於歐陸，視操勝算，若左劵也。至如英人方急圖運其陸軍以登歐陸，斷不暇再角逐於他方，卽使德之殖民地盡落於英人之手，而戰勝之後，亦必一一交還；矧英殖民地如愛爾蘭印度南非等，其人民莫不乘機思逞，英迫於眉睫之禍，當亟亟焉求固己之版圖，必不暇覬覦他人之屬地：德之料英也如是。不謂大戰至一年後，歐陸戰場，曠日持久，正未知鹿死誰手，德一鼓再鼓，其氣已衰；「協商」既多聲援，勢力日增，向之希冀英屬地多事者，至是不克如願以償。若愛爾蘭，則舊教派雷得門德（英之愛爾蘭議員）與新教派卡孫（烏爾司得之領袖反對愛爾蘭自治最力者。）相攜手，協力供獻於英政府而爲之召募士卒，使効力戰事；雖以「新芬」黨之激烈，亦懾伏於强權之下，而莫敢輕於發難。若加拿大，初則因英法兩大民族之不同，積不相能，及見兩祖國棄嫌修好，締結盟約，則又各釋其平日之嫌隙，而幷力對外；當一九一五年十月間，加拿大募得兵士二十萬人以赴前敵。同時澳大利亞，紐西蘭，紐芬蘭亦相繼應徵：澳大利亞十萬人；紐西蘭二萬人；紐芬蘭三千人：皆遣往歐洲助戰。至於印度，日本以與英有同盟之關係，爲之運兵派艦，以防止其革命，英人藉以釋東顧之憂；且印度大多數部落仍効忠於英吉利，或以兵力相援助，或以金錢爲供獻，一九一五年一月，印度總督哈代其稱其地已有二十萬人入歐洲戰線之報告。此皆出德人意料之外者也。

至於南非，當大戰初起時，曾有一度之革命。初，英之南非殖民地以脫蘭斯哇，沃蘭治及那塔爾最爲緊要；其白色人種，大抵爲荷蘭人苗裔，稱「巴爾」，即鄉人之謂。當一八四三年沃蘭治與那塔爾被據於英吉利時，脫蘭斯哇尙不爲人所注意。及一八八五年發現金礦以來，歐人垂涎其地，無不爭先染指。然以其四圍皆爲英吉利之殖民地，英人遂遣兵取之，卒釀成英脫之戰。脫之抗英也，結沃人爲同盟，與英酣戰三年，（一八九九—一九〇二）殲英人者屢。旋英調大軍二十萬人至，脫蘭斯哇以衆寡不敵，降於英，遂與沃蘭治，那塔爾，及好望角同稱南非聯邦矣。及大戰作，「巴爾」人乘機謀動，思脫英人之羈絆。主其謀者爲英脫戰爭時之宿將：曰拔葉斯，曰麥利茲，曰特惠脫。然忠於英者，亦爲當年抗英之宿將：曰菩太，曰司磨茲。菩太爲南非聯邦之首相，與國防總長司磨茲力拒革命軍；軍械餉糈，悉由英人供給。而革命軍以無接濟，先後敗績；拔葉斯淹斃，特惠脫被擒，麥利茲竄入德屬非洲西南部。一九一四年十二月，南非聯邦呈報革命軍四千人入獄，千人加以監視；事遂寢。

南非革命軍既敗，英軍遂分向德殖民地非洲西南部及東部進行；然德人堅守其地，英軍不易攻入，自是用圍困之法，待其自斃。初，一九一四年八月二十七日，英法聯軍降基納灣之多果蘭；又南非聯邦軍圍西南非者再，中經革命軍騷擾而撤還；革命軍既仆，南非聯邦軍於一九一五年七月復大舉進兵，德之西南非全部遂被陷。西南非陷落時，法自中非，英自那其拉率聯軍進窺喀墨龍，一九一六年二月攻拔之。

德於東非，持守最久；蓋以守其地者，爲萊多夫福培克，德之名將也。英陸軍既不得逞，乃以海軍封鎖其海濱。一九一六年，德人在東非者，羅掘殆盡；司磨茲率大軍進窺，酣戰累日，僅得其殖民地之北部及中部。一九一七年六月，司磨茲復進攻之，萊多夫福培克力竭不支，竄入葡屬東非。一九一八年，司磨茲復會合英軍窮追，萊多夫福培克乃南走；善白西旣而於是年九月間，復入德屬東非，旋又潛入英屬路特西亞北部，十一月十四日，卒爲英軍所擒。東非戰事盡了；而德屬非洲屬地，至是全失。

德意志於亞洲之勢力，我國之膠州灣爲其租借地，德人用爲海軍根據地，藉以圖遠東

一九一四年阿非利加歐國屬地一覽

之發展，以與日，俄，英，法相角逐；日本因近就便攫之以去，另詳下章。德意志殖民地之在太平洋者，紐西蘭兵於一九一四年八月二十八日佔其薩摩阿島；澳大利亞兵於同年九月佔其黑勃脫旭及蘇路門羣島復於二十五日佔其凱撤威廉島，十月間，日兵佔其馬夏爾，馬利恆，加路陵三島。十一月，英日約定：凡太平洋中之德意志殖民地，其在赤道以北者歸日本；赤道以南者歸澳大利亞；薩摩阿歸紐西蘭。太平洋中德殖民地既失於大戰之初，其非洲殖民地亦相繼淪陷，德意志本土而外，從此海外無復有寸土尺地，此亦其地勢使然也。

第五節　德意志對付英吉利於海上之手段

德意志於開戰時，冀大不列顛藩屬之多事，既未克如願，其亟欲決歐陸戰場之勝負，又不能尅日奏効，而其海外海軍相繼殲滅，海外殖民地相繼喪失，至是海外勢力既撲滅無餘，其得與英人相角逐者，厥惟北海；然衆寡不敵，又不敢孟浪從事，於是對於英吉利之縱橫海上，又不得不另籌對付之手段。手段維何？即以己之海軍，蟄居港內，俾英海軍受其牽掣，不得不分布北海，而亟肆以罷之，多方以誤之，所謂以我之逸，待人之勞也。次則於英艦隊之陣線內，伏水雷以中傷之；「齊泊林」氣艇分駛天空，詗探敵狀，或逕飛至英土，拋擲炸彈；其最烈者，則以巡洋艦數艘，乘英艦隊之隙，突然衝過陣綫，以礮擊英吉利及蘇格蘭之海濱。如一九一四年十一月三日之役，德軍艦礮擊耶卯司及羅司多夫脫。同年十二月十六日之役，德軍艦再擊哈得卜爾，司加波羅，惠得培三處。於哈得卜爾，死一一九人，傷三○○人；於司加波羅，死十六人，傷七十人；於惠德培，死三人，傷二人。三處房屋，損失皆鉅。「齊泊林」氣艇常拋擲炸彈於倫敦巴黎，毀其房屋，傷其人民；既而幾及倫敦之英吉利國家銀行。英法兩國之天空，實不勝其擾，而英爲尤甚，故英人銜之次骨，謂德人不以正大光明之手段相見於戰場，徒以凶器枉殺無辜之婦孺，於人道有背，因呼德人爲野蠻民族云。然德人數數自辨曰：『此軍事上之作用，吾以氣艇攻倫敦，則英必備飛機以爲抵禦，而戰綫內之飛機，可因之減少；果如是，則有裨於德軍者實大』。此舉殆亦有不得已之苦衷歟！

德巡洋艦之轟擊海濱也，「齊泊林」氣艇之轟炸市鎭也，不得謂之烈；尙有一更猛烈之器而收效更多者，卽潛艇是已。潛艇不但可擊英之軍艦，且可毀其商船，而絕其餉械。蓋英之原料，皆自其殖民地或日本或美洲之供給；軍器之輸入亦然。潛艇者，英，美，法，俄，意，日皆備者也，而德用之爲最有效，則以德之潛艇更較諸國爲精銳，且爲對付「協商」之唯一法門耳！德人喜而自慶，以爲拿坡崙雖强，不能抗英，今德乃有潛艇以制英人之死命，殆亦天賜耶！自是德意志專以潛艇對付「協商」，並用以對付中立國，蓋恐中立國輸運餉械以供給「協商」或「協商」船隻冒用中立國旂幟也。故被遣出之潛艇，皆奉「一見船隻立即轟擊」之令。初，英巡洋艦「拍斯芬特」號於一九一四年九月五日爲德潛艇所沉；二十二日，德潛艇U字第九號復連沉英巡洋艦三艘：曰「克來西」，曰「霍格」，曰「阿蒲格」。至U字第九號艇上人數只二十五，其艇長惠提琴遂名震一時。自是德意志益以潛水艇之萬能自豪矣。

當大戰之初起也，美利堅嚴守中立，且以最公正之手段對付交戰國。美國食物，供給歐洲之「同盟」「協商」中立三方，無有偏倚。然英吉利以地勢之要衝，美國食物之輸入「同盟」國者，必爲其扣留，卽輸入中立國者，亦扣留之，甚至扣留其書信，此皆有違於萬國公法者也。於是美人對於英吉利之感情，日趨險惡。一九一四年十二月二十六日，美政府遂以嚴重之書詞相詰問，英政府非但置之不理，且目美國食物之輸入德國爲禁貨。有美商船名「威爾罕米那」者，於一九一五年二月間載粮往德，道經英國，爲所扣留而充公焉。美人聞之，以謂既犯其中立，復損其國威，於是羣情憤激，大有與英決裂之勢。然同時德意志公布一令：『自一九一五年二月十八日始，不列顛三島四週，皆爲戰爭區域；無論敵國或

中立國船隻，一經駛入，立予轟擊。』此舉也，德國不得已而爲之。蓋萬國公法所載，關於交

德意志宣布之封鎖區域一
（一九一五年二月十八日）

戰時之對付商船，須由敵國軍艦發一號令，使商船停駛，聽候檢查；有不服者，則擊沉之；然亦必將獲得之俘虜攜登海岸，不使船中生命受戰事之波及。此

為對於戰鬪艦而言，理固當也。若為潛艇，則又不能與戰鬪艦並論：一則潛艇結搆不堅，一浮水面，凡武裝商船亦能擊沉之；二則潛艇船員甚少，不足俘敵；三則潛艇既輕小，不能再容多數之俘虜：職是之故，德意志之潛艇政策，遂不得不違背萬國公法矣。初，美利堅與德意志之貿易，為英之封鎖政策所阻；其與英吉利之貿易，則又為德之潛艇所阻：故美惟對兩方駁責。而對於德之利用潛艇政策，尤為嚴厲；其措詞若謂美之船隻為德所沉，及美之人民，為德所害，則惟德是問。異日德美之釁，肇於此矣。

一九一五年三月，英船某號為德潛艇所沉，死美人一；四月二十八日，美船某號為德飛機所擊；越三日，美船某號又為德潛艇所沉，死美人三。時

英國武裝商船路昔推尼亞號之沈沒

美政府方擬致書德意志，爲嚴重之詰問，亡何而警報迭至，謂英船「路昔推尼亞」號於同年五月七日被德潛艇擊沉於愛爾蘭東南海面，死一一九五人，內一一四人爲美籍，美人益憤不可遏，行將與德絕交矣。美總統威爾遜以觀望故，惟行外交上責問之手續，且當是時中立國如荷蘭，如西班牙，如南美之諸「拉丁」國，其船隻亦有爲德潛艇所擊沉者，而美之嘖有煩言，則以美爲一等大國，有左右兩方之勢；威爾遜不立卽決裂者，特沈機觀變耳。

夫美利堅者，昔爲英之殖民地；自華盛頓獨立以迄於今，其人民幾皆歐籍，而尤以英裔爲獨多。至大戰一起，德人寓美之數，已及百分之二十，亦不可謂少矣。愛爾蘭人夙仇英，至是乃與德人盟，荷蘭人及斯甘地那維亞人因與德爲同種，亦起而袒德。惟美之法人，因與英人結爲脣齒，至是乃兩相結合以抗德人。而美利堅遂爲兩方鈎心鬭角之場矣。然德人終以地勢之關係，不能得其祖國之策應，於是在美之宣傳，亦卒歸於失敗。

德意志既以潛艇濫擊而啓中立國之怒，而自信其足以減削英吉利海上之威權，故襲用之而不改，蓋德人斯時舍潛艇政策外，其技固已窮矣！

第十章　日本之侵占山東

第一節　日本與世界之關係

歐人以武力縱橫天下，莫盛於十九世紀與二十世紀遞嬗之時；其結果亞非美三洲之國土，或爲其藩屬，或仰其鼻息，或入其勢力範圍：蓋皆爲武力所屈服者也。迨俄羅斯敗於日本之後，世人咸知日本爲不易與；卽日本在世界上占重要之位置，亦自玆役始。

日本自數千年來抱閉關主義，與中國等。至吾國「李唐」時，中日角逐於高麗，戰於白江口，唐軍四戰皆捷，焚日艦四百艘，煙燄蔽天，海水爲赤，而日本遂懾服我國。其時我國盛强，聲教文物，赫然海外。日本始遣五百人來留學，齎中國之文化而歸。自語言文字以至起居服御，莫不摹仿，惟恐失焉；而佛教亦由中國以傳於日本。迨至「有明」中葉，陽明之學大昌，日人崇信其知行合一之說；識者謂日本之富强，胚胎於此，殆非虛語也。

日本與世界之關係，實萌芽於一八五四年美人貝萊率艦隊遊日之一役。貝萊之目的，在與日人通商；日人堅持不許。旋日長官窺其艦隊之雄偉，鎗礮之堅銳，知非其敵，遠甚，卒低首下心，如其所請。自是而法，英，俄諸國援利益均沾之說，接踵而至，以求與美同等之待遇。日人以衆寡不敵，各如其所要求而去。自是日本乃與世界各國交通矣。

日本自被迫通商而後，國內變動，隨以俱起，遂有廢藩覆幕之役，是爲維新事業之開始。自時厥後，當軸勵精圖治，舉凡國家之建設，海陸軍之成立，教育之改良，工商業之整頓，無一不步武歐美。歐人嘗謂以六百年改造歐洲，而日人僅以三十年，觀其成，實舉世駭聞之事也。

內治既修，繼圖武功。日人欲於東亞大陸上獨樹一幟，與歐美列强相抗衡。然首當日本之衝者，厥惟中國與俄羅斯；且斯二國者，又皆地球上龐大帝國也。日人一戰而敗中國，再戰而敗俄羅斯；於是日本國際地位，驟然增高，列入八大强國之一矣。

日本之敗俄羅斯也，實英吉利有以助之。英所以助之者，非眞有愛於日本也，意蓋嫉俄之强盛而嗾日本之攻之也。俄與印度爲比隣，印度固英吉利之腹心也，俄之窺印度，譬若操白刃以刺其腹心，英人於此，雖鞭之長，不及馬腹，勢不得不假手於日本，以保持其東亞之利益，此英人之隱衷也。故當日本要求歐洲各國撤去治外法權，締結對等條約時，英人首應之，以表示結歡於日本。中日戰事既了，俄，德，法迫日本還我遼東，而英人勿與也；且陰勸意大利勿爲德人所惑，此英人結好於日本之第一著也。庚子一役，日本就近赴援，出各國使臣於險，日兵信用因之益著，而英人利用日本之心，亦因之益堅，而日英同盟之機動矣。一九〇〇年十月，達賴喇嘛遣密使謁俄皇，冀仗俄人之勢，脫離我國羈絆；英人聞之妒俄益甚，蓋恐其伸長勢力於西藏，以危及印度也。職是之故，英日同盟之機，又爲之一動。當一八九四年，日本戰勝我國後，欲與俄實行平分韓滿，各嘗一臠而無如俄人野心勃勃，既欲攫滿，又思併韓，果爾則不啻挑釁於日，日人所不能不出死力以爭之者也。抑歐洲列强中，與俄爲仇而在東亞之利害常患不能相容者，厥惟英。英自與脫戰後，國力疲憊，苦無餘力以對外；英而欲保障東亞之權利以鞏固印度之邊圉，則不得不有藉夫英日之同盟，卒也日英同盟於一九〇二年一月三十日告成。

日英盟約要旨，曰兩國政府欲於東亞維持現狀及全局之平和，其範圍蓋甚廣也。即以廣義推之，包含印度之安全固矣。玩其語意，一若東亞者，惟英日兩國有支配權利焉。又曰維持中國與高麗之獨立及其領土保全，是直置我國於其保護之下也。我國獨立蓋五千年於茲矣，又何需乎他人之保護；乃國勢不振，致爲强鄰所蔑視，此可歎也。至日本承認英國之經營我國，英人則承認朝鮮在日本勢力範圍之內，及所謂必須干涉時，則爲必不可缺之處置是直共同以謀我，一九〇〇年「義和團」之役是其前例；質言之，卽所謂共同支配我國也。其確定對付俄羅斯之方針，則有如兩締盟國之一與他國開戰時，其他一方之締盟國，須守嚴正中立，至謂須竭力防止他國加入戰爭，蓋防法也。是時法爲俄之同盟國，故英人之言如此。

第一次日英同盟之有效期間於一九〇六年止。然在盟約期滿之前一年，卽復宣布第二次日英同盟條約。其時適當日俄戰後，兩國正在和平談判中也。第一次日英同盟之目的，日人以欲與俄戰而深恐法人之爲俄助，乃亟求盟英以防制法，今既戰勝俄人而達其侵略滿韓之目的，東亞大勢已爲一變，而日英盟約，遂不得不加以修改。一九〇五年八月十二日，英日兩政府續締新約；其大致與第一次盟約無大異，而仍皆以我國爲注重點，但增入印度，蓋英國最重視之點在此。英國且於印度國境附近，則可自由行動，係暗指我國之雲南西藏及波斯言之，以日俄戰前，英俄二國曾於是地發生衝突故也。至日本則删去高麗獨立等字樣，不啻置三韓於其囊中矣。

日英同盟，意在防俄；然自一九〇七年英俄協商成立以來，英人懸擬之敵人已去。且英俄協商之點，即在印度國境相毗連之波斯西藏。印度國境之安全已確定，嗣後可無事於日本之代謀。至一九〇七年七月，日俄協商成而日人意中之敵人亦除。至一九一一年八月二十二日，日本宣言合併高麗與第二次盟約所申明者實已相反，更無事英人承認之必要，故日英同盟，至此不過等一廢紙，自是而日英同盟廢棄說，乃倡諸英美一般人士之口矣。英人之意，以爲日人不顧盟約義務，攬奪其在中國之利益，今同盟之目的已去，不如廢棄爲是；美人之所以冀其廢棄者，蓋嫉英日同盟之勢力而於彼有不利耳。

時日法日俄既互相協商，日人慕三協商國之勢力，及英海軍力之强，一旦解除英日同盟，又非其所甚願，職是之故，日英同盟，又復於一九一一年七月十三日重訂。至此次則英國爲顧全美人之感情，乃與美國締結總括的仲裁條約，而除美國於日英攻守同盟以外；蓋預防日美衝突而易於居中斡旋也。於斯吾人須注意者，第一次第二次同盟條約，乃以俄羅斯爲假定之敵，而第三次則除外俄羅斯，英國對於高麗無承認之必要，日本對於印度，亦無何等之義務，至是日英同盟之精神失矣。

當日英既盟於亞之後，英法俄協商將告完全成立於歐。英法英俄既言好，日法日俄亦不得不各釋前嫌，以是日法協商與日俄協商乃相繼成立。

日法協商利益之交換點，其擅定主權：在日本則爲台灣；在法則爲交趾。其擅定之保護權：在日本則爲高麗；在法則爲安南柬埔寨。其擅定之占有權：在日本則爲遼東半島；在法則爲廣州灣海南島。而以接近之地域言，台灣之於福建，朝鮮及遼東半島之於滿州，交趾安南之於雲南廣西，廣州灣之於廣東廣西是也；所謂相約互維持其平和安寧者，卽各畫分其勢力範圍而已。

日俄不相能久矣，其衝突點卽爲滿韓一方。日俄一戰之結果，日本雖自鳴得意，而俄羅斯則以爲失其大國之威嚴，臥薪嘗膽，日圖報復。彼於日本惡感方深，何忽釋前嫌而言歸於好乎？其故由於戰敗而後，國力罷弊，近東問題，屢見迫於德人，故暫與日人結好，俾得專力以對德。其次則日英既結同盟，日法又訂協商，戮力處置東亞；法者與俄爲同盟，英者又將與俄協商，（英俄協商後日俄協商一月）故不能不與英法取一致之行動。其在日本方面，最大目的則爲確定其在高麗地位，且預爲吞併之計；其次則爲聯英法俄爲一氣而爲之盟主，以共同宰制東亞。況日人自戰勝以後，其所損失，不減於俄；日俄協商成，正可藉此以爲休養之機會，此二國訂結協商之理由也。協商之直接關係，爲緩和其利害衝突，而暫免戰禍之復生；間接之關係，即共同宰制我國，故日俄協商成，而我國之禍患乃益迫：此日俄第一次協約之眞相也。無何，一九一〇年七月，日俄第二次協商又成。此次協商內容：一爲日俄共同經營我國之滿洲鐵道；一爲共同尊重其對於我國所取得之權利；一乃互相提攜並進也。若有第三國干涉其在滿洲行動，則不難一變而爲同盟。至新協商之原因何在？蓋由於滿洲鐵道中立問題，及我國對付日俄外交關係之反響也。何謂滿洲鐵道中立問題，即一九〇九年十二月，美國國務總長羅克斯向中，俄，日，英，法，德六國提議，主張由各國共同借給資金於中國，以收買滿洲諸鐵道，而由投資各國同掌其管轄權，俾此路僅限於商業運輸，而禁止軍事上及政治上之利用；其意即欲以滿洲爲中立地，以杜絕日俄兩國將來衝突之禍根，且確保列國之機會均等主義。其實際內容，又欲以限制日俄兩國之侵略也。然日俄之視南滿爲外府久矣，而欲其拱手以讓人，此必不可得；於是日俄乃共同商議，以爲抵制。時英法爲顧全其同盟協商之友誼，相與作壁上觀，遂使美人提議竟歸失敗，而日俄新協商又應時而出矣。或謂日俄兩國，尚有密約；總言之，無論日俄有無密約，其所以協力蠶食我國及支配我國則一。人爲刀俎，我爲魚肉，外患之乘朝不及夕，彼英俄法無論矣，至日本之於我國，以種族言，猶兄弟也，爲弟者必欲引外盜以入兄室，何心之忍乃爾！然而我國之不自振，即此可見人必自侮而後人侮之，於日本乎何尤？

第二節　日本對大戰之決定方針

日英同盟，日法協商，日俄協商既相繼成立，日本已儼然爲東亞之盟主。曩日德意志之勢力旁礴於山東一隅者，至是亦遂爲日，俄，英，法所包圍，而不得不仰日本之鼻息。自大戰啓，德雖縱橫歐陸，銳不可當，而於東亞之膠州灣，終虞相隔過遠，不能兼顧，宜其不旋踵而爲日人之囊中物也。

初，中日戰爭既了，日本以戰勝國之資格，索我遼東；吾國當敗挫之後，聽其彎割，莫可如何。時則德意志方經營東亞，不願日本之獨專其利，約俄法兩國出而干涉，爲我國索還其地；且三國軍艦，麕集黃海，以爲恫嚇。日本以衆寡不敵，不得已而允其所請，自是日俄之戰機伏於此，而日德搆怨之深，亦原於此矣。迨日本對德宣戰，不知者謂日人此舉，爲盡忠於日英盟約，亦有謂德意志昔日逼還遼東，實爲日德戰爭之唯一原因者，殊不知二者皆非日本對德宣戰之初衷也。夫日英同盟之主要目的在印度與高麗，青島雖在德人手，但距其祖國遼遠，勢不能有所接濟；且既爲强鄰所包圍，其不能以青島一隅，擾及印度高麗也明甚。不寧惟是，當時爲我國索還遼東者，俄法亦與其事；今日人與俄法棄仇言好而訂協商矣，何獨於德而銜恨若此？觀乎此，而知前之兩說，皆爲旁觀臆度之詞，非眞能洞見日人之癥結也。抑吾有見夫日本之富强，在在步武歐西，而德意志尤爲其所取法；若教育，若實業，若軍備，無事不追蹤夫德。明治維新而後，德教師之來日本者，幾所在皆是；其後之接踵而至者，又不絕於途也。遼陽之役，日軍大捷，日統帥大山巖致電梅克爾將軍曰：『公今得高足弟子矣！』蓋梅克爾爲日本之德國陸軍教師，日之軍人，咸受其教育，大山統帥之電梅將軍，水源木本之意也。觀乎此，而德之有功於日本，不可謂不至。卒之德爲羿，而日人乃爲逢蒙，以怨報德，忍乎不忍？故知日本之對德宣戰，非爲日英同盟也，不過爲利益之所驅已耳！

日本對大戰之決定方針，厥惟兩端：一曰遵守盟約，加入「協商；」一曰脫離盟約，轉而助德，以與英抗。由前之說，則日本勢必奪德人之膠州灣而逞其所欲於中國，其發展僅限於中國而已。由後之說，英之以全力對德也，自無暇兼顧其在亞洲之藩屬；日人於此，出而爲蚌鷸相爭之漁父，或且並印度，緬甸，澳大利亞，紐西蘭，南洋羣島等地而攘奪之，果爾，則英人首尾不能兼顧，歐洲戰場之形勢變矣。異日者，縱令德人戰勝於歐洲，而元氣已損，勢不能東顧。如是，則日人乘勝席卷；若波斯，阿富汗，阿剌伯，與夫蘇彝士運河，尙不知鹿死誰手也。至是而日本之發展，乃徧及世界矣。猶憶大戰之初，日之朝野，主張前說者半，主張後說者亦半；持之有故，言之成理；築室道旁，紛紛聚訟。時內閣總理爲大隈重信；大隈之目的在中國，數十年來未嘗更變者也。其意以爲助德而勝，其事不可必；助英而敗，則德人雖勝於歐陸，勢不能遽圖東亞。故日外務省於八月四日發表公示曰：「帝國政府，對於歐洲戰局，確守嚴正中立態度。然今後時局之變遷，又須注意。萬一英國亦投入戰爭漩渦，日英同盟目的，瀕於危殆，日本當盡同盟義務，而執必要之處置。」觀此則日本欲藉日英同盟爲口實，覬參預此次之戰事也審矣。至八月四日夜分，英人對德宣戰。六日，大隈召集內閣會議，議決加入戰爭。八日夜，開元老大臣會議，要求元老贊同；蓋日本大政方針，強半視元老大臣爲轉移故也。九日，與英政府交涉，要求加入戰團。十日，復開臨時閣議，議決加入戰團手續；於是輿論界主戰之聲，盛極一時。十一日，英國來不同意之答復，而輿論態度一變，且有議誚內閣者，於是日本爲第二度之要求。內容如何，外交祕密，無從詳悉，然必乘危要挾無疑也；蓋其時輿論界主張單獨進行，無須英人同意，以免將來受英牽掣云云者，其憤嫉不平之氣，已不覺流露於詞色矣。至十二日夜，英國與日本以半同意之答復而附以條件。十四日，日英交涉終了，復開元老會議臨時閣議者數次。十五日午後七時，日致最後之通牒於德，限八月二十三日正午以前答復，其內容如左：

（一）德國在日本海及中國海洋方面之艦隊，當立時退去；其不能退去者，當立時解除其武裝。

（二）德意志帝國政府以膠州灣租借地全部還附於中國爲目的，限一九一四年九月十五日以無償無條件交付於日本帝國政府。

德意志對此通牒，置之不理。二十三日正午，日本未接德人之答復，於同日午後六時以天皇名義，向德宣戰。二十七日，奧大利以與德同盟故，亦向日宣戰。

日德竟爾宣戰矣！試問英人對於此舉果願意乎？曰否否。日本乘英人有事歐西，思獨攬東亞之霸權，英人已早窺其隱，此英人前日不同意之答復所由來也。既見日本羣情憤激，乃復與以半同意之答復而附以條件，英蓋恐日人之拊其背，不得已而出此者也。日本宣言交還膠州灣於我國，當爲英人所授意；及日兵攻青島，英復遣數百人助戰，實不啻暗加以監視總之，膠州灣爲我國土地，始被攫於德，終見攘於日，而爲主人翁者，至不敢以一矢相加遺。寧非事之大可哀者哉！

第三節　日軍之攻陷青島及侵犯我國之中立

日本既對德意志宣戰，其戰爭之區域，在東亞言之，祇爲膠州灣一隅。膠州灣者，我國土地也，當一八九七年（「清」光緒二十三年）山東德教士被殺之報至柏林，德皇卽命海軍少將齊德黎率艦隊東來，旋又任皇弟亨利親王爲東亞巡洋艦隊總司令，率大隊踵其後。迨齊德黎以十月十九日抵膠州灣，逼青島礮台守將高元章讓出礮台而占領之；翌日，占領膠州府城；又翌日，駐北京公使海靖始向「清」廷總理衙門談判。交涉將就緒矣，亨利親王大艦隊適至膠州，海靖忽翻前議，要求租借膠州灣，期限爲九十九年。時「清」廷國勢衰弱，外侮頻仍，海陸軍新爲日本所敗，力不足與德人抗，不得已於一八九八年（光緒二十四年二月十四日）與德訂膠州灣租借條約。

此條約之性質：租借地域於租借期限內，德國除不能租與他國外，有完全主權；租借地外之中立地，雖承認中國主權，然中國不得駐兵該地，而德國則有軍隊自由通過之權，不稍受限制；又許以鐵道礦山權與全省開辦事務之儘先權：山東全省不啻盡畫入德國之勢力範圍（行使政權之地域）與利益範圍（獲工商業優先權之地域）之內。一八九八年四月二十七日，德皇威廉二世對於國內正式宣布以膠州灣歸德意志帝國保護之下，直以有期租借之膠州灣與殖民地同一待遇。至其統治膠州灣之制度，又與統治其他殖民地之制度絕不同。即德自一八九〇年以來，凡殖民地之中央行政機關，統歸於外交部之殖民局管轄，獨膠州灣則歸其管轄權於海軍部：其用意蓋以經營膠州灣之目的，全注重於軍事上之設施也。

當一八九六年李鴻章至俄賀俄皇尼古拉二世加冕時，締結中俄密約，許以膠州灣與俄；俄之意則在大連旅順也，乃嗾德以强力占膠州灣，然後責償於中國以佔旅順大連。德亦願爲我首，故德人占膠州灣時，俄人作袖手觀，不發一言，法英兩國亦如之。繼乃俄人租得旅大以去，英法援勢力平均之義，英人租得威海衞及九龍以去，法人租得廣州灣以去，我國良港盡被臠割。彼英，俄，德，法，日本諸國，意見至不一，而又互相嫉視，獨對於我國之侵略政策，則如出一轍也！

膠州灣羣島之最大者曰青島。德人既租膠州灣，以青島一隅，形勢險要，遂周築礮壘，嚴密佈置，預期一旦有事，以爲持久計也。歐戰初啓，青島總督伐爾代克部下，計有守兵五千人，小礮艇四艘，奧艦一艘名「以利沙伯皇后」。當奧日未宣戰時，是艦軍官請於日政府，調往上海，日政府許之，旋德政府電令青島將士堅守領土；奧亦對日宣戰，電令「以利沙伯皇后」號與德艦隊取一致行動。時司彼將軍所

青島戰役

率之遠東艦隊已西渡矣。

一九一四年八月二十七日，日海軍始佔膠州灣前面諸小島，掃去沿灣一帶水雷。九月三日，遣神尾將軍率兵萬人由萊州龍口登岸，以拊青島之背。時秋霖連綿，不便行軍，日軍僅以飛機繞行青島之天空，以炸彈投無線電台電機總站火車站及港內停泊之船艦。九月十三日，日軍攻入青島前面之膠州火車站；該站距青島不過二十二哩。二十七日，日軍攻陷亨利親王山。先是二十三日，威海衞駐屯之英兵千餘人（印度人居多數）由勞山灣登陸，同隸於神尾將軍之下，會攻青島。及至青島五哩內，德人始用重礮還攻，以爲背城借一之戰。既而神尾見德軍浪費子彈，知其不爲持久計，乃於十月三十一日猛攻之，德軍旋不支。十一月二日，奧艦「以利沙伯皇后」號沉沒。六日，青島礮

壘子彈告罄，神尾將軍下令用步兵猛攻；午後六時，伐爾代克見大勢已去，高揭白旂，以示降伏，至七時半簽降約。自是青島遂落日人之手，而我國之山東轉入日本之勢力範圍矣。

青島戰事告終：計日兵死二三六人，傷一二八二人；英兵死十二人，傷六十一人；而德軍之降者三千人，盡俘至日本而監視之。

青島陷後，德人之東亞勢力，已完全消滅。日艦隊乃巡視中國海，太平洋，印度洋之間，獵取太平洋德屬加路陵，馬夏爾，馬麗安諸島嶼，又派驅逐艦一隊往地中海助戰。

俄之敗於德也，勢將一蹶不振，日本則以軍械餉糈接濟俄人。當時輸入之路，則爲西伯利亞鐵道。英之用兵歐陸也，無暇顧及其殖民地；印度新加坡相繼革命，日本則遣海軍陸戰隊助剿之，而革命者不得逞；日之對英及「協商，」可謂周且至矣。至其對於我國則反是。初，一九一四年八月六日，我國宣布對歐戰嚴守中立，日人置若罔聞，蓄意破壞；其突遣陸軍由萊州龍口登岸以襲青島，用意果安在乎？龍口南距青島一百五十哩，既非德之租借地，亦非租地之警備區域，中國既宣告中立，日本又非對中國宣戰，則日兵不應由龍口登陸；不謂日本欲乘此時機，囊括山東，乃先畫萊州半島爲交戰區域。迨九月三日，陸軍登陸後，遂橫穿萊州半島以達膠州，而沿途各城鎮及郵電機關，盡爲所佔；甚且徵發物品，驅遣人民，一若視其地爲敵人土地者。袁世凱於此，無可如何，不得已乃參照日俄戰爭時，畫遼河以東爲戰區之先例，於九月三日宣告中外，畫萊州龍口及接近膠州灣各地，爲交戰區域，聲明除此而外，仍守中立。同時又與日政府約定，交戰區域以膠濟鐵道之濰縣車站以東爲界，日軍不得踰越而西；乃至九月二十六日，日兵四百名突至濰縣，佔據車站，十月三日，復迫中國軍隊退出鐵道附近各地。中國向之抗議，置不答。同月六日，日軍大隊進迫濟南，佔領膠濟鐵道全線及鐵道附近各礦產，所有路礦中之中國辦事人員，概被驅逐，易以日人。雖經袁政府以中立區域據理詰責，而日置益公使絕不讓步，且強謂膠濟全線，當爲膠州灣租借地延長之一部。實則中德條約，僅限膠州灣爲租借地。自日本佔領後，逞其橫暴，直將膠州租借地之範圍，延長至濟南也。又青島陷後，日本即向中國當局聲明，將青島海關人員，改用日人。按中德青島設關條約，海關雖由德人管理，而所用人員，則由中國自派。日本則一方聲明，一方則以兵力盡佔青島海關之文件財物，且並中國所用人員，亦行驅逐矣。

請君擇之

（日本之參戰）

Lustige Blätter, Berlin.

德國寓意畫

改組

（新三國同盟）

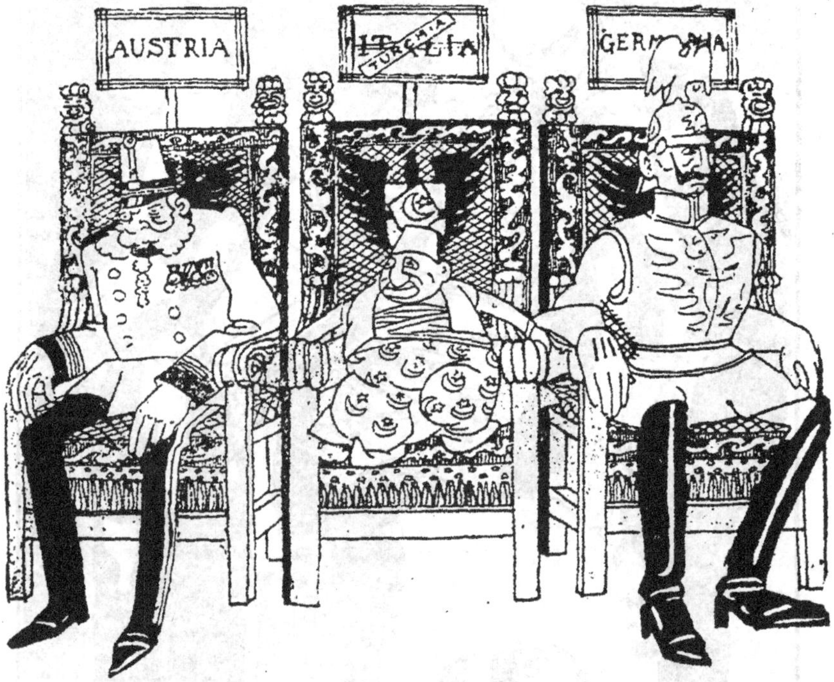

Numero, Torino.

意國寓意畫

青島降日，袁世凱以戰事已了，交戰兩方之軍事設備，業已解除，遂請日政府除青島外，山東內地之日軍撤回青島。日政府復置不答。時袁方謀僭竊，歐洲列強，又無暇東顧，日人利此時機，違背前約，不將膠州灣交還中國，且進而提出二十一條，以制中國之死命矣。

第十一章　近東戰事

第一節　土耳其之加入戰爭

當奧塞交涉行將決裂時，土首相對於駐君士但丁堡之外交團，亦嘗聲明宗旨，嚴守中立。然此種非正式之宣言，實爲國際上之常談，未可信爲由衷之論也。時有政府公報「塔司非里愛夫基」表示土國之政策曰：

『土耳其未嘗欲戰，且求盡力避去戰禍；然中立國對於戰爭，未必全無關涉。奧塞之爭，影響於吾國甚大：其一，塞與希臘爲我國宿讎，一旦與强大數倍之敵人作戰，其必受損無疑；其二，戰爭結果，其牽累必不止於二國。職是之故，戰釁一啓，時多變遷，我國勢恐不免牽入戰禍。此後當以精銳之眼光，觀察時局，無坐失我國之利益。蓋此種利益，儘可以正當手段得之樽俎間也。我國中立，決不爲左右袒；然要不得不嚴爲警備，以視我國利益之所在，且防範我疆域也。』

觀此論調，土耳其對於戰爭之態度，已甚明瞭。土政府因是調集軍隊，以備萬一。又有一事，足以激成土英兩國之戰機者，則以歐戰初起時，土政府偵悉在英定製之兩軍艦，尚在船塢，忽被扣留；假此以為口實，排英之舉動，於是乎生。時土之人民，有搗毀英僑所設之商店者，有攻擊英之大使館與領事館者，兩國之交，至是乃決裂矣。惟是土於英法素無惡感，

土皇摩哈默特五世

惟與俄則世為仇敵。前此巴爾幹一役，俄羅斯又顯然袒其敵人，以致失地喪師，土人對之，時懷餘恨；與此次戰事相去僅數年耳，報復之心，寢饋不忘，益以此次觀察，協商一方面，無可希冀，向之盤馬彎弓遲遲不發者，至是而大戰之方針，遂一旦決定。

至德意志之勢力，潛滋暗長於土耳其者，至一九一四年，已二十載於茲矣。教練土軍隊者，德之軍官也；開浚土利源者，德之技師也。自抱斯福至波斯海灣兩鐵道，曰阿那多利與

巴格達特者，又德人出其資本以築之者也。是時握土耳其政治實權之領袖曰恩佛，其人有肝膽，又嘗大著聲譽於巴爾幹戰役。彼以留學德國故，對於德人極端崇仰，幾無一事不步武德人，以期改良其國政。至是恩佛忽膺統帥之職，而輔以德將桑達斯，土之與「協商」諸國相見於疆場，迫於眉睫矣。

一九一四年八月二日，土皇於議會時間，使政治分子齊集御前，會議軍事。當時議決者，一爲重整海軍，畀倪馬爾爲之長；復遣他拉脫及哈里爾赴蒲加來司脫，與羅馬尼亞當軸及希臘代表接洽土羅，土希未曾解決之諸問題。九月十日，土皇下詔，謂前

土軍統帥恩佛

受外人脅定之條約，若租界，若領事裁判權，若外人商務特護權等，須一律廢去，而代之以萬國公法。不謂「協商」諸國，據約駁斥，悉歸無效，并暗聯保，羅，希三國，使與土抗。至聯之之方，則許保以阿突利亞堡及脫拉斯，許希以士麥那，而以德蘭西耳伐尼亞許羅。乃諸小國以利益未均，不為所動，「協商」計不得逞。德遂乘機慫恿，使其排「協商」之心，愈為堅決。又德之與土，預有成約，祕而不宣。至「戈朋」與「勃來斯老」兩艦之避入君士但丁堡港內，而土政府附德之態度，愈顯然矣。

「協商」於此，乃向土政府要求解除德艦之武裝，土不之允。甚且封鎖達特奈耳海峽，以絕俄與地中海之交通。又藉口俄於十月二十九日無端襲擊土艦隊於黑海，遂向俄，英，法三國宣戰。同日德艦「勃來斯老」礮擊黑海北面之俄境，土魚雷艇三艘，劫掠俄屬奧特薩海岸。「協商」駐土各大使，遂索護照返國。十一月三日，俄對土宣戰；五日，英法繼之。說者謂巴爾幹之戰事方告終了，而近東又捲入大戰之漩渦中矣。

土之加入「同盟」，本不能予德奧以軍事上之援助，其故由於土與德奧之間，尚有羅馬尼亞，保加利亞，塞爾皮亞，以為之梗。時羅保兩國，尚守中立，塞則為奧之敵國。土既加入，塞之視土，猶夫奧也。故土之軍隊，既不能加入法蘭西與波蘭兩方之戰線，以爲德奧直接之援助者，地勢限之也。然德奧之有冀於土者，厥有二事：一則土爲回教領袖，可利用之，使激起摩洛哥，阿爾支利，埃及，印度等之回教民族，與英法爲難；二則土一加入，俄英兩國，必分其兵力以禦土，將使弗郎特，加里西亞之「協商」軍隊，戰鬬力因之減小：德奧之所希冀夫土國者以此。不謂事與願違，所謂「神聖戰爭」久無影響，則以回教民族，夙隸於英法管轄之下，欲求脫羈絆，終以勢力薄弱，計不得逞。又其時英法方移調大軍以向弗郎特；俄又派兵越高

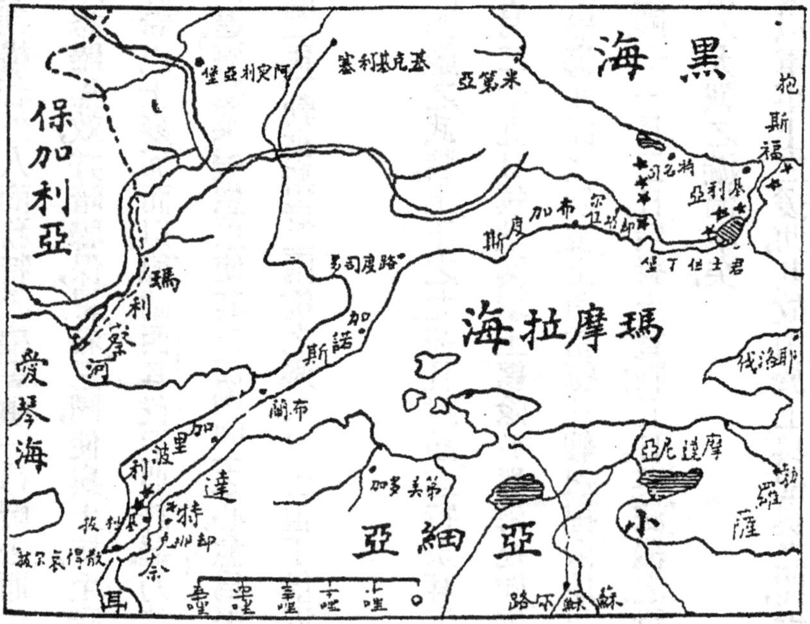

土耳其形勢一覽

加索山以窺土之阿曼尼亞；英又利用其殖民地之兵以衞印度埃及，且轉攻土之米索波泰米亞；「協商」諸國，復利用土耳其所轄之回教民族，倒戈反向。其時海夾子之阿刺伯民族，經美咖郡長之煽動，起而叛土。然英法此種陰謀，亦以距國過遠，不能收效。

當土之宣戰也，英國正式占據居伯羅司島，（一八七八年柏林會議許英管轄）以爲抗土之軍事根據地。十二月十七日，英國又正式歸併埃及，（埃及奉土正朔而實權操於英）其宣言曰：

「土耳其既以戰事相迫，埃及遂隸於大不列顛陛下保護之下，自後埃及爲大不列顛一保護國。土耳其於埃及之君主權，至此告終。大不列顛陛下之政府，自必以防衞埃及與保護埃及之居民及利益爲責任。」

是時埃及王阿拔司二世，英以其親土廢之，而立其叔呼遜。英軍即自印度至波斯海灣登陸，十一月二十三日取拔斯拉，期侵入米索波泰米亞，以窺巴格達特；蓋以拔斯拉距巴格達特僅三百哩耳。然拔斯拉前方五十哩，適當底格里斯與歐弗來脫兩河之間，有地名古那，土軍屯駐之所也。英軍侵入無功，僅能開掘壕塹，以防止土軍之侵入印度已耳。

土耳其之北，則爲俄土衝突之點。迤而東南，當兩國之衝者爲波斯；波斯無禦外力，遂爲俄土兩國之戰場。其西北則爲德蘭西高加西亞，俄土接壤之處也。又北爲俄之喀斯，南爲土之哀耳善龍；各築巨壘，兩相對峙。

土政府軍事顧問德將桑達斯

又其地多屬山嶴，道路崎嶇，勢頗險要。土軍十五萬人由伊善德統率之，以禦俄將符龍坐夫所統之十萬人。十一月二十日，俄軍侵入土境，陷可不里克伊，尋爲土軍還攻，俄軍復於十二月二十五日退出，次於苛拉桑。土軍乘勢追逐，適其時天氣嚴寒，積雪沒脛，土軍深入重地，飢寒交迫，亦遂於二十八日退歸哀耳善龍。

再西南則有土軍之攻蘇彝士運河。此運河爲英通印度之咽喉，亦即歐亞非三洲之樞紐也。使英人一旦失其地，其通遠東，必將繞道好望角，路程迂遠，曠日持久，故蘇彝士運河，不啻爲大英帝國之命脈，而不得不出死力以守之者也。進窺蘇彝士運河之土軍統帥爲倪馬耳，前曾任海軍總長，至是統兵凡六萬五千人。英將麥克司惠耳率英軍守運河，視土兵可兩倍。土軍終不能取勝。論者謂土軍之不能得志於憲蘭西高加西亞，由於山路崎嶇，氣候寒沍；此際之窺蘇彝士，所值適與前者相反。蓋其地天氣酷熱，而沙漠又一望無垠，途間僅有數小井以供飲料，軍士值之，殊覺困難；故英人之守此運河，反甚易也。又按運河廣二百呎，兩岸壘起可四十呎，河之首尾，鐵道貫之，運輸之便，自無待言。至河之東岸，地皆平坦，用礮火射擊，敵軍無所遮蔽。土軍之不能取勝，固可預卜。九月二十一日與一九一五年一月二十八日兩役，又同年二月二日土軍之總攻擊，損兵折將，有由來也。

第二節　英法聯軍之進攻達特奈耳與加里波利及其敗績

德軍利在速戰，既不能一戰決雌雄，勢不免曠日持久。英吉利陸軍總長吉青納預卜戰爭終了之期，須歷三年。海軍總長邱吉爾復申其說曰：「今日欲擊退德軍，似可不必以目前論，德軍震盪飄忽，勢固銳不可當；然苟持之以堅忍，則敵人之敗退，當不出二三年後，且收效亦必視開戰時直搗柏林爲尤大。」此則困之使斃之意也。故法比之圍既解，協商各國，莫不漸具樂觀，則以地勢之優，兵額之多，財力之雄厚，無不視「同盟」爲倍蓰。況英吉利海軍之强大，足以封鎖德意志而有餘；「協商」外交手段之敏捷，又能得中立國之同情。且彼意大利者，行將與德奧寒盟矣；美利堅則不勝潛艇之擾，而嘖有煩言矣。英內閣愛斯葵斯任總揆，吉青納長陸軍，邱吉爾長海軍，而精明强悍之路合喬治，又長新設之軍需部。法則維維亞尼之爲總揆，閣員如代爾喀賽，米也郎，白利安，李博其人者，又皆一時之傑。一九一五年之初，「協商」自信其勢力之雄大，一變守勢而爲攻勢。土耳其者，助德以攻「協商」亦勁敵之一也。當是時，法德既角逐於西，而近東戰局，又復相持不下。邱吉爾以近東較易著手，建議以海陸兩軍夾攻土耳其。邱意以爲英法聯軍果能佔得達特奈耳，土必俯首求和，印度，波斯，埃及可無慮，而德人所築巴格達特鐵道，勢必落於「協商」諸國之手；俄羅斯之高加索軍隊，可悉移調於波蘭戰場，而俄得因此以通過地中海；意大利與巴爾幹諸小國，勢必相繼加入：如是則戰爭終了，可企踵待，不必待之二三年後也。顧其時法軍方力守西戰場，無暇東顧，又以邱吉爾之建議，是否有效，未可預必，特以履行盟約故，又不便發生異議；於是英法聯軍遂向近東出發，而直指君士但丁堡矣。

君士但丁堡之咽喉，爲達特奈耳海峽；峽東爲小亞細亞大陸，西爲加里波利海股。加波利者，縱可五十哩，橫自二哩至十二哩不等；危崖峭壁，不利行軍。小亞細亞亦然。兩岸築礮壘；礮皆「克魯伯」廠之產品。自海口前進十四哩，爲峽之最狹處，其設備更爲嚴密。小各礮，星羅棋布，用以俯擊敵艦，砰訇一發，定成虀紛。猶且水雷密布，潛艇出沒。其地勢之險要，設備之周密，以及德國海軍中將蘇匈統率之土德艦隊，嚴陣以待，直使英法聯軍，有天塹不能飛渡之歎！

一九一五年二月十九日晨八時，英將卡鄧率「無撓」，「復仇」，「凱旋」，「阿加孟農」，「康華力斯」五巡洋艦，法將蓋拍來脫率「蒲凡」，「收弗冷」，「戈羅阿」三巡洋艦，會攻峽口兩面礮壘，同時驅逐艦與飛機更番助戰，勢頗劇烈。亡何，土軍漸弛，英法艦各一艘，進迫散得哀爾拔礮壘，至夕陽西墜，卡鄧引兵

退出時英法戰艦之踵至者益多。二十五日復行總攻擊。土海來斯礮壘漸不振；散得哀爾拔礮壘亦力竭。英艦「阿加孟農」受彈傷。翌日，英法艦隊於距峽口四哩內之水雷，悉數掃清，「阿爾平，」「復仇，」「麥及司的克」三艦深入峽內，攻達特諾司礮壘。礮壘還擊，岸上諸礮助之。卒之達特諾司礮壘外層被毀；而卡鄧所遣海軍陸戰隊，亦爲土軍擊敗。三月五日，英法艦隊攻小亞細亞之士麥那。六日，「大洋，」「阿加孟農，」「以利沙伯王后」三艦攻峽內亞洲部之却那克礮壘，土軍還擊，英法聯軍無功而退。七日，達特諾司，却那克力漸不振，然不久即恢復原狀。

英法聯軍又擬於十七日大舉進攻，不幸先一日而卡鄧病；羅培克代領其衆，改期十八日進攻。是晨十時三刻，英艦「以利沙伯王后，」「無撓，」「阿加孟農，」「納爾遜，」「凱旋，」「喬治親王」皆駛入峽口轟擊却那克。十二時半，「收弗冷，」「戈羅阿，」「大查禮斯，」「蒲凡」亦前進助戰。未幾，「復仇，」「無抗，」「阿爾平，」「大洋，」「司惠夫脫曉而，」「麥及司的克」等六艦繼之，軍勢益振。一時烟霧彌天，礮聲震耳，海波騰沸，上沖霄漢。亡何，法艦「蒲凡」觸水雷沉沒，艦上將士殉焉。午後，聯軍攻益猛；土礮壘還擊，亦不絕如故，且乘海潮南流，投擲水雷。五時五十分，無抗沈沒。六時五分，大洋沉沒。戈羅阿與無撓先後被毀。英法聯軍勢蹙，而土礮壘隆隆之聲如故。迨夕陽西下，四顧曛黑，英法聯軍，率殘餘艦隊，乘間逸出達特奈耳。

英法艦隊既不得逞，顧亦不認爲失敗，且決以陸戰隊在加里波利海股登陸，以爲海軍之助。又以其時英法與德方酣鬬於西，決不能抽調師旅東來赴援；至四月初，英乃遣罕米

達特奈耳與加里波利之海陸戰役

爾頓將軍統率澳大利亞，鈕西蘭及印度兵會合法國阿麥特與戈路所統之非洲殖民地軍隊凡十二萬人齊集埃及。四月中旬，調赴來姆諾司。二十三日，運兵船駛入摩得落司海灣，分三處登陸：英軍第二十九師登自散得哀爾拔附近；澳大利亞與鈕西蘭軍隊登自加拔推拍之北面再北則爲海軍陸戰隊。英法此舉，殊屬孟浪；蓋加里波利海股形勢險狹，道路崎嶇，登陸之兵士，皆易爲土軍窺見。時土耳其之統帥，爲德名將桑達斯；桑曾充土政府之軍事顧問，籌畫軍事，歷有年所。土將基瑪爾又以驍勇善戰聞，至是率第十九師迎戰。五月六日，英法聯軍攻克利西亞，酣戰二日，不得逞；以土軍所預布之壕塹鐵網，至爲周密故也。同時英法軍艦「古來雅」「凱旋」「麥及司的克」在峽內相繼沉沒；羅培克以屢次失利，遂率「以利沙伯王后」等艦乘間逸去。六月四日，英法又向土挑戰，雙方相搏，勢至劇烈。時戈路已領阿麥特之衆。三十日，戈路中彈折臂，英法聯軍又不得逞。八月七日，英法聯軍於蘇佛拉登陸，欲橫斷土軍與海股下部之交通。同時英軍與澳軍乘勢齊進，以困土軍。澳軍尤告奮勇，首先深入。亡何，蘇佛拉登陸之軍，爲土軍所阻。罕米爾頓下令於九日夜襲攻法部屬不用命。土將基瑪爾率兵追擊，戰於阿那法太，十盪十決，橫厲無前。聯軍大敗，幾不能軍。尋英政府撤回罕米爾頓，以孟祿代之。據英下議院宣布，是役英軍死一一二，九二一人，病九六，六八三人。英吉利近東勢力至此大摧折；於是主戰之海軍總長邱吉爾與海上參謀總長費歇同時罷職。

加里波利英軍之不利，一由地勢之巖險，二由攻守勞逸之迴殊，三由於德將桑達斯之運籌決策；而土將基瑪爾之驍勇善戰，亦大有力焉。夫基瑪爾與恩佛，皆土耳其傑出之少年；兩雄並立，每不相能。恩佛長陸軍，權出基瑪爾右；恐基瑪爾一旦躍起，將不利於己，乃於英法聯軍進攻加里波利之初，命其率師往禦。斯時恩佛之心，實欲假手於敵人，以死基瑪

土軍驍將基瑪爾

爾，而不料基瑪爾之因禍得福也！阿那法太一役，基瑪爾名震歐洲；由是而恩佛忌之，桑達斯亦忌之。英法聯軍自退出加里波利，基瑪爾亦被調至俄邊，率第十六師以抗俄軍。其後以與德將福根海意見齟齬，解職歸；然其破英法聯軍之功，亦至偉矣哉！

第三節　意大利之加入戰爭

德奧意三國同盟之最大弱點，實在意大利之遊移觀望。意雖未加入戰爭，識者早料其必有倒戈相向之一日，至戰爭起而劍拔弩張之態度，愈益明顯。當英德宣戰之前一日，意大利即發表其中立之宣言曰：

『三國同盟，僅限於與約諸國受他國攻擊時，此盟約乃能發生効力。此次戰爭，德奧實爲禍首，故意大利無援助兩國之義務。』

觀此論調，乃知意大利以戎首之罪名加之德奧者，實爲異日脫離三國同盟之地。初，意大利之方告統一也，其虐待教宗一事，深爲崇奉舊教諸國所反對，而法奧尤甚。一八八二年，法蘭西强佔意大利所覬覦之多尼斯，而意法之齟齬以起。俾士麥利用時機，誘意大利加入「同盟，」意爲環境所迫，不得已而遂允所請。然意與奧爲世仇，蓋意曾脫離奧之羈絆而獨立者也。德奧繁殖勢力於巴爾幹，絕不容意大利插足其間。一九〇八年，奧收波黑兩州，非惟予「南斯拉夫」族以一大打擊，亦深招意大利之疑忌。矧奧之脫里安斯脫與脫倫底諾，皆為意人之居留地，意人素欲執阿爾巴尼亞之牛耳，與阿突里亞的克海之霸權，徒以與奧同盟故，受條約之束縛，無可藉口。久之而求地心切，忍無可忍，乃攻入土屬之脫里波利而釀成意土戰爭。戰爭既終，意攫脫里波利以去。德於斯時，於意為同盟，而於土則為友邦；意人不顧投鼠之忌而佔脫里波利，實予德人以難堪，而三國同盟破裂之朕兆，始於此矣。迨大戰起，而意大利所處之地勢，以突出地中海之海股，易為英法海軍所包圍；若與英法相見於海上，而實力又遠不逮。且意之於英，夙無嫌隙，即三國同盟之目的，亦不在英。至財力上之援助，意又不得不仰求夫英。英冀意大利之中立，或竟反戈以抗同盟之德奧，將來資助意國，英人又樂為之也。至德奧方面，鑒於意之宣布中立，已知意之摸稜為不可恃；然對於意之百計要結，仍不少懈。於是意大利一舉足足以影響大局，而「同盟」「協商」之急欲收意為己用，亦皇皇若不及，冠蓋往來，幾無虛日；而意大利乃益以奇貨自居矣。

至於意大利國民之心理，有傾向「同盟」者；有傾向「協商」者；又有不樂爲左右袒而願守中立者。傾向「同盟」者，以司鐸於宗教界者爲多數；傾向「協商」者，則皆屬於文人武士。久之而宗教界之勢力卒不敵文人詩歌之感動力爲尤大。阿儂齊哇者，意大利全國崇拜之詩人也；其所撰詩歌，則曰：『吾意大利之同胞，有受奧國之羈絆者，吾人當救出之。』夫「拉丁」民族尙感情，愛自由，聞之有不怦怦然動於中者乎？且前此意大利人民，以愛自由故與奧開戰，而獨立而統一。所謂身經百戰之加里波的，意人至今，猶憶及之；加之胄裔，又銜奧次骨。加之嫡孫二，加入法國之義勇隊而戰死；其屍之運回羅馬也，全城震悼。回溯意法聯軍破奧軍於馬琴泰與蘇爾甫利諾之日，益觸動此次意法復行團結之心。總之，法人，「拉丁」民族也，意人亦「拉丁」民族也，同此族類，初無歧視，意法之言歸於好，殆卽以此。

意大利王后海蘭娜，蒙丹尼格羅王尼古拉之女也，爲意大利國民所愛戴。蒙與塞同甘苦，共患難，意民以愛戴王后之心，轉而表同情於塞蒙兩國，又在情理之中也。

是故意大利之中立，早爲德人逆料；卽意大利之終且反戈，德人亦默知之。意於斯時，舉足重輕，德人於此，深知意大利之忽守中立，其貽害「同盟」已爲不淺，一旦反戈，其影響於全局者，尤爲同盟之大不利，乃不得不百出其方法以爲籠絡。彼蓋謂縱不能使意爲我抗「協商」，亦必使之嚴守中立，不爲英法所利用。故德皇之遣前首相皮羅衔命使意也，則以皮羅老於宦海，熟諳外交，其爲人智深而勇沈，而又示人以藹然可親者也；且旅意有年，其妻又爲意人；德皇因材而器使，不可謂非德皇之得人也。然皮羅雖當代外交巨子，而英法之外交家，亦續續至，且手腕亦不弱。於是「同盟」「協商」之決勝於疆場者，一變而爲取決於輿論兩方各以禍福利害相慫恿，而意大利之態度，遂不得不取決於其政府。

意首相基沃利蒂，一堅持嚴守中立政策之人也；外交總長桑鉤利阿諾又暱於德奧。俄而桑鉤利阿諾遘疾卒，繼之者爲前首相宋尼諾，世稱爲加富爾後意國之第一政治家也。宋尼諾之父爲「猶太」人，母爲英人；其所抱政策，則在聯「協商」以抗「同盟」。旋基沃利蒂因不能迎合一時潮流而辭職；承其乏者，適爲宋尼諾之舊部薩郎特拉。嗣是薩長閣而宋輔之，每遇一事，宋謀之，薩行之，和衷共濟，一致對外。德使皮羅知意大利之叵測，乃以法屬之尼斯及薩服埃、哥錫加、多尼斯、阿爾支利等地餌意。意於是時，以爲是數地之屬於法境者，則有法重兵爲之扼守；在外洋者，則有英海軍之遊弋其間：意欲取而有之，則陸軍之力

意王維克多愛瑪鈕爾三世

不如法，海軍又不敵英遠甚。德人之所與者，譬之畫餅，不足以充飢。惟脫里安斯脫與脫倫底諾兩地，其居民則意籍也，其文字則意之文字也，自應見併於意。故薩宋兩人對於皮羅之議，不能成爲事實，而形勢反日以緊急。於是德意志默察時勢，以爲非使奧大利爲土地上之退讓，不足以饜意人之慾壑；而居間爲保證者，皮羅也。意大利乃於四月八日乘機要求五項，以爲其守中立之代價焉：

(一)奧割脫倫底諾與意大利；其地須包含羅佛來篤，脫倫脫及卜眞。

(二)奧讓脫里安斯脫爲自治區。

(三)奧割阿突利亞的克海內諸島嶼與意大利。

(四)奧使意大利拓張其疆界至衣松蘇河，須包含多爾米諾，戈利齊亞，格拉提司加，蒙發爾公諸要鎮。

(五)奧放棄其阿爾巴尼亞及愛琴海內十二島嶼之勢力;承認意大利佔領阿夫落那。

意之要求如此。而奧大利則以爲意之反對參戰者,必大有人在,始終主張嚴守中立之意前相基沃利蒂,在國會中勢力依然浩大,乃故爲遷延之計。五月中旬,薩郎特拉以基沃利蒂之反對,奧之不遽答復,憤而辭職。意王爲環境所迫,不之許。而是時之基沃利蒂自知孤立無援,退歸田里。奧勢日以窮蹙。嗣是而後,雖百出其策以誘意,終無以遂其心矣!若爾時之英法聯軍,方不利於近東,(達特奈耳之失敗)又默察保加利亞與希臘,態度暗昧,誘之不從,招之不來,於是日以運動意大利加入戰團爲唯一之政策。而意大利之外交遂得利用時機,以德奧制英法,復以英法制德奧,乘間索高其代價。蓋意明知奧於萬不得已時,固不能不償意所欲,而「協商」諸國,於凡意所要求而無損於已者,亦無不惟命是從。總之兩方皆以戰爭完了時爲代價之交付而已。然意大利衡之再三,卒於一九一五年四月二十六日與英法俄簽密約於倫敦,其內容如左:

(一)意大利得脫倫底諾，梯落爾南部以勃蘭納路爲界，

(二)意大利得以斯脫利亞及達爾馬西亞兩省，包含脫里安斯脫，戈利齊亞，格拉提斯加及愛琴海奧屬諸島嶼。

(三)意大利得阿夫落那及其附近，惟戰爭終了之後，意大利當不反對塞爾皮亞，蒙丹尼格羅及希臘之分佔阿爾巴尼亞。

(四)意大利准增加勢力於利皮亞。當英法在非洲以德國所有殖民地增入版圖時，意大利亦得享同等之權利。

(五)意大利得愛琴海中以希臘文爲文字之島嶼十二。當瓜分土耳其時，意大利與英法俄三國有同等之一份。

(六)英，法，俄三國當允意大利之請，無論何種外交談判時或議和時，不得允教宗代表列席。

此約既經四國簽定，而意大利之加入戰爭決矣。德雖再四讓步，然已無及。五月三日，意政府宣告與奧大利往日所訂之盟約悉行作廢。二十日，下議院開會，「協商」國代表列旁

聽席，議員歡呼致敬。亡何，衆見詩人阿儂齊哇立壇後，卽擁之而出，舁諸肩上，議員暨旁聽者皆起立高呼阿氏萬歲，議長麥耳可拉總揆薩郎特拉等，亦皆隨衆歡呼。下議院卒以四〇七票對七四票，翌日，上議院又以二六二票對二票之多數，通過宣戰案。二十三日，意大

意大利著名詩人阿儂齊哇

利駐奧大使阿伐爾那公呈正式宣戰書，其辭如左：

「意大利政府，由於力持正理，曾宣言自本月四日起，與奧匈聯邦政府往時所訂之盟約作廢，蓋因奧匈聯邦政府違背條約，意大利政府不得不自由從事。意大利旣以國家之正道與利益爲名，不能不防護對意大利恫嚇之國，故意王陛下自明日起，對奧匈聯邦宣戰。」

意大利果對奧宣戰矣。奧皇弗蘭茲約瑟聞之大震怒，憤而曰：「意大利之背信，世無其

偶！』德意志下議院開會日，首相荷爾惠克蕊會言曰：『自是意大利於世界史上留一背信之汚點，百世不能湔濯矣！』意大利之對於其「同盟」國，是否可以反汗，局外無從揣測，留以待異日之公評可耳。

然意大利之宣戰，為對奧而發，非對德也。以地勢論：意奧為比隣，兩國之勝負，可決之於疆場；意德之間，則有一中立之瑞士在，非假他國為戰場，不能決一雌雄也。意既對奧宣戰，以常例言，德必對意宣戰，然德之於意，未嘗不深惡其負約，而遲遲不與之決裂者，蓋猶冀意之幡然改變，而仍為「同盟」之助也。斯意也，「協商」知之，遂於是年九月五日邀意大利簽倫敦條約。十月十九日，日本亦應召加入，自是英，法，俄，意，日五大强國，非全體同意，無論何國，不得與「同盟」諸國單獨媾和矣。

意大利之對奧宣戰，實予「協商」以一大助力，蓋法蘭西之軍隊，向用以防意者，自此可調歸以禦德，而奧國所用對俄之軍隊，不得不抽調其一部以防意也。意之陸軍統帥為加度那，海軍統帥為王弟阿勃羅齊公，皆一時之錚錚佼佼者。其與於前日意土戰役之軍士，於戰事亦頗有經驗。以理度之，意若聯絡俄，塞，三面進攻奧國，奧備多力分，勢必罷於奔命，其敗亡可指日而待。然意奧交界之綫，其長不過一五〇哩，又皆奇峯峭壁，盛夏積雪，不利行軍；奧軍坐守之，固易易也。南近阿突利亞的克海之一端，阿爾拍山漸降為平地，廣可五十哩，沿海有富饒之脫里安斯脫，而衣松蘇河及加爾索高原為其天險，又非意軍用兵之地也。故在軍事上言之，意大利雖加入戰爭，似不能予「協商」以莫大之助力。且意大利與英，法，俄所訂之密約，又伏日後之禍根。何則？英，法，俄所許意大利各地，如愛琴島嶼及小亞細亞之土地，夙為希臘所垂涎；達爾馬西亞則為塞爾皮亞所覬覦；抑且「協商」以馬西頓尼亞餌保，又非希塞兩國所願：其結果則使親德之希王康士但丁益增長其勢力，籍隸奧匈聯邦之「南斯拉夫」民族反效忠於奧皇弗蘭茲約瑟，塞爾皮亞與蒙丹尼格羅漸趨於冷靜。且保之仇「協商」正日益劇烈，雖「協商」以運動意大利參戰，為其外交之勝利。然其使巴爾幹諸國之各懷疑忌，則又為其外交之失敗也。

當一九一五年春，「協商」軍咸抱樂觀之態度，擬一鼓而定近東。其第一步以海軍攻擊達特奈耳而卒無功，第二步即運動希保二國參戰而二國不為用，第三步即以陸軍襲取加里波利而終以敗退，其第四步則為運動意大利之參戰；今意大利果如「協商」之請而參戰矣，此英法之如願以償，聊可慰情者也！然意於英法，僅能虛張聲勢，而不能分其兵以赴比法戰地。此何以故？意既對奧宣戰，其複雜之疆界，進攻不易，退守亦不易。意統帥加度那乃有三路進攻之策：第一路以大軍集中意奧兩國東南之交界處，以進窺衣松蘇河畔各要隘；第二路以一小支隊集中意奧交界之中部，以守山谷間要道；第三路則又以大軍集中意奧交界之脫倫底諾，以侵其西部。此三路中因脫倫底諾之居民，全屬意籍，若聞意軍至，必有竭誠歡迎者，故較其餘兩路爲易奏功也；然意軍一抵羅佛來篤，又不得節節前進。故意大利之加入戰爭，小言之，於近東不發生若何影響；大言之，於大局亦未見實有裨益。當英法聯軍自達特奈耳，加里波利之大失敗也，議者僉謂成敗之關鍵，不在土耳其而在意俄兩國之夾攻奧大利；蓋奧既傾覆，則大局可立定也。不謂一九一五年夏間，英法之所期望於俄者，不惟無功，且又節節敗退，此誠「協商」諸國危急之秋矣！

第十二章　俄軍之僨敗

第一節　德奧聯軍之恢復加里西亞

當一九一五年四月之末，俄羅斯於東戰場之形勢，處處優勝。其統帥尼古拉大公雖不能攻入東普魯士，然於波蘭各險要，守衛嚴密；而侵入奧國加里西亞之軍隊，又節節勝利。他若加爾拍脫山各狹道，先後奪取；來姆堡、耶路斯拉夫、不耳串米希諸壘相繼攻陷。至是復沿皮阿拉河而上，行抵克拉可夫之前，其聲勢可謂盛矣。

德之不能取勝於西戰場也，一變預定計畫，而移其視線之重心於東戰場。度那耶克一役，關係於德奧兩國者至重；而德軍之籌備，總計凡五閱月，直至一九一五年四月始告完竣。其軍事計畫，則分南北兩路，同時並舉，使俄羅斯首尾不能相應。北路統帥仍屬興登堡，其進攻之目的地為波蘭；南路則由新任之麥耿生統率之，其目的在恢復加里西亞。而德奧聯軍概歸節制，以上各大軍皆歸福根海一人調遣，則以福氏為德意志之參謀總長也。度耶那克之役，其預備之祕密，福氏稱為大戰中之最；非惟俄統帥尼古拉大公不之知，即奧大利參謀部亦莫之知也。蓋尼古拉所料及者，以為德軍攻擊之期，當已不遠；至於戰線之延長若彼，戰區之遼闊若彼，德人於何著手，事前萬不能預料。即能預料，而俄軍之防禦力，決不能敵德軍礮火之猛烈。矧乃麥耿生之戰術，每利用礮隊集於一處，連鎖銜接，宛若常山率然之勢，務使礮火所及，不少間斷，必傾覆俄軍而后已。説者謂德軍於野戰礮而外，別有一種新製之野戰短礮，復濟以最猛烈之炸藥，故無堅不摧。「協商」於西戰場納夫夏板兒與阿多埃兩役，亦襲用是法；而礮火之射擊，還不及德，故未能有濟耳。

德意志之軍事計畫既預定，乃分遣奥將勃姆愛木里與德將林心琴自匈牙利進窺加爾拍脫山間之狹道；奥將弗冷齋自蒲果維那進窺加里西亞之東南部；而全軍統帥麥耿生將軍率德奥聯軍集中泰諾夫附近，而以俄軍度那耶克與皮阿拉兩河間之戰線爲目的地。德將苻一喜奥將約瑟斐迪南大公爲之輔：共計士卒不下二百萬人，重礮一千五百尊，輕者無數，所需輜重，絡繹不絶。當麥耿生之遣林心琴也，使之入加爾拍脫山狹路，佯向司脫利前進，以眩俄軍之視察；已則於五月五日晚，突然轟擊高利司。一時礮火齊發，烈燄冲霄；砰訇之聲，不啻天崩地坼。是役計用大彈七十萬發，俄軍戰線爲之衝破，壕塹爲之毁裂，鐵絲網爲之破碎。俄將特米脱里夫所率全軍，盡殲於此。德軍乘勝渡皮阿拉河，而盡佔

德奧聯軍南路統帥麥耿生

俄軍度那耶克及皮阿拉之戰線。翌日陷高利司與泰諾夫，俄軍棄殘餘之戰線，向後退却二十哩。迨至維司落加河之東岸，重爲拒敵之計，七日又大敗，死亡枕藉，情狀至慘。俄軍棄度克拉路而至散河，謀反攻。十五日，兩軍交鋒，俄軍憊極不支，德奧聯軍遂自耶路斯拉夫渡河，而散河以南之不耳串米希壘，亦於六月二日爲德奧聯軍所恢復矣。

先是林心琴於六月一日占司脫利，渡尼斯得河；俄將勃羅細落夫雖屢阻林心琴之前進，終不支。二十日，麥耿生占來姆堡以北之羅阿落司加。俄軍以險要盡失，不能堅守來姆堡；而來姆堡以西湖沼大澤間之俄軍陣地，所謂「格落代克」陣者，亦相繼瓦解。二十二日，奧將勃姆愛木里克復來姆堡。來姆堡爲俄所佔已九閱月，至是仍入於奧人之手；加爾拍脫山間遂不見有俄軍蹤迹矣。總計加里西亞東邊一小部分，內含有沙加耳，勃洛提，泰諾卜爾外，復盡歸奧匈版圖。奧匈聯軍恢復失地凡三萬方哩。據德奧軍報告，是役俘俄軍十四萬五千人，獲重礮八十尊，機關礮二百六十八尊；俄軍死

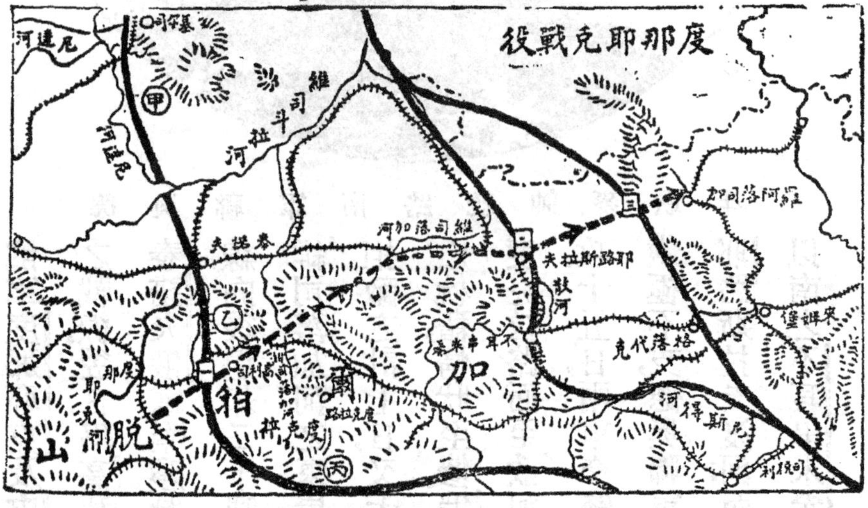

▭▭▭ 麥耿生軍前進之路線

甲 愛伐脫軍
乙 特米脫里夫軍
丙 勃羅細落夫軍

傷，亦無慮四十萬人。自度那耶克以至散河，德皇威廉二世，躬自檢閱軍隊，此皆麥耿生之奇勛也；蓋俄軍之佔加里西亞，經營布置，凡歷九月，而麥耿生以不滿六十日而光復之。即以經濟論：其地之油井礦產，復歸奧人之手；匈之田禾，得以無恙。他若德奧兩國，對於巴爾幹之關係，若軍事，若外交，其利益尤不可勝言焉。不寧惟是，俄軍之一蹶不振，俄皇族羅瑪諾夫氏之猝焉顛覆，亦皆肇端於度那耶克一役，謂非麥耿生之功而誰屬也？德皇於此，崇獎元勛，授以上將，一若泰倫堡戰勝後之榮擢興登堡然。他若奧統帥弗來得里大公，奧皇弗蘭茲約瑟亦授之上將銜，以獎厲其功云。

觀於是役之結果，乃知德意志代有偉人，卽將才之挺生，亦不啻接踵而至。予觀拿破崙戰爭時有蒲留歇，普法戰爭時有毛奇，皆一時傑出之才。此次大戰中所謂運籌帷幄決勝千里者，其人尤不勝僂指；而興登堡麥耿生兩人，尤爲卓著。或謂斯二人所用韜略，各有不同：興氏取勝，多用兩翼包圍法，善困敵人於垓心者也；麥氏則以生力軍萃於一處，布若長蛇，其施攻擊也，又常以雷霆萬鈞之力，摧其中堅，務橫截敵軍爲兩段，使之首尾不能相顧。凡研精軍事學者，咸謂麥之韜略，至爲奇變，似出興登堡之上焉。

又德意志軍官之習性，多沈毅，寡言笑，而麥耿生尤甚。一言既出，法卽隨之，不肯稍寬假。至其身先士卒，信賞必罰，又極爲士卒所愛戴。故自度那耶克戰勝後，其名益振襮於天下。

第二節　德軍進陷波蘭

當興登堡會合麥耿生而夾攻俄軍也，其進兵分南北兩路。興氏於一九一五年四月之末，率師攻俄之波羅的省；俄軍迎擊，不支而退。五月八日，德軍陷利蒲，俘一千六百人，獲餉械無算；復進攻米多，不能克。同時麥耿生已大破俄軍於加里西亞，節節前進；於是興氏少行停頓，駐軍以待。及加里西亞戰爭告終，興登堡乃大舉進窺波蘭矣。

俄屬波蘭形勢，自東而西，陡入德奧之間，北毗東普魯士，南界加里西亞。俄人雄心勃勃，以爲直搗柏林，必先佔東普魯士或加里西亞，否則二地同時並舉，故其進兵若雙管之齊下。不謂事與願違，俄軍既北敗於興

興登堡之木像

登堡，復南挫於麥耿生；其反響則麥耿生自加里西亞而進攻，興登堡自東普魯士而進攻：兩路夾擊波蘭，使俄首尾不能策應。俄人於此，誠所謂欲困人而反爲人困矣。興登堡之軍隊，以華沙爲目的地。華沙爲昔時波蘭故都，亦爲俄羅斯西方鐵道之總線：析言之，其東北綫經皮阿里司篤克，格洛特諾，維爾那，特文斯克而達彼得羅革拉特；東南線則經伊文甘拉特，路勃林，可爾姆，可凡爾及羅夫諾而達基安夫；此兩大線之間，又有皮阿里司篤克至可爾姆與維爾那至羅夫諾兩線：故華沙一地，關係於軍事者，實重且大。俄參謀部鑒及之，故其守衛之周密，亦視他處倍蓰。華沙四周，環以礮壘：其北面及東北，若諾服喬其司克，帕爾多司克沃司脫洛倫加，與沙維茲諸壘，所以鞏固那賚夫河線之保障也，且足以禦東普魯士德軍之攻入；其南面伊文甘拉特壘，所以鞏固維司斗拉河線之保障也，又足以禦德奧聯軍由加里西亞攻入。當興登堡自泰倫堡大捷後，節節前進，而攻之尚不能克，亦足見上列各壘之設備完密矣。

一九一五年六月之末，當來姆堡復入奧軍之手以後，俄軍已全失加里西亞；然於華沙四周之鐵道總線，依然在握。且此時俄軍所守戰線，自文度南經可夫諾，格洛特諾，西越奧沙維茲，羅姆柴，沃司脫洛倫加，不耳察希尼子，又迤而南，至帕爾多司克，諾服喬其司克，華沙，再折而東南穿拉度姆，克拉司尼克，薩摩司克，沙加耳，勃洛提及泰諾卜爾止，皆爲俄軍所節節保守者。然自麥耿生襲擊加里西亞，俄人不得不抽調守波蘭之軍以南下，興登堡此時，其所率攻波蘭之軍隊已達四十一軍，奧亦二十六軍。俄軍人數，當更優越，然以軍器之缺乏，式樣之陳舊，軍額雖多，實不足恃。興登堡知之，乃用南北夾攻之計；己則獨當一面，以攻北路，南路則麥耿生任之。麥氏既恢復加里西亞之大部，卽遣奧將弗冷齋分兵而東，以完成其未竟之功；己則率師北上，以攻波蘭，與興登堡遙遙相應。七月中旬，麥耿生軍陷薩摩司克，進次可爾姆十哩以內，其地當鐵道之南；其西則約瑟大公佔克拉司尼克，窺鐵道於路勃林；又西則符一喜據拉度姆，迫俄軍退守伊文甘拉特壘。同時北路興登堡軍節節進逼，七月十四日，佔不耳察希尼子，自帕爾多司克渡那賚夫河。二十日，興登堡軍左翼陷文度。二十八日，符一喜自華沙伊文甘拉特之間渡維司斗拉河。二十九日，麥耿生於路勃林，可爾姆間斷華沙基安夫鐵道。三十一日，興登堡軍陷米多，迫入里加境。興登堡，麥耿生之南北兩路進攻波蘭也，當者輒披靡。自波蘭南部之鐵道斷，華沙無可

來沃卜爾親王

守之險。俄統帥尼古拉大公鑒及之，恐其大軍爲德奧聯軍包圍，卒於八月四日棄華沙及伊文甘拉特。翌日，德軍來沃卜爾親王（巴燕王之胞弟）軍入華沙城。

時攻壘專家貝散勒將軍亦至。六日德軍陷伊文甘拉特，十七日陷可夫諾。自是華沙西北之諸服喬其司克壘，向之厚儲軍食謀持久者，亦於二十日被陷；德軍獲礮七百尊。二十三日，德軍陷奧沙維玆，二十五日陷勃來斯脫里脫夫司克，二十六日陷皮阿利司篤克，二十七日陷奧利泰，三十一日陷路子克，九月二日陷格洛特諾。五日，俄皇尼古拉二世遣其叔父尼古拉大公往高加索以當土耳其，己則躬蒞前線，自爲統帥，以圖振作士氣；實則俄皇庸闇無能，悉聽新任參謀長亞力山夫之策畫。其時俄軍元氣已傷，補牢無及。在南，德奧聯軍於十六日占幷司克；在北，德軍於十八日據維爾那，而俄軍遂退至竇那河，力守特文司克與里加。初，德軍艦於八月二十日護送陸軍一師，裝

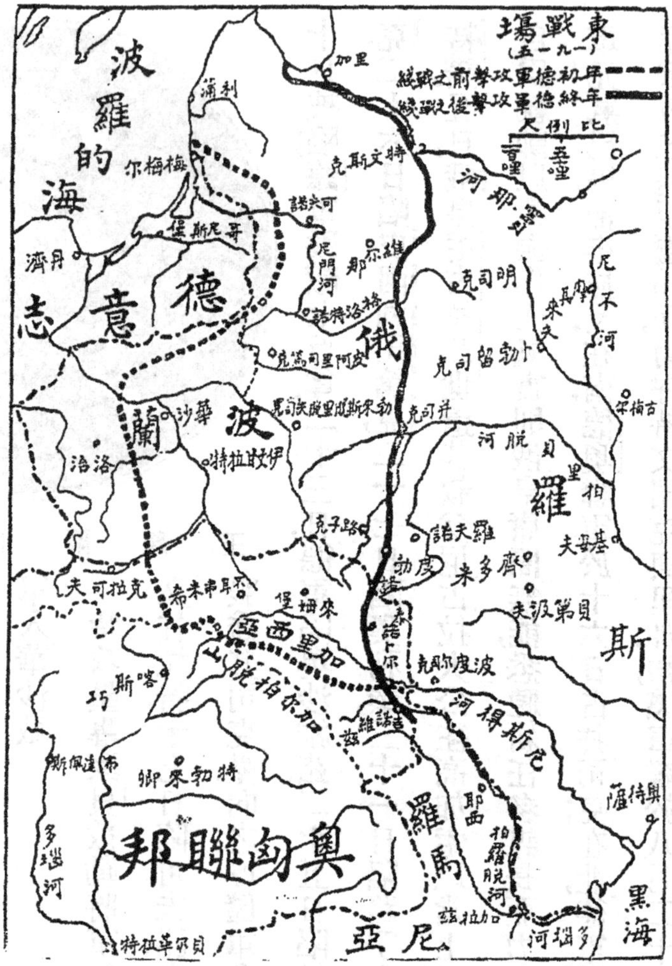

以運艦四艘，突入里加海灣，冀自貝諾登陸；貝諾失則彼得羅革拉特與里加之交通斷，而俄京危。然俄海軍守衛嚴密，水雷四伏，且岸邊沙灘，不能立足。時值大霧彌漫，有礙視察，德之期上陸於貝諾者，遂不克逞。又其時將屆冬令，興登堡以深入重地，恐蹈拿翁之覆轍；麥耿生又準備南下攻塞爾皮亞，興氏遂囑令停止進攻。統計波蘭全境，果蘭之大部與立陶宛之一部，至是盡入德人之手，而波蘭一役，遂告一段落。

波蘭之役，俄軍損失，至爲重大；失地而外，卽以士卒論，福根海謂瑪因河上各交戰國軍隊之總數，尙不及此。至俄人所失之軍械子彈，爲數至夥，無從統計。說者謂往時拿翁率大軍五十萬攻俄一役，尙遠不及此；然則斯役也，誠爲前古所未有，亦足見戰禍之重且烈矣。

第三節　俄軍大敗時之法英聯軍

當東戰場酣戰之際，德軍無暇西顧，此正法英聯軍襲擊西戰場德軍之一絕好機會也。乃法英聯軍攻之不克，而德之守衛則綽有餘裕，驟觀之，幾令人無從索解。又瑪因河之敗，固非德人所逆料；而一敗之後，終能維持其所掠得之比利時與法蘭西之北部，則又爲法英聯軍意料所不及此。何以故？曰壕塹戰爭有以使然也。一九一四年之末，兩方開掘壕塹；自北海以迄阿爾拍山，迤邐緜延，無稍間斷。其設置則一壕塹之後，必有四五壕塹以爲之繼；不幸前者被敵奪取，卽可退伏其次；如關隘然，重重佈置。按之兩方，幾於不相上下，而德人於此視法英聯軍尤爲精密。蓋彼之所謂壕塹者，斷非如字義之單簡；其內容之複雜，不啻若歧途，若複道，如蛛網之密布，如蜂房之櫛比，種種設備，靡不詳盡，而又重以固有之天險，若里爾附近，若洛蘭州，於每一英畝相距之地，皆築一壘以爲屛障；一言以蔽之，德意志於西戰場之守線，無異一極大之礮壘；法英聯軍欲於此決一雌雄，誠非易易矣。

當一九一四年之末，德奧豫備攻俄之際，法英亦預備攻德。時英軍五萬人自蒙斯至以柏，數役受挫後，幾已全軍覆沒；而代以新募之國民義勇隊。是種軍隊，其應徵者，全爲英吉利國民。當時踴躍從軍，爭先恐後，英吉利海峽運兵之船，舳艫相接，閱三月而西戰場之英

法軍參謀長加司丹爾諾

軍已達五十萬人。英人之意，期在必勝；至法蘭西者，生死存亡在此一舉，其衆情之奮勵，咸欲一鼓而破敵，尤不待言也。一九一五年二三月間，法軍於香板尼境屢用步礮兩隊合力攻擊；其卒也，礮火雖精，仍歸無效。三月十日，英軍與德軍戰於納夫夏板兒

之西，英軍以大小各礮，連環轟擊凡三十五分鐘，卽以步軍衝鋒，繼其後戰兩日，德軍退。既退之後，復於十三十四兩日反攻，英軍不支。是役英軍得地僅一哩，死一三〇〇〇人，目的地里爾終不能達。或謂英軍不得志於納夫夏板兒，實由於步礮兩隊，未能銜接一氣，與夫發礮之不以時耳。英人之言，則歸咎於子彈之缺乏；卽英統帥費賚起之報告書，亦述及之。他若陸軍總長吉青納宣言於上議院，亦謂子彈缺乏，實足爲吾國無窮之憂。綜是以觀，子彈之關係於戰爭，至爲重要；非獨英也，俄軍之敗，以此，法英聯軍之不得志，亦以此。且香板尼與納夫夏板兒兩役，法英軍挪用其後備子彈，其數出於預算之外，以致不能接濟，此誠憾事也。然經此挫折，實足以長後來之經驗；茲兩役者，殆亦有裨於法英兩國者歟？

次爲以帕之戰。一九一四年秋，雙方曾交綏一次，故是戰實爲以帕第二役。四月十七日，英軍猛攻「六十」山，陷之。旋德軍還攻，以以帕爲目的地。二十二日，德軍於皮克司旭得及郎其麥克之間，用綠氣攻擊，是爲此戰施用毒氣之始。時法軍與英屬加拿大軍之守此區域者，不能支，退保以帕，而死守之。德軍攻以帕者凡一月，亦不得逞。時德方注意東戰場，以帕第二役遂告終了。五月一日，麥耿生攻入加里西亞之役開始，法將福煦時統率西戰場北部軍隊，利用德軍方注意加里西亞之時機，遂於九日與德軍戰於阿多埃，其目的地為郎斯。同時英軍進窺里爾。法軍用步礮兩隊合力攻擊，一如英軍進攻納夫夏板兒之故智，

西戰場法軍之壕塹

德軍退卻；然其防衛嚴密，無懈可擊。越一月，法英聯軍漸弛，而阿多埃之役亦告終。是役英軍奪地僅二哩許，法軍僅獲得德軍前線之一部，而兩國目的地郎斯與里爾仍不得達。其時東戰場之俄軍，則續續敗退；俄人望救於法英者，至為急迫。乃遠水不救近火，且法英爾時，實亦自顧不遑也。

法英聯軍之所以不得志者，以子彈缺乏故。英政府有鑒於此，乃於六月五日特設一軍需部，專司全國軍需，而以財政總長路合喬治調充是部總長。路合喬治就任

後之第一政策，即以全國所有十二軍需製造廠直歸其統轄，又增設新廠十一處，從事製造軍火不少懈；且凡與軍需有關之實業，軍需總長皆得隨時調遣之，自是而英國無缺乏子彈之虞矣。七月十五日，國會通過國民義役一案：凡自十五歲至六十五歲之國民，不分男女，對於國家皆有服役之責任；（愛爾蘭不在此例）從戎而外，兼宜服役於軍需：此全國徵兵制之先聲也。法之對於軍需，亦大加整頓，以爲異時予取予求之地。

九月，法英聯軍軍需充盈，躍躍欲試；其時與登堡攻陷波蘭之役已告成矣。英軍之在西戰場者已滿百萬，法軍倍之。法英聯軍所擬攻擊之地有二：一爲阿多埃，在阿拉斯以北；一爲香板尼，在來姆與凡爾登之間。同時法英聯軍之飛機，分途前進，抛擲炸彈，攻擊阿多埃者，有法將歐拔爾進占蘇吸，逼近維米。英軍亦佔得德軍前線約六五〇〇碼，繼復奪得羅斯及由留克之外部，據其險要，又復奪得德軍第二防線。此線以一七十一山爲天險，至是亦落於英軍之手。至香板尼，法將加司丹爾諾於九月二十六七兩日，獲勝於索恆及板兒脫之北，佔地約十五方哩半，十月六日，復據泰歐玆役也，加司丹爾諾部將貝登大顯技能，加司丹爾諾心識之，異日不次之擢，實基於此。至十月中旬，德軍防守益嚴，香板尼與阿多埃之法英聯軍，至是不能再行前進；雖有充分之軍需，已覺無隙可乘。是役也，據德軍報告，法軍死傷十三萬人，英軍六萬人，而德軍死傷僅四萬人。是年之末，英政府以費賚起無功召之回，授以子爵，而以費部下軍長海格代統其衆焉。

當俄軍之被困也，法英兩國，不能分兵赴援；非眞作壁上觀也，爲自護計，不得不爾。又俄之弱點，究至若何程度，未盡爲德人所窺見；德軍傾其全力，轉戰於東戰場，在西戰場之法英聯軍，正藉此可稍緩德軍之攻擊，質言之，法英不能救俄，而俄則無異暗救法英。然俄之一蹶不振，實由於此。至法英兩國，以進兵不利，輿論沸騰，斯時也，德以常勝之威，擧目四矚，睥睨一切，日求饜其東征西討之慾望，已昭然若揭矣。

第十三章　德意志之控制近東

第一節　協商於近東之失勢

德軍既大破俄軍於東戰場，而於西戰場又能力拒英法聯軍之侵入；東用攻，西用守，幾

德軍全盛時之威廉二世

無往不利。所慮冬令將屆，氣候嚴寒，德軍於此，設竟犯兵家之忌，深入俄境，俄人襲用其曩日堅壁清野之法，則不免蹈拿破崙之覆轍。矧其時法英聯軍，軍需充足，言攻則不足，言守則有餘。此時德軍最注意之點，厥惟近東而已。蓋「協商」諸國之在近東，爾時屢遭挫折：意大利雖加入，又未克攻入奧境；加里波利之英法聯軍，業受巨創，勢且不支；英軍之在米索波泰米亞者，亦復委靡不振：斯時也，一任德意志之高掌遠蹠，卒占獨步，亦勢所必至也。

顧「協商」於近東尚有一線希望者，惟有引誘巴爾幹三小國加入戰爭而已；三小國者，保加利亞，希臘，羅馬尼亞是也。一九一五年春夏間，「協商」之外交官，跋涉於途，絡繹不絕；其目的則欲使希，羅，塞三國對於保之要求，表示讓步，協力作戰，以增「協商」之臂助而已。至保加利亞之所要求者，則爲羅之度勃羅劇，希之特拉瑪及卡伐拉兩鎮，塞之馬西頓尼亞所包含摩拿斯抵之一大部。然阿突利亞的克海濱地，塞之所覬覦也，而英法已以之漫許意大利，塞人於此，不無觖望；及幾經商榷，塞僅許讓出馬西頓尼亞之一小部以與保，而視保之所欲得者，猶相去甚遠也。

希臘國內，向分兩黨：一屬於希王康士但丁；一屬於首相梵尼瑞洛司：兩黨勢如水火，積不相能。康士但丁於巴爾幹戰爭第一役，曾躬冒矢石，大挫土軍，後敗保軍於巴爾幹戰爭第二役，戰功卓著；故希民咸愛戴之。梵尼瑞落司則爲世界之有名政客，卓然爲巴爾幹偉人；希臘之復興，及巴爾幹之得以崛起而抗土，與夫希羅塞之聯合而挫保，皆爲彼一人所策畫；故國會亦咸樂擁護之。當戰事劇烈時，梵尼瑞洛司得國會之援助，立宣布其袒護「協商」之政策；且不惜犧牲其土地，以饜保之慾壑，以期得英之居伯路司及土之士麥那爲交換條件。而康士但丁則因得國民之援助，不顧犧牲其土地以與保。且康士但丁，丹人也；其母爲俄人；其后蘇斐亞，又爲德皇威廉二世之女弟。康士但丁少時曾肄業於德，踐位後，軍官顧問，多聘德人充之。以彼姻婭之關係，學問之淵源，在在與德意志暱。一九一五年三月，康士但丁以民意不顧犧牲土地，罷梵尼瑞洛司職，而代以戈那利司，宣布中立政策。

羅馬尼亞處兩難之間，欲加入「協商」，勢必奪奥匈聯邦之德蘭西耳伐尼亞及蒲古維那兩州；若加入「同盟」，勢必奪俄之倍薩拉皮亞：此三州皆爲其目的地，而勢又不能兼有，故其宗旨遊移，不能確定。然以地勢論，則國之四境，無可守之天險，易爲俄奥保諸國武力之所侵入，其不能不隨時局爲轉移者，勢也。又羅馬尼亞當加羅爾王（一八八一——一九一四)之世，論個人則與德皇同氏族；(霍亨咤倫)論國際則經濟之援助與軍事之整頓，莫不有賴於德奧；故與「同盟」國結所謂商務條約與防衛條約者，內容祕密，實與盟約無異。及經兩次之巴爾幹戰爭，羅又與希，保，塞，蒙同拒土軍；凱旋之後，又以分肥不均，與希，塞，蒙結合以擯保。此則又似接近於「協商」矣。大戰啓後，加羅爾旋殂，其姪斐迭南與德皇雖同族，而爲比后之中表弟；其后瑪利，又爲英國愛丁堡公之女，亦英王喬治五世與俄皇尼古拉二世之表妹也；其趨向又似偏於「協商」。至於羅民，則自以古羅馬後裔，與意大利有同種同文之關係，而表同情焉。然羅當局以俄軍既續續敗退，塞希二國，又不願讓地予保，遂亦宣布其嚴守中立之政策。

「協商」軍事上之失勢，影響及於外交，且徒有空談，而無實助，自不能有所成功。而德之勢力至此遂乘機侵入。嗣後「協商」於巴爾幹事事棘手，而德人一往順利，終得達其控制近東之目的。

第二節　保加利亞之參戰及塞爾皮亞之撲滅

德意志之節節勝利，實促成保加利亞之決意參戰。保與塞希羅三國爲仇敵，報復之念，不亞於臥嘗薪膽；向之所以猶豫而未決者，徒以時機之未至耳。矧保王斐迭南，德人也，生於奧，性沈靜而狡黠，人咸以「巴爾幹之狐」目之。保加利亞國民又以塞希羅三國之民皆傾向「協商」，至是竭誠以交歡德；卽往昔積不相能之土耳其，亦與之棄夙嫌而敦睦誼。故保加利亞之加入戰爭，旦夕間事耳。「協商」知保之於巴爾幹，關係至重，乃不得不以外交斡旋之。於是保首相拉度斯拉服夫於八月九日宣言如左：

『保加利亞已完全準備；當接受確實保證償吾所欲之日，立卽加入戰爭。所謂償吾所欲者，卽塞爾皮亞之一，五〇〇，〇〇〇保加利亞居民所棲之馬西頓尼亞州，是地蓋塞爾皮亞於第二次巴爾幹戰爭時所掠得者也。本民族自治之原理，是州應爲吾有。若「協商」能擔保恢復吾應有之土地，及其餘較小之要求，「協商」當見吾等之樂於爲助也。然吾等所要求者，須有眞實之擔保；若徒憑一紙空文，斷不能接受也。』

觀此宣言，是保加利亞欲假手「協商」，以犧牲其同盟之塞，與守中立之希羅兩國，明知其不可能。此時德奧，非但許保之要求，亦並犧牲土國之土地以與保；土地而外，復與以財力之援助，且於興登堡，麥耿生兩軍中抽調精銳，赴保助戰。於是斐迭南與拉度斯拉服夫鑑於「協商」軍之續續失勢，認為時機已至，遂於一九一五年九月六日與德奧簽密約於保京蘇斐亞。約中所載，保須向德借款一萬萬銀元，立交其半。旋又與土耳其簽約，令土讓出歐洲部分，其地以瑪利察及東耶兩河為界，包含喀拉格企車站，惟阿突利亞堡不在其列。兩約就緒，保政府立下動員令，曰：『此守武裝中立也！』十月初，俄羅斯即下最後之通牒，有曰：『德奧軍官之涉跡保加利亞之陸軍部及參謀部，屯重兵於鄰塞疆界，接受吾國

保王斐迭南

仇敵之財力援助，顯然自暴其目的；今與保政府約，須以二十四小時內斥退德奧軍官，立時與「大斯拉夫」主義之仇敵絕交。』不謂保加利亞接此牒文，置若罔聞，遂於十月十四日對塞宣戰。十五日，英對保宣戰；十六日，法繼之；十七日，俄意又繼之。於是巴爾幹之形勢又一變。

保既對塞宣戰，遂大舉由東侵入，同時德奧聯軍又擊塞之北境。夫此次戰事，肇自奧塞，奧

聲言討塞，而塞則一年以來，未受巨創；此雖塞軍之驍勇趫捷，然亦奧軍之防俄與意，無暇傾其全力與塞一決，塞之所以不致受創者以此。乃不旋踵而俄軍見衂於奧，意軍進攻又不利，奧遂得移其敗俄之兵南壓塞境。况德軍之於西戰場，力足以與法英之聯軍相持，至是亦復抽調勁旅，爲奧臂助。又德奧聯軍之統帥爲麥耿生上將，彼既精悍多謀，久著勳績，統率德奧聯軍，不下三十萬人；軍械新式，子彈充盈。至保軍之攻塞東境者凡三十五萬人，驍勇善戰，且又經巴爾幹戰爭第二役之挫折，奮其武怒，以報大恥。若夫塞，則孤軍支撑，轉戰經年，饑饉疾疫，災害踵至，死亡枕藉，慘狀不可殫述，乃勉集二十萬人以禦兩方之敵。此則不待交綏而勝負之數已瞭然矣。斯時也，塞縱有「協商」之積極援助，而爲時已晚，只能坐視其敗亡耳。故德奧方面，謂之討罰塞爾皮亞也可，謂之「大條頓」主義之獨霸近東也亦可。

十月七日，德奧聯軍渡多瑙及薩凡兩河。九日，陷塞京貝爾革拉特；賽門特里亞及卜耶拉佛茲亦爲聯軍有。麥耿生率大隊南下，進窺塞之臨時都會尼希。其左翼占多瑙河流域，而有塞之東北部；右翼渡特利那河，而有塞之西北部。繼而保軍占馬西頓尼亞，此蓋保每

巴爾幹戰場一覽

飯不忘之地也。保統帥戴駝羅夫自率大隊由苛斯頓提經愛格里拍倫加入於佛拉尼亞，遮斷尼希至薩洛尼加之鐵道。十月二十日，陷凡來斯。（或稱珂不路魯）二十二日，長驅入烏斯古勃；烏斯古勃者，塞爾皮亞南部各路之中樞也。

同時保將菩耶提夫所統之軍於二十六日渡梯摩克河，佔領乃各丁及拍拉霍服，與德奧軍左翼會合。至是塞軍被截為兩：其一在塞之北部而較大者，困於克拉皆伐茲與尼希之間；其一則在塞之南部而較小者，困於摩那斯底山間。克拉皆伐茲有塞之最大軍需局，亦於三十日被佔。塞軍在尼希者，頗欲決一死戰，卒以力不能敵而陷，時九月六日也。塞軍退保於伊拔爾河上，復不支。十一月二十日，拿維拔柴陷。二十三日，米得羅維察與不里司抵那繼之。塞殘軍遂被德奧保聯軍驅至哥索服平原，死者死，傷者傷，虜者虜；彼得王雜於難民中，乘牛車逸出而至蒙丹尼格羅。

麥耿生上將之母

塞北部較大之軍隊既完全殲滅，其在南部較小之軍隊猶力守帕里司倫特與摩那斯抵。於拔蒲那路，在烏斯古勃與帕里來拍之間，塞軍力拒保軍者凡旬日，又不支。十一月三十日，帕里司倫特陷。十二月五日，摩那斯抵陷。至是塞爾皮亞乃完全破滅。麥耿生上將十一月二十八日之報告中，有云塞軍之殘餘零碎，已竄入阿爾巴尼亞山間；征塞之役，乃告一結束。此足見當日之大略也。

第三節　法英聯軍之登陸於薩洛尼加

當德，奧，保之將會攻塞爾皮亞也，塞爾皮亞之希望，即期「協商」之與以充分及迅速之援助。然終不克如願者，有三故焉：一，「協商」不料及保加利亞之參戰，及醞釀既久，始知保之加入為必不可免，然已晚矣；二，希與塞曾於一九一三年訂互衛之約，「協商」以為保果攻塞，希以條約故，自不得坐視不救，不謂保攻塞而希竟等秦越之相視；三，即使希未能踐約，則加里波利之法英聯軍，必轉登薩洛尼加之陸以救塞，不謂事

希王康士但丁

與願違也。「協商」自顧不暇，故牽率希臘以加入戰爭，冀得其一臂之助。溯自一九一五年三月，希王康士但丁以不允犧牲希之土地與保罷首相梵尼瑞洛司職，而代以戈那利司，既而於八月爲解決希塞條約故，復其職。梵尼瑞洛司固親英法者，復職後，「協商」乃遂利用時機，聳動希臘履行希塞盟約。

九月下旬，法英見塞勢之危如累卵，促希立參戰，己則允運十五萬人助之。接洽既妥，梵尼瑞洛司遂於十月四日在國會宣言曰：『此次戰事之危險固大，然吾等無論如何，務須履行條約爲是。』梵尼瑞洛司既宣布其政策，卽召集全部軍隊凡三十五萬人，準備作戰；同時法英聯軍第一隊亦於薩洛尼加登陸。然梵尼瑞洛司此舉，未曾得康士但丁之同意，康士但丁既嫉法英聯軍之犯其境，復恐開罪德奧，遂於十月五日再罷梵尼瑞洛司職。新內閣總理善米司繼任後，卽宣布武裝中立政策。然此時法英聯軍既已登陸，希力不能拒，不得已再聲明其武裝中立，以爲對於「協商」係一種寬容之態度，蓋暗指法英聯軍之借希地登陸，意在抵禦保軍，無預於希，而希則決不助戰也。

希臘既不願助戰，於是「協商」大失望，有主張盡調加里波利軍隊，并抽西戰場軍隊一部分至薩洛尼加者；有以前說之主張，則從前攻取土耳其之計畫，必盡成畫餅，而於西戰場必大失勢，因以爲非計者。主張前說最力者爲英之卡孫總長；主張後說最力者爲法之代爾喀賽總長。其卒也，取兩說而折衷之，卽抽加里波利軍隊之一部分以應援，而西戰場之軍隊不少動。法將薩拉意調往薩洛尼加，統率法英聯軍。法英軍隊既集於馬西頓尼亞，其威脅觀望之希臘固有餘，然援助傾頹之塞爾皮亞則不足，而英之卡孫，法之代爾喀賽相繼辭閣員職。法之內閣尤受影響：總理維維亞尼辭職而爲閣員，白利安繼爲總理，巴黎衛戍總司令加里安尼則調任陸軍總長，加氏蓋大著戰功於瑪因河第一役者也。

希首相梵尼瑞洛司

十月十四日，保果對塞宣戰矣。麥耿生率德奧聯軍二十萬人攻塞之北，保軍二十五萬人攻其東，勢甚洶涌。此時法英聯軍之駐於薩洛尼加附近者，僅一萬三千人。希王康士但丁竟公然宣言曰：『據方今局勢，希臘無履行條約之必要。』爾時法英之外交官，猶嗾使希王及其傀儡式之內閣無少懈，如是者凡兩閱月。十一月，康士但丁解散祖梵尼瑞洛司之國會；新國會召集者無梵黨，而康士但丁之勢益張，法英聯軍之境益窘。既而德奧保聯軍轉戰而南，勢不可當。薩拉意率部進次伐達及企那兩河間，掘壕浚溝；其地適當保塞希交界處。及保軍既佔帕里司倫特及摩那司抵，塞軍已盡失抵抗力，而保軍與法英聯軍遂戰於伐達河間；自十二月三日起至十二日止，凡九日，世稱伐達之役。保軍轟擊法英聯軍陣地，法軍不支，自企那河退至伐達河之東岸，旋英軍陣地亦被保軍擊破，法英聯軍遂狼狽退歸希境，而伐達之役遂告終了。法英之欲救塞者，僅如是而已！

伐達之役，法英聯軍雖敗而未潰。迨退至薩洛尼加，使保軍而窮追也，則法英聯軍，勢必被驅入海，幸保軍計不出此，法英聯軍乃得保全，並得在薩洛尼加深溝高壘，為異日再圖進取地。是時康士但丁慫恿其首相斯果羅蒂司，責法英兩國侵犯其中立，法英則請應梵尼瑞洛司之召而至。斯時「同盟」國之報紙，咸攻擊「協商」此舉，為侵犯希臘之中立；其意蓋謂德人前犯比利時之中立，不為過也。爾時法英聯軍之在薩洛尼加者，其處境實極危險：既有二十五萬之保軍列陣其前，德奧軍之南下者，復不絕於途；康士但丁雖宣稱武裝中立，然一旋踵，即能扼英法之吭而拊其背，希軍二十五萬人，足以斷其後路。於是法英之救塞問題，一變而為營救法英聯軍於薩洛尼加之問題矣。

駐薩洛尼加法英聯軍總司令
薩拉意

法英聯軍所以不能抽調其西戰場之士卒以東援者，一則慮德軍之乘其虛，一則因遠水不救近火也。先是，薩拉意乞援於駐加里波利法英聯軍總司令罕米爾頓。罕米爾頓不之應，旋被英政府撤回，而代以孟祿。陸軍總長吉青納親赴加里波利，察閱大勢。孟祿力請盡撤加里波利軍隊以移駐薩洛尼加。時英國各報，屢言對於近東之失利，而內閣方於國內召募新軍，亦不敢稍露其國外敗狀，以隳士氣。於是加里波利之法英聯軍始於十二月終撤退，至一九一六年正月盡行退出加里波利，不留一卒一騎焉。

此時法英聯軍退出加里波利以援塞爾皮亞，爲時已晚。向使法英聯軍張先聲於保加利亞未宣戰以前，則保加利亞或脅於法英之威，憚不敢發；卽使保仍宣戰，而塞爾皮亞之撲滅，斷不如是之速，希王康士但丁恐亦未敢罷梵尼瑞洛司之職，而希塞協約踐矣。及加里波利之法英軍隊至，而塞已亡，論者皆指斥法英之失策。然一九一五年十二月與一九一六年正月間，馬西頓尼亞戰役，法英聯軍之得以敗而未潰者，實賴有此耳！嗣後築壘備壕，謀爲持久，大戰末葉之舉足輕重，未始非此時之種因！然則薩洛尼加之法英軍隊，正爲功，不爲罪也！然此時德意志於近東之勢力，日增日熾，幾已達其完全控制近東之目的矣。

第四節　德意志控制近東之完成

德意志之覬覦近東久矣，而爲其中道之梗者，厥惟塞爾皮亞；今塞已撲滅，其關係德意志近東之勢力也實大，試分述之。其一，柏林火車發軔，經貝爾革拉特，尼希，蘇斐亞而直達君士但丁堡，換言之，卽德土之交通，從此直接，不若前此之間隔，此交通上之利益也。其二，巴爾幹與土耳其之礦產農產，亦皆受「同盟」國之支配，而塞爾皮亞之銅礦，亦從此入於

「同盟」國之掌握;且德自開戰而後,製造之品,已如山積,從此亦得暢其銷路,此經濟上之利益也。其三,土耳其與保加利亞得德奧軍需之供給,縱使土不能直擣埃及印度,英吉利要不能不分兵於近東以爲之備,而敵人西戰場之勢力可稍殺,此軍事上之利益也。其四,巴爾幹之兩中立國:在希,康士但丁益增長其勢力,一國實權操之親德派;在羅,政府與人民,即使欲袒「協商」,將有所顧忌而不敢發:此軍事上之利益而影響及於外交者也。其五,此次大戰,起於奧之懲塞,然一年來奧屢出師而無功,今塞已滅亡,而奧之目的乃達。

欲竟征服塞爾皮亞之全功,「同盟」方面,自不得不進窺與塞毗連之蒙丹尼格羅及沿阿特利亞的克海之阿爾巴尼亞。蒙丹尼格羅有兵三萬,雖精悍善戰,如塞軍,要不能與德奧之大軍相抵抗。然蒙王尼古拉,意王維克多愛瑪鈕爾之婦翁也,蒙苟受兵,意以姻婭故,自不能坐視不救。且意更不能放棄阿突利亞的克海中之霸權,故意軍於十二月間在實拉執及阿芙落那登陸。塞王彼得自遭敗挫後,命王儲亞歷山大代領其殘卒,己則以衰邁故,遁至意大利,至是復由意抵希屬高夫島,未幾而塞軍殘卒五萬人亦至,以謀再舉。匈將克凡希率奧匈聯軍於十二月間攻入蒙丹尼格羅,遂先後佔領蒙東部之耶可伐,伊班克，帕來夫里正月，深入蒙中部，與蒙軍戰於他拉及利姆兩山谷間，大敗之。同時另一奧軍自加泰洛江岸攻蒙之西部，其地特洛夫眞山爲天險，然守衛亦薄弱，奧軍艦以重砲仰轟之，積三日而洛夫眞陷，時一九一六年正月十日也。洛夫眞既陷，於是相距五哩之蒙京吉鼎頤不能守，亦於十四日拔矣。蒙王尼古拉走意大利，旋至法蘭西之利昂而作寓公焉。時與尼古拉同病相憐之塞王彼得，則至薩洛尼加與法英聯軍圖重整旗鼓焉。

奧軍攻蒙總司令克凡希

蒙丹尼格羅既覆，克凡希率奧匈軍大舉南下，攻入阿爾巴尼亞，勢如振落。斯古塔利，桑基沃伐尼提曼度相繼陷。二月間，奧匈軍又侵入阿爾巴尼亞之中部，佔底拉那，其地距竇拉孰十餘哩。同時保軍已由塞之南部侵入，佔愛爾白生。阿爾巴尼亞臨時政府首領愛薩「把夏」已無能爲，徒作傀儡而已。意軍亦不支，卒於二月二十七日退出竇拉孰，然距竇拉孰以南六十哩之阿夫洛那則死守之，故意大利猶能及其勢力於阿爾巴尼亞之中南部。德，奧，保聯軍亦不復前進，而此方兵事，遂暫告一結束。

蒙丹尼格羅與阿爾巴尼亞一部之征服，卽所以鞏固已佔得之塞爾皮亞，亦卽所以保護自柏林以迄君士但丁堡之鐵道也。希爲駐薩洛尼加之法英聯軍拊其項背，羅則脅於「同盟」大懼爲塞蒙之續，皆汲汲自保，不敢妄動。於是巴爾幹半島幾盡捲入於德意志勢力範圍以內。德人所倡之「中歐羅巴」主義，將由理想而成爲事實矣！

再東則爲土耳其之拓展，拓展之道，有東南兩路。東向者，則自阿曼尼亞及米索波泰米亞以迄波斯海灣，而與英俄角逐於波斯。南向者，則自敘利亞與柏來斯丁以迄紅海及英屬埃及邊境。此兩路之交通：一卽德意志管轄之巴格達特鐵道；一卽美咖鐵道。此兩鐵道皆足以侵犯英吉利在近東之勢力。向者土軍二十萬拒法英聯軍於加里波利，及法英聯軍退出，此二十萬土軍遂東移小亞細亞。觀此則德意志不僅控制巴爾幹；及柏林君士但丁堡之直接交通已告成功，實欲直逼英屬之埃及印度矣！一九一六年一月間，土軍二十萬人東窺波斯，其目的在完成柏林通巴格達特之鐵道，以此時德意志軍事計畫，於此一事，似較奪取英屬蘇彝士河爲尤重要也。且自柏來斯丁以迄埃及，地皆沙漠，不利行軍，證以一九一四年末土軍出師之無功，可概見矣。至阿曼尼亞與米索波泰米亞，沃衍之區，利於用武，爲兵家所必爭，故德土二國，遂決定東征之策焉。

當土耳其宣戰後，英將尼格遜率印度兵一隊凡二萬人登陸於波斯海股，蓋爲保護印度計也。一九一五年夏間，其隊突出二百哩以外，而至米索波泰米亞。至九月二十九日，佔底格里斯河上遊之苛脫愛耳阿瑪拉，其地爲最著名德土鐵道之盡端處，所謂巴格達特，距河僅百哩，似爲英軍目的之所在；尼格遜遣其副將湯司漢規取之。一九一五年十一月二十二日，湯司漢得克脫西風；是地距巴格達特凡十八哩。俄而土援軍至，湯司漢大敗，折損二千五百人，退守苛脫愛耳阿瑪拉。土軍進圍之。旋英援軍自印度至，俄軍亦自波斯之哈瑪代至，合謀解圍。然土國大軍亦陸續自巴格達特鐵道運到，屯歐弗來脫及底格里斯兩河河畔。統帥果爾池，德上將也，以彼韜略，自足破英俄聯軍於米索波泰米亞，然此時俄

尼古拉大公已率十八萬大軍侵入土屬阿曼尼亞，警報傳來，土政府震動，乃命杲爾池停止進攻，以全力注阿曼尼亞，於是米索波泰米亞暫成對峙之勢。

俄尼古拉大公自波蘭受挫以來，於一九一五年九月間，俄皇又調之至高加索。此次進窺阿曼尼亞，實爲彼建功贖罪之地。尼古拉初擬於一九一六年三四月間進攻，旋聞土軍抽調阿曼尼亞之大軍以援米索波泰米亞，尼古拉遂思有以乘其虛而蹈其隙。一九一六年一月，命部將郁滕尼起攻入阿曼尼亞。時則積雪盈尺，嚴寒逼人，而俄人若處之裕如者，則以素居寒帶，耐於冬戰故也。土軍是時以事起倉猝，並未預防，遂大敗，退守哀耳善

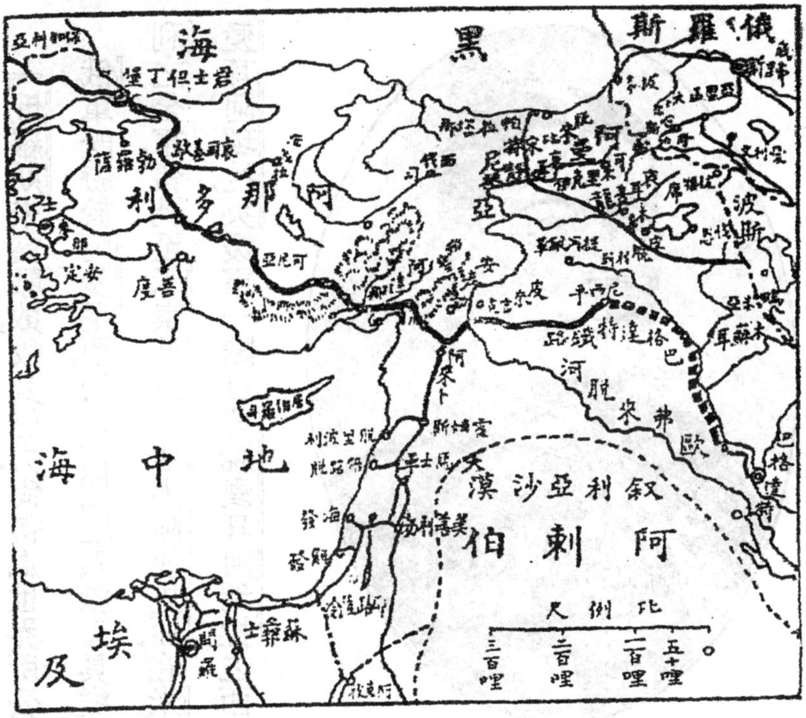

俄軍進攻土耳其

龍，蓋其地為亞洲土耳其之堅壘，謀持久。郁滕尼起率西伯利亞軍踵至，並攜有八吋口徑重礮，以備猛攻。至二月十六日，土德將領以後無援兵，棄哀耳善龍。是役也，土軍折損六萬人中，為俄軍俘虜者萬三千人，又失礮三百二十三尊，軍需無算。自是土軍屢失利，十八日退出木希，三月二日復失皮得利斯。俄之北部軍隊，自拔多沿黑海西向，於四月十八日占脫來比宋特以迄帕拉塔那。四月下旬，土阿曼尼亞之大部皆入俄軍掌握。俄人於此，意蓋謂前此雖敗於立陶宛、波蘭與加里西亞，而於是役則一戰而勝，一若自舉其功績以誇示於世界曰：『俄羅斯未嘗戰敗，故其能力，尙得爲世界所公認之一等强國也。』俄軍既勝於阿曼尼亞，於是「協商」報紙又具樂觀。然同時四月間，土耳其鎭守加里波利之全軍，皆調至米索波泰米亞與阿曼尼亞。在米索波泰米亞者，果爾池上將進圍苛脫愛耳阿瑪拉，英援軍一隊自苛脫愛耳阿瑪拉之西凡六十哩，擬衝破駐薩那亞土軍之前綫，藉以解圍，不能克。既而圍益急，英軍被困，雖有飛機在空中運輸，曾得一度食物，然其量不過九噸，杯水車薪，何裨於事。及重圍之中，飢餓愈甚，英將湯司漢不得已率其部衆於四月二十九日降，時被圍已一百四十三日矣。苛脫愛耳阿瑪拉既陷，

駐米索波泰米亞德土聯軍總司令果爾池

於是土軍復被遣至阿曼尼亞以阻俄軍之前進。六月間，俄軍雖攻陷距哀耳善龍以西一百十哩之哀耳靜琴，至八月而土勢轉盛，既恢復皮得利斯，同時俄軍之赴米索波泰米亞以援該地之英軍者，復為土軍所敗。土軍乘勝追至波斯，相繼佔甘林特，葛門夏，哈瑪代三城。卒也土得恢復阿曼尼亞之一部，並解巴格達特之圍，而進殖勢力於波斯矣。

總之，德意志至此已完全達其「中歐羅巴」主義之目的；自柏林以迄君士但丁堡，若交通，若商務，自此無阻。雖有意軍之在阿爾巴尼亞南部，法英聯軍之在薩洛尼加，俄軍之在阿曼尼亞，英軍之在波斯海股，然皆不足以禦德意志之勢力；德此時實為近東之霸主。德意志於躪辱俄軍之後，復稱霸近東，威勢之盛，已極一時；長此以往，最後之勝利，似非德莫屬！非特英也，法也，俄也，不能與之匹，卽舉天下亦莫不惴惴然談之而色變；而德意志亦自信其一往無前之氣，將為宇內雄矣！雖然，德意志果能得最後之勝利矣乎？德意志而果欲得最後之勝利，勢必殲滅西戰場之法英聯軍而後可；是以一九一五年之末，德大軍已濳調於凡爾登附近，舉麥耿生用於度那耶克之重礮，陸續西運，不絕於途，其欲解決戰事之心，至此益顯矣。

第十四章　德意志之謀解決戰爭

第一節　德意志未攻擊前之聲勢

自大戰開始以來，德意志雖不能達其目的，而一時豨奔狼突，所向無前，實足以震爍古今。至一九一六年初，德境內雖有法軍占其亞爾薩斯之一小部，奧境內亦有俄軍占其加里西亞之一小部，與意軍占其衣松蘇流域之一小部，而德軍及其同盟軍所得敵人之地實大於西，則有比利時之大部，暨法蘭西之北部；於東，則有波蘭全部與立陶宛，果蘭之各一部；於南，則有塞爾皮亞，蒙丹尼格羅兩國之全部，與阿爾巴尼亞之半部；於是所謂「中歐羅巴」者，或自北海以迄波斯海灣，或自波羅的海以迄紅海，或自立陶宛與烏克蘭以迄畢加第與香板尼，皆在其範圍中。雖然，「同盟」所以有如是之聲勢者，則又不得不歸功於德意志，德意志力征經營，以造成此無上之聲勢，而威權卽由是日增。維也納也，蘇斐亞也，君士但丁堡也，無一不聽命於柏林，於是外交之應付一致，軍事之行動一致，以視「協商」之羣龍無首，其利鈍得失，誠迥乎其不同也。至是而德意志蓋儼然以「中歐羅巴」之盟主自命矣！

至於地理上之關係，則尤有大焉。向者德意志如被圍之壘，饟械垂絕，勢難持久。自保加利亞突焉加入，蹶而復起之塞爾皮亞，竟遭撲滅，由是德，奧，保，土四國，息息相通，聯爲一氣；柏林巴格達特鐵路由茲而實現，而輸運便矣。且其所掠得之波蘭，比利時與法蘭西北部，礦產農產，皆極富饒，此後可以予取予求。英雖有封鎖海上之政策，而「同盟」國民，至是有所挹注，而無虞空乏。他若俘虜，或遣入工廠，或遣往墾殖，使爲我用。無虞坐食，而措置裕如矣。若此時之俄羅斯，則以所處境地，已與

其西方同盟諸國相隔閡;其所恃以為交通者,亦僅寒沍之白海與遼遠之西伯利亞鐵道已耳.

德意志處置掠地方法,則幾經當道之商酌,報章之討論,其規畫亦至為宏遠.以言乎比,向有「弗拉蒙」與「伐龍」兩族之爭,德則欲以同種關係為建設一「弗拉蒙」族政府而保護之.以言乎波蘭,則為另建一獨立國,以表示德之親暱而牢籠之.至俄之波羅的省,則收入普魯士版圖中,或為另立一獨立國而以一德親王王之.塞爾皮亞與蒙丹尼格羅,則歸併於奧之南部而建一「南斯拉夫」國,復以與奧皇族有連之蒙丹尼格羅親王統轄之,而仍受奧國之保護.此皆「中歐羅巴」盟主之舉動,而亦「大日耳曼」主義之所磅礴也.然以上種種計畫,不過在當軸商搉之中,其實行之期,則當待之戰事結束之後也.

德意志戰事之勝利,影響於敵人方面者亦甚大.意大利之加入戰爭也,羣議紛歧,莫衷一是;迨對奧宣戰,出師又屢不利,而未與決裂之德意志則屢戰屢勝,而意大利之膽寒矣.若俄羅斯,則外而喪師蹙地,內而爭權奪利,紊亂腐敗,不堪言狀;抑且共產學說,乘民不堪命之際,多方傳播,革命之機,有觸即發矣.若法蘭西則與「中歐羅巴」相抗之法英聯軍,雖未殲滅，而元氣已日趨於凋殘，維維亞尼內閣因之而倒；白利安繼任總揆，力泯畛域，不論社會黨與君主黨，皆羅致其中，冀得支此風雨漂搖之危局。若英吉利，其損失雖較意、俄、法爲小，然其擔任經濟之援助，仔肩又較他國爲重。一九一四年三月，英國公債爲華幣六千五百兆銀元，至一九一六年二月，已達二萬一千兆；首揆愛斯葵斯謂似此巨數，實爲前古所未有，而亦英國財政家或他國財政家意料所不及也。人民歸咎政府，嘖有煩言，應募之兵數日以少。後特培專司招募事，慷慨激昂，見者感動，應召者因以日衆。一九一六年一月，議院通過徵兵制案，而德人對之，殊無所畏，則以新募之士，未能即戎，若待訓練既精而後應戰，則猶尙需時日也。

他若影響所及於「協商」各國之軍事領袖者，在英，向者大權獨攬之吉青納，至是專任陸軍總長矣。英政府又以羅伯孫爲參謀總長，路合喬治爲軍需總長，特培任招募專員，所以分吉青納之權也。俄之尼古拉大公被遣往高加索，而俄皇尼古拉自爲統帥。至法統帥霞飛，罷免之日，亦可預料矣！

德意志猶以爲未足，復以種種方法，播弄中立諸國。或以利誘，或以威脅，甚至間諜四布，由中立國託名而往「協商」諸國，或抛擲炸彈，毀其重要之建築物；或潛形匿跡，刺探軍事之機密。其用心亦深且遠矣。

一九一六年之初，德意志朝野，對於其最後勝利，若操左券，同具樂觀。議和一事，置之度外，其目的則咸注射於凡爾登，一若鵠立以俟者焉。

第二節　德軍進攻凡爾登之失敗

德軍之進攻凡爾登，參謀總長福根海之決策也。其所以毅然斷然而爲之者，厥故有二。其一，法方練習一九一六及一九一七兩班新軍，一經徵調，便可臨陣；英則自徵兵案通過後，亦可得百萬人運赴前綫，且軍需廠二百所，晝夜製造，設英，法，俄，意戮力進攻，德必窮於應付，故寧我薄人，無人薄我。其二，德軍已占聖米哀爾，不啻斷凡爾登之右臂，法軍所據爲天險者，已去什一，故福根海以爲乘此時機，一鼓進攻，功可立待。且凡爾登破，足以奪法軍之氣，寒法軍之膽，而西戰場之勝負決，即大戰亦因此告終矣！其意計蓋如此。

凡爾登者，法蘭西全國最大礮壘之一也。言其形勢，踞墨士河畔之高原，廣凡五哩，又以無數之小壘環其四周，而最著名者則有若度蒙與服胡，在大戰前法工程師蓋時誇其建築之精，防護之嚴，而特爲北門鎖鑰者也。然自利愛其那米爾諸壘相繼淪陷，礮壘又不足恃，蓋德之十三吋口徑短礮，力足以毁之也。當薩拉意將軍守凡爾登戰綫時，有鑒乎此，乃於凡爾登礮壘相距四五哩外，開掘壕塹，如蛛網之繚繞，而礮卽設置其中，交通之事，悉由隧道。此則敵軍礮火之所不能及，而亦保障最良之法也。

德軍圖凡爾登，爲時已久。至一九一六年一二月間，乃調東戰場之軍隊以赴凡爾登綫，兵士絡繹，不絕於道。四，七一三，一七吋口徑各礮，又悉運置凡爾登之森林中，其急欲一逞也，固已非朝夕矣。然其蹤跡之詭祕，又每每爲聲東擊西之計，使敵不我備，例如：德軍之攻倪安保，詭示以欲取加來海岸也；下索姆河上之弗里士，及阿多埃之攻擊，則又似攻法軍之中路；其攻擊阿爾脫幾希西南之法軍陣線也，則又似集其視綫於倍爾福脫壘；倏彼倏此，捉摸不定。其實德大軍之羣集於凡爾登以北者，已躍躍然秣馬厲兵以待命矣。

攻凡爾登之德軍總司令爲德皇儲威廉，年方三十有三，視其他大將之據鞍矍鑠，老於行伍者，固猶爲一翩翩之年少也！且其性好修邊幅，顧影自憐，佻達之舉動，每爲老成所不喜。其必欲攻凡爾登者，則以所率軍隊，適對凡爾登。凡爾登陷，則一己之威信由是增，異日踐祚，更足以懾服羣僚而有餘。皇儲之私衷在此！德皇威廉二世之屬望亦在此！況復有福根海之謀之不期而合也！然茲事體大，此舉旣決，深爲老成持重者所不取；興登堡，魯登道夫，麥耿生聞之，固持不可，相率抗議。其所以抗議之故，則以其時當大破俄軍之後，而俄軍之餘燼尚未熄；餘燼未熄，即德意志不能無東顧之憂。彼三人者，蓋欲聚俄軍而殲之，使不

德皇儲弗來得里威廉

得扼吾吭，拊吾背，而後乃得壹意西向也。不謂福根海之執拗，反以德皇之命令爲辭，而抽調其精銳加入攻凡爾登軍隊。時魯登道夫爲興登堡之參謀長，聞耗立辭職，並慫恿興登堡相繼去。興以國家多故，復經德皇勸慰，任職如故；而魯亦不復固辭，然其憤懣之概，亦可見矣！

「德皇儲雖膺總司令之職，而少不更事，於戰事尤絕無經驗，乃特聘海司勒上將於軍中，以備顧問。海司勒者，春秋已七十有八，德皇之師傅，亦普法戰役之宿將也。或曰：「一八七一年普軍勝法時，海司勒曾著戰勳，皇儲此舉，所以懾法人之膽也！」（又海司勒不贊同犯比以侵法，大戰開始時，主張卽以全力猛撲凡爾登，然自瑪因河一役之後，凡爾登已有準備。一九一六年二月二十一日，攻擊令遂下。墨士河之兩旁，左右凡七哩，一時礮火齊發，天地震驚，森林燬於一炬，巖石化爲焦土，說者謂較之麥耿生度郝耶克河上之役，尤爲劇烈！是役轟擊凡四日，用礮彈二百萬枚，佔地約四哩，至度蒙高原而止，蓋抵凡爾登總壘之外層，而第一第二兩前綫，盡爲德軍所奪。時法軍憑險守禦，若藩籬之已撤，力竭聲嘶，無以爲繼。特里安上校與粒帑亞中校戰死；凡爾登守將罕爾倉皇無措。惟法軍中路總司令嘉利命法軍死守墨士河右岸，以待霞飛之援。二十六日晚，德皇親自督戰；其久著驍勇之勃拉鄧堡隊自度蒙高原猛撲度蒙壘，陷之，德勢益張。

夫凡爾登之必受攻擊也，法參謀部早鑒及之，且知其地鐵道必被横截，因暗築歧路若干，以備自動車運兵載糧之用。故德軍進攻時，法軍卽以自動車陸續運兵至凡爾登。然德軍精銳，於此居其大半，法軍不能測其實力之若何，故其防禦未能措置裕如。先是，霞飛於二十五日遣參謀長加司丹爾諾赴凡爾登，畀以全權，便宜作戰。嘉利以罕爾死守凡爾登右岸，蓋出自加司丹爾諾之令也。二十六日，度蒙陷落，加司丹爾諾命貝登繼罕爾職。貝登者，大戰初啓時，祗一上校；一九一四年九月，適瑪因河戰役以前，霞飛以其善戰，擢爲師長。一九一五年香板尼之役，貝登時在加司丹爾諾部下，曾著戰勳，加司丹爾諾心識之，至是力擧之以守凡爾登。又貝登生平惡政治，且不樂與政治家通款洽，非若其餘武臣之好與聞政治也。又其沉默寡言，深謀善斷，當辭霞飛赴凡爾登之日，謂霞飛曰：『事可爲也！』既至凡爾登，加司丹爾諾謂曰：『弗使敵人越此！』貝登曰：『敵人不能越此也！』於是「不能越」三字，遂爲一軍之口頭語，而軍心大壯。

貝登既接任，即命迎敵。凡爾登以東，在吳佛平原，法軍退約六哩。兩軍酣戰於度蒙高原。凡四日，德軍紛紛下墜，而留其上

凡爾登守將貝登

者。仍死守度蒙不之舍，然其鄰近皆爲法軍奪回。德軍既無交通以聯聲勢，又無壕塹以避礮火，至三月一日，攻勢稍懈；凡爾登最危險時期，因以過去。總統普嘉賚，統帥霞飛，同來犒軍，以資鼓勵。自二十六日以至三月一日，此四日中，時間雖甚短促，兩軍成敗之機，實係於此。法蘭西卒以貝登之奇材，軍士之奮勇，得保存凡爾登；而德軍於凡爾登第一次之攻擊，遂以告終。

德軍之進攻凡爾登也，欲以解決戰事，乃皇儲統率精銳，進攻不利，其威名自當墮落。不但此也，德意志「常勝軍」之聲譽，亦必因此大減，前日興登堡，魯登道夫，麥耿生之言驗矣！竇畢茲之潛艇襲擊政策，因而有所藉口矣！甚者德之社會黨要求食物與和平，因之益劇！此不特損參謀總長福根海之威信，將置德皇於何地？故德軍不得不行第二次之攻擊，雖費重價亦非所惜矣。

三月二日，德軍大舉續攻；此時德軍攻擊之方向，特移墨士河西面。彼以不得凡爾登不止爲目標，故其聲勢較第一次爲尤大。而法軍援兵械彈亦續續至，勢亦不弱。德軍攻死人山，力戰三週，不克。自三月十七日至四月八日，德軍所佔地僅一哩。自四月九日至十一日，

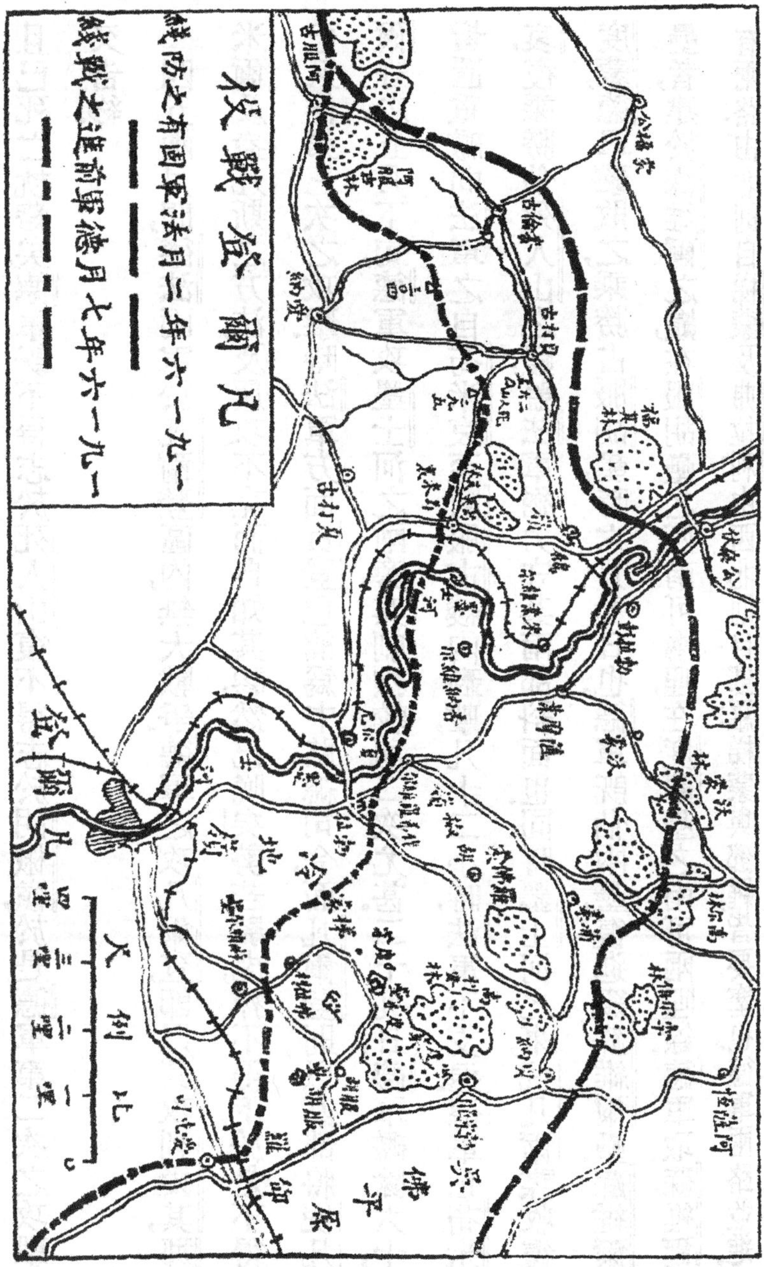

德軍騎兵凡九師，以力竭不能作戰。其目的地死人山依然在法軍之手。兩軍作戰區域，不但在墨士河以西；墨士河之東，同時亦有劇烈戰爭。度蒙之失而復得者數次。既而德軍陷服胡。四月八日，又力撲胡椒嶺，其短礮發出最强烈之開花彈，一時彈如雨下，法軍壕塹之被炸燬者甚多。然法軍死守殘壕，以機關礮還擊，德軍騎步隊不得近，且已死亡枕藉矣。德軍既不得志於死人山，復不得志於胡椒嶺，於是德軍第二次之攻擊又告終。

四五兩月間，德法兩軍於凡爾登區內，無大戰爭。德軍之攻凡爾登，卽以其攻利愛其那米爾及盎凡斯之方法，及屢攻不克而自知其謬，然已晚矣！勢若騎虎，猝不得下，於是不得已又作第三次之攻擊。時法軍方面貝登已簡爲中路總司令，而凡爾登則以其部將倪凡爾守之。五月下旬，德軍攻墨士河之兩旁，其劇烈較前二次尤甚。二十九日，德軍礮隊六十，皆置重礮，向法軍之自苟米哀至阿服古綫內轟擊，凡十二小時，法軍不支退。德軍佔苟米哀，復乘勝佔死人山之巔，蓋法軍猶力守其南部斜面也。同時墨士河之東，倪凡爾謀收復度蒙，德軍擊敗之，乘勝占服胡壘，時六月七日也。德軍既佔兩壘，復進窺蘇維爾壘。蘇維爾壘者，建於蘇維爾之巔，在服胡壘之西南可兩哩，在度蒙壘之南可兩哩餘。德軍取蘇維爾有兩路：由北則自梯蒙及弗拉利；由西北則自鄧羅梯蒙與鄧羅，皆要塞也。德軍兩路並進。

凡爾登

六月二十三二十四兩日，德軍得梯蒙及弗拉利，既復失之；鄧羅亦旋得旋失。七八兩月間，此數地者，爲德法兩軍所爭之焦點，而德軍終不達蘇維爾壘。在法軍方面，則守死人山南部斜面如故也。

自二月以迄七月，德大軍攻凡爾登，佔此壘之北部及東部約一三〇方哩，含殘壘二，毀村二，然其代價，軍士死傷及俘虜者，已逾三十萬人。皇儲之欲增其威信者，至是反益墮落。福根海亦以進攻之策，爲彼所自出，失敗之咎，自無可辭；德皇不得已而罷其參謀總長之職，一如瑪因河敗後之罷毛奇也。德意志原欲以一鼓攻下凡爾登，藉以解決戰事，不料其勃勃野心，即於凡爾登殉之，徵特受輿論之抨擊，與中立國之揶揄已也，而兵力財力損失不貲，德意志之元氣，亦從此大傷矣。雖然，德軍進攻凡爾登之預備，其部勒非不精密也，其聲勢非不浩大也，使一常勝將軍一麥耿生而統率此軍，其結果或不至如是，乃竟以絕無經驗之皇儲爲之首，其結果自可預卜！初，一九一四年春，麥耿生與皇儲同駐軍丹濟，以意見相左，德皇乃召皇儲回柏林。大戰開始後，皇儲卽被遣赴西戰場，故西戰場從未有麥氏足跡。或曰：『此德皇欲保其皇儲之令譽使然也。』而德軍之失亦在此，惜哉！至於法軍驍勇善戰，視死如歸，似示德人曰：『法蘭西不可敗也！法蘭西不能敗也！』論者以德軍瑪因河上之敗，敗於深入重地，敗於俄軍之拊其背，然則凡爾登之敗，又何說也？貝登將軍於萬礮雷鳴之下，呼吸存亡之頃，毅然就道，不特使法蘭西保存其最要礮壘，直令德意志喪其元氣，影響之大，自可想見，貝登對於祖國及「協商」之功，蓋甚偉也。

第三節　奧軍進攻佛南西亞之無功

當德軍續攻凡爾登之時，卽奧軍大舉伐意之日。奧軍攻意之路有二：一爲脫倫底諾山間路，盡崎嶇；一爲衣松蘇河畔，地皆平坦。然奧軍卒由脫倫底諾進行者，蓋有深意焉。衣松蘇守備甚嚴，無懈可擊。若能攻破脫倫底諾，卽入佛南西亞平原，而意之交通斷；意軍之在衣松蘇流域者，可不戰而盡爲俘虜。奧軍之所由舍衣松蘇而趨脫倫底諾者以此。

一九一六年四月終，脫倫底諾方面之形勢：西部有意軍佔脫倫底諾數路；南部則意軍沿阿底其河前進十五哩，而抵羅佛來篤；東部則意軍列陣於阿司的果，而抵包果。此三路意軍，皆散漫不相呼應，不過如營中所派之步哨，其後又無第二道之防綫，難以前進，亦難以退守；且其軍中既少礮隊，輸運又不便利，此實予奧軍一絕好機會也。

奧軍之窺伺意也久矣，至是卒抽調加里西亞精銳，加入脫倫底諾軍隊，皇儲喀爾躬自統率，而行軍悉聽之於霍眞度夫將軍，霍蓋奧之參謀總長也。時進攻佛南西亞之奧軍已達四十萬，餉械充足。一九一六年五月十四日，乃於長三十哩之戰綫內大舉進攻，重礮聲中，步隊齊進，以向阿西阿果與阿西哀洛。（意軍中路）意軍紛紛潰退，險要盡失，且委去軍械子彈無數。

奧皇儲喀爾

奧軍乘勝前進：一軍自卜西那谷南下，至阿西哀洛，蓋已攻入意軍轄地七哩矣；一軍自阿薩谷南下，於五月二十八日佔阿西阿果，則已入意境以內八哩矣。是日意軍於阿西哀洛約兩哩，尚據有卜里亞福拉嶺之險，翌日向晚，迷惑失道，退至居沃芙山之山坡，形勢全失。蓋卜里亞福拉嶺高五千呎，奥軍得之，東南約十哩，可窺希沃及低恆，此處之山，僅爲斜坡，其麓高於海平綫僅五百呎，以迄佛南西亞平原。自阿西哀洛之西凡二十哩，則有維錦薩，再二十哩則有百度阿，再過佛南西亞二十哩，則佛尼斯矣。奥軍如得佛尼斯，則衣松蘇流域之意軍，盡在其掌握矣。時意軍張皇無措，統帥加度那命死守維錦薩。前退守居沃芙之山坡，意軍六百人死傷已達四百，而所餘二百人死守如故。其他意軍一隊，復於柏蘇別沃山力阻奥軍右翼之前進。是時奥意軍隊爲四與一之比，意軍力拒三週，奥軍雖以「司各達」一短礮轟擊柏蘇別沃，並用步軍猛撲意軍之左翼，然皆無效。六月十八日，奥軍復大舉攻意軍右翼，戰於阿西阿果之南，不能取勝，奥軍總攻擊遂止。

奥參謀總長霍眞度夫

奧軍進窺佛南西亞之役，戰約一月，復地二七〇方哩，復進占意地二三〇方哩，且獲軍械子彈無算。奧意兩軍之間，奧軍自佔優勢。意總理薩郎特拉卒以未能見信任於下議院而辭職，繼之者爲巴散利，外交總長宋尼諾則供職如故。

奧軍雖勝於脫倫底諾，然其目的地維錦薩與佛尼斯卒不能達，且抽調加里西亞之精銳過多，俄軍遂得乘其機而抵其隙也。總之，奧皇儲之窺佛南西亞，與德皇儲之窺凡爾登，如出一轍，皆不能達解決戰事之目的也。

第四節　愛爾蘭革命之顚覆

當德軍攻凡爾登，奧軍攻佛南西亞之時，德意志所希冀愛爾蘭之革命，爾時果銅山西崩，雒鐘東應矣！一九一六年四月間，愛人宣告獨立，自稱愛爾蘭共和國，舉總統，選總司令，轟轟烈烈，而首都特勃林遂有劇烈之戰爭。

愛爾蘭之革命，其醞釀蓋五百年於茲矣。自一九一〇年至一九一四年，英國下議院之愛爾蘭國民黨，代表全愛爾蘭四分之三之人民，乘機要求英政府許愛爾蘭以有限制之自治。政府方許實行，而愛爾蘭之聯合黨，忽欲以武力反對之。英政府左右爲難；此時解決之法，非取消愛爾蘭自治議案，卽以壓力屈服聯合黨，然兩者又不能同時兼用。時英內閣總理爲愛斯奎斯，無一定政策；愛爾蘭自治議案進行如故，聯合黨招兵備戰亦如故也。國民黨以聯合黨募兵備戰，不得不爲同等之舉動以相抵制。未幾而國民黨義勇隊成立。至一九一四年七月，愛爾蘭遂分爲兩系，如大敵然，政府於是益爲難矣。

夫聯合黨與國民黨，皆愛爾蘭人所組織者也，其相仇何以如是之甚，推原其故，實由於種族文字與宗教之區別。愛爾蘭人民約可分爲二族：其在中部及南部者，則系於「凱爾特」，其文字卽「凱爾特」文，其宗教則崇奉舊教；在北部者，居於烏爾斯得，則爲「盎格魯薩克遜」一族，與英人蘇人同族，其文字卽英文，而所崇奉之宗教，則爲新教，一如英人蘇人所崇奉者也。其實烏爾斯得人卽英人蘇人之苗裔，古時移居於此，故其對於英人蘇人表同情者以此，其所以反對「凱爾特」人者亦以此。英政府治愛爾蘭，於內閣則有愛爾蘭大臣，於愛爾蘭則有愛爾蘭總督。此總督由內閣簡之，英王則加以任命也。

一九一四年大戰初起之時，愛爾蘭自治議案遂暫擱置，國民黨與聯合黨悉泯其畛域，俱宣言對於英國及「協商」國之忠誠。然不久而相仇如故。聯合黨鼓吹取消自治議案，國民黨則以自治議案擱置久，漸爲不靖。一九一五年五月，愛斯葵斯重組內閣；新閣員之中，聯合黨領袖卡孫其一也。以反對愛爾蘭自治之人，而入內閣，則愛爾蘭自治議案，即不廢棄，亦如冰擱！至是愛爾蘭人民，除烏爾斯得一小部外，僉以英國政府與議會，對於愛爾蘭無復有開誠布公之意，乃轉其視綫於「新芬」黨矣。

「新芬」二字之義，卽「我輩自己」之謂。其意以爲政府與議會，兩不足恃；欲期有成，當求諸己。「新芬」黨成立於一九〇五年，其宗旨不外乎所謂愛爾蘭者，無論於形式上，實際上，政治上，教育上，實業上，皆當歸諸愛爾蘭人之手。簡言之，愛爾蘭當脫離英之羈靮，而建一獨立國。故其宗旨爲英下議院之代表所反對，而國民聯合兩黨，尤一致加以排斥。然「新芬」黨之所以排斥國民黨者，亦有詞焉，曰：『彼徒忝爲人役者也！』至聯合黨則饑有不共戴天者矣。當「新芬」黨初起時，僅恃藝文之傳播，以爲運動，如宣揚愛爾蘭之詩歌與美術是也。至一九一三年，馴至招募士卒，以與烏爾斯得抗。至一九一五年，愛爾蘭自治議案沉寂時，愛人已傾向「新芬」黨，及烏爾斯得人擴充其勢力於內閣之時，愛人益憤懣不平，國民黨遂失信用於愛爾蘭，而「新芬」之勢日以熾矣。

新芬黨首領伐來拉

「新芬」運動，正式革命之運動也。使愛爾蘭而能獨立，則必與外國結盟，與外國結盟，德必其首也。然亦非獨德國而已。一九一五年，「新芬」代表赴德美兩國，陰求協助，甚爲周至。時有甘斯門德者，愛人也，服務於英國外交界有年，既而入「新芬」黨。嘗祕密赴德，於德之俘虜中選出愛爾蘭人，慫恿其組織愛爾蘭隊，以與英軍抗。已復與德政府約：德須接濟愛爾蘭之革命軍，而以潛艇滿載軍械子彈，並護送甘斯門德回愛爾蘭，以起革命；德潛艇復當出沒於愛爾蘭海，以阻止英軍運兵至愛爾蘭；又德軍在西戰場當宣傳愛人此舉，使戰場上愛爾蘭軍隊，反抗英軍。德政府欣然許之。蓋愛人此計敗，則於德無損，此計而成，則英吉利所受之損失，當有不可以言喻者矣！

一九一六年四月二十日，德船一，滿載軍械子彈，冒充荷蘭商船，又德潛艇一，駛至愛爾蘭堪蘭海邊，在脫來里附近，爲英巡哨艦所偵悉，督其赴崐司湯海口。此船知事敗，遂掛德旗，而自擊沉，船上人物，盡爲英虜。同時伏潛艇內之甘斯門德，既不能抵抗，又不能得「新

愛爾蘭革命要人甘斯門德

芬」黨之援，蓋「新芬」黨尚不知德潛艇與甘斯門德於是日抵海邊也，而甘斯門德則被俘矣。

先是「新芬」黨義勇隊本擬於二十二日在特勃林演操，及聞甘斯門德被擒，遂作罷議。二十四日，適爲耶穌復活節，「新芬」黨遂起事，據特勃林壘及特勃林郵局法院等重要機關後，乃樹愛爾蘭共和國旂幟，組織臨時政府，舉比阿士爲總統，康瑙賓爲總司令。

英愛兩軍酣戰數日，既而英政府於二十七日遣麥克司惠耳將軍率大隊至，擁有重礮與機關礮，愛軍漸不支。比阿士見大勢已去，意謂使愛爾蘭受無辜之殺戮，不如下馬受縛，遂於二十九日命愛軍解除武裝。愛軍之於恩尼斯高端，阿丹來，克龍曼爾等處起義者，以次平。在特勃林，愛人死節者三〇〇人，受縛者一八〇〇人，而英軍死傷五二一人。比阿士及重要者十四人受軍法裁判，判決死罪，正法；餘則定有期徒刑不等。甘斯門德受民法裁判，判決死罪，亦於八月三日就義矣。

愛爾蘭革命既平，是時多數輿論，僉謂愛斯葵斯內閣處置未免太酷，其專以鎗刃治愛爾蘭者，爲計亦太左矣。若夫德意志期望愛爾蘭革命之成者也，卽不能成，而愛爾蘭能支持，能耐戰，英必調回其西戰場之兵以應戰，而西戰場之英陣線可乘矣。其計不勞而取利大，非不巧也，乃螳螂之臂，不能當車轍，震驚一時之愛爾蘭革命軍，未及一週，卽爲政府平定。是故愛爾蘭之敗，與其敗之速，皆爲德人所不及料。德欲於一九一六年中解決戰事，恐亦未能如願也。

第十五章 海上最後之決戰

第一節 德意志海上政策之變遷

一九一五年中，德意志潛艇所擊沉「協商」國與中立國之船隻，可謂多矣。德海軍部以收效之捷，逞其機心，罔知別擇，急急焉欲爲一網打盡之計。不知此潛艇「見船立擊」政策，施之敵國則可，施之中立國則不可。蓋中立國之强大者，以德人橫決無忌，勢必起而抗議，抗議無效，即決裂亦所不惜。若中立國之弱小者，力既不敵，雖有抗議，德必置若罔聞，於是爲保護其商務計，勢不得不乞援於「協商」國矣。

葡萄牙者，中立國之弱小者也，以與英國商務有密切之關係，曾訂盟約，英國而有所要求，葡必允之。一九一六年二月，英外長葛賚致書葡政府，請其扣留停泊葡國境內之德奧船隻，葡允之。德意志遂於三月九日對葡宣戰，越六日而奧大利繼之。夫葡萄牙之加入戰爭，對於大戰無若何之影響，然其所獲得之德奧商船凡四十艘，其價値當不貲也。

德意志之於葡萄牙，以其弱小，漫不加意。美利堅非葡萄牙比，德人於此，實深抱杞憂焉。蓋美之地位與實力足以左右世界，果德人而觸其怒，兩國終必決裂，兩國決裂，則德之損失，必有意料所不及，此則德政府所不得不鄭重考慮者也。

時德意志朝野上下，僉以美國素抱平和主義，決不干預歐事，即「路惜推尼亞」號之被擊沈，業已一更寒暑，而不聞美國有嚴重之詰問，故莫不以繼續其海上政策為可恃。海軍總長竇畢茲，德意志海軍之領袖也，尤竭力慫慂此事。彼以為美國而與德宣戰，德亦無所慮，而英國海上之霸權，必且因潛艇之攻擊而大殺，故終堅持其政策而不變也。

「協商」諸國，恐德潛艇之擊沉其船也，令商船悉改武裝，此為自衛計，不得不爾。德政府則以「協商」此舉，不復能肆其襲擊，乃於一九一六年二月八日宣言，謂自三月一日始，德潛艇轟擊裝置武器之商船，不復預告，斯言也，蓋直視商船為敵艦矣。瑞典雖首先贊成，而美利堅則力加駁斥，德政府置不理。三月間，「協商」與中立國之商船被擊沉者甚夥云。

三月二十四日，英國海峽運船「塞山克司」號被德潛艇擊沉，死五十人，中有美人三，俱受重傷。美人聞耗，以「路惜推尼亞」之沉沒，餘怒未消，重以此舉，益憤不可遏。威爾遜貽書責問，詞氣嚴厲，不啻最後通牒。德人至是，益知美國態度之不可忽視矣。先是，竇畢茲於三月初因病辭職，繼之者為加半賚；加固竇之左右臂，第其態度不復似竇之決裂耳。時一國輿論，對於海軍部所施之政策，頗有疑慮，於是首相荷爾惠克察於內外之情勢，遂於五月四日由德政府宣告德潛艇遇商船時，如不預為示知，或未將船上人員設法救護妥當，決不加以轟擊。此蓋對於美之脅迫，表示其有所讓步也。

雖然，荷爾惠克之所以對美讓步者，蓋有所求於美也。所求於美者何？冀美以壓力使英取消其封鎖而或減輕之求獲外交上之勝利也。荷雖未以此意明告美人，而致美之書嘗隱約言之。乃威爾遜視之，漠然不以為意，此荷爾惠克之大失望，與竇畢茲等也。惟其然也，竇之潛勢力依然存在，異日德意志復行竇畢茲之政策，使美利堅有所藉口，皆肇於此矣。

第二節　英德海軍之大戰

一九一六年五月三十一日，英德兩國海軍竟大戰矣。英者，世界第一海軍强國也，德者，世界第一陸軍强國也。至戰爭之際，第一海軍强國霸守四海，而所謂第一陸軍强國，卒不獲逞其志而見敗於敵，以是知勝敗之數，不在陸而在海也。證之往事，拿坡崙之見敗於英，此稍明近世史者所習聞也；進而求之，斯巴達雅典之爭霸於希臘也，斯巴達以陸軍稱，雅典以海軍稱，斯巴達卒能滅雅典者，以挫雅典於海上故也；更就羅馬與加泰基之爭雄於地中海而論，羅馬長於陸軍，加泰基長於海軍，一如斯巴達與雅典也，而羅馬竟以海軍滅加泰基：以昔證今，先後一轍。德意志而欲求最後之勝利，勢不得不與英吉利一決於海上；且德意志之海軍力，雖稱爲世界第二，似遜英國一等，然英人視之，亦未必非一己之勁敵也。

英德兩國開戰已兩年餘矣，德意志果欲法斯巴達與羅馬之故事，則海上之大戰，當實現於數年以前，乃日復一日，年復一年，而德與英海軍之決戰，竟未之聞。嚮使德乘陸戰方殷之際，水陸並舉，使數十年來之自命爲海王國者，一戰而燬其艦，覆其軍，使不復以封鎖政策，制我死命，豈不甚善？乃大戰以來，必遲至兩年以後，斯何故哉？曰：德以陸軍爲天下雄，以我之長，攻人之短，德人蓋早定之，甚不願以海軍爲孤注之一擲也；抑其所自詡之潛艇政策，已足使「協商」諸國，惴惴於海上，德人之所以不急急於海戰者，意固有在，然遲之又久，而終不免出於一戰者，何哉？或曰：英國海軍之一部分，欲入瑞典、挪威與丹麥間之海腰而入波羅的海，以援俄國海軍，與之夾攻德國，不謂至司加格拉克（海腰之一部分）而突爲德海軍所阻，而遂有此劇戰也；德人稱是役爲司加格拉克之戰，良以此故，至英人方面，則謂德意志海軍欲衝出北海，一解封鎖之圍，而爲英海軍中道要擊，乃有此戰，故英人又名之曰裘脫蘭之役。裘脫蘭者，在司加格拉克之南，丹麥北部之一省也；實則此戰皆在司加格拉克與裘脫蘭海濱範圍以內，謂之司加格拉克之役也可，謂之裘脫蘭之役也，亦無不可。是役兩方之實力如左表：

英吉利

(一)前鋒隊　前鋒司令畢德中將，佐以湯馬司少將所率之戰鬪艦。戰鬪巡洋艦六。(四艘速度二十八浬，裝十三吋半口徑礮八尊；兩艘速度二十五浬，裝十二吋口徑礮八尊)。

英海軍總司令奇利果

戰鬬艦四。（速度二十五浬，裝十五吋口徑礮八尊。）

此前鋒隊之總速度爲二十五浬。

（二）總隊　總司令奇利果，佐以菩南，企蘭司得提三中將所率無畏艦隊凡三隊，及霍特少將所率之捷翼隊（戰鬬巡洋艦）及阿蒲司諾脫少將所率之裝甲巡洋艦一隊。

無畏艦二十四。（十一艘裝十三吋半口徑礮十尊，八艘裝十二吋口徑礮十尊，一艘裝十二吋口徑礮十四尊，一艘裝十二吋口徑礮十二尊，一艘裝十四吋口徑礮十尊，兩艘裝十五吋口徑礮八尊。）

英海軍前鋒司令弼德

戰鬬巡洋艦三.（速度二十六浬,每艘裝十二吋口徑礮八尊）.

此總隊之總速度爲二十浬.

(三)輕巡洋艦二十五,驅逐艦七十八,分派於前鋒隊及總隊之間.

德意志

(一)前鋒隊　前鋒司令余伯中將.

戰鬬巡洋艦五.（三艘速度二十八浬,每艦裝十二吋口徑礮八尊;兩艘速度二十七浬,每船裝十一吋口徑礮十尊.）

此隊之總速度爲二十七浬.

(二)總隊　總司令雪爾上

德海軍總司令雪爾

將.

無畏艦十六,前無畏艦十.(四艘裝十一吋口徑礮十二尊,四艘裝十二吋口徑礮十二尊,八艘裝十二吋口徑礮十尊,至前無畏艦則各裝重礮四尊)

此隊因前無畏艦加入,故其總速度只十七浬.

德海軍前鋒司令余伯

(三)輕巡洋艦十,驅逐艦八十,分派於前鋒隊及總隊之間.

時在一九一六年五月三十一日下午,英海軍前鋒司令弼德,忽率戰鬬巡洋艦六艘向東南駛行,適德海軍前鋒司令余伯,亦率戰鬬巡洋艦五艘駛向西北駛行,兩方艦隊一如覿面者之不期而遇。弼德遂率艦猛進，志在斷德海軍前鋒隊之後路，使不得退。余伯洞燭其謀，即命前鋒隊駛回時兩軍前鋒隊成一平行綫，余伯乘勢攻擊，弼德應之，兩軍相距可九哩，未幾弼德所率之「無倦」及「瑪利王后」兩戰鬭巡洋艦中彈沉沒。余伯以五艦當弼德四艦，已佔優勢。戰方酣，英將湯馬司率四戰鬭艦來助戰，勢復熾。旋德海軍總司令雪爾亦率大隊無畏艦至，弼德率前鋒隊向北退，乞援於奇利果，俾奇所率總隊與雪

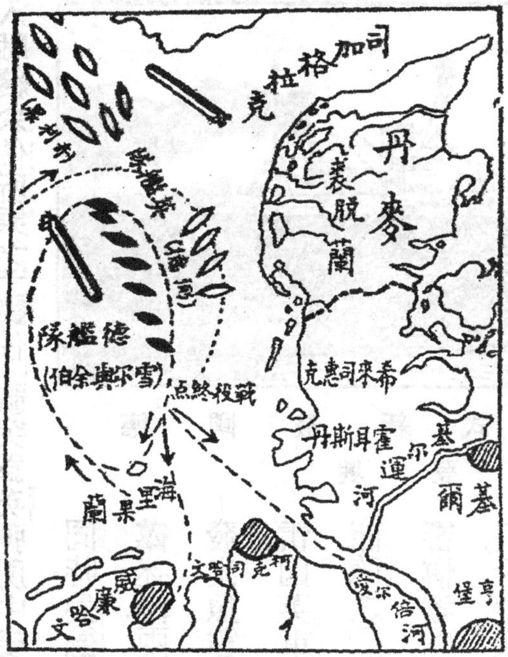

裘脫蘭戰役

爾所率之總隊一戰。雪爾余伯乘勢追及。薄暮，奇利果部將霍特所率之捷翼隊先衝入戰綫，距德軍艦可八千碼，霍特所駕之「無敵」號中彈沉沒，霍特殉焉。同時英阿蒲司諾脫所率之裝甲巡洋艦三艘曰「黑太子」，曰「戰士」，曰「護衛」，復相繼沉沒，阿蒲司諾脫死。無何，奇利果之大隊加

入戰綫，余伯所乘之「劉佐」號突爲英彈所中受重創，余伯改登「毛奇」號，而「劉佐」沉沒。同時端德所乘之「獅」號，亦受巨創。時夕陽西下，煙靄迷漫，兩軍不能復戰，雪爾乘機使驅逐艦攻擊，并發出魚雷無數。同時英軍亦以驅逐艦抵制德軍魚雷，因英軍艦善爲防護，不能中，中者祇較小之艦耳。而德之「波門」號戰鬭艦爲英魚雷所中，沉沒。雪爾審慎考慮，以衆寡不敵，遂放出黑煙，以眩英軍之視察，乘機逸去。奇利果以英艦不善夜戰，且恐深入重地，爲敵所乘，遂率艦回原防。

德國最新式之無畏艦與登堡號

是役也，戰爭之範圍爲一萬方哩，雙方軍艦共二百四十一艘，戰鬭之烈，爲前古所未有，故各誇張聲勢，自詡勝利。德人之意，以爲英之損失倍於德，則英負而德勝；英人之意，以爲德軍數年來未嘗敢決一雌雄，既戰矣，又忽遽而退，則德負而英勝；兩方蓋各持一說也。德之稱勝，影響甚大，當其海軍之蟄伏港內也，人言嘖嘖，殊爲不滿，今有此一戰，英海軍果受重創，於是德國上下，對於

英國最新式之戰鬬巡洋艦
瑪利王后號

海軍益堅信任；其間接關係，政府以是而益鞏固，外交以是而益順利。至英人之言，非惟影響及於一國，即於一協商國與中立國，尤有大利也，英吉利之爲海王也如故，英艦隊之控制北海也如故，英人布置之密，將使德海軍如困守之敵，不能越雷池一步。要之此役之勝利，不知果爲誰屬，若徒憑英德兩國人之口說，恐未足以爲惇史也。至英軍艦不能至波羅的海，一如德軍艦之不能出北海耳。今將兩方所公布之損失，列表如左：

英吉利海軍部所發表之損失

艦名	噸數	人數
瑪利王后(戰鬪巡洋艦)	二七,〇〇〇	一,〇〇〇
無倦(戰鬪巡洋艦)	一八,七五〇	八〇〇
無敵(戰鬪巡洋艦)	一七,二五〇	七五〇
護衛(裝甲巡洋艦)	一四,六〇〇	七五五
戰士(裝甲巡洋艦)	一三,五五〇	七〇四
黑太子(裝甲巡洋艦)	一三,五五〇	七〇四
驅逐艦八艘	九,四〇〇	九〇〇

德意志海軍部所發表之損失

艦名	噸數	人數
劉佐(戰鬪巡洋艦)	二六,六〇〇	一,二〇〇
波門(戰鬪艦)	一三,二〇〇	七二九

維司巴登（巡洋艦）	五，六〇〇	四五〇
弗龍路（巡洋艦）	二，七一五	二六四
愛爾平（巡洋艦）	五，〇〇〇	四五〇
羅司篤克（巡洋艦）	四，九〇〇	三七三
驅逐艦五艘	五，〇〇〇	五〇〇

英德海軍損失之比較

國名	總噸數	總人數	總銀元數
英吉利	一一四，一〇〇	六，一〇四	二三〇，〇〇〇，〇〇〇
德意志	六三，〇一五	二，四一四	一二六，〇〇〇，〇〇〇

第三節 吉青納之死事

自英德艦隊大戰之後，兩國輿論每好爲抑人而揚己，議論紛紜，莫衷一是。方衆口囂張時，而忽有不祥之消息傳至倫敦。其事維何？即英陸軍總長吉青納上將之死耗是也。吉於一九一六年六月五日溺死於蘇格蘭海瀕。此訊既確，非獨英吉利之不幸也，卽成敗與共之「協商」國，與己爲仇之「同盟」國，推而至於中立國，亦莫不爲之驚異。一波未平，一波又起，於是評論裘脫蘭一役之勝負者，一變而爲研究吉青納之死狀矣。據官報所載，吉青納應俄政府之聘，以備顧問軍事餉械各要務，乃乘巡洋艦「罕伯夏亞」號，擬由蘇格蘭之北部渡大西洋與北冰洋，登陸於白海海口阿姜格爾而至彼得羅革拉特。乃「罕拍夏亞」一方自蘇格蘭駛出至西奧克南島旁，頓觸水雷，全艦炸沉，船中除十二人遇救外，餘皆從波臣游，此誠吉青納之不幸，亦英吉利與「協商」國之不幸也。

英吉利陸軍總長吉青納

「罕拍夏亞」之沉沒，是否觸一水雷，無從確定，至謂「罕拍夏亞」爲德潛艇擊沉者，尤爲臆說。總之，吉青納之死，必出於德意志之舉動，可斷言也。

吉青納上將，英吉利所倚爲長城者也。北冰洋終歲寒冱，益以奔濤駭浪，自探險家外，鮮有冒此奇險者。以吉青納位望之崇，與英吉利倚畀之隆，即「罕拍夏亞」破浪而前，幸免危機，其前途之厄運，亦正可逆料，爲吉青納計，爲英吉利計，自不宜貿然有此一行。或曰，吉青納以受人攻擊，（倫敦「泰晤士」報總理諾司克立夫攻之最力）深抱不安，如路合喬治長新設之軍需部，羅伯孫長新設之參謀部，所以削吉青納之權者，不一而足，盛名之下，易招嫉忌，吉青納之毅然赴俄，良有以也。

吉青納，英吉利之名將也，大戰以前，屢建勳績，若占領蘇但，降服南非，重整埃及，其最著者也。大戰既啓，被簡爲陸軍總長，此蓋全國之信仰，輿論之一致推崇使然也。而其料事之奇，見幾之早，則尤不可及。「同盟」「協商」諸當軸，以爲戰事，不出六月，即告結束，惟吉青納力排衆議，以爲就至短之時期言之，亦必俟至三年。其陳請政府舍其往日召募之舊制，而代以徵兵之新制，蓋早具成竹在胸矣。其於兵士也，朝夕訓練，若恐不及；又必躬自檢點，使無貽誤，故當吉就任陸軍總長之日，案無留牘，及其死也，軍士之應召者已達五百萬人，此皆吉青納之功也。

吉青納死前一週，法蘭西陸軍總長加里安尼遘疾卒。英法兩大將，兩陸軍總長，相繼長逝，何事之無獨有偶也！加里安尼知名於普法之役，既又立功於西非，安南，馬特加斯加等處，功績與吉青納相伯仲。及大戰啓，加里安尼爲巴黎衞戍總司令，促成霞飛瑪因河上之捷，膽量之壯，功業之偉，可想見矣。自升任陸長以後，雖病魔纏身，猶復力疾從公，其死也，與吉青納之遽遭不測，情事固異，而長留人之哀悼，則一也。

第十六章 協商之會攻

第一節 協商會攻之籌措

一九一六年夏，德奧軍不獲得志於凡爾登佛南西亞；而德所屬望之愛爾蘭革命，又復爲英所扼，不能成功；德海軍欲衝出北海，而英海軍重圍之，不能越跬步；德人欲謀解決戰爭之計畫，至是盡成泡影。「協商」諸國而不圖反攻則已，欲圖反攻，則必承其敝而擊之無疑也。然是時也，奧姑弗論，若德意志者，攻人雖不能取勝，人欲還攻，則又非易易。何者？向也「協商」爲主而德爲客，德勞而「協商」逸，今則主客易地，「協商」雖善攻，其如德之善守何！且德以一國之兵力，禦四五強敵，血戰至兩載之久，而堅忍如故，勇悍如故。將謂人民之衆歟？則舉「協商」之人，實數倍之。將謂財力之充歟？則舉「協商」之富，又數倍之。一言蔽之曰，軍需之完備，與夫軍事計畫之一致，有以使然也。而「協商」適得其反，故兩方之盛衰得失於是判。

「協商」覺悟尚早，凡關於軍需，亟亟製造，無少懈，彈藥無虞匱乏矣。關於經濟軍事兩項，「協商」自一九一五年十月白利安接任法總揆之後，其唯一政策，即一致對付敵人。十二月六日，霞飛，海格，亞力山夫，加度那，齊集香的言，（霞飛大本營）討論軍事，議決同時會攻。乃「協商」尚未攻擊，而德奧先行之矣。德軍攻凡爾登，奧軍窺佛南西亞，於是「協商」之擬攻者易爲守矣。一九一六年三月二十七二十八兩日，「協商」開重要會議於巴黎，法，英，俄，意，比，蒙，塞，葡，日本諸國，各派代表蒞會，霞飛，加司丹爾諾，吉青納，羅伯孫，加度那，瞿林司基（俄皇副官長）討論軍事計畫，路合喬治，篤瑪（法軍需總長）討論軍需問題。結果，軍事方面，則公決自一九一六年夏間始，在西，東，南，東南各戰場同時會攻。於經濟則有如下列三條：

（一）「協商」各國代表，在巴黎設永久機關，專司封鎖「同盟」國事務，并如何進行而加以助力。

（二）「協商」各國在倫敦之中央船貨所，共同減少過分之船貨稅，以減輕輸運之負擔。

（三）「協商」各國共同列席於將組織於巴黎之經濟會議中，以討論經濟各問題。

四月，「協商」各國之議院，復各推代表至巴黎，開會討論種種戰時問題，所謂議院會議是也。六月，經濟會議始召集於巴黎；議決「協商」各國組織經濟同盟，在戰時增進封鎖，以制德人;即戰事已止,亦必繼續其所謂商務戰爭,使「協商」各國排斥德貨;并於「協商」國中凡關於專利,公司破產等事項,訂定一致之新律焉.

時意大利雖已加入「協商」方面,而與奧宣戰矣,對德則躊躇而未能決也.經濟會議以後,「協商」必欲致德人於絕地,力促意大利決定態度;意卒於八月二十八日藉口德意志助其仇人奧大利,忽對德宣戰.德商船之泊於意海港者凡三十四艘,悉行沒收焉.

若夫爾時之「同盟」國,以經年累月之戰爭,既已不可收拾,而「協商」之封鎖政策,又日以加厲.向日來自外國之食品,至是無從輸入,雖百計羅掘,而嗷嗷待哺之人,幾徧國中,不得已乃於五月間命拔篤基爲專司食物委員,而予以全權,如供給食物,或消耗,或買賣,以及應行節制等事.然六七月間,德卒以食物缺乏,而有愛生與孟興之暴動,至是而「同盟」國之根本已稍稍動搖矣.

「協商」各國當此時,軍械日以多,軍事計畫亦漸趨於一致,其所望之時機,殆已成熟,且知戰爭之解決,舍戰場外無他途,而「協商」軍之會攻,於是乎開始.

第二節　司的爾與散賚脫兩河上俄軍之攻擊

「協商」會議而後，首任攻擊者爲俄軍。俄自大戰開始已來，受創視他國爲最重，其所掠得之加里西亞與蒲果維那，既已退出，其所屬之波蘭及立陶宛與果蘭之大部，又爲德軍所佔，力已疲，勢已衰矣。及「同盟」軍用兵於巴爾幹凡爾登及脫倫底諾，俄遂利用時機，重整軍隊，以備再舉。一九一五年冬及一九一六年春，海陸兩軍，堅守里加。一九一六年三月，當德軍力撲凡爾登之日，俄軍力攻特文司克南北德軍之陣地，使德軍不能抽調士卒以援攻凡爾登之軍隊。六月，俄軍陣綫，起自里加之西，經特文司克，斯廡爾根，拍里貝脫澤田羅夫諾，泰諾卜爾以迄羅馬尼亞之北境。此時俄高級軍官，業有更動，統率

俄軍南路總司令勃羅細落夫

北路軍隊者爲克魯巴都金（日俄戰役中之俄軍統帥）屯駐地自里加至維爾那之東北；統率中路軍隊者爲愛伐脫，屯駐地自維爾那之東北至拍里貝脫澤田；統率南路軍隊者，則爲勃羅細落夫，屯駐地自拍里貝脫澤田至羅馬尼亞之北境。

然則俄軍而欲圖攻擊，究以何處爲相當乎？以言乎北路，則克魯巴都金一軍，適當興登堡守地。克雖自命不凡，而以之當興登堡，則似遜一籌；且地多湖澤，賓那河流又廣且急，戰守俱不利，俄軍之不能攻出，猶德軍之不能得里加與特文司克也。以言乎中路，則愛伐脫軍隊，來自新募，絕無戰事之經驗，其不能與德之久戰勁卒抗，亦勢也。惟南路則俄軍戰勝之後，不惟影響於軍事，抑且影響於外交，何也？蓋此路俄軍適直奧匈之複雜軍隊；複雜軍隊者，合「日耳曼」「匈牙利」「斯拉夫」三民族而組成者也，語言不同，意見紛歧，俄軍而攻此路，一旦大勝，則奧軍將撤攻意之師，東返而自救，而意大利之圍解矣；往日羅馬尼亞之徘徊觀望，不敢袒護「協商」者，至此或且毅然加入，以厚聲援。俄軍卒於此路下攻擊令，而勃羅細落夫之聲名，至是遂大暴於戰場矣。

勃羅細落夫，俄將中之錚錚者也，性沉毅，善戰，不辭勞苦。一九一四年秋，爲俄軍軍長，加里西亞一役，勃嘗與焉。一九一六年四月，奉命繼伊伐諾夫之職，爲南路總司令。其時勃所統軍隊可百萬人，分爲四軍，由嘉來定，薩加羅夫，吉拔起夫，賫起次基四將分任之。後備兵方在訓練者可百萬人，亦可隨時補充。六月四日，勃羅細落夫自拍里貝脫河以至拍羅脫河二百五十哩戰綫內，審定形勢，下攻擊令，礮隊騎隊同時進發。時奧軍統帥弗來得里大公所率軍隊亦七十萬人：林心琴軍陣於拍里貝脫兩岸；約瑟大公軍陣於司的爾河之西；勃姆愛木里軍陣於自路子克之南至泰諾卜爾之西；薄脫墨軍陣於尼斯得；弗冷齋軍陣於尼斯得之南以迄羅馬尼亞邊境。既而俄嘉來定軍進迫度勃諾與路

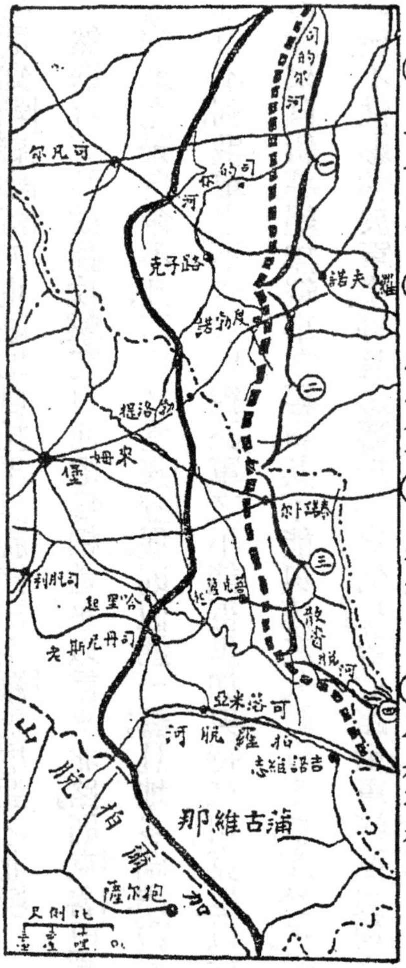

司的爾與散賫脫兩河戰役

俄軍固有防線

俄軍前進戰線

子克兩壘；時約瑟大公方舉六秩壽辰於路子克，至是遂中止。俄軍累戰皆捷，乘勝收復度勃諾與路子克，佔司的爾河以西數地。德奧聯軍反攻無效，在路子克南，薩加羅夫軍敗勃姆愛木里軍，進屯勃洛提前。在東加里西亞，吉拔起夫軍渡散賚脫河，佔司脫里伯河畔之菩克薩起，薄脫墨軍敗退，轉戰而南，賚起次基軍於六月十六日渡珀羅脫河，翌日佔吉諾維茲，二十三日佔金普龍，弗冷齋軍節節潰退，俄軍聲勢大盛。既而德軍自法蘭西波蘭兩處調兵來援，奧軍又自意大利至，勃羅細落夫之攻擊，因是稍止。然勃羅細落夫仍命前進，六月二十八日，薩加羅夫軍占勃洛提，二十九日，賚起次基軍占司落米亞。此時則蒲古維那之大部，已入俄軍手矣。七月，俄軍復於尼斯得及司的爾兩河以西佔數地。八月中旬，俄軍子彈已罄，勃羅細落夫之攻擊乃告一結束。大抵奧軍之敗挫，咎由約瑟大公與弗冷齋，至是罷免。而俄軍方面，亦以克魯巴都金無功，任以土耳其斯坦總督，召司羅士基仍任北路總司令原職。勃羅細落夫之攻擊，爲時凡十週，俘敵三十五萬人，獲礮四百尊，機關礮一千三百尊；自俄軍大敗以來，至是忽得奇勝，誠出世人意料之外也。此役之影響，直使猶豫觀望之羅馬尼亞，至此幡然變計，加入「協商」，而「協商」又多一右臂矣。

第三節　衣松蘇河上意軍之攻擊

當勃羅細落夫軍之節節勝利也，奧不得不抽調禦意之軍隊以赴援。自六月二十五日始，脫倫底諾之奧軍，以次北首，遂舉所掠得之阿西阿果、阿西哀洛、卜西那等地，一一棄之而復爲意人所有。奧於爾時雖損失無多，而實予意人以可乘之隙，故脫倫底諾之圍朝解而意軍夕至矣。

然意軍之攻擊，不在脫倫底諾，而在衣松蘇，蓋以戈利齊亞（德文名格爾茲）爲目的地也。八月四日，勃羅細落夫攻擊將告終了，意軍統帥加度那用重礮猛轟衣松蘇戰綫。第一日佯攻蒙發爾公，奧軍信以爲眞，悉軍南援，

意軍統帥加度那

中路兵力遂見空虛。第三第四兩日，意軍於八哩戰綫內，力撲戈利齊亞，轟擊凡九小時，奧軍壕塹盡成虀粉。先是，衣松蘇河以西及河以北之高原，下臨戈利齊亞者，已爲意軍第一日奪回。衣松蘇河之左岸，戈利齊亞之南，有山名桑米歇爾者，戈利齊亞之鎖鑰也，至是亦爲意軍所得。奧將蒲羅維克守衣松蘇流域，卒以精銳抽調過多，力戰不支；而衣松蘇河以西之高原與山嶺，旋亦盡入意軍之手。八月九日，意步隊遂護意王維克多愛瑪鈕爾入戈利齊亞。

意軍既佔戈利齊亞，復擬乘勝深入，以撲脫里安斯脫。然戈利齊亞之東，多巉巖危崖，奧軍設備嚴密，無隙可乘。其南爲加爾索高原，原頂多窪谷，重以壕塹迷道，靡不備至。天然之險阻而又加以人力之設備，意軍遂不得前進。衣松蘇河上一役，於是終。是役奧軍死傷六萬五千人，被俘一八七五〇人，失重礮三十尊，攻壕礮六十二，機關礮九十二，炸條六萬，軍械子彈無算。

意軍佔領戈利齊亞，乃意大利加入戰爭後之初次勝利也。自是舉國懽欣，士氣益壯；而八月二十八日之對德宣戰，亦原於此。

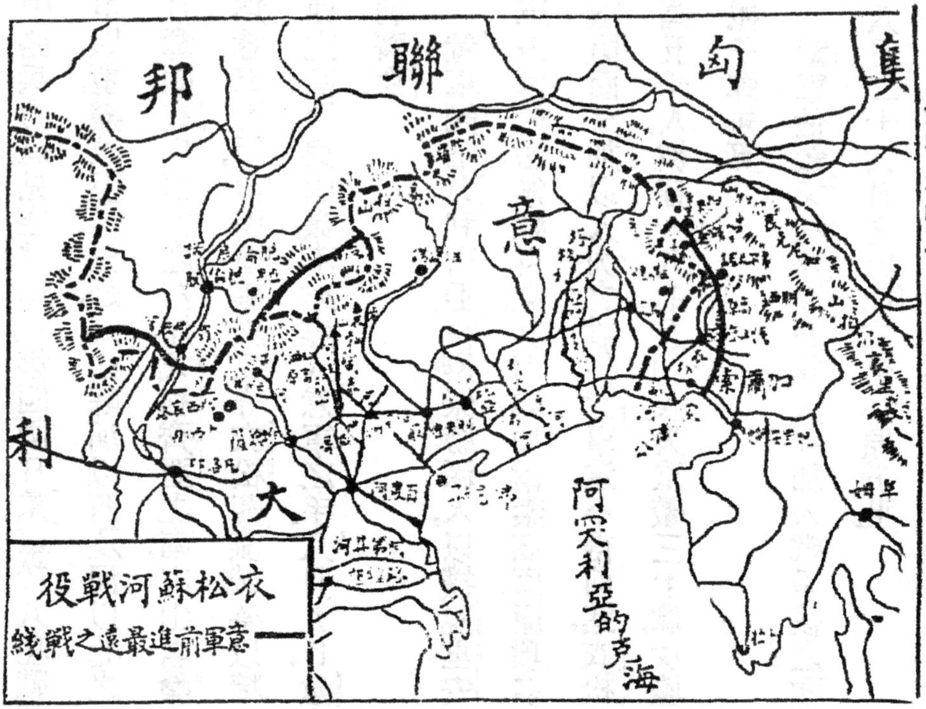

衣松蘇河戰役

意軍前進最遠之戰綫

總之，意軍於衣松蘇河上之攻擊，與俄軍於司的爾及散賚脫兩河上之攻擊，其結果終不能決最後之勝負。時法英聯軍於索姆河上之攻擊正殷，於是全世界之日光，乃悉移而注視於西戰場云。

第四節　索姆河上法英聯軍之攻擊

一九一六年七月一日，法英聯軍於索姆河之南北兩岸，開始攻擊德軍陣綫，所謂索姆河之戰役是也。初，一九一五年十二月六日，協商各國在香的言開軍事會議，議決同時進攻，而以法英之聯軍爲主要是舉也，「協商」以爲解決戰爭，當在此時。此非「協商」之奢望也，彼以爲德軍凡爾登之敗，其鋒已摧，其氣已餒，而法英兩國則餉械山積，軍隊星羅，在在整備，無懈可擊。時英吉利新練之兵士，至是皆已可用，故西戰場之英軍突然增加，數逾百萬，守地自弗郎特起，延長至畢加第。「協商」士卒，莫不躍躍欲試者，良有以也。

索姆河上大戰以前，英軍於六月二十四日起，先行轟擊，爲時凡一週，所以試驗其新礮隊也。七月一日，英軍統帥海格命勞林孫與高胡兩軍於索姆河北岸大舉進攻，以向拔卜姆；法軍則北路總司令福煦部將法毓爾於索姆河南岸同時夾擊，而以貝

法軍軍長法毓爾

龍爲目的地。德軍巴燕王儲路不賚脫部將貝路（曾隨興登堡建勳於禦俄之役）力拒之。時德軍抵禦力偏重於英軍，而又以恩格河之北岸爲尤甚，一若預知英軍之攻擊，有所準備也。酣戰良久，英礮隊不能擊破德軍陣綫，步軍又復爲德機關礮所阻至恩格河南岸，英軍於長七哩戰綫內，佔地僅一哩，餘實得不償失，蓋英軍死傷逾五萬人，德軍死傷甚少，此第一日之大概也。

觀第一日之戰爭，已足預卜索姆河戰役之結果。雖德軍陣綫，併力抵禦，一時未能遽破，而英軍繼續攻擊不稍懈。其故由於士氣方張，益以新發明之「湯克」礮車，鋒銳無比；在法則軍用大砲原以七十五粴（三吋）口徑野戰礮著名，至是亦有多許之十六吋重礮，以備攻擊；況兩國飛機日精日多，毒氣種類，愈出愈新：故英法進攻方略，雖有變更，而攻擊之猛則如故。自七月一日至十四日，英軍自十哩戰綫前進三哩，俘德軍萬人；法軍自十一哩戰綫前進六哩，共佔地三十方哩，俘萬二千二百人。英法兩軍之將領，披覽地圖，見佔得之地，日有進步，復激於輿論之褒崇，遂獎厲軍士，以示鼓動。十四日，英軍復大舉進攻。十五日，「湯克」礮車出現於戰場，佔德軍第二防綫，又村落三。是時英法軍攻擊之範圍，已較前擴大法軍亦前進，距貝龍僅一哩。然以德軍防禦嚴密，無隙可乘。雙方至此，力疲不能復戰，遂暫行停戰，以資休息。故八月間無可記之大戰爭。

九月二日，法英聯軍進攻峯勃爾及蒂拍佛爾與薩以色爾間之山嶺。峯勃爾者，拔卜姆與貝龍之中道也，形勢險要，故法英聯軍咸注意於此。英軍既利用「湯克」礮車，大舉進攻，至二十五日，德軍於蒂拍佛爾與峯勃爾間之前綫爲法英聯軍衝破；惟蒂拍佛爾及峯勃爾兩邑，猶死守如故。旋法將法鐵爾進圍峯勃爾，二十六日，德軍棄峯勃爾；同日，英軍進佔蒂拍佛爾。是役法軍俘德軍三萬五千人，英軍俘二萬六千人。斯時德方罷福根海而繼之以興登堡，則新舊兩參謀

索姆河戰役

總長交代時也。

十月，霪雨爲災，遍地泥濘，不便於行軍。法軍屢攻薩衣與薩以色爾，卒於十一月十二日佔領之。時法軍右翼進逼旭爾恆，英軍自蒂拍佛爾犖勃爾間之嶺衝出，進佔數地，距拔卜姆約四哩，索姆河戰役以是畢。統計法英聯軍共收復地一百二十方哩，法軍死傷二十二萬五千人，英軍四十五萬人；而德軍所承認之死傷，亦在五十萬人之譜。索姆河一役，爲時三月餘，雙方死傷人數已百餘萬，可爲慘矣！而法軍目的地貝龍，英軍目的地拔卜姆，皆不得達。然則英法欲藉索姆河上之攻擊以解決戰爭，亦徒抱此奢望已耳。

索姆河一役，法英聯軍直接之勝利，不過爾爾，其間接勝利之影響實大：德軍受牽制，不能東援孤苦之奧軍，而促成俄意兩軍夾攻之捷，一也；德軍不能兼顧凡爾登，而凡爾登之圍以解，二也。職是之故：英王以海格有功，擢爲上將；法總統之於福煦，則錫以金牌，以誌其勛績焉。

第五節　凡爾登前法軍之反攻

當索姆河上酣戰之時，德軍雖受挫於凡爾登前，而其取攻勢也如故。七月二十一日，德皇儲曉諭軍士曰：『法軍索姆河上之攻擊，將謀殺我軍凡爾登前之勢也，我當示之以不可能。』其言壯甚！然言之匪艱，行之惟艱。既皇儲命力撲蘇維爾，久戰不能拔，乃轉攻弗拉利，亦旋得旋失。自弗拉利迄梯蒙之法軍陣綫，德軍依然弗能越也。時興登堡已調任參謀總長，（八月二十九日。）興之目的在東不在西，矧自羅馬尼亞加入「協商」，其勢洶洶，不易輕視，故不得不令皇儲軍於凡爾登前取守勢，以冀聚精會神於東戰場。然皇儲軍既取守勢，而法軍反攻之時機又至矣。

凡爾登守將倪凡爾

法軍於凡爾登前之反攻，有新人物孟強將軍者，遂於是時得脫穎而出矣。孟強年五十，以視霞飛，福煦，貝登，倪凡爾及其餘名將之將至耋老者，已稍不同。當一八九八年，馬西航上校自康哥入尼羅河畔之法𠇍達，(見第三章第七節)孟強隸其部下。嘗服役於法之殖民地，如安南，如非洲。此次大戰，於瑪因，哀因，阿多埃諸役，孟以旅長，轉戰有功。一九一六年三月底，又率一師助戰凡爾登。五月二十二日，度蒙之役，孟強始露頭角；至六月，升任軍長。孟強身僅中材，黑髮蒼膚，下頷方廣，目閃閃有光，一望而知其爲堅忍不拔之驍將也。或謂孟強工文辭，嫻法律，由是言之，則尤彬彬有儒將風也。

時孟強所統之軍，列陣沃特路蒙，梯蒙，弗拉利，夏比得，拉羅非。十月二十四日，統帥霞飛，中路總司令貝登，凡爾登守將倪凡爾，齊集孟強大本營。孟強指揮一切。其部將薩冷，摩洛哥隊猛撲度蒙，陷之。十一月二日，德軍棄服胡，法將安勞合進佔之，而幷據鄧羅，度蒙服胡兩壘。既爲法軍恢復，而德軍凡爾登前之大勢去矣。十二月十五日，倪凡爾乘勢復下總攻擊令。孟強部下忞多，薩冷，帕來西司，伯薩加四將自墨士河進攻吳佛平原，伐希羅維爾，胡椒嶺，羅佛蒙，高利安，哈度蒙，勃宋服各地相繼收復，俘德軍一一，三八七人。自德軍於二月間攻擊凡爾登以來，至是死傷已逾五十萬人，而法軍則三十六萬人云。

第六節　羅馬尼亞之參戰及其覆敗

「協商」會攻之結果，其影響最大者，羅馬尼亞之參戰是也。一九一六年四月，「同盟」之勢方張，駐德羅公使簽「國產互易」條約於柏林，此爲兩國接近之明徵；「協商」觀之，幾疑羅將捲入「中歐羅巴」之漩渦矣。迨至七月，德軍既不得志於凡爾登，法英聯軍有索姆河之捷，意軍有衣松蘇河之捷，俄軍有司的爾與散賚脫兩河之捷，而形勢突然大變，於是羅馬尼亞之態度，亦隨之而變。

法，英，意三國之戰勝，似於羅無直接利害，惟俄軍既佔領蒲果維那，又復進迫德蘭西耳伐尼亞，則羅不得不爲同聲之相應，蓋蒲德二州有羅人三百餘萬雜其間也。（在俄之倍薩拉皮亞州者約一百萬。）且當是時，羅政府之所見於「同盟」軍者，以爲麥耿生所率征塞之德軍，其大部已自巴爾幹撤回以援奧軍，所謂自顧不遑之時也。若夫土耳其，俄尼古拉大公軍自七月間佔哀耳靜琴以後，聲震阿曼尼亞。八月，毛特將軍任米索波泰米亞英軍總司令，將大舉反攻，以雪湯司漢敗降之恥；復於胥迺沙漠，建築鐵道，以備自埃及運兵進攻柏來斯丁之用。俄英之謀土方亟，而海夾子（阿拉伯之中部及西部）州長又在美咖宣告獨立，內亂外患，相逼而來，自救且未遑，而欲其分兵以防羅馬尼亞，此又不可得也。至保加利亞，則英法聯軍之駐薩洛尼加者，俄意兩國軍隊復行加入，而塞殘軍十二萬人又自高夫至。薩拉意將軍所統五國之兵，至是已達七十萬，陣於薩洛尼加之北，在希之馬西頓尼亞境內：其左翼次於摩那斯抵以南山間，蓋已近塞之邊境；其中路前進薩洛尼加以北凡四十哩，至伐達河畔之其夫及里及度倫間；其右翼次於斯脫留瑪河畔及戴諾司湖間。如是則保卽自守其新掠得之塞爾皮亞，尚虞不及，自不能分兵於多瑙河畔以爲羅敵。羅之所見於「同盟」軍者如此，而參戰之心，於是乎決。

一九一六年八月十七日，羅政府與「協商」簽一密約，約中載羅馬尼亞當與「中歐羅巴」斷絕關係，越十日向之宣戰，法，英，俄，意擔保俄軍及薩拉意所統之聯軍予以軍事上之援助；其參戰之代價，則以蒲果維那，德蘭西耳伐尼亞，推美斯伐三州之地爲

羅王斐迭南

酬。踰十日，羅王斐迭南以一國利益之所在，且欲爲羅民解除奧匈聯邦之羈絆爲辭，果向奧匈聯邦宣戰；而德，保，土亦卽向羅宣戰。

羅馬尼亞之加入「協商」也，「同盟」方面視爲最不幸之事。蓋德軍之攻凡爾登也，犧牲甚巨，而僅得三數之殘壘及已燬之村落。迨法英聯軍索姆河上之攻擊，德軍雖能堅守，受創甚重，奧軍旣不能進攻佛南西亞，反失戈利齊亞，及羅馬尼亞以六十萬兵士突加入「協商，」一戰綫因之延長，「協商」之聲勢日以張大，果誰尸其咎歟？德皇以種種失敗，皆參謀總長福根海任內事，乃罷其職，（羅馬尼亞宣戰後二日）而以老成練達久著戰績之興登堡繼之；復任魯登道夫爲軍務總管，以佐興氏焉。

興登堡接任以後，其第一事卽爲改組各戰場軍隊：於西，則令維登堡公阿兒勃來希脫上將爲北路總司令，巴燕王儲路不賚脫上將爲中路總司令，德皇儲威廉中將爲南路總司令；於東，巴燕王弟來沃卜爾上將爲北路總司令，奧皇儲喀爾中將爲南路總司令；而興登堡則又爲各路總司令之統帥，德，奧，保，土各軍咸歸節制焉。

興登堡之對付羅馬尼亞也，以時當俄軍司的爾與散賚脫兩河進攻後，軍需已罄，兵力疲敝，法英聯軍經索姆河一戰之後，損多而益少，征繕且不暇，似無餘力遠行攻擊，惟是故，奧乃抽調東西兩戰場之德軍以征羅。奧軍雖失戈利齊亞，然加爾索高原有可守之天險，亦可酌調其地之兵力以備加入。土保兩國，雖僅足自保，以盟約所繫，亦應挑選精銳，聽奧支配。於是奧登堡所組織之德，奧，土，保四國聯軍成。

羅馬尼亞參謀部之軍事計畫，則日冀薩拉意馬西頓尼亞之攻擊，以掣保軍之肘，勃羅細落夫攻擊蒲古維那，以牽制德奧聯軍，使不暇南顧，已則直攻德蘭西耳伐尼亞。德蘭西耳伐尼亞者，其地勢陡入羅馬尼亞，以加爾帕脫山及德蘭西耳伐尼亞阿爾拍山為界，形若一銳角。羅馬尼亞之於德蘭西耳伐尼亞，宛然一巨鉗也，右為摩耳達維亞，左為伐拉克亞；握鉗而力合之，德蘭西耳伐尼亞其無以自存矣。故羅軍進攻，分兵兩路：一由摩耳達維亞；一由伐拉克亞。自摩耳達維亞進攻者，兩週中已馳入德蘭西耳伐尼亞境內二十哩，蓋已越加爾拍脫山，至東德蘭西耳伐尼亞之瑪洛司與阿羅泰兩河之上流矣。自伐拉克亞進者，已渡過多瑙河上之「鐵門」，進佔沃爾沙伐，復沿鐵道北向，至美哈第亞。其餘軍隊，蠶山越嶺，皆攻入德蘭西耳伐尼亞，羅馬尼亞自宣戰以來，為時僅三週，而已據德蘭西耳伐

尼亞約四分之一，俘七千人，聲勢甚盛。不謂正猛進時，而「同盟」一軍之反攻至矣。興登堡遣常勝將軍麥耿生率土保聯軍自保加利亞進窺羅之度勃羅劇，前參謀總長福根海率德奧聯軍自德蘭西耳伐尼亞以禦羅軍。使羅軍航空隊而能分道駛行於奧保兩軍陣綫之上，窺見其重礮駢列，餉糈山積，或將知難而退，當不至孟浪從事。乃遽以彈丸之小國，貿然參戰，但見螳螂，不見挾彈，羅眞甘爲黃雀哉！

九月中旬，麥耿生軍突進攻度勃羅劇。羅軍於是地，無險可守，又未嘗預防，至是始抽調攻德蘭西耳伐尼亞之軍以赴援，而又爲福根海軍所扼，羅乃頓悟腹背受敵。向欲以摩耳達維亞伐拉克亞夾攻德蘭西耳伐尼亞者，今則反爲福根海麥耿生兩軍所夾攻矣！麥耿生軍，不數日，已攻入度勃羅劇五十哩，其地當康司登薩吉那服達鐵道十哩以內。此鐵道蓋聯羅京蒲加來司脫與康司登薩；康司登薩，羅之黑海海口也。羅舉國震驚，幸俄軍陸續南下，麥耿生軍乃暫取守勢。戰爭之重心，又轉移於德蘭西耳伐尼亞。九月二十六日，福根海命部將譚爾閔新琴力撲「朱塔」路，佔之，於是罕門司塔脫至伐拉克亞之鐵道斷。福根海大軍遂與羅軍戰於罕門司塔脫，大破之，乘勝收復罕門司塔脫，希司堡，克龍司塔脫。羅軍且敗且潰，殘軍退回羅境。十月中旬，德蘭西耳伐尼亞無羅軍蹤跡；而德奧聯軍，乃自德蘭西耳伐尼亞進攻羅馬尼亞矣。

德奧聯軍攻羅總司令福根海

時麥耿生已率重礮陸續至，其勢足以陷羅俄陣綫於吉那服達康司登薩鐵道之南。十月二十二日，康司登薩陷落。俄將薩加羅夫自率援軍至，藉固度勃羅劇戰綫，無效，乃率羅俄殘軍退守度勃羅劇北部。

十月二十五日，福根海又大破羅軍，佔芙爾根路；十一月二十一日，佔克拉沃伐，蓋已深入羅境七十五哩，而得伐拉克亞三分之一矣。此路羅軍，知後路已斷，乃棄沃爾沙伐及多諾山佛林，退附近山間，尋爲福根海軍追及，全軍降。

羅軍統帥阿佛來斯果知其兩路之受迫也，率殘軍陣於阿羅泰河之後面，（蒲加來斯脫西九十哩）以圖一戰。福根海麥根生兩軍同時夾攻之：福根海軍自德蘭西耳伐尼亞阿爾拍山直下，至伐拉克亞平原；麥耿生軍渡多瑙河，抵亞歷山大利亞。羅軍兩翼，盡爲所敗。阿佛來斯果又退至阿其斯河，距羅京僅十哩，已爲羅軍最後之戰綫矣。福根海與麥耿生再用包圍法夾攻之，破阿其司戰綫。羅軍除首都蒲加來司脫，世界最堅壘之一，比利時工程師勃里阿蒙之名作也。羅殘軍僞於德軍重礮之威，棄城走。麥耿生軍於十二月六日入羅京，適麥氏誕日也。同日，福根海軍佔拍勒希抵（蒲加來司脫北三十哩）及蒲加來司脫克龍司塔脫鐵道。俄軍於加爾拍脫山間之攻擊皆無效。

一九一七年一月中旬，羅馬尼亞之伐拉克亞全部，度勃羅劇全部，及摩耳達維亞之南部，盡入於德軍之手。羅王斐迭南偕其破碎殘軍，藉俄軍之援退保耶西蓋北部一小隅矣。

土保聯軍攻羅總司令麥耿生

羅馬尼亞一役告終，論功績，福根海與麥耿生各半也。初，奧軍參謀長霍眞度夫意欲麥耿生軍先渡多瑙河，以直搗蒲加來司脫；福根海謂非先佔度勃羅劇不可。兩說爭持，與登堡魯登道夫卒從福根海計。時羅軍果盡調赴德蘭西耳伐尼亞，俄援軍又不時至，麥耿生乃乘虛佔度勃羅劇；及羅軍至，而福根海之搥擊已下：其計亦可謂猛且狡矣！興登堡麥耿生早以戰功擢爲上將，至是德皇亦榮畀福根海爲上將，以誌其功績云。

羅馬尼亞之覆敗，薩拉意與有責焉。初，薩拉意率「協商」軍七十萬人於八月二十日宣布施行總攻擊於馬西頓尼亞戰綫，羅軍聞之，氣爲之壯，故卽毅然於二十七日向奧匈聯邦宣戰，恃薩拉意爲之聲援也。乃薩拉意軍未得寸地，其左翼爲保軍破於弗祿利那，保軍乘勝進佔可利察及客司多利亞；同時保軍攻其右翼，佔特拉瑪，散米斯，特米余薩間之鐵道；九月十二日，佔希之海口卡伐拉。

十月，十一月，十二月，此三月間，正羅馬尼亞狼狽窮蹙之日。薩拉意之右翼及中路，不能救羅垂盡之命，惟所統左翼，集殘敗後之塞軍於薩洛尼加，可十二萬人，立志再鬪，奮勇直前，血戰兩閱月，卒乃將一年前被保所佔之摩那司抵收復焉。

塞軍之收復摩那司抵也，於保軍無甚影響，蓋保軍仍能調其馬西頓尼亞軍隊至度勃羅劇，以助麥耿生之征服羅馬尼亞，並能制止薩拉意之攻擊而有餘裕。薩拉意軍之痲木不仁，於茲益見矣。或曰：『薩拉意所轄軍隊，至複雜而訓練不精，餉械匱乏，此其一；希臘軍隊，態度不明，一旦進攻，恐有後顧之虞，此其二。

至於希臘，向以守中立聞，第以國小故，與德奧或有成約，一俟時機已熟，則對付「協商」，一如保加利亞之突焉奮起，亦未可知。希王康士但丁之親德奧，似已顯然矣。及羅馬尼亞宣戰之後，「協商」始用外交手腕，以餌希臘，而使之爲己援助，否亦使守善意之中立。亡何事急，薩拉意乃進而行强烈之手段。九月，收希臘之郵電機關。十月，法蘭西海軍中將福南俘希臘之海軍，悉驅德奧土保之外交官。雅典各報，須受法人之審查。英法海軍陸戰隊於比勒司及愛琴海各島登陸。英法軍艦復以大礮對雅典；希臘海邊，盡爲封鎖。十二月，薩拉意勒令康士但丁移其軍隊於希之南部；其軍需之大部，悉爲所虜焉。尋梵尼瑞洛司得「協商」爲之聲援，自組織臨時政府於克蘭脫及馬西頓尼亞，否認康士但丁，且於十一月二十八日對保宣戰。同時袒護康士但丁之軍官憤甚，遂於雅典大搜梵黨人，盡加監禁，並聲討梵尼瑞洛司之叛迹。十二月初，雅典起反對「協商」之示威運動；英法海軍陸戰隊登陸後，風潮始平。

自前觀之，薩拉意軍不能救羅軍之覆敗，有由來矣。俄雖遣兵至摩耳達維亞與度勃羅劇，顧其數不足以當「同盟」之大軍；後人遂以俄之不力助羅軍，謂羅軍幸而勝奧，其勢必增強，必將覬覦俄之倍薩拉皮亞而后已，此俄之所大不願也。於是羅馬尼亞卒爲德奧擊其前，土保攻其側，俄雖同爲「協商」，而有所顧忌，口惠而實不至，未及三月，羅幾全國淪陷，損失約十萬人，狼狽之狀，可爲極矣！

初，「協商」鑒於一九一六年「同盟」節節失利，羅馬尼亞一旦參戰，或即藉此擊破「中歐羅巴」而結束戰爭，殆未可知。不知戰爭結果，事與願違，「同盟」雖增加戰綫二百哩，然羅軍之實力已去，其氣已餒，無敢再舉，故所費士卒不多，較之往日羅馬尼亞以武裝觀望而「同盟」國防之者，相去遠矣。且羅五穀豐富，向者英吉利往往以重價購去羅麥，冀其不輸入「同盟」，今者此麥田盡入於「同盟」之手矣。益以德人以科學方法，以治羅之五穀，收成之豐，數倍天產；使戰爭而延長也，「同盟」方面增一餉源，無虞乏食。又拍勒希抵四周，爲歐州油礦最富之地，雖經羅軍敗退之際，大部之油井油池，付之一炬，以洩其憤，至是亦落於「同盟」之手。故是役也，「同盟」方面所獲經濟之勝利，與軍事之勝利，不相上下也。

一九一六年之末，「同盟」於羅馬尼亞之勝利，較之法軍凡爾登前反攻之勝利，其影響尤大，故「同盟」仍占優勢。

第七節　當軸之更換與和議之空談

一九一六年冬，「同盟」「協商」兩方所冀解決戰爭之期，旣邈不可得，而於人才之黜陟用舍，益不能不加以注意。在英，內閣總理愛斯葵斯，夙有穩健之稱，而毁之者，則謂其痲木。蓋自大戰以來，愛旣無特殊之政績以饜衆望，而其時如諾司克立夫所發行之各種有力報紙，若倫敦「泰晤士」報類者，攻擊尤力，意蓋欲抑愛斯葵斯而揚路合喬治也，而愛路之隙以生。十二月初，愛斯葵斯以輿論之抨擊而辭職，而內閣亦隨之以倒。路合喬治組新閣，一切建設，僅有規隨。當時重要政黨，悉歸羅致。著名人物，則有貝爾福長外交，波那勞長財政，卡孫長海軍，特培長陸軍，參謀總長羅伯孫仍舊。路氏又組一所謂軍務會議者，以克松，米爾納，波那勞，及漢特生（工黨）爲議員，而己爲主席焉。

在法，白利安內閣仍舊貫，惟厲沃且繼陸克長陸軍。白利安仿路合喬治法，亦於十二月十二日組織軍務會議，除白自爲主席外，以李博（財政總長）厲沃且（陸軍總長）拉加士（海軍總長）篤瑪（軍需總長）四人爲議員。同日召霞飛歸，授以上將，而以倪凡爾爲法軍統帥。或曰：『霞飛之召回，含有政治作用，香的言議決軍務，頗來衆議院之指摘，實衆議院之謀去霞飛也。』顧是時之爲持平之論者，僉謂霞飛年事已高，籌畫戰爭已兩年餘，疲憊之後，應予以休息。且法蘭西受創既甚，戰事延長，非國之福，而霞飛之爲人，小心則有餘，猛進則不足，是必得一奮往直前之才如倪凡爾者以爲之繼，差足以勝任而愉快。倪於凡爾登一役，勳名卓著，畀以統帥，則解決戰事之期，庶幾不遠也。雖然，以凡爾登之戰功論，則統帥之任，當屬貝登。卽謂貝登之謹小愼微，與霞飛等，若孟強之勇往直前，百折不撓，亦未必在倪凡爾之下。而倪卒簡爲統帥，當時所謂含有政治作用者，恐未必無因也！

在俄，其情形最爲不幸。內閣總理司斗墨，親德之尤者也；外交總長薩紹諾夫，以忠於「協商」聞者也；司斗墨以薩趨向不同，使不得安於其位。司自此所持政策，悉出以專制，停閉國會凡四閱月，（七月至十一月）挾制俄皇，專行武斷，同時並引同黨拍羅篤卜卜夫爲內務總長，以爲其壓制民意之助，蓋藉以行其親德之政策也。卒之攬權過甚，民怨沸騰，司斗墨以十一月去職。德來卜夫繼之，其厲行專制，與親德之政策，殆與司斗墨拍羅篤卜卜夫無少異。旋立憲民主黨領袖米羅各夫教授在下議院聲斥權奸，指爲誤國；且謂長此以往，國將不國。似此言論，全國聞之，自忿忿不平；獨惜俄皇尼古拉庸闇性成，褎如充耳，此非大不幸而何？

若夫「同盟」諸國，自戰勝羅馬尼亞之後，人心大定，莫不漸抱樂觀，以坐待最後勝利。在奧，老皇弗蘭茲約瑟於一九一六年十一月二十一日殂，年八十有六，在位六十有八載。其臨朝親政之日，卽梅特涅去職之日也。屢經戰役，未嘗一勝，而又治世界最複雜之國土，處古今最悲慘之家庭，（見第五章第一節）弗蘭茲約瑟，蓋近古帝王中之第一可憐人也。弗蘭茲約瑟又爲十九世紀之唯一崇拜君權神聖者，其信仰之誠，矢志靡他，雖舉一身之幸福，與國家之尊榮，一切犧牲而不之惜。然當其卽位之初，舉國擾亂，紛爭無已，而强悍素著之「匈牙利」人咸愛戴之，野心勃勃之「斯拉夫」人俱臣服之。雖一國之內，種族複雜，而罔不戴之若國父，弗蘭茲約瑟又不失爲仁人也。至其一身之孤苦，年齡之老邁，措置間或失當，而世人反曲諒之。其死也，噩耗傳來，舉世悼痛，遠近有同聲焉。

弗蘭茲約瑟既殂，其姪孫喀爾卽位。喀爾者，斐迭南幼弟烏多之子也，時爲東戰場南路總司令，卽位時，年方三十，少年英俊，抱負遠大，其殷殷望治之心，一如其伯父斐迭南。惜其時外患迭乘，未遑整理其內政耳。

一九一六年十二月二日，德意志下議院通過「國民副義役」案，所謂「國民副義役」者，凡十六歲至六十歲之男子未入義役者，作副義役事；如入軍需廠，以製造子彈；從事農業，以豐餉糈；進醫院以侍傷兵；卽政府與國民通力合作之義云爾。

初，俄羅斯冀得波蘭人之同情，許波蘭以自治，然無若何影響。旋俄軍大敗，德奧聯軍據有俄屬波蘭全地。一九一六年十一月五日，德皇威廉二世，奧皇弗蘭茲約瑟，於路勃林華沙兩處，以波文宣布予波蘭以獨立；（奧皇弗蘭茲約瑟於宣布波蘭獨立後十六日殂）其制，由波蘭王族系統中遴擇一人登極，定國體爲君主立憲，俾與德奧兩國聯爲一氣。宣布之後，卽有德奧軍樂隊奏波蘭國樂，以誌歡祝，而波蘭旗幟隨地招颭矣。於是臨時攝政先行組織；其次選舉議員，以樹將來國會之基礎。至波蘭之猶太人，其數甚衆，則予以宗教與集會之特權，此卽以平等主義泯兩民族之畛域也。

波蘭獨立，係專指俄屬之波蘭而言；向隸於德之西來細亞，奧之加里西亞不與焉。其尤奇者，德奧一面許波蘭獨立，一面華沙德總督貝散勒召募波人以充兵額，以實東戰場，而與俄軍抗。於是俄軍聞之，不能不有相當之抵制。抵制方法維何？即宣布德奧對於波蘭之權詐，又復危詞恫嚇，謂所獲俘虜，苟有波人，處分之法，必與叛逆同科。若波人幡然悔悟，則俄人於波蘭之將來，仍許以自治，而使之爲完全之國土。德之西來細亞，奧之加利西亞，仍將收入版圖，而隸於俄皇權力之下。至自治之實行，當俟之戰爭結束後也。

然而波人於此，亦頗覺悟：以德奧之許彼獨立而與之聯絡者，爲擴張「中歐羅巴」之一種策略；俄之見許，仍不出其帝國主義之範圍。人爲刀俎，我爲魚肉，蓋甚明也！然當是時，俄與德奧方力角於疆場之上，波蘭遺民，既不能利用時機，光復舊物，而事齊事楚，兩者難兼，不得已而擇其一，則奧皇是已。弗蘭茲約瑟素施德於波人，波人以爲奧皇之待遇，徵特俄不能及，即視德亦較優，故是時波蘭領袖畢爾坐司基將軍立組波蘭義勇軍一隊，投入奧軍旗下，爲之效力。德爲奧同盟，波人之助奧，亦兼以助德，而波與德奧之聯絡，於以彰彰矣。

是時也，「同盟」諸國以波蘭之效順，羅馬尼亞之覆敗，雖足爲「中歐羅巴」之勝利，然終不能藉此以結束戰爭，且其爲被圍之壘如故也。外觀「協商」，雖一時失利，而地勢之優，兵力之厚，財力之充贍，無在非遠出「同盟」國之上，異時捲土重來，鹿死誰手，又未可逆料。與其見迫於將來，不若陽爲讓步，及時議和之爲愈。政策既定，而議和之說起矣。然欲議和，非先斥宣戰之外交總長耶果不可，於是耶去而徐墨孟(外交次長)爲之繼。

十二月十二日，德，奧，保，土四國同時以一致之詞氣，致書各中立國「協商」國及駐羅馬教宗，自述言和之意，以爲息事寧人之計；並願與「協商」諸國謀永久和平方法，其地點則荷京海牙是也。奈俄羅斯接書之後，首先力拒，且曉諭其將士曰：『俄境之德軍尚未盡退，君士但丁堡與達特奈耳海峽尚未入俄人掌握，波蘭故土西來細亞與加里西亞尚未交還，不得謂和議時機之已至。』意外長宋尼諾，法總理白利安，亦有同樣之表示，卽所謂未成熟之和議，甚不願開談判。英路合喬治代表大不列顛帝國宣言曰：『「同盟」國未提出條件，「協商」不能與之開談判，且按之德奧等所提之和議，不啻以普魯士式之軍國主義爲基礎，「協商」而欲弭永久之戰禍，自不當與開談判也。』「協商」之言如此。十二月三十日，俄，法，英，日，意，比，蒙，葡，羅，九國共同答復，謂「協商」如未得損失之賠償，自由之擔保，國性之保存，弱小之自由，以保障世界永久之治安，則和議爲不可能。是種答復，驟讀之，似光明正大，包含一切，實則未曾提出切實之條件，空空洞洞，不可捉摸。且也「協商」爾時，展覽輿圖，以爲此時而遽言和，則「同盟」未嘗敗，「協商」未嘗勝，開戰以來之損失，勢必無所取償，而又自信最後之勝利，已似可操券而待，曾不如拒絕之爲愈。

議和之說，既託空談，而發起者「同盟」也；「同盟」以發起和議，而爲「協商」所拒，則戰禍之延，罪有所歸，以此而激怒國民，國民之敵愾，自益深而莫可遏。「同盟」國民之奮勇直前，一致贊助其政府，亦情所必至也。至「協商」方面則不然。社會黨之急進派，以「協商」答復之含混，戰禍蔓延，政府實尸其咎，乃羣起而肆其攻擊，而自爲和平之運動。政府視之，則目之爲「破壞運動」。此舉起於一九一六年十二月和議無成之後，至一九一七年而愈盛。法蘭西不啻首當其衝也。總之，和戰兩策，「協商」與「同盟」皆不能於一九一六年解決之。嗣後俄羅斯之革命，美利堅之參戰，遂相繼而實現，新陳代謝，如蟬脫，如蛇蛻，範圍乃自是而益廣矣。

第十七章 俄羅斯之革命及其議和

第一節 俄羅斯君主政治之傾覆

俄羅斯於大戰正酣之際，而突然革命；其發也，如怒濤，如崩崖，喋血京師，以求一逞，可爲烈矣！然前乎此者，則有一九〇四年之革命焉；時當日俄戰爭之際，俄軍敗北，國內不靖，義師紛起，綿延三載，蓋欲爲革新其政治計，雖肝腦塗地，前仆後繼不之惜，卒乃有代表民意之下議院，而使俄得爲世界立憲國之一者，不可謂非如願以償矣。然而俄之立憲，有名而無實，襲狙公朝四暮三之故智也。嘗聞俄人之言曰：「吾人流幾許之血，擲幾多之頭顱，以行革命，而政府之不能俯從民意如故也，海枯石爛，志不可移。」俄之幸而無事，亦所謂厝火積薪之上者也，故延至一九一七年而又爆發矣。

當大戰之初，俄羅斯以扶弱小之塞爾皮亞，而伸其「大斯拉夫」主義，以與「大日耳曼」主義之德奧抗。其出師也，全國幾一致。政府之意，以謂驅一國之人心而使之對外，既足以鼓其同仇敵愾之心，而蕭牆之變可弗作；然卒不能藉此以緩革命之潮流者，亦自有故。戰爭延長，節節挫敗，由是而土地日以蹙，民力日以弊，其所受之損害，又視他國爲甚，生靈遭糜爛，而怨苦復無所訴，革命之聲，由茲復起，譬之堤防，既已潰決，則一發而不可遏矣。而政府諸公，既不能乘時憬悟，又復盡力壓抑，以逞其專制之淫威，此禍之所由烈也。故至一九一七年之初，衆情忿激，怨聲載道：在軍官則以政府對於戰爭之不力；在士紳則以政府對於實業之濫加拘束；他若地主以輸運五穀受政府之漫加限制；鄉民以政治酷虐，無辜而受經濟之羈絆；工人嗷嗷，因之失業。凡全國重要團體，如市議會，省議會，下議院，咸協力以與政府抗；即極守舊之上議院，亦附和之。而其時把持政權者，適爲一般親德之權奸：司斗墨也，柏羅篤卜卜夫也。俄皇性既庸闇，又日受左右之束縛，倒戈而授人以柄。其后亞歷山德拉尤復從中播弄，以牽掣孱王之舉止；婦有長舌，維厲之階，其斯之謂矣！雖然，后德人也；后能牽掣尼古拉，而不能不受妖僧拉司波丁之愚弄，亦可異也！

拉司波丁者，西伯利亞鄙人也，居託波爾斯克，原氏瑙維克，性狂蕩，嗜飲好漁色，無所不至，故俄人咸呼之爲「拉司波丁」，義即浪子之謂也。拉司波丁貌不颺，多機警，雙眸炯炯，尤能誘惑婦女，自見逐於託波爾斯克後，遂入寺院爲僧侶。平時衣黑色長袍，披髮跣行，意蓋欲示人以神祕也。又善催眠術，能治奇疾。太子嘗患危症，血出不止，諸醫束手，女官維羅卜伐夫人介拉於后，拉時居基安夫后命尼古拉大公夫人等延拉診治，果奏效。拉自是見知於帝后，得出入宮闈矣。權貴如麥克拉各夫，蘇古利諾夫，戈彌金，司斗墨，拍羅篤卜卜夫，惠得等，皆樂與周旋，貴女子尤蟻慕之。后旋命拉掌宮中聖燈專職，實則事無大小，悉以咨之。於是朝臣之謀超遷求增俸者，莫不夤緣奔走於其門；甚至內閣之更迭，政治之改革，拉司波丁亦罔不與焉。或謂尼古拉大公之罷統帥職，及與德人單獨媾和之說，亦出其謀。一時俄羅斯之內政外交，幾一視拉司波丁之意旨爲轉

拉司波丁與諸貴女之茗話

移，其權勢之驚人有如是者！

拉司波丁之勢既如彼，而國民恨之，貴族忌之，莫不刺骨，時時欲得而甘心焉。然拉雖時遭狙擊，而往往得免於難，若有天幸。一九一六年十二月二十九日，尤蘇卜夫親王（俄羅斯有勢力有財產親王之一，曾肄業於英國牛津大學，故略有世界知識）以電話延拉司波丁晚餐。時拉司波丁以有戒心而婉卻之，尤蘇卜夫親王復乘自動車踵門躬迓。拉司波丁不能卻，與之同車去，司機人爲國會議員布里希開維起。車至尤蘇卜夫親王私邸，甫入門，突見柏夫洛維起大公；拉司波丁知中計，而門已扃。柏夫洛維起授以手鎗，屬自裁。拉司波丁乘機反射之，不能中，一瞬間而拉已飲彈死矣。巡警聞聲來詰，則以殺瘈犬對，乃棄其屍於鼐佛河。翌日，尤蘇卜夫親王等以其事告警局，晚間在皇家戲院宣布拉司波丁之死狀。聞者以大憝既除，齊唱國歌。然拉司波丁雖死，朝中猶不覺悟，且以俄皇之允許，於覓得拉司波丁屍後，受榮葬禮。出殯之日，復以乘輦載其銀製之棺，皇后亞歷山德拉，內務總長拍羅篤卜卜夫及皇族顯宦俱躬送焉。

拉司波丁之死，俄羅斯革命之先聲也。內務總長拍羅篤卜卜夫爲拉司波丁之餘黨，聞拉見殺，驚且憤，自是大肆淫威，無所顧忌，或封禁報館，或禁止集會，甚者稍涉嫌疑，悉被禁錮。時內閣總理德來卜夫雖已免職，而繼之者為高利清親王；高亦僉壬也。國會開會，定於一九一七年一月二十五日，高乃擅令展期一月。時當冬令冰雪寒沍，所收五穀，悉數移充軍餉；人民困於饑寒，無可呼籲。至二月二十七日，國會開會，拍羅篤卜卜夫以荷鎗之警隊監視之。多數議員不之懼，益攻擊政府。同時其他都會，或罷工，或示威，東起西應，不一而足，而京師彼得羅革拉特尤甚。三月八日，京師市民齊集麵包鋪，要求麵包，間有掠奪。翌日，政府遣「哥薩克」軍隊彈壓，而「哥薩克」軍隊反與市民攜手，以其所受饑寒，亦與市民同也。是日，巡警拘市民二人，「哥薩克」軍隊要於路而釋之；而政府猶不悟，下而工人，上而議員，皆施以極嚴厲之手段。三月十一日，高利清親王復屬令國會延會。京師衛戍總司令喀拔洛夫勒令罷工者動工；工人無應者，國會亦不肯延會。暴動數數起，憲兵格殺市民凡二百人。「柏夫洛夫司克」隊之遣往鎮懾者，又忽中變，與市民合。是晚，工黨委員會（後改為兵工委員會，即蘇維埃）運動平民為大規模之革命，且慫恿各軍隊表示同情；登高一呼，衆山皆應。軍隊來京師彈壓者，反與民軍相提攜，聲勢漸張大。俄羅斯革命之烈炬燃矣。下議院議長路祥閣急電奏俄皇，其文曰：

『目前形勢，已危急矣。京師已呈無政府現象。食料燃料，來源已絕。民怨沸騰，鎗聲遍市。際此危急，非得一負物望者，畀以全權，使之組閣，不足以遏制亂源，銷弭巨變。時勢急矣，稍縱即逝。斯時也，願上帝不以巨大之責任加諸皇冕之上！』

三月十二日，彼得羅革拉特憲兵及外來各軍隊，一致響應豎革命旗；午後破「聖彼得」與「聖保羅」兩獄，盡釋獄囚。（兩獄多政治犯）說者謂法蘭西革命軍破搗「拔司的」獄後，革命遂告成功；爾時俄之情狀，與法相同：誠革命史中一段佳話也。

同日亭午，俄皇自前綫電致陸軍總長，急令返彼得羅革拉特；又特簡伊伐諾夫將軍爲統帥，付以靖亂之責。日已晡，下議院議員十二人，祕密組織行政委員會，爲臨時政府，與工黨委員會對峙，同謀推翻帝制。夜分，突有衣黑色皮衣狀至襤褸者語下議院衛兵曰：『汝其捕我乎！余既以祖國之幸福爲前提，故特獻余身與汝，余，拍羅篤卜卜夫也。』於是衛兵乃擁拍羅篤卜卜夫於行政委員會之前。

俄京彼得羅革拉特既豎革命之幟，而俄皇尼古拉二世之對於全國，爲皇帝如故也！十四日，尼古拉二世與伊伐諾夫兩軍分道向彼得羅革拉特進發，而鐵道已毀。同時俄將羅士基，勃羅細落夫，亞力山夫等俱宣言與革命軍取一致行動；即尼古拉大公亦勸尼古拉二世俯順民意，早遜大位，亡何，革命之勢，蔓延於莫斯科及各大城鎮。十五日，尼古拉二世召羅士基將軍告以遜位意；復從羅言，以電話告知下議院議長路祥閣。路祥閣乃遣議員戈郭夫蘇爾根二人謁帝。尼古拉二世問曰：『汝等欲余何爲者？』戈蘇同對曰：『請傳位太子，復以米謝爾大公攝政。』尼古拉二世思之再，旋曰：『朕不忍與朕子分離，朕將傳位於朕弟米謝爾耳。』言已，遂草遜位詔，其文曰：

『明明上帝，恩典逮下，朕今以俄羅斯皇帝之名，諭我俄羅斯國民。

大戰以還，敵人困我國將及三載。上帝之意，欲使吾人稍受磨練，而內部紛擾，足以阻戰爭之進行。我俄羅斯之命運，我軍隊之令名，我國民之幸福，胥全恃此次戰爭之勝利；無論需何重價，在所不計。行見敵人力竭而我俄羅斯與「協商」軍凱旋之日不遠矣！

當此危急之秋，我國民當全國一致，以冀達勝利之目的。朕爲國家前途計，已得下議院之同意，宣告遜俄羅斯皇帝之尊位，并交予之大權焉。

朕不願與極親愛之太子分離，故傳位於朕弟米謝爾大公，諭其與立法機關之各代表一致，并諭其以親愛祖國之名義而宣誓焉。

我國正在磨鍊之秋，朕諭全國忠誠國民，以愛國之眞誠，服從皇帝，並力助國民代表，使俄羅斯民族，得臻於興隆及榮耀之一途。

願上帝降福於俄羅斯！』

俄皇尼古拉二世之皇位，雖於此告終，實則此日之俄羅斯，猶是「朕卽國家」之俄羅斯也。當是時，俄皇遜位之訊，尙未傳至京師，京中革命軍各首領乃先行組織國務院，所謂臨時政府是也。兒服夫親王爲國務總理，米羅各夫爲外交總長，戈郭夫爲陸海軍總長，推來金閣爲財政總長，與加來夫爲農務總長，克倫斯基爲司法總長，蓋皆下議院議員也。組織就緒，米羅各夫復宣告於衆曰：『國務院之組織，革命後民意之所寄託也。余等非欲攬大權，而一時未能引避者，欲犧牲一身以爲國家福利計也。使余等而智盡能索，卽當退避賢路。』然當米羅各夫提及米謝爾大公攝政之時，衆情洶洶，「蘇維埃」代表尤不滿。克倫斯基旋作婉言曰：『余任司法總長，自信爲贊成共和政體最力者之一人；然共和政體，斷不能成功於頃刻，欲謀共和政體，必先得此次戰爭之勝利。始爲目前計，當求謹守秩序，嚴肅紀律，此則刻不容緩之事也。』克倫斯基一席之辭令，遂使暴亂之象，暫歸寧謐。十五日晚，兒服夫親王偕克倫斯基等詣米謝爾府邸，告以組織臨時政府情勢，意蓋欲風之使退位也。米謝爾大公聰明識時務，亦慨然以民意爲重，不肯繼承大位，乃宣言曰：

『俄羅斯政體，當於未來之代表全國民意之國會解決之。如民意攸歸，各代表以投票表決法授余大位，余何敢辭。惟國會未成立前，余以誠摯之意，告我國民，須服從下議院所組織之臨時政府。此臨時政府若以全權召集國會，於極短時間舉定代表；而代表之選舉法，當以平等與普遍爲適合，如是則俄羅斯之國體，可依全國民意而定矣。』

米謝爾大公之宣言出，而羅瑪諾夫三百年以來之皇統，至是而告終。臨時政府，即下議院議員所組織者也，其人夙力持民主政治，且又以繼續戰爭爲唯一政策，故美，法，英，意，日諸國皆先後承認之。俄羅斯第一度之革命，乃完全告成矣。

今試略述當日臨時政府之政綱，有如左八條：

(一)大赦從前之政治犯。
(二)人民有言論,集會,結社之自由。
(三)廢棄社會,宗教及民族限制。
(四)依普通選舉法,速召集議會,以定政體,制定憲法。
(五)廢棄從來之警察制度,委其權於人民之信賴團體;其長官悉由選舉,將警察權改屬於地方自治機關。
(六)地方機關之選舉,可依普通之選舉法行之。
(七)對於參加此次革命之各軍隊,不得解除武裝;又宜常駐守首都,以資拱衞。
(八)凡海陸軍中下士卒與其他軍隊之能守紀律服兵役者,得與一般國民享受社會之權利。

西伯利亞爲政治犯之放流地,至是悉數釋回。有勃來希柯夫斯加雅夫人者,俄人呼之爲革命之祖母者也,爲政治犯而被流放者凡四十四年,至是亦回彼得羅革拉特,備受市民之歡迎,時年七十有三矣。

至軍隊諸將之分任，則有亞力山夫之統帥，羅士基之北部總司令，勃羅細落夫之南部總司令，哥尼洛夫之彼得羅革拉特衛戍總司令；皆宣誓効忠於臨時政府者。惟中部總司令愛伐脫獨抗命，臨時政府乃代以戈閣。以上諸將，尤願効忠臨時政府，繼續戰事；易言之，卽所謂與法，英，意，美諸國取一致之行動耳。自此訊出，而巴黎，倫敦，羅馬，華盛頓各首都咸有紀念俄羅斯革命之盛舉云。

尼古拉二世自被廢後，臨時政府卽流諸蔡閣塞洛，（義卽皇村，有俄皇夏宮，在彼得羅革拉特南十五哩。）以平民資格居其地，得自由。既而克倫斯基復流之於託波爾斯克。（在西伯利亞）而「蘇維埃」政府既又徙之於安加丹林堡。（在烏拉省）至一九一八年七月十六日，烏拉省「蘇維埃」省政府聞「捷克」軍有繞道西伯利亞聲討「蘇俄」之訊，於是皇帝尼古拉二世，皇后亞歷山德拉與皇儲亞歷西斯及皇女四人皆遇害。專制皇帝之末路，其慘狀蓋有不忍述者。且尼古拉二世自涖政以來，核其事跡，未始非俄羅斯一代之賢王。其發起海牙會議，是冀世界之和平也；其召集下議院，是畀人民以參政權也；若大戰之初，嚴申酒禁，使沈湎之徒，知所警戒；望治之殷，於茲可見。卽如皇后天賦多才，愛帝尤篤；

苟能相夫以道，亦不失爲一代之賢后。乃二人者，性旣失之庸闇，而魁柄又復下移，遂致左右僉壬，爭爲蒙蔽，行私罔上，貽誤國是，此帝與后偏聽之過也。擬之吾國：則有如幽王驪山之禍，道君青城之辱；峨峨九廟，不祀忽諸，而其身亦

俄皇尼古拉二世之末路

與之同殉焉，不尤可歎乎！或曰；『俄皇室之遭禍，視昔法王路易十六暨后瑪利安東尼脫之末路，先後如出一轍。』嗚呼！斯誠慘已！

第二節 俄羅斯中等階級之當國

俄羅斯之革命，未匝月，即能剷除專制，建設政府，成功之速，洵出人意料哉！顧俄幅員廣廓，民族糅雜，政體既鼎革，而波蘭，芬蘭，果蘭，立陶宛，烏克蘭，喬治亞，韃靼，猶太諸民族，自當享參與國政之權利。然亦有數弊焉：所轄民族，各懷私望，不能協作，一經更張，頓呈紛亂，不免危及共和政體者，一也；且自全歐言之，俄羅斯之政治之經濟，最爲幼稚，且不識文字之鄉人與未受教育之工人居多數，若驟畀以選舉權及被選舉權，資格實有不及，不免危及共和政體者，二也。有是二因，俄羅斯於民主政體，譬諸力田，雖東作甚勤，而種子究未成熟也。

斯時多數俄人之感想，不過謂政府者，夙爲君主之世產，所以革命者，亦專制政治有以致之。若君主政府既遭推翻，必須改設一民主政府，以爲福國利民之地，則茫然不知也。故當革命成功而後，民主政府，應運代興，亦僅下議院議員曁其他知識階級時時有此迹象；若蚩蚩之氓，則不知所謂矣。故爾時之現象，棼若亂絲，不堪言狀。其甚者又誤解自由二字之義，妄謂專制既覆，無所羈絆，其放縱有若詭銜之馬，解縧之鷹，遂橫決而罔忌。故城市中膠膠擾擾，有罷工者，有毀廠者，有相戒不納租稅者；若軍隊之逐其長官，違背軍令，尤數見不鮮也。吾無以名之，名之曰無政府。

抑且此時之政府，卽昔下議院議員所組織之臨時政府也；此等議員，不過代表少數之中等人民，且由貴族而當選者，其不足代表全俄羅斯也明甚。斯時而眞能代表全俄羅斯者，其「蘇維埃」乎！「蘇」爲工人兵士農夫三界代表之機關。自彼得羅革拉特革命起，四方響應，無何而舉國皆「蘇維埃」矣。使斯時諸「蘇維埃」而能聯爲一致，則所謂臨時政府，臭味既已差池，當然無立足之餘地。乃「蘇維埃」聯絡乏術，一切實權，悉操諸前下議院議員之掌握；而議員之目標，又不過易獨裁政治而入於共裁政治，由貴族政府而化爲士紳政府。以爲苟如是，是亦足矣。視彼「蘇維埃」之對於政法，對於社會，皆抱有徹底改革之宗旨者，則大相懸絕也。同其塗異其轍，故「蘇維埃」不慊於臨時政府，而臨時政府之畏「蘇維埃」也滋甚。

至臨時政府與「蘇維埃」之最相齟齬者，則尤在俄羅斯此後對於戰爭之方針。當是時，外交總長米羅各夫，陸海軍總長戈郭夫，夙爲懷抱侵掠主義之野心家，欲繼承俄羅斯歷來對內對外之政策者也。此等政策維何？如中央集權，如與法蘭西結種種密約，如併吞君士但丁堡與阿曼尼亞，如鎮懾巴爾幹，其最彰彰者也。至「蘇維埃」則不然：彼之方針，以為俄更戰事久，國帑竭，民力困，重以迭次戰敗之損失，已僅僅延其殘喘，且俄民之赴戰，出自皇帝之黷武，今皇帝已遭廢黜，專制時代之政策，既不當茵襲以蹈前日之覆轍，而國家大政，尤宜取決於輿論，不得以少數人之武斷，糜爛萬姓之血肉，故欲遏佳兵之禍，而歸於正誼，則不得不由國民之自決。然欲求國民之自決，則對於戰事之歸宿，不難括以兩語。兩語者何？一曰無割地，一曰無賠款，（惟比利時，波蘭，塞爾皮亞，阿曼尼亞情形不同，又當別論。）此蓋四月十三日全俄「蘇維埃」在莫斯科所議決者也。

斯時「協商」諸國，對於「蘇維埃」之所表決，頗有躊躇而不敢贊同者。何以故？以無割地無賠款為此次戰事之歸宿，則「協商」諸國必絕無所得，即已得者，亦必復還之「同盟」。法蘭西必不能恢復亞洛兩州，英吉利仍有强大之德意志梗其前，尤若茲，非特「協商」之不利，即如臨時政府之外交總長米羅各夫，於「蘇維埃」之政策，亦不敢强同，蓋米羅各夫為主張繼續密約與佔領君士但丁堡之最力者。彼於五月初，通告各國，謂俄羅斯忠於盟約，願與「協商」堅持到底，以博得最後之勝利，斷不與「同盟」國先行媾和云云。此則與「蘇維埃」意見相左者也。

然米羅各夫之通告，雖爲「協商」所樂聞，而「蘇維埃」對之，則掩耳惟恐不速。於是示威運動數數起，軍隊亦乘是騷動。陸海軍總長戈郭夫，米羅各夫之同志也，用是辭職。米羅各夫復不安於位，亦相繼去。時彼得羅革拉特「蘇維埃」領袖卻裁力主重組政府。總理兒服夫不得已從之，乃於五月十七日重組臨時政府，而「蘇維埃」之勢力，至是乃侵入臨時政府矣。顧前下議院議員之表同情於「蘇維埃」者，亦僅有克倫斯基一人，故第二屆臨時政府，克倫斯基長陸海軍；其餘則推來金閣爲外交總長，企諾夫爲農務總長，司各勃來夫爲勞工總長，展來脫利爲交通總長云。

新任陸海軍總長克倫斯基，俄羅斯革命分子之錚錚者也。爲西伯利亞某小學校長之子，畢業於彼得羅革拉特大學之法律科，曾參與一九〇五至一九〇七年之革命，故被選爲第四屆下議院議員。當俄皇下詔解散下議院時，克倫斯基力持不可，且爲演說其利害，聽者咸感動，故附從者，亦日以衆。即此次革命之起，克倫斯基東西奔波，經營尤力，時年甫三十有五耳。臨時政府既重行改組，克倫斯基以清閒之司法領袖，一躍而爲仔肩重大之陸海軍總長，其對外之宗旨，猶是與「協商」一致繼續戰爭也。時則有美代表路德，法代表篤瑪，比代表文德凡爾，英代表漢特生，咸奉命來俄，調查革命之眞相，且藉以慫恿俄政府

俄羅斯新舊過渡時領袖
克倫斯基

之賡續其戰事。故其結果，俄羅斯之所得於「協商」者，既獲財力上之資助，而又得軍事專家之爲之借箸焉。或曰：『克倫斯基之主戰，與米羅各夫無以異也，何以同一政策，而米羅各夫遭排斥，克倫斯基反受歡迎乎？』曰：『此無他，一則抱發展俄羅斯之野心，一則爲保持俄羅斯之尊嚴而已矣。』「協商」之意，固急冀俄之賡續其戰事，而整理內政次之；俄人之意，以爲革命成功，百端待理，先當着手內政，內政理而繼續戰事，庶幾有序。故「協商」日益敦促，而俄民對之，適以見「協商」之私。蓋「協商」諸當道，非貴族即士紳，而俄自革命後，已有實行平民政治之趨勢，階級觀念，泯滅殆盡；時俄之視「協商」，猶其視「同

盟」焉耳，故名則「協商」也，按其實，則南轅北轍，貌合神離，已幾幾乎格不相入矣。斯時也，臨時政府慮國民（當時所謂國民者，俱受「蘇維埃」指揮）之或有暴動也，總理克服夫親王爲之婉言而開導之，謂不敗德意志，則俄之革命不得爲安全。然自當日之情勢論：俄土地廣大，則統治難；民族複雜，則調和難。況教育未普及，貧富階級，又大相懸絕。斯時也，亟亟焉整飭其內政，則秩序可復，變亂可弭，卽專制時代留遺之餘毒，亦可以漸而滌盪之，此固非一朝夕之所能蕆事也；不務出此，而反謀賡續對外之戰爭，此則不明先後緩急之道矣。

至俄國爾時糾紛之情形，斷言之，可分爲五。其一，君主推翻後，少數之貴族官僚，盤處如故，設竟挾其資財，潛圖復辟，實足以搗亂政局而有餘。其二，所謂十月黨（亦名緩進自由黨，贊成一九〇五年十月御詔上所宣示之立憲政體原則，及黨中所主張改革辦法者，因名十月黨）與立憲民主黨，（此黨係一九〇五年由兩黨合併而成：甲黨主張波蘭獨立及俄羅斯帝國之聯邦憲法；乙黨卽所謂獨立黨，係俄國政治犯於一九〇三年在巴黎所組織者。）雖居少數，牢守舊制，彼既代表俄羅斯士紳，凡參與三月間之革命與組織第一次臨時政府者皆屬此派；論其宗旨，則在盡攬大權，賡續戰事而已。其三，俄境內各民族，本其所居之地，要求獨立，要求自治。若波蘭，若芬蘭，其人民尤更迭奮鬭，以求脫俄人之羈絆，由來已久；即魯舍尼亞人，亦於一九一七年四月在基安夫議決，要求烏克蘭之自治；七月，愛斯多尼亞人成立國會於來凡爾而組臨時政府；八月，果蘭與利服尼亞人在里加會議，結果，要求建設一自治之拉他維亞；立陶宛及喬治亞人之要求，亦與果蘭等。此種要求，皆足使俄羅斯有分裂之虞。其四，德意志人於尼古拉未廢時，潛來俄京，煽惑已久，其目的將使德俄兩國先行媾和，使無東顧之憂；如俄后亞力山德拉，前首相司斗墨，前內務總長拍羅篤卜卜夫，皆親德之最著者。迨革命成功，臨時政府無所表示，於是德人挾其故智，散布流言，對於俄軍尤多煽動。其所以聳俄軍之聽聞者，謂德欲媾和，而「協商」不許，俄被牽連，受禍滋酷。夫俄軍自革命後，已不復知有紀律，一經煽亂，三軍瓦解，可危孰甚！其五，反對臨時政府之最力者，惟極端社會黨。該黨既攻擊代表士紳（俄羅斯人民，約可分爲三等：皇室貴戚與達官顯宦爲上等；士紳與資本家爲中等；工人兵士農夫爲下等）之十月黨暨立憲民主黨；即所謂社會革命黨，社會民主黨，亦均遭掊擊。蓋謂此二黨者，犧牲社會革命，而加入臨時政府為之効力，其對於社會革命所應得之罪惡，莫是為甚云云。斯言一出，一如萬炬之盡燃，於是社會革命黨黨員與社會民主黨黨員，咸同時脫離黨籍，爭先歸附於該黨。即「蘇維埃」之社會主義，亦不得不由緩和而趨於急進矣。

俄羅斯之社會主義，於二十世紀中，約可分為二：一為國產，其人囿於俄羅斯之習俗，且深惡地主之壟斷，而思剝奪之，另立一鄉民協作之團體，而攬其大權，故全國農人咸趨之若鶩，此即社會革命黨所抱之主義也；一為輸入品，其人崇拜德儒馬克思學說，意在剷除國界，從事於階級戰爭，使資本主義不得不歸於失敗，而移其權於工人，故極為一般工人所趨附，此即社會民主黨所抱之主義也。

社會民主黨自一九〇三年第二次會議後，又分為兩黨：一曰「布爾什維克」，義即多數之謂；一曰「門什維克」，義即少數之謂。始則兩黨分任黨務，既而以宗旨各殊，如鑿枘之不入，而漸成水火。蓋多數黨主嚴守馬克思所創之條例，並深信國際的平民的社會主義，行將遍布世界，如水銀瀉地，無孔不入。少數黨則在遵守馬克思條例而思改良之，其入手則由社會民主黨與他黨合作，漸漸改良政治與經濟，使教育日以普及。總之，少數黨主緩和，多數黨主急進，兩黨卒至背道而馳者，職是故也。

斯時兒服夫親王重組之臨時政府中，社會革命黨據閣員席三，社會民主黨之少數黨所據閣員席亦相埒，惟社會民主黨之多數黨不與焉。蓋由其黨綱之規定，不得與有產階級共事也。多數黨既不參與閣席，於是臨時政府負責獨重。多數黨於此，一方攻擊臨時政府，一方對國民宣揚其宗旨。故一九一七年春所發表之黨綱，有如左列各條：

（一）由工人，兵士，農夫之「蘇維埃」組織革命政府。

（二）廢棄普通選舉，惟無產階級得有選舉權。

（三）即日宣告停戰，由無產階級推選代表出任議和。

（四）否認從前皇室政府及有產階級政府所訂之密約，並即日發表之。

（五）有產階級所借之戰爭債項，當由資本家償還之，無與革命政府之事。

（六）革命政府得管轄生產，支配生產，并收管專賣權，及否認從前皇室政府所募集之國債。

（七）地產及工廠，皆移置於無產階級管理之下。

據多數黨所宣布之宗旨觀之，與社會革命黨之宗旨，楬櫫不同，卽與同隸社會民主黨中少數黨之宗旨亦大異。故少數黨之加以反對，不啻與痛惡有產階級等也。然自是多數黨之勢日以熾，而臨時政府亦日形阽危矣。

六月，全俄「蘇維埃」開大會於彼得羅革拉特，卻裁爲主席，其人蓋少數黨黨員也。列寧攻擊臨時政府，爲社會革命黨及少數黨所駁斥。同時多數黨有謀以武力驅逐臨時政府者，亦不果；蓋多數黨之圖執全俄牛耳，蓄謀雖久，而時機則尙未成熟也。

同時臨時政府，既爲德意志扼於外，復爲多數黨扼於內，於是不得不藉戰勝之力，以冀消禍於萬一。推其意，勝固佳事，卽敗挫亦不惜。主此計最力者，陸軍總長克倫斯基也。克倫斯基乃躬臨前綫，向軍隊作沉痛之演說，謂戰勝德軍，卽所以維持俄羅斯之威信。克倫斯基又以統帥亞力山夫與中路總司令戈閣未能同情，罷其職，而以勃羅細落夫繼任統帥，但尼金任中路總司令。糧食輜重，不絕於途，蓋皆爲攻擊德軍之用也。

當是時，德奧軍隊亦分爲三路：北路總司令來沃卜爾親王守波羅的海濱至勃自柴尼以南各地；中路總司令約瑟弗來得里大公守勃自柴尼至羅馬尼亞之邊境；南路總司令麥耿生則獨守散賚脫戰綫，以禦俄羅之聯軍：此德奧聯軍防守之大略也。俄統帥勃羅細落夫攻擊之地點，適當德奧聯軍北路之右翼，（勃姆愛木里軍）及中路之左翼，（薄脫墨軍）冀佔勃自柴尼，哈里起司脫利數地而重進來姆堡。一九一七年六月二十九日，俄軍礮隊開始轟擊。七月一日，騎兵隊亦乘勢衝入來姆堡東南德奧軍之陣綫，旋渡羅姆尼加河。同時俄別將進擊尼斯得河南地，占哈里起。旬日間，俘德軍五萬，獲軍械尤夥。既而德奧援軍至，大雨未霽，往時戰場盡成泥淖；俄軍至是既不能再進，而多數黨又以休戰說時時煽動之，一旦德奧聯軍反攻，非紛紛倒戈，卽棄械逃竄，至是秩序大亂。德奧聯軍乘勝收復哈里起，泰諾卜爾，司丹尼斯老，吉諾維茲及可落米亞，尾追俄殘軍，直至俄軍退出加里西亞與蒲古維那而後止。俄軍至此舉一九一六年血戰所得之地，不崇朝而盡失之。勃羅細落夫乃引咎辭職，俄政府以哥尼洛夫代之。

德軍知俄軍之紛亂，北路軍隊，亦同時乘機進攻。八月終，虎底哀軍進次埃河，攻開高。（是地距里加南僅十哩）九月二日，德軍斷特維那河東之特文司克鐵道。翌日，俄軍棄里加，德軍乘勝進佔其地。二十三日，復佔約各司塔脫。十月，德海軍占里加海灣口諸島嶼，於是俄重要軍港來凡爾亦不守矣。

初，臨時政府之以軍事爲孤注也，冀得借戰勝之力，以苟延其殘喘；乃一戰而北，喪師辱國，異黨攻擊，益無完膚。總理兒服夫親王見幾辭職。於是列寧與託羅次基二人，統率彼得羅革拉特多數黨同時舉事；克龍斯塔脫海軍兵士遙應之。時彼得羅革拉特之「蘇維埃」，尙在少數黨勢力之下，克倫斯基乃利用其力挫敗之，而多數黨亦不敢暴動。然率多數黨舉事者，列寧託羅次基二人也，克倫斯基懾其威勢，置其罪不問。七月二十日，克倫斯基遂爲臨時政府之首領。

克倫斯基任總理，復兼攝陸海軍總長，已幾幾乎「迪克推多」矣。其所主張之三政策：一曰召集「協商」諸國各派代表，開討論媾和之會議，其條件大致與威爾遜所擬，不甚相遠；一曰定九月三十日爲正式國會之選舉日；一曰抑制多數黨之反對行爲。顧克倫斯基雖主持三策，頗自病其不能實踐。歲月蹉跎，日復一日，軍隊旣日呈亂象，財政亦日形竭澤。以言乎內，各民族已漸與中央隔膜，而摶沙無術；以言乎外，「協商」故延長會議，德意志又乘間鼓煽焉。多數黨以曾受壓迫，日團結其勢力，以樹政府之敵。斯時之臨時政府若病夫然，百孔千瘡；若醉人然，東扶西倒。克倫斯基非萬能，其窮於應付也固宜。

先是八月下旬，莫斯科開全國特別會議，克倫斯基展來脫利，却裁，格羅卜金均與會，勃來希柯夫斯加雅夫人則代表工界，哥尼羅夫與嘉來定則代表軍界，米羅各夫與戈閣夫則代表紳界，討論國家大事，凡三日。結果如左列三項：

（一）改良軍隊，恢復紀律；

（二）繼續戰爭；

（三）調和各黨見。

此三者，其亦洞見當日之癥結而痛下鍼砭者歟！然所謂全國會議者，實出自少數人之建議，不足以代表全國也；其所議決者，皆出自各代表之臆見，不得爲全國人民之公意也。矧多數黨代表，概未列席，既未徵得彼等之同意，而遽行議決，尤不免授人以口實，此會議中之大缺憾也。至其議決之第一第二兩條，按諸當時之情勢，尤難如願；蓋士氣既隳，一蹶難振。彼德人者，又復乘機煽惑，以速其變。斯時俄軍枕戈之心，已一變而爲囂張跋扈，不復知紀律爲何事，一旦驅臨前敵，則有倒戈以禦己耳。至第三條，則尤爲難能，蓋各黨競立門戶，標其宗旨各不相下，以勢若冰炭之人，而欲其歸於一致，按之事實，恐多乖舛。故議決之三策，終亦徒託空言已耳。

克倫斯基於此，明知其不能實踐，而姑盡人力焉。其入手之第一著，自必由改良軍隊，嚴肅紀律始。欲嚴肅紀律，則必自恢復已廢之死刑始。死刑既復，軍紀乃肅；治亂用重，中外一也。俄軍統帥哥尼洛夫者，與克倫斯基本為同志，和衷共濟，欲謀整飭軍隊者也。至九月初，哥尼洛夫以政客之慫恿，設立國防會，而躬為之會長，且以副會長畀克倫斯基；哥尼洛夫茲舉，實欲駕克倫斯基而上之，而稍稍侵奪其權也。九月九日，哥尼洛夫復遣前國務總理兒服夫賫書詣克倫斯基，屬其以大權相讓。克倫斯基不之信，及電詢，知其事果確，乃大怒，免哥尼洛夫職，幷囚兒服夫。哥尼洛夫忽舉兵向彼得羅革拉特進發，克倫斯基將而迎擊之。哥尼洛夫占京師西南三十哩之瑤企那。然哥尼洛夫之軍隊，為亞力山夫之舊部，至十三日，亞力山夫忽出而干預，意蓋不忍兩虎之相鬭，且不欲於外患內憂之際，而重見蕭牆之禍也。哥尼洛夫不得逞，因自首於克倫斯基，而事遂平。自是克倫斯基乃取哥尼洛夫之職而代之。總計一身所負之重任，如臨時政府總理，如陸海軍總長，如全軍統帥，孰非位高

大門前之烈炬

(歐羅巴之革命)

Nebelspalter, Zürich.

瑞士寓意畫

仁乎暴乎

(世界對於多數主義之兩種觀察)

Nebelspalter, *Zürich.*

瑞士寓意畫

責重之事哉！雖然，運巨石以登危崖，載重舟以度弱水，其能免於傾覆之禍也幾希！克倫斯基何爲而至於失敗乎？曰，凡爲「迭克推多」者，必有親信之軍隊以爲之干城，爲之心腹，庶足以暫立於不敗之地。試問克倫斯基所擁之軍隊奚若乎？赳赳之士，漫無紀律，而欲倚之爲干城，爲腹心，尤爲無望。克倫斯基爲調和黨見計，乃於九月二十七日召集所謂全國共和會議者，議決召集初步國會，自十月八日開會之後，頗多無謂之爭執，卒至無結果而散。且向之擁護臨時政府與克倫斯基者，至是亦復似軍隊之渙散。是時也，克倫斯基行「迭克推多」政策而不成，更用緩和政策而亦歸無效。回憶彼崛起時，適當俄皇下解散議院詔，一席演說，口若懸河，聽者感動，成功若是其速也！曾幾何時，以無一定之政策，朝令暮更，躊躇莫決，以之應事，固宜其僨且僵矣。矧復有多數黨之養其全鋒，省其括度，眈眈逐逐於其旁者耶！吁！危矣！

第三節　蘇維埃之統治俄羅斯

多數黨之領袖爲列寧，其副則爲託羅次基。

列寧原氏烏略諾夫，善著述，又常以列寧氏署其籤題，故名。一八七〇年生於俄羅斯中部之星皮爾司克，爲俄羅斯望族。父某爲國會議員。列寧於中學終業後，復入客讓大學。（一八八七）伯氏某以謀刺俄皇亞歷山大三世不成，判處死刑；列寧亦被逮，旋以證據不足而釋之。客讓大學以遠嫌故，拒不納。一八九一年，列寧入彼得羅革拉特大學，專習法律經濟二科，畢業得法學士學位。旋漫遊德國，醉心馬克思學說，沈浸醲郁，醰醰有味。一八九六年自德返俄，以猛力傳播社會主義，被當道逮捕，流之西伯利亞三年，并於期滿後，限止其留寓。一九〇〇年，刑期滿，復他適而爲社會黨首領。此後十七年中，國外社會黨每開會議，列寧常爲領袖。後遍歷諸大國，結納其革命鉅子，故人罔弗知。列寧貌不揚，身短矬，狀

新俄羅斯領袖列寧

若臃腫，面呈紫紅色，額隆起，鼻準略向上曲，鬚棕色，髯粗而短，不知者，每誤爲市廛之賈人

子；然兩目閃閃若電，熟視之，卽知其自信力甚强。列寧精通數國語言文字，性質堅忍，不畏强禦。卽以個人道德論，凡足以隳其私德者，咸避之若浼。說者謂列寧儉於自奉，勇於周濟，故其他政客類多互相猜忌，而對於列寧，終未能貶損其毫末。列寧之得在黨中佔重要地位者以此。

託羅次基者，原氏勃郎斯丹，俄之猶太人也；其更姓之故，亦與列寧同。廣額隆準，貌嚴重而性尙奢侈，不如列寧之樸素，然在多數黨中占重要之位置，亦與列寧同。父某爲著名化學家。託羅次基以一八七七年生於克森，少時卽痛斥社會。年十五，以傳播危險文字，見逐於學校。二十二歲，潛與俄羅斯南部勞工同盟會通謀，被監禁於奧待薩，旋流之西伯利亞東部，刑期四年，未滿卽逸去。一九〇五年之革命，忽又脫穎而出，爲彼得羅革拉特勞工會會長，年甫二十有八耳。革命未成，又遭逮捕，仍流諸西伯利亞之東部，越六月，又復逸去。自是轉輾流徙凡十年，足跡遍德，奧，法，瑞士諸國；每抵一處，輒恃主報館筆政爲生涯焉。論者謂當社會民主黨分裂時，託羅次基傾向少數黨，旋又介多數少數兩黨間，另組一託羅次基黨，以左右之，職是故，彼與列寧雖同爲寓公，而列寧銜之甚；歐大戰既啓，復疑其類似軍

新俄羅斯領袖託羅次基

閱，常痛詆之久之而託羅次基自美利堅列寧自瑞士先後返國卒互相諒解，歸於一致。

方多數黨之擬出議和條件也，請克倫斯基以政府名義徵求「協商」諸國戰爭之目的。克倫斯基知「協商」諸國決不能曲就多數黨所擬之條件，而苦為威勢所脅，又不能不一再有所表示。其表示之言，則曰：『「協商」不久將召集會議，以修改戰爭目的矣。』斯言也，蓋欲以平多數黨憤恚之心，不至相逼太甚已耳。無如事勢所迫，歲月易逝，「協商」又故為遷延，不置可否。克倫斯基處無辭以對多數黨也，卒於十一月一日對「協商」各國宣言曰：『我俄羅斯之於戰事，已不留餘力；此後「協商」諸國，當為我分肩其責任。』克倫斯基雖為此宣言，而又慮爲「協商」所蔑視也，復從而解釋其義，謂前之云云，非謂我俄羅斯欲退出戰團也。然「協商」各國，若恐俄之先行退出，不得不虛與委蛇，故亦發宣言以應之，謂將於十一月底召集會議於巴黎云。

然此未來之巴黎會議，果能饜多數黨之望與否，可於英波那勞之宣言見之。波氏代表英政府宣言於下議院曰：『未來之會議，不暇討論政治問題，亦不遑討論修改戰爭目的，惟研究種種精良方法，以爲繼續戰爭之地耳。』斯言一布，而俄人聞之，乃始奔走駭怪，忿不可遏，以爲「協商」敷衍之假面，至是而大揭，遷延之技倆，亦至此而畢露；且味波氏立言之意旨，若謂凡「協商」諸國，既已結爲戰團，戰事一日不停，即仔肩一日不卸，努力以赴，責無旁貸，一若俄羅斯之精疲力竭，分所應爾，無俟向「協商」作呶呶之呼籲者，此眞所謂不入耳之言，來相告語者矣。何者？俄之人民暨軍士，自數月來，對於克倫斯基，已不復似前此之信任，至是而益悟克氏之對於「協商」，不啻爲人言所誑，而窮於應付，似此因循，於事何裨，故向時之聽其演說而感動者，忽一變而爲交相責難，多數黨乃得乘間入矣。夫多數黨前茲所以遲遲不發者，非有愛於克倫斯基也，將伺其隙而猝加以一擊也。至是果當衆揭示，謂凡在克倫斯基政府之下者，或和或戰，皆不能有成云云，意蓋謂吾多數黨而組織政府，則和議可立就。全國人民聞此宣言，向之渴望和議，以資休養者，至是若幸多數黨之確有把握，相與歡呼雀躍，竭誠歸附，而多數黨之勢乃大振。且當是時，託羅次基已代却裁長彼得羅革拉特之「蘇維埃」名義既崇，號召尤易，旋復組織一革命軍事委員會，與陸海軍之多數黨黨員聯爲一氣。又於實業區域，置赤色衞隊，由多數黨旂幟尙赤故也。多數黨於此，民心既漸歸向，實力亦復充足，而捲土重來之時機，已若在眉睫間矣。

十一月六日晚，託羅次基率領赤軍襲取彼得羅革拉特諸重要機關而占領之。駐守軍隊加入赤軍助戰者，什人而九。翌日，全城已盡入掌握。凡臨時政府重要分子，悉遭逮捕，繫之冬宮，惟克倫斯基聞風先期逸去。

是日，「蘇維埃」重選代表，開第一次會議，多數黨黨員列席者可七百人。託羅次基卽會場上爲首領列寧紹介，歡呼之聲，震動天地。列甯乃頷首答謝，徐徐發言曰：

『今日我俄羅斯之革命，可謂始告成功，政府已在我工人兵士與農夫管理之下；顧此不過世界革命事業之初步耳！』

八日，全俄「蘇維埃」大會公布多數黨推翻克倫斯基政府事，變更國體。新國務院之組織：列甯爲總理，託羅次基任外交總長，克理倫閣任統帥。夫俄自三月革命以來，至是已九閱月，每經一度之改革，而政府卽隨之俱覆。第一度由貴族政府而變爲士紳政府，繼則由士紳政府而變爲士紳與平民合作之政府，至此次爲第三度，則又變而爲完全無產階級之平民政府。其漸進如螺紋，其更新若蟬蛻，凡呈一度之變化，而氣象卽爲之一新，此殆天演之公理，抑亦人事之奮鬬，有以漸臻其極耳。

至克倫斯基自逸出彼得羅革拉特後，雄心未死，尚圖再舉，乃復集「哥薩克」兵二千人，義勇隊數百人，礮隊一隊，向彼得羅革拉特進發，至察閣塞洛，爲赤軍所敗，僅以身免，又復逸去，而克倫斯基之勢力，至此盡失。

自是而後，莫斯科及其餘各大城鎮，雖爲赤軍先後恢復，惟莫斯科一役，頗遭抵抗，死傷極衆，軍士除受創外，捐生者至三千人，損失可謂巨矣。且多數黨縱得志，然欲以救積重難返之俄國，爲之改絃易轍，冀得一蹴而臻上理，雖非如海上三山之可望不可卽，而其難則有若由極東之一端，而期達於極西之一端，誠所謂談何容易也。果也，反抗之軍，乘時而起。

俄外藩若烏克蘭，若芬蘭，若立陶宛，若高加索，若倍薩拉皮亞暨西伯利亞等處，相繼獨立，而德奧聯軍乘機壓境。斯時之俄羅斯，譬若中流之孤舟，檣摧帆裂，而狂飈怒濤，復驚撼於其旁，司舵者稍或不慎，則滅頂之凶，可以立至。當軸諸公，將從此頻蹙束手，一籌莫展，而坐視其國之分崩離析乎？抑將領率羣雄，攘臂而起，期一掃階級之不平，且使資本主義絕其根株，帝國主義無復延其流毒乎？世人於此，自不得不集其視綫於多數黨之毅力。

第四節　俄羅斯之單獨媾和

佳兵不祥，數戰民疲，觀諸俄，其信哉！俄羅斯君主政體之傾覆，原因非一端，而軍事之敗衄，實速其禍。戰而勝，內訌不若是烈也；推而至臨時政府之見仆於多數黨也，其理亦然。俄軍自一九一五年戰敗後，衆志漸攜，人心厭亂，亦既創鉅而痛深矣，迨一九一七年革命之後，益使數年來周旋於疆場者，恨不投戈解甲而歸；斯時多數黨獨能順羣衆之心理，借息戰以資號召，此其所以能成功也。故繼臨時政府而起者，其第一政策則在休戰而媾和；蘇俄總理列甯之電致交戰各國，卽本此策以進行也。休戰之期間，限以三月；以三月之時日而討論和議條件，列甯蓋雍容而有餘暇也。乃「同盟」既各存觀望，而「協商」對之復置不理。俄外交總長託羅次基大忿恚，遂舉「協商」大戰初所結種種密約，盡爲宣布。密約大概：如「協商」許俄得達特奈耳海峽，君士但丁堡，拖斯福之西岸及小亞細亞數地，與夫阿剌伯之獨立；質言之，不啻置土耳其於俄國版圖下耳；如英法發展於德之西境，俄發展於德之東境，各佔一方，以爲開拓，此英，法，俄三國合謀德意志之密約也；如意大利以加入「協商」故，許其得脫倫底諾，脫里安斯脫，以斯脫里亞，達爾馬西亞，梯落爾之南部，小亞細亞數地，及阿爾巴尼亞大部之保護權，又英法若拓地於非洲，意大利亦得染指焉；如希臘能加入「協商」，亦可得阿爾巴尼亞一部及土屬小亞細亞數地以爲條件：如是種種，不一而足，此固數年來之悶葫蘆也，已盡被託羅次基揭露無餘矣。

觀於此種密約，俄人之加入「協商」，固無在不爲利益所歆動；乃數年來，所謂利益者，既如地上畫餅，不可取食，而所受之損害，則反視其他「協商」諸國爲更甚，俄亦何樂而爲此乎？託羅次基揭舉種種密約後，於是俄人之心理驚且喜，而託羅次基乃得有所藉手矣。十二月初，託羅次基復通告「協商」各國，請發表其戰爭之目的，限七日答復。「協商」各國，果承認多數黨之代表俄羅斯乎？如不承認多數黨之爲俄代表，則視託羅次基之通牒，猶是一紙空文也以一紙空文而示以囁嚅難言之隱私，必爲「協商」所不欲；況其時俄德軍隊又復握手於東戰場而愈以觸「協商」之怒乎？觸怒之不足，而英，法，俄種種密約，又悉被託羅次基和盤托出。俄人之不見答於「協商」，此又情事所必至也。

於時託羅次基以「協商」久不答復，明知其無以措詞，設再加詰問，則我費脣舌，彼作延宕，一切無裨於實際，況迺「協商」所以作戰之初旨，徒爲帝國主義之所驅迫，名既不正，言尤不順，循是以往，與其爲無益之犧牲，不若保垂竭之元氣；欲保垂竭之元氣，則不如與「協商」早日絕交之爲愈也。至是而俄與「同盟」又更進一步矣。

託羅次基既倡言和議，卽遣代表二人，一越飛，一喀美南夫，同詣德軍北路總司令來沃卜爾親王上將大本營；時德，奧，土，保四國代表咸集於其地，卒於一九一七年十二月十五日簽休戰約。（羅馬尼亞先於十二月九日與「同盟」各國簽休戰約）至二十二日，俄與「同盟」諸國開和會於勃來斯脫里脫夫司克，德外交總長勾爾門，奧匈外交總長吉甯及土耳其首西米總長，保加利亞可卜夫總長，均躬爲代表；其舉動又唯魯登道夫之馬首是瞻。霍夫門將軍，魯登道夫所遣之代表也，藉戰勝之餘威，與「中歐羅巴」各代表相聚於一堂。威稜之赫奕，氣燄之夸張，泱泱大國，具有雄風；會場中之繁文縟節，尤難悉數。惟俄代表不襲用歷來外交之儀式，而樸素無華，儀從簡約，與「中歐羅巴」各代表適得其反，且乘機宣傳其社會主義焉。大會既開，勾爾門被推爲主席，俄代表提案十五條，以爲和議之基礎，其文如左：

(一)德軍悉數退出俄境，予波蘭，果蘭，立陶宛以自主。

(二)土屬阿曼尼亞自主。

(三)亞爾薩斯洛蘭兩州，應屬何國，當由其地之居民自行投票表決。

(四)比利時復國後，其損失則由國際公款賠償之。

(五)回復塞爾皮亞與蒙丹尼格羅，其損失亦由國際公款賠償之；塞爾皮亞并許得享有至阿突利亞的克海出路；波司尼亞黑詹果維那兩州則均予以自主。

(六)巴爾幹諸爭執地，暫予以自主，將來由居民投票表決。

(七)回復羅馬尼亞，度勃羅劇則予以自主，并繼續實行一八七八年柏林條約所規定之猶太人平等待遇案。

(八)脫倫脫及脫里安斯脫之意族居民，則予以自主，將來亦以投票表決。

(九)囘復德意志殖民地。

(十)囘復波斯與希臘。

(十一)凡通大洋之海道，皆爲中立；至蘇彝士巴拿瑪兩運河之商船，戰時亦不得加以轟擊。

(十二)無賠償。

(十三)禁止戰後種種經濟上之同盟抵制。

(十四)最後和議，當於各國俱派代表之會議中定奪之；會議公開，以前各項密約，悉爲無效。

(十五)逐漸解除陸海軍武裝；所有常備軍，概以警備軍代之。(按時訓練而僅於事變時召集之國民軍曰警備軍)。

「同盟」代表，對於俄代表之提案頗有稱善者；惟對於第一條，所謂德軍退出俄境，雖多數贊成，而不得不加以修改。蓋德人之意，欲令波蘭，立陶宛，果蘭，及愛斯多尼亞與利服尼亞各部，盡脫俄羅斯之羈絆而各自主，繼復使之依附「中歐羅巴」。如是則「中歐羅巴」之勢力依然如故，且得於異日者假諸小邦之生產力源源接濟，以與「協商」抗，其用意之深遠，不惟制俄羅斯之死命已也。

然俄羅斯自多數黨秉政以後，國內反抗之聲，既甚囂塵上，而德人之乘機鼓煽，復不遺餘力；內外交迫，而土崩瓦解之禍，遂日懸於眉睫。十一月二十日，烏克蘭議會宣告建設烏克蘭共和國，並派代表至和會矣。十二月四日，芬蘭繼之稱共和國，而丹麥瑞典挪威與夫「中歐羅巴」俱相繼承認矣。十一日，立陶宛宣布與俄脫離，而漟河流域（在俄羅斯南部）之「哥薩克」部落，亦相繼擁嘉來定將軍爲總統，建都於羅司篤夫矣。他若濱波羅的海諸省，如果蘭，如利服尼亞，如愛司多尼亞，凡在高加索省土耳其斯坦西伯利亞者，以及回教徒與「韃靼」各族，亦莫不欲與俄宣告脫離，幾幾乎有山雨欲來之象矣。

斯時也，勃來斯脫里脫夫司克之會議，羣擬「協商」諸國悉行加入，輟其會議，引領以俟。俄代表乃利用時機，盡力浸灌其社會主義，且指斥德代表帝國主義之不當，意蓋欲激動「中歐羅巴」之人民，羣起反對俄政府。復於一九一八年一月二日宣言曰：

「吾俄羅斯之革命，為忠於國際主義之政策，故吾等對於波蘭，立陶宛，果蘭等，仍當予以保護而深冀其自決一國之命運；若有以非理而施干涉者，吾等決不承認之。……

……吾又忠告於德，奧，土，保人民曰，爾等政府嘗徇爾等之意旨，接受我國無割據無賠償之條款，今將自食其言矣。自今而後，如能得一民主和議，全恃爾等耳。夫全歐人民流血至此，疲敝至此，為前古所未有，爾等惟一之大責任，即勿使德奧之侵掠家覬覦波蘭，立陶宛，果蘭，阿曼尼亞，而與革命之俄羅斯重啓戰事也。」

俄政府之發表此宣言，欲激「同盟」國之人民而奮袂以起也。然而「同盟」國人民，一若充耳無聞。說者謂斯時「同盟」國之人民，一致禦敵，勢異連雞，其人民有小戎駟鐵之風，懷袍澤戈矛之誼，尙欲以武力取勝，故格不相入也。若爾時「協商」各國，以俄羅斯之中道變計，深斥其單獨媾和之不當，欲使加入會議，則有如東風之吹馬耳，掉頭而去，唯恐不速，會議之中輟，又勢使然也。延至一九一八年一月十日，勃來斯脫里脫夫司克再行開會，託羅次基躬自列席。先是，俄代表提議欲將會議地點移至司篤克姆，（瑞典首都）至是「同盟」代表，公言反對，即德奧聯軍亦不願退出俄境，幷謂俄代表不應向德奧人民聲訴德奧代表之非;發言之際,聲色俱厲,一時會議仍無結果,至一月十四日又復中輟矣。休戰期間,則又延長至二月十二日爲止云。

當會議未輟之時,俄羅斯內部已有戰事。烏克蘭宣布獨立之後,局部多數黨起而聲討,德奧反助烏克蘭,而予以正式之承認。不甯惟是,當一月中,德,奧,土,保四國代表,與烏克蘭代表另開正式之談判,至二月九日,國際條約成立,雙方簽字,烏克蘭始脫離俄羅斯而爲共和國,有土地十九萬五千方哩,居民四千五百萬。

二月十日,託羅次基宣言曰:

『德奧以武力迫脅我俄羅斯,我俄羅斯斷不能簽字於此種和約,使我俄羅斯人民受其壓制,長留悲傷也。即使德奧人民自問,誰令彼等爲此戰爭?彼等究因何而有此戰爭?我等自今日始,決不能繼續皇室與資本家所啓之戰爭。我俄羅斯與德,奧,土,保四國戰事,至今日而已告終矣。』

託羅次基自發表此宣言後,卽下令解散軍隊,以爲戰事告終之表示。然此不和不戰之政策,傳至德國,德人亦付之一笑而已。時休戰期滿,德奧代表之不能以外交取勝者,復仰承其政府之意旨，仍恃武力以爲解決。二月十八日，德奧軍隊在東戰場重行前進，兩來復間，俘軍官七千人，兵五萬七千人，機關礮五十尊，輜重食物無算，且來凡爾，道伯脫，那伐，拍司各夫，卜洛子克，薄利蘇夫，基安夫等地，盡爲占領。其時戰綫自那伐（在芬蘭海灣，距彼得羅革拉特七十哩）以迄基安夫之南；於是波蘭，立陶宛，果蘭，愛司多尼亞，利服尼亞，烏克蘭之一大部，芬蘭海灣內之島嶼，盡入德軍之手。

十四日，德外交總長勾爾門重提和議，所擬條件，視前尤苛，并限以四十八小時答覆。列甯於茲，乃慫恿「蘇維埃」執行委員會以接受此條件，其言曰：

「當國內皇黨紳黨圖謀不軌之際，吾等不能不含垢忍辱，以接受此條件，圖弭我國之內變。吾見不久全世界之無產階級，起而助我。至助我時，而我等對於所暫時接受之條件，再行抗議，即不得已而出於戰爭，亦非所恤。」

列甯之言如此。十五日，「蘇維埃」投票表決，卒予通過。於是兩方代表，重會集於勃來斯脫里脫夫司克。三月三日，約成，世所稱勃來斯脫里脫夫司克和約是也。茲述其大概如左：

（一）俄羅斯不復干預烏克蘭，愛斯多尼亞，利服尼亞，芬蘭，及亞蘭島嶼，許其自決。

（二）俄羅斯割愛利文，喀斯，拔多諸地以與土耳其．

（三）俄羅斯之宣傳運動，不再發現於「中歐羅巴」及新建諸國．

（四）一九〇四年之德俄商約，履行如舊．

細按此約，俄羅

斯遽失歐俄土地四分之一，全俄人民四分之一；且所失土地，類皆沃壤，鐵路周備，占有全國四分之三之鐵產與大煤田，實全國實業薈萃之區也。俄羅斯受此奇辱，實爲有史以來所僅見；託羅次基至憤極辭職，而繼以齊吉林。然俄之不得不忍受者，蓋將爲專心內政計也。

初，羅馬尼亞自參戰遭敗後，猶隨俄羅斯爲轉移，今見俄與「中歐羅巴」已單獨媾和，即不得不爲一致之行動，卒於三月七日與「中歐羅巴」簽和約於蒲加來司脫，茲述其大概如左：

(一)羅馬尼亞讓出多瑙河以南之度勃羅劇以與保加利亞；并讓出彼得羅煤谷，加爾帕脫諸山道以與奧匈聯邦。

(二)德奧聯邦商務，得自由經過摩爾達維亞與倍薩拉皮亞至黑海邊之奧待薩。

(三)俄之倍薩拉皮亞省應歸羅馬尼亞。

自勃來斯脫里脫夫司克與蒲加來司脫兩約告成後，「協商」諸國至爲憤懣，乃於三月十八日發表宣言，一致否認。夫以當日之形勢論，俄羅斯之退出戰爭，單獨媾和，「同盟」之大幸，「協商」之大不幸也。然「協商」方面，雖失一俄羅斯，而得一美利堅；夫以美之財力兵力，與其物質之精良，足以超軼俄羅斯倍蓰，一戎衣而天下定，卒使「協商」情勢，從此漸有轉機，亦可謂不幸之幸矣！使當日「同盟」諸國，於俄之幡然言和也，予以寬大之條件，使之銜感而不復我慮，然後以凱旋之師，悉數西下，與「協商」決一勝負，美即加入，尚不知鹿死誰手。乃德之逼俄也甚，俄之惎德也亦愈甚，惟其相惎，則不能不防其有報復之志，留重兵以爲戍，而「同盟」西方之力單矣，收之東隅，而失之桑榆，謀國之不臧，德人當自尸其咎，於人奚尤！

第十八章　美利堅之參戰

第一節　美利堅之世界政策

「同盟」「協商」既不能於一九一六至一九一七年間解決戰事，兵連禍結，忽忽已兩年有半。爾時世界所公認之強國八：曰英，曰德，曰法，曰俄，曰奧，曰意，曰日，曰美；八強國中，英德法俄奧意六國以酣戰故，相持既久，精力疲憊。日本以意有所屬，加入「協商」。「協商」對之，非不欲引爲臂助，以剷除德人東亞之勢力，既又忌其狡猾，無以塡其慾壑，婉辭以卻之；其卒也，則又以非我族類，雖允爲臂助，而不敢畀以重任。斯時具有左右世界之大力者，惟美利堅一國而已。

夫美利堅當獨立戰爭告終以後，總統華盛頓以國基初奠，閉關自守，不欲與他國締結盟約。至孟祿當國時，會其時神聖同盟，意欲助西班牙以恢復在美之殖民地，而孟祿主義由是倡矣。孟祿主義者，美洲人既不願干預他洲事，而亦不樂他洲人干預美洲事之義也。當十九世紀中，凡美利堅之當國者，咸奉此主義以爲埻臬，歷百年而未嘗稍渝。說者謂美之立國，距歐亞遼遠，復有重洋以爲之間隔，但能自扃其門戶，則礦產農產，兩俱豐富，其力足以自給；且經百餘年來之休養生息，財力雄厚，已駸駸乎獨執世界金融之牛耳。譬諸富家之子，安居守分，已爲知足，其不願與世界諸國爭衡也固宜。

洎十九世紀末葉，美利堅之閉關自守主義，突焉一變，而世界政策起而代之。此曷以故？工商業之發達既臻絕頂，其地不足以迴旋，勢不得不擴大其範圍於海外，以爲尾閭；而其所恃爲保護之具者，則海軍是已。當英德之角逐於太平洋也，美乘間占領薩摩阿島之一部（一八八九）及海威島之全部（一八九八）美其辭曰爲吾國海軍貯煤之所也！同年以古巴亂事故，復與西班牙相見於兵戎，美海軍擧西艦隊而盡殲之；西大挫敗，乃求和，自是太平洋西屬之寶都力哥，斐律賓，果姆諸島，盡見割於美。古巴雖號獨立，而美之勢力，已充塞其全國。一九〇五年，美復收桑多度敏哥爲保護國。又擧阿利執那，新墨西哥，阿拉斯加諸州之土地，先後增入版圖。不甯惟是，自巴拿瑪運河鑿通後，於是美海軍之調遣，欲西則西，欲東則東，不啻擧大西洋與太平洋聯爲一氣，而美利堅之世界政策，至此已盡其發展之能力矣。

美利堅政體，雖爲總統制，而總統之權限甚大，非若法蘭西之集權於內閣，而國會又爲內閣之監察也。故美利堅所秉之政策，一視總統之政策爲轉移。二十世紀以來，羅斯福兩任總統，已舍其往時之孟祿主義，而易以世界政策，且又發揮而光大之。迨羅之任期滿，而繼之者爲塔虎脫。羅塔皆爲共和黨中堅人物，而歷來所選之總統，什九皆屬此黨，其勢力之偉大，蓋可知已。乃塔之任期滿，而羅斯福又欲起而代之，競爭之烈，相持不下，而共和黨遂分裂。共和黨分裂，而民主黨首領威爾遜遂得收漁父之利矣。

威爾遜歷充歷史，憲法，政治學教授，亦曾一度任撥林斯登大學校長。威之爲民主黨首領也，黨中之勢力，不如共和黨遠甚。羅塔競爭之際，威雖任鈕及賽之省長，置身政界，稍得發抒，顧以其一黨之勢力有限，未必有攫取總統之奢望。迨共和黨以羅塔之爭而分裂，而民主黨乘之，遂得擁戴其首領，此威之適逢其會也。至於威之政策，彼於就職之翌年，正歐洲大戰開始之際；威卽電達交戰各國，願作調人，一解歐洲之糾紛；（一九一四年八月三日）不幸無效，因而宣言中立。久之戰場之上，勝負不決，而威之任期，不久將滿，威又一再宣言，不願干預歐事；此蓋美利堅立國以來所常持之態度，無足異也。顧其時與威逐鹿者有休士；休士勢力，較威爲優。其究也，全國人民以愛和平故，而以威之對外爲適當，又復還之爲第二任總統云。

然則斯時威爾遜之政策果奚若？曰，威於第一次任期以內，態度和平，及第二次任期，忽變和平而爲決裂。於何徵之？徵諸美利堅之參戰可耳。自美利堅參戰，而百餘年來之孟祿主義，無復存在矣。

抑美利堅之參戰，實爲其世界政策之最高發揚也。是時主參戰最力者爲前總統羅斯福。英國文學家惠爾斯謂羅之精力之野心，與德皇威廉二世相伯仲，蓋美利堅之占領海外屬地，泰半自羅斯福主之。今羅主參戰，而附和之者，自亦不乏其人。威爾遜於此，亦遂鑒定時機，挺身而出；彼其意以「同盟」「協商」，已極疲弊，登高一呼，衆山皆響，此其時矣。故自美利堅參戰，而威爾遜遂爲全世界注目之一人矣。

美總統威爾遜

一九一六年十二月十八日，威爾遜致書各交戰國，求其戰爭目的之所在。閱八日而「同盟」之答覆至；大致謂交戰各國宜亟行聚集於中立地點，交換意見，討論和議。「協商」諸國，延至一九一七年一月十日，始行答覆；略謂議和時期，今尚未至，不能詳細提出條件，并謂無論如何，必有以下各項，以爲和議之基礎：比塞蒙諸國與夫法，俄，羅等被占之土地，悉當恢復，而與以相當之賠償；「斯拉夫」「拉丁」諸民族之受德奧諸國之羈絆者，一切解除而予以自由；土耳其則與歐洲文明相齟齬，務必擯之歐洲之外；至若國際信誼，與夫各國應有經濟之自由與穩固，當互相維持之；各國又當畫定應有之疆界，或陸或海，以免異日之衝突云云。今將兩方之答覆而較量之，則「同盟」涉於含混，「協商」較爲明晰，又且詞氣公允，娓娓可聽。於是美國輿論，僉謂「同盟」而勝，則德國式之文化，將蔓延於全世界，息耗所傳，談虎色變。自是全國輿論，各有趨向「協商」之勢，而威爾遜利用時機，乃於一九一七年一月二十二日在參議院宣言曰：

『和議所以結束戰爭，各國務須有確實之諒解，并須使議和之後，不復發生如今日之慘禍爲是，故我美利堅當於此時起而參與。惟和議未開談判以前，我美政府當提出條件，以爲和議之基礎，并希望我美國國民予以誠懇之同意。」

威爾遜和議條件，可分爲五，略述如左：

（一）此等和議，不得以勝負爲判。蓋戰勝後之和議，每出自戰勝者之强迫，雖負者以一時之失敗，不得不忍辱含垢，任人播弄，而復仇之念卽萌於此，此厲階也。故此次和議，兩方當以對等相待，無强弱，無大小，如是則可望永久。

（二）各國當一致贊同以孟祿主義應用於世界，約言之：卽無論何國，不得以己國之政策强施於他國；無論何民族，當使之不受阻礙，不遭驚恐，不畏强禦，俾自定其政策及其發展之方法。

（三）世界各國，嗣後不復締結盟約，以消弭勢力之競爭與國際之仇視；如是則外界勢力，不得乘隙而入，人民乃得享安居樂業之幸福。

（四）世界海路，各國公之。無論何國，當使其自由發展以期達世界之商場爲目的；否則無平等無協作之可言也。

（五）各國海陸軍備，當從此逐年減輕；否則國際之間，必無安甯，欲求和議之久遠，不可得也。

（六）和議徒持契約，實無補於實事；世界各國，當合組一强有力之機關，其應有之義務，則以公道正誼，排解國際之糾紛，此卽國際聯盟是也。

威爾遜之宣言，既揭櫫於天下，其宗旨在伸張正義，消弭武力，亦可謂正大光明之極矣。然以各國有切身之利害，意見遂不能一致。爾時「同盟」方面，以「世界海路，各國公之」之一言，有損英吉利之海權，其樂贊同也固宜。至奧大利，若實行民族自決，則其版圖必瓜分而豆剖，此亦其不能承諾之原因也。「協商」方面，則以公海路一事，必遭英吉利力拒；法蘭西復仇之念，未必或釋。若謂威爾遜之言辭，美則美矣，而近乎理想，難以實行耳。美國人民，或毀或譽，尤不一其說。民主黨則以威爾遜有此義舉，罔不竭力擁護。而共和黨則反對之，咸目之爲不明時勢之危險舉動。又參議院議員波拉者，提議重行聲明孟祿主義及華盛頓與約弗孫之不干預外事案，并斥威爾遜之國際聯盟爲不當。其意若謂美利堅不幸牽入漩渦，難以自脫，將有違百餘年來之唯一政策也。無何，德意志宣布「無限制」潛艇政策，而局勢又變。

第二節　美利堅參戰之機緣

德意志對付英吉利之唯一利器，厥惟潛艇，前既述及矣。然潛艇之爲物，若稍受公法之限制，非惟不足以燬敵艦，且決不免爲敵艦所燬，更有何效果之可言。故德人之「無限制」潛艇政策，實等萬國公法於具文，雖冒天下之大不韙，亦必悍然而不顧也。矧乃賓畢茲與其他軍官，不啻視英吉利爲勝利之障礙，非悉力掃除之，不足以償我戰勝之願，故「無限制」潛艇政策者，亦所以致英人於死地，掃除障礙之利器也。然此政策，自施行以來，未及一載，美利堅之警告續續至，其他中立國之警告續續至。同時復有德首相荷爾惠克之和平政策，與賓畢茲之潛艇政策抗，而潛艇政策遂爲政府毅然取消矣。蓋荷爾惠克之意，以爲「無限制」潛艇政策，未爲盡善盡美也；欲求少危險而多把握，則又有優於潛艇政策者在。荷之意，蓋欲專恃武力與外交也。然而荷之所謂武力取勝者，不嘗有進攻凡爾登與佛南西亞之舉乎？不嘗有羅馬尼亞之戰爭乎？所謂以外交取勝者，不嘗有一九一六年十二月間之和議運動乎？其卒也兩者悉歸無效，此賓畢茲之所以蹶而復起也。初，賓畢茲自一九一六年春去職後，以荷爾惠克舍無上之利器，對美讓步，過於示弱，攻擊不遺餘力，及和議運動失敗以後，而附和賫畢茲者日益衆，一致要求政府復施其「無限制」潛艇政策。卽矯矯如荷爾惠克，至此亦復隨波逐流，與附賫者沆瀣一氣矣。果也一九一七年一月三十一日，德政府對美利堅遽發通告如左：

德意志宣布之封鎖區域二
（一九一七年二月一日）

『德意志首提和議，爲「協商」所拒絕，「協商」諸國中尤以英吉利爲之魁。英自封鎖德意志以迄於茲，爲時已兩年有半，其計蓋欲使吾德人盡爲餓莩而後已。德意志爲保護祖國之身家性命計，不得不施以相當之防禦。今德政府自一九一七年二月一日始，凡經德政府指定英、法、意及地中海東部一定之範圍內，吾國潛艇，如遇有「協商」中立等國船隻，立加轟擊，不復預爲警告。至對於美利堅之載客船舶，則有一破格相待之法。此等船隻每星期祇限開行一次，以達英之法爾摩斯海口爲止。其桅上所懸之旗，須紅白色相間；船尾則懸以「美國國旗；船之外殼，加以紅白相間之直綫，以示識別。惟「美政府宜確實擔保此等船隻不得載「德政府所指定之禁貨而後可。」

時「威爾遜方提倡和議，且和議條件中有「海上自由」一條，「威之意以海上要隘，盡爲「英吉利所占，此條自係對「英而發。今觀「德意志一月三十一日之所宣布「海上自由」，仍被「德人侵犯；回憶昔日「德意志因「美利堅之駁斥而取消，曾幾何時，又復如故，不且自食其言乎？且「路昔推尼亞」與「塞山克司」兩船之被沉，「美人猶耿耿不忘，「德人茲舉，益予「美以難堪矣。當一九一五與一九一六兩年間，「德人在「美之行動，如刺探機密，如毁炸機關，如鼓煽罷工等事，不一而足，而爲之首領者，實爲駐「美奧國大使杜姆巴，及駐「美德國大使館陸海軍隨員「柏奔與「寶意愛特二人。「美政府乃於一九一五年九月致書「奧政府，請其召回「杜姆巴；同年十一月又通知駐「美德大使「朋司篤夫，請其撤回「柏奔「寶意愛特。然之數人者，雖已離「美，而在「美之不法行爲，依然如故。故「德意志宣布「無限制」潛艇政策之後，「美政府忍無可忍，不得不與之絕交矣。二月三日，「美政府發給「德大使「朋司篤夫出口護照，使離「美境。同日，復電召駐「德之美國大使「吉拉特，促令回國。十二日，令「美國商船皆置備武裝，以對付「德潛艇於海上云。

然美雖對德絕交，尙非對德宣戰也。兩國感情，不無恢復之餘地，及德外交總長徐墨門致駐墨西哥德公使書敗露後，而美之態度乃益堅決。今將是年二月十八日美國各報所發表之徐墨門手書，（同年一月十九日自柏林發）記述如左：

『二月一日，我國將實行「無限制」潛艇政策，同時當竭力冀美利堅之中立，若其不能，吾德當與墨西哥結攻守同盟，予墨西哥以財力上之援助，幷贊助墨西哥恢復所失之新墨西哥，推克薩司，阿利孰那諸州土地；其詳當由閣下酌奪處理。如閣下確定德美兩國宣戰時，望速將上述情形密告墨總統，幷請其居間向日本表示同情，或紹介德日兩國重歸於好。德意志施行此「無限制」潛艇政策，數月而後，當見英吉利之俯首求和也。』

自此書發表後，美國人民，憤不可遏，又重以報章之宣傳，而戰機益迫矣。沿至三月十六七兩日，有美船曰「維其倫西亞」「門飛司城」「伊利諾阿」三艘自歐返國，中道爲德潛艇擊沉。四月二日，威爾遜在國會宣布參戰宗旨。四日，參議院以八十二票對二票，衆議院以三百七十三票對五十票，通過宣戰案。六日，美政府遂通告對德宣戰。八日，復與奧匈聯邦絕交。夫美爲世界八大强國之一，至是亦捲入漩渦之中矣。

美利堅參戰之影響：中立諸國，若西班牙，若荷蘭，若瑞典，挪威，丹麥，若中國以及南美諸「拉丁」共和國，至是相繼對德警告；巴西與布利維亞亦對德絕交；而古巴與巴拿瑪乃隨美國之後，亦對德宣戰矣。

先是三月間，俄羅斯革命成功，廢皇帝尼古拉二世，建設共和政府，美利堅首先承認，（一九一七年三月二十一日）而各國隨之。及美利堅參戰後，自表面觀之，德奧保土四國爲君主獨裁制也；美與英，法，俄，意，比，葡諸國，或爲共和，或爲君主立憲：一言以蔽之，民意諸國與專制諸國力戰而已。其間雖俄羅斯以內鬨之故，自相戕賊，國力垂竭，不久將先行退出戰團，「協商」少一與國，對於「同盟」無由取犄角之勢，此誠「協商」所徒喚奈何者；乃俄方退出，而美忽加入，其來也，一若飛將軍之自天而降，嗣是以往，「協商」多一助力，即「同盟」增一勁敵，此則「同盟」之不幸，而「協商」之大幸也。況如美利堅者，人民之衆，既可陸續赴援，國產之豐，又可隨時供給；至其海軍之加入封鎖，工廠之添製軍需，較之外彊中乾之俄羅斯，其獲益之大，實不可以道里計。彼「同盟」諸國，向以人力財力遠不逮「協商」者也，至是而相形之下，愈不得不見絀矣。

第三節　美利堅之準備

德意志之潛艇政策，一試再試，必欲一洩其毒而後已，其意中非眞以美利堅之參戰爲無足輕重也。德之當軸，以爲美處西半球，距歐洲也遠，就令奮袂而起，屨及劍及，然欲訓練一極大之軍隊以赴戰地，亦必窮一歲之力而後可。況士卒而外，莫急於餉械，餉械之籌備，非咄嗟可辦；縱令美利堅急起直追，亦必遲至一年而後。德當軸所不甚措意者，以此故也。至德之於英，其意蓋謂英之封鎖德意志，所以制德之死命，德以潛艇政策還報之，使船舶之赴英海口者，一一加以轟擊，而「協商」諸國之餉械，勢必失其來源，不得不因此而垂斃，由是而倔强之英人，勢必因饑餓而屈伏。英既屈伏，則若法若意若俄，亦必隨之而俱仆。由是潛艇殲敵之成效，大著於海上。美雖有雄師百萬，必不能運往戰場，即能運往，時已無及。德意志當日之意料，蓋如此。

不謂美利堅準備之神速，有出於德人意料之外者。當美對德宣戰後，未幾而英代表員爾福，（時爲外交總長）法代表維維亞尼（前國務總理）與霞飛上將（前統帥）各銜使命，相繼赴美。其慫恿美當軸也，意蓋於求助餉械而外，尤急盼美國之大軍，兼程運赴戰地。若謂訓練未熟，不足以應戰，然爲振作久戰之士氣，則先聲所至，足以奪人，功不待應戰而著也。諸代表之所以進說美當軸者，大致如此，此足以動美人之聽矣。蓋美英兩國，種族同，文字同，自二十世紀以來，感情日趨融洽，英既嬰患，美焉得不一援手。至美之於法，兩國交誼，尤爲莫逆。何者？美利堅之抗英而獨立也，法嘗遣大將拉法也脫路香薄二人往助戰，美之得脫離英羈絆而得自由者，法人與有力焉。今雖事過境遷，而被髮纓冠之誼，時爲美人所樂道；以投報言之，美人之樂爲法助者，亦情理之常也。所惜者，當英法代表聯翩赴美之日，其情甚渴；威爾遜苟有遠慮有先見，凡「協商」往日所訂種種密約，不難乘此時機，勸令取消，以求掃除將來無數之荆棘，如「協商」所許日人在山東繼承德意志所享之特權，及所占德意志太平洋內赤道以北之各島嶼皆是也。乃英法代表既諱莫如深，而威爾遜又未能早見及此，後日巴黎和會中之難於應付，其機已伏於此矣。

自德意志之「無限制」潛艇政策再接再厲，至一九一四年，德潛艇所擊沉「協商」船隻約七千萬噸；至一九一五年，則爲一百七十萬噸；一九一六年，其數又多至二百八十萬噸矣。德意志朝野上下，益信其潛艇之銳利；經驗愈富，而日謀加增其艇數。故自一九一七年一月至六月間，英吉利被沉船隻二百二十七萬五千噸，其餘「協商」國及中立國被沉一百五十八萬噸，爲時僅四月，而「協商」國損失之噸數，竟達四百萬之譜。潛艇政策之駭人聽聞也如是。設一九一七年秋冬之季，德潛艇有如往日之成效，則勝算之操，當如左券矣。

不謂一九一七年六月以後，德潛艇擊沉船舶之數，反視前銳減，此則「協商」防禦方法之日臻完善故也。其方法於往來之船舶，有氣艇飛機以護送於天空，有警備小艇以保衞於左右，有無線電以利傳遞，又有色漆以髹其艦體以眩潛艇之視察，如是者不一而足。故一九一七年秋冬兩季，德擊沉之船舶，已減至二百七十五萬噸，視春夏兩季有差矣。此蓋德意志當軸所萬不及料，而實畢茲聞之尤爲喪氣也。

至德意志逆料美人之準備，亦殊不能億中。夫美自對德宣戰以後，俄而訓練士卒，俄而匯集巨款，又將國產工藝，悉置諸政府管轄之下，以憑取用；他如海陸各軍，一一集中，以便調遣。同時組織一國防會議，凡陸軍海軍內務農業商務各部總長均須列席爲其議員；復由民間公舉七人，以備顧問；凡國會重要機關之人員，莫不羅致，以資襄助焉。夫爲「同盟」諸國計，美利堅之突然加入戰爭，不啻爲「協商」張目。爾時留美之德人，或密布間諜，蓄意破壞；或暗中挑撥，潛謀搗亂。卽在美國，亦非無少數人民反對政府之所爲者。然美政府卒能力排困難，不顧一切，使美利堅戰事之準備，於極短之時期內，部署井井，至爲神速，此誠出德人意料之外也！

美利堅對於軍隊之組織，尤爲完善。五月，國會通過選擇新兵條律；予總統以招募士卒之全權。六月五日，應召之新兵，達九兆半人；(二十一歲至三十歲爲合格)復從中挑選六十二萬五千人，七月十五日召集於華盛頓，此卽第一次所組織之選軍也。同月，國防軍動員，九月則全國新軍動員矣。

同年七月，威爾遜任命霍佛爲食物總管，加非爾特爲燃料總管。十月，當國會閉會之時，通過以一九，〇〇〇，〇〇〇，〇〇〇金元爲戰費一案，內七，〇〇〇，〇〇〇，〇〇〇，〇〇〇金元以備「協商」之借款。餘若鐵路電報電話，皆置於政府管理之下。於是兵士餉械，陸續麇集於大西洋海口，以備出發矣。

歐陸戰場之上，「同盟」「協商」兩方軍隊，相持已三年有半。六月十三日，美軍統帥潘興赴巴黎。越二日，美軍第一隊登歐陸，旋赴戰地。十月二十七日，發第一彈，越一週而爲第一次之壕塹戰爭。十二月，美軍之抵法者，達二十五萬人。一九一八年一月底，美陸軍部正式

美軍統帥潘興

布告曰：『美軍已屯駐某區某前綫壕塹矣』。夫以如許美軍，得安然運至歐陸而不聞遭德人中途之截擊，至是德意志潛艇政策所收對付美利堅之效果，亦可概見矣。

自德意志於一九一七年二月一日實行「無限制」潛艇政策以來，至一九一八年一月三十一日，忽忽已一歲矣。美利堅共失船隻六十九艘，約十七萬噸；然美政府沒收停泊美港之德奧船隻共一百〇七艘，約七十萬噸，出入相抵，尚贏三

兄弟再合

（美國之參戰）

The Evening News, London.

英國寓意畫

背景

（美國之參戰）

Lustige Blätter, Berlin.

德國寓意畫

倍。且此等船隻，一經收改，卽可爲運輸之用。其時政府又陸續添造較大船隻；故美於參戰後一年，已有船舶一，二七五艘，以備放水雷，掃水雷，運輸，巡視，及追逐潛艇之用。美之海軍軍官本爲四，八〇〇員，至是增至二〇，六〇〇員；其海軍兵士已由一〇二，〇〇〇人增至三三〇，〇〇〇人。至其藉海軍之力，以爲運輸之助，其功績尤不可沒也。

自一九一八年始，美利堅之準備，漸臻完美。向日德意志欲於是時屈伏英吉利者，英吉利反藉美人之助力而崛强如故。英既不可屈伏，而美利堅復以兵士輜重，陸續運至歐陸。彼「同盟」諸國，雖自俄羅斯退出戰團之後，猶復左衝右突，猛勇異常；而以羅掘俱盡之故，師不宿飽，難以久戰，彼此形勢，要不可同日語也。

第十九章　大戰中中國之內憂外患

第一節　中國因帝制釀成之日禍

當歐陸戰事之爆發也，中國於一九一四年八月六日以總統命令宣布中立。及日軍攻陷青島，德人勢力剷除殆盡，袁世凱以戰事既畢，請日政府將山東內地之日軍撤回青島，而爲日本所拒絕；日蓋置我國中立於不顧者也。（見第十章第三節）同時日本各報及倫敦「泰晤士」報之日本通信，妄謂中德兩國勢將聯盟，以眩惑「協商」各國之視聽。「協商」各國爾時既無暇東顧，又以日本助戰，不願以中國問題與之爲難。日政府得步進步，乃令駐京公使日置益於一九一五年一月十八日向北京政府提出五項二十一條之要求如左：

第一項

（一）中國政府允諾日本政府與德國政府凡協定關於德國在山東省，依據條約或其他關係，對中國享有一切權利，利益讓與等項之處分，概行承認。

（二）中國政府允諾不將山東省內沿海之地或島嶼，無論以何項名目租借或讓給於第三國。

(三)中國政府允諾日本建造由煙台或龍口接連膠濟路綫之鐵路。

(四)中國政府允諾爲外國人居住貿易起見，從速自開山東省內合宜地點爲商埠；其應開之地方，須與日本協定。

第二項

(五)兩締約國，約定將旅順大連租借期限，幷南滿洲及安奉兩鐵路之期限，均展至九十九年爲期。

(六)日本人民在南滿洲及東部內蒙古，爲建築商業上應用廠屋，或爲經營農業，可得其需要土地之租借權或所有權。

(七)日本人民得在南滿洲及東部內蒙古，任便居住，自由往來，以經營商工等一切事業。

(八)中國政府對於下列兩事之動作，須先得日本政府之許可：

(甲)中國允諾第三國在南滿洲及東部內蒙古，建造鐵道，或借資修造鐵道；

(乙)中國以南滿洲及東部內蒙古之地方稅充作向第三國借款之用。

(九)中國允諾日本人民在南滿洲及東部內蒙古有開礦之權利，其應用之礦，另由兩國協定。

(十)中國允諾日本人民在南滿洲及東部內蒙古，聘用政治財政或軍事顧問，須先與日政府相商。

(十一)中國政府允諾將吉長鐵路管理權，交與日本政府，由本約簽定之日起，以九十九年為期。

第三項

(十二)兩締約國合意於將來有相當機會時，將「漢冶萍」公司作爲兩國公共之事業，故中國允許不將該公司權利財產任意充公，並亦不使該公司將利權財產自由處分。

(十三)中國政府允諾於未得「漢冶萍」公司允可之先，凡「漢冶萍」公司附近礦地，不准公司外人開採。

第四項

(十四)中國政府不得將其沿海港口,灣岸,島嶼或租或借與第三國。

(十五)中國中央政府須聘日人爲政治,財政及軍事顧問。

(十六)中國允准日人在中國內地購地設立病院,教堂及學校。

(十七)中國允諾將必要地方之警務,由中日兩國共同處理,或多聘日員以資進益。

(十八)中國需由日本購置軍需品,以應用之一半爲至少數目,或在中國境內設立中日合辦之兵工廠,其技師須聘日人,材料亦由日本購買。

(十九)中國允諾日本建築接連武昌,九江,南昌之鐵道,及南昌杭州間之鐵道,南昌潮州間之鐵道。

(二十)如中國欲用外資,在福建省內開金礦,修鐵路,建造港口,須先與日本商量。

(二十一)中國允諾日本人民在中國境內有布教之權。

按二十一條,無在非侵害我國主權,妨害我國內政,其意直欲以對待高麗之手段,施之我國也。袁政府接到此項要求,照例駁斥。日置益持之堅,絕不予我以磋商之餘地。是時全國輿論，不直日政府所爲，鼎沸異常。會議旋續旋輟，卒不得要領。迨三月二十六日，日置益送二十一條修正案於北京外交部，僅將第五項暫行閣置，餘則仍舊。延至五月七日，日政府復致最後通牒，聲明對於修正案已極讓步，不得復有變更，并限四十八小時內答復，一若如不承認，卽將訴之於武力也者。日人蓋以歐戰正急，不遑有事東方，故爲此强橫之手段也。袁氏於限期將滿時，屬外交部送復文於日使館，容納其修正案，遂與日使訂定山東條約四款，南滿及東部內蒙古條約九款，交換公文十三件，名曰中日條約。至五月二十五日，外交總長陸徵祥與日使日置益簽字於北京。此卽二十一條交涉之結果，亦卽爲吾國外交上莫大之恥辱；我國民之以五月九日爲國恥紀念也，宜哉！

子輿氏曰：『人必自侮而後人侮之；家必自毀而後人毀之；國必自伐而後人伐之。』五九之國恥，雖迫於東鄰之暴力，然非袁氏之隱謀叛國，亦決不至此。袁氏之謀爲不軌，至暗殺宋敎仁事發而底蘊畢露。孫文，黃興，李烈鈞等率兵討之，不克，於是袁益無忌憚，甚至解散國會，芟除異己，終且嗾楊度等倡設籌安會以圖推戴。袁氏之意，以其時歐洲列强，不遑東顧，但求應付日本，使不爲梗而已足。日本窺之熟，而思有以脅之，因迫袁氏承認二十一條，以爲稱帝之交換條件。袁至是，亦惟有俯首承諾而已。

袁世凱方稱帝於北京，而唐繼堯，蔡鍔，李烈鈞等起義雲南。蔡鍔攻川，袁軍不能敵，東南各省，又復響應；袁乃密派特使赴日本，擬獻某項權利，求其承認帝制，復爲日本所拒絕。又日，英，法，俄，意五國公使兩次警告帝制延期，於是袁氏對內對外，威望盡喪，卒於三月二十三日取消帝制。民軍以袁氏有謀叛大罪，不認其有總統資格；袁氏至此，羞憤成疾死，副總統黎元洪依法繼任，帝制之役，因告終局。

夫日本乘袁氏之圖謀帝制，迫脅中國簽中日協約，此不過日本一國之單獨行動，其與中國有關係諸國，尚未共同一致承認也。時與中日兩國接壤之俄羅斯，方與德奧酣戰於西，日本乃乘機倡日俄同盟說；其餌俄之法，則謂日俄同盟成立後，俄在東亞之兵力，可盡調赴歐洲戰場，日本對於俄屬之海參崴，樺太島及北滿等處，絕不稍事侵略，且樂爲任防護之責，并以軍需餉糈源源接濟。俄政府戰事方殷，驟聞此說，如渴得飲，其心感自不待言。

一九一六年七月三日，日俄兩國締約如左。

（一）日本政府不反對俄國何等政治協定，亦不與他國聯合以當俄國；俄國政府之於日本亦如之。

(三)兩締約國之一方，在東亞之領土權及特殊利益爲他一方所承認者，如被侵迫時，日俄兩國應協商防護此等權利利益應取之手段。

觀此協約，日俄兩國，協力謀我，灼然可見相傳此協約外，尚有密約，大致謂兩國互認所獲中國之權利利益而毫無限制。故上述協約，僅規定被侵迫時爲共同防禦之手段，尚不及實行助戰也。至是則規定兩國中如有一方與第三國宣戰，一方當實行援助，蓋已成實際之防禦同盟矣。日俄果何爲而汲汲若此？爾時英法兩國，與「同盟」相持於歐陸，無與日本樹敵理；推其用意，欲對抗美國，蓋甚明也。美自謂爲中國之德友，日之不得逞野心於中國者，忌美之爲中國助也。日恐其力之不足也，故結俄以爲己助，使美有所顧慮，不復有餘力以及中國，其計蓋狠毒之至也。幸而日俄同盟之次年，俄國忽起掀天動地之大革命，民主之制代專制而興，列甯新政府，舉帝制時代俄政府與各國締結之條約，凡具有侵略性質者，概行取消，於是震撼一時之日俄同盟，無形而消滅；此誠日本意外之打擊，而亦中國意外之徼倖也。

日俄同盟之後，日英同盟必因之而破壞；蓋日英同盟，原爲防俄而成立，今日俄既同歸一致，英國果承認之乎？且其時德勢方張，英在太平洋及印度洋之一切關係，皆有藉於日本之代爲維持；又日之於德，以利害關係，隱隱有歸於和好之勢，以日本之狡獪，安知不果出此？然則英國以特別情勢，實有不得不承認日俄同盟之苦衷也！然日英二國，亦必有一種密約，爲承認時之交換條件，特未見報章之披露爲可恨耳！吁！翻手爲雲，覆手爲雨，外交之變幻無常，於此可見一斑矣！

日俄協約與日俄祕密同盟，兩國合縱以當美國之策略也，俄國大革命而日之計畫悉成畫餅。斯時也，俄固無論，日人不幾以一紙空文傷美國之感情乎？至是乃不得不別開生面，以緩和美國之感情，乃派石井菊次郎爲全權特使，赴美協議。表面觀之，一如英法所派特使，專爲致謝美國參戰而來者然；不謂石井以波譎雲詭之手段，爲隔年播種之妙策，卒以一九一七年十一月七日與美國國務卿蘭辛共同宣言，其最要者則有如左云云：

「美國及日本兩政府，承認領土相接近國家之間，生特殊之關係，因之美國政府，承認日本在中國有特殊之利益，尤以與日本接壤之地爲甚。」

日人之爲此宣言也，將欲於後日和會中掣美人之肘，關其口而奪之氣也。觀其宣言中美國承認日本在中國有殊別之利益一語，此蓋陰指山東權利而言；藍辛而同爲此宣言，誠藍氏之作繭自縛也。異日巴黎和會，日人以山東權利繼承問題，不無爭執，卒援引此宣言，使美代表雖愛中國而莫能助。蘭辛至此雖悟石井之狡詐，而身已墮其術中，噬臍其有及乎？

第二節　中國因參戰釀成之內亂

袁世凱既死，黎元洪繼任爲總統，於是被解散之國會，又復召集，獨立各省，相繼取消。國內幾大定，而參戰問題起矣！一九一七年一月，德意志政府宣布實行「無限制」潛艇政策。二月三日，美利堅首行對德絕交，並通牒世界各中立國，聲明德人此舉，爲蔑視公法，蹂躪人道，當一致對德絕交云云。中國自接到是項通牒之後，遂於二月九日向德政府提出抗議如左：

『本月一日，敝國政府奉到貴國通牒，敬悉貴國政府將於二月一日以後，採用海上新戰策：凡中立國船隻在禁區內，將有非常之危險。查貴國從前改用潛艇政策，敝國人民之生命財產，因之受其損害者，已非淺鮮，茲復漫無限制，其危及敝國人民之生命財產，尤難勝言。敝國若承認此通牒，將使中立諸國，與交戰諸國間之通商利益，悉被侵犯，而國際公法，尤爲蹂躪無餘。故敝國政府，關於此次貴國政府之新戰策，不得不提出嚴重之抗議。且爲尊重中立國之權利，維持兩國之親善起見，深望貴國政府，毅然取消。設貴國政府以此項抗議，視爲無效，我兩國交誼，勢不得不因之決裂，豈不可惜？然敝國政府之執此態度，蓋爲增進全世界之和平與夫保持國際公法之權威故耳。』

同時又咨覆美政府，告以中美兩國一致之行動。二月十日，內閣總理段祺瑞偕全體閣員出席於衆參兩院，爲抗議經過之報告。議院中反對派爭執不已；而黎氏又主張嚴守中立，與主張參戰最力之段氏不相能。三月十日，駐京德國公使辛慈送交德意志正式覆書，其文曰：

『中國政府，以反對德國新近宣布之海上戰策，竟出以恫嚇之詞；帝國政府，深爲駭異。蓋他國僅抗議而已，中國與德交誼之親密，在他國上，而反加以恫嚇；且中國在禁區內，並無航業；此項恫喝，尤屬無謂。前者，中國政府曾以中國人民生命被損害事，向德國政府提議。據德國政府所得報告，凡中國人民被傷害者，皆係爲敵人開掘戰壕，或在戰線內從事他項軍事之動作；此等行爲，實已冒交戰者之危險。德國政府，前曾聲明與中國有良好之交誼，屢次向敵人抗議，不得用中國人民，從事戰地。故德國以爲此等恫喝之言，不作可也。茲德國政府，希望中國政府自行修正此問題；以德國之敵人，曾先向德國實行封鎖政策，吾德國之新戰策，自未便取消。然甚願依照中國政府之希望，關於中國人民之生命財產，得商議一保護之辦法。德國向中國出此通融態度者，因中國一旦與德國絕交，不但失一眞實之良友，且將起不堪設想之紛擾也！」

中國政府接此答復後，段氏卽在國務院開特別會議，議決對德斷絕國交。三月十四日，黎氏以總統名義，向中外發表對德絕交之布告如左：

『此次歐戰發生，我國本嚴守中立，不意本年二月一日，接德國政府照會，謂德國新定戰策，自卽日起，凡中立國商船，如行駛封鎖線內，殊多危險等語。德國以前所行攻擊商船方法，損害我國人民之生命財產，已屬不少，今行潛艇作戰計畫，其危險必更劇烈。我國爲尊重公法，保護人民生命財產計，向德國提出嚴重之抗議，並聲明德國如不撤消其政策，則我國不得不與德國斷絕關係。在我，深望德國不復堅持，得保全兩國向來之睦誼。不幸抗議逾月，德國之潛艇攻擊政策，並未撤消。各國商船，多被擊沉；我國人民因此致死者，已有數起。今接德國正式答復，依然堅持其新戰策，實出我國願望之外。茲爲尊崇公法保護人民之生命財產計，自今日始，與德國斷絕外交關係，特此布告。」

中國自對德絕交以後，北京政府漸爲參戰之規畫。在野要人，皆致電中央，力陳參戰之失策；要人中尤以孫文爲最力。孫文并致電英吉利首相路合喬治，略謂中國方憂內顧，無暇對外，請勿使牽入漩渦云云。顧孫氏此議，不爲政府所容納；而政府與國會間，以平日種種關係，未能圓滿，至是外交問題，亦遂不能一致。段氏以宣戰一舉，尚有待國會之同意，乃議員既多反對，公府又加牽掣，不得已商之徐世昌。徐方以元老資望與聞時事，乃嗾段氏召集軍事會議，段從之。無何，直，魯，晉，吉，鄂，贛，豫，閩諸督軍及皖省長倪嗣沖以次抵京，其餘各省督軍，亦加派代表與會，所謂軍事會議，於是開幕矣。會議結果，一致贊成宣戰案，段遂將參戰案咨送衆議院。衆議院開會討論，忽有自稱公民團者，蝟集衆議院門首，毆辱反對參戰諸議員。自是兩院對段，懷疑滋甚；閣員亦相繼辭職。旋衆議院議決閣員零落不全，宣戰案應俟內閣改組後再議。京外要人孫文岑春煊等巡電黎元洪，要求懲辦圍擾衆院之罪人，以維法治。段至此將引咎辭職，而督軍團中之留滯京師者，決議竭力擁護，並請黎氏解散國會。黎勿之許。督軍團悻悻出京，開會於徐州。段氏以有督軍團之後援，決行改組內閣；而黎氏忽免段職，代以伍廷芳。越六日，倪嗣沖宣言獨立，魯，豫，奉，浙，陝，閩，直等省督軍應之。倪嗣沖且派重兵，進迫北京。時有謀擁李經羲爲總理者，冀藉其聲望，以制武人。李經羲又復獻策於黎氏，請召長江巡閱使兼安徽督軍張勳入京，委以調停之責。張勳率兵士五千餘人抵天津，分駐近畿，電請黎氏以明令解散國會。黎見逼，竟如所請。令旣下，伍廷芳以不肯副署，辭職去，乃改任步軍統領江朝宗爲代理總理而副署焉。張勳入京後，以爲有指揮各省督軍之能力，且各省督軍中，亦間有與彼潛行接洽者，遂於七月一日，擁宣統復辟。翌日，黎氏避居日使館。黎於未走前，彙封任命段祺瑞爲內閣總理之命令，幷致副總統馮國璋，代行總統職權之電報，遣使至天津，送交段氏。段自聞張勳復辟，卽日誓師馬廠，率兵二萬餘人攻北京。張勳所統兵悉潰散，隻身逃匿荷蘭使館。十四日，段入京，迎黎氏復職，黎引咎固辭。副總統馮國璋，遂於八月一日入京，實行代理大總統職權。段氏仍爲國務總理，慫恿馮國璋於八月十四日對德奧下宣戰令，其重要之措詞如左：

『中國自對德絕交以來，歷時五月，潛艇之攻擊如故；非僅德然也，即與德同盟之奧國，亦始終未改其態度：既背公法，復殘民命。我政府責善之深心，至此實已絕望，爰於民國六年八月十四日上午十時起，宣告對德奧兩國，立於戰爭之地位。所有以前我國與德奧兩國所訂條約，合同，協約，及其他之國際條款，國際協約，屬於中德中奧間之關係者，悉依據國際公法及慣例，一律廢止。但海牙平和會議條約，及其他國際協定，關於戰時文明行動之條款，仍遵守不渝。至宣戰主旨，在阻遏戰禍，促進和局，凡我國民，宜喻此義。』

然則此時之國會果何如？據民國約法，總統無解散國會之權；總統之解散令，既由張勳威逼，又係非法總理副署，依法理論，當然無效。且自八省獨立以後，西南各省，認爲叛逆，早有擁護約法之宣言。苟新政府乘戡定復辟之亂，恢復國會，一切問題，本可迎刃而解。乃斯時新內閣,非但不恢復國會,且於一九一七年十一月召集法理上毫無根據之臨時參議院,由其修改國會組織法,產生新國會。既而一九一八年十月十日,馮國璋代理總統任滿,非法國會乃舉徐世昌爲總統。

先是,督軍團要求解散國會,南方首領孫文,岑春煊,唐紹儀,唐繼堯等聯電力爭。及解散令下,兩廣即通電自主,聲明國會未恢復前,不受非法內閣之干涉。孫氏旋率海軍第一艦

手創民國之孫中山

隊至廣州,「西南」聲勢頓增。國會議員亦先後來廣州,八月二十五日,開非常國會,組織軍政府,舉孫文爲海陸軍大元帥,唐繼堯陸榮廷爲之副。初,國會解散時,伍廷芳拒絕副署,至是亦至「西南」護法,天下義之。自是護法勢力綿亙川,滇,黔,桂,湘,粵,閩,浙八省,聲勢浩大。惜唐陸意見,未能與孫氏一致,孫氏乃辭大元帥職。國會復改組軍政府爲

民國聯合軍政府，舉孫文，唐紹儀，伍廷芳，唐繼堯，岑春煊，陸榮廷，林葆懌爲總裁。孫文唐紹儀未就職，旋又推岑春煊爲主席總裁。孫氏終以左右牽掣，不能伸張主義，乃去粵赴日本。自是南北對峙，遂開混亂不堪之局。

綜上以觀，中國因參戰釀成之內亂，不可爲不巨。既云參戰矣，而未嘗派兵赴歐；不得已招募工人運往戰場，聊自解嘲；而「協商」諸國，則藉中國參戰之名，掃盡德奧東亞之勢力。若夫日本，初則以中國對德絕交，未得彼之同意，深爲不悅，繼則與「協商」國密約，以承認其山東特權爲條件，自任督促中國參戰；更以利餌中國軍閥，貸以借款及軍械，令內亂綿延，無暇謀國際地位之安全。而北方當局，甘心附合，爲人利用，此則尤堪太息者也。

民國締造有年矣，其間變亂相尋，迄無甯歲，豈大好神州有秦無人之歎歟？曰，否否。孫文者，中國革命之先覺也，溯其生平，艱危百出，精誠無間，滿清之威力所不能屈，窮途之困苦所不能撓，再接再厲，一往無前，卒以推翻專制，手創共和。大功垂成，幾得拭目以俟，乃一厄於武人，再厄於政客，終且被牽掣於同室，而不得伸其志。脆弱者必且患顚蹶矣，而孫氏於是，一再奮鬬，終始不渝，遂使「西南」一隅，常在義旗輝耀之中。然則如孫氏者，歷三十餘年如一日，求之吾國近世，一人而已。且孫氏，非僅一破壞人才已也，建設方面，有學說，有主義，有方略，爲世人所共見；乃外國忌之，異黨乘之，而又重誣以「過激」之名，使其抱負終不能貫徹，哀哉！

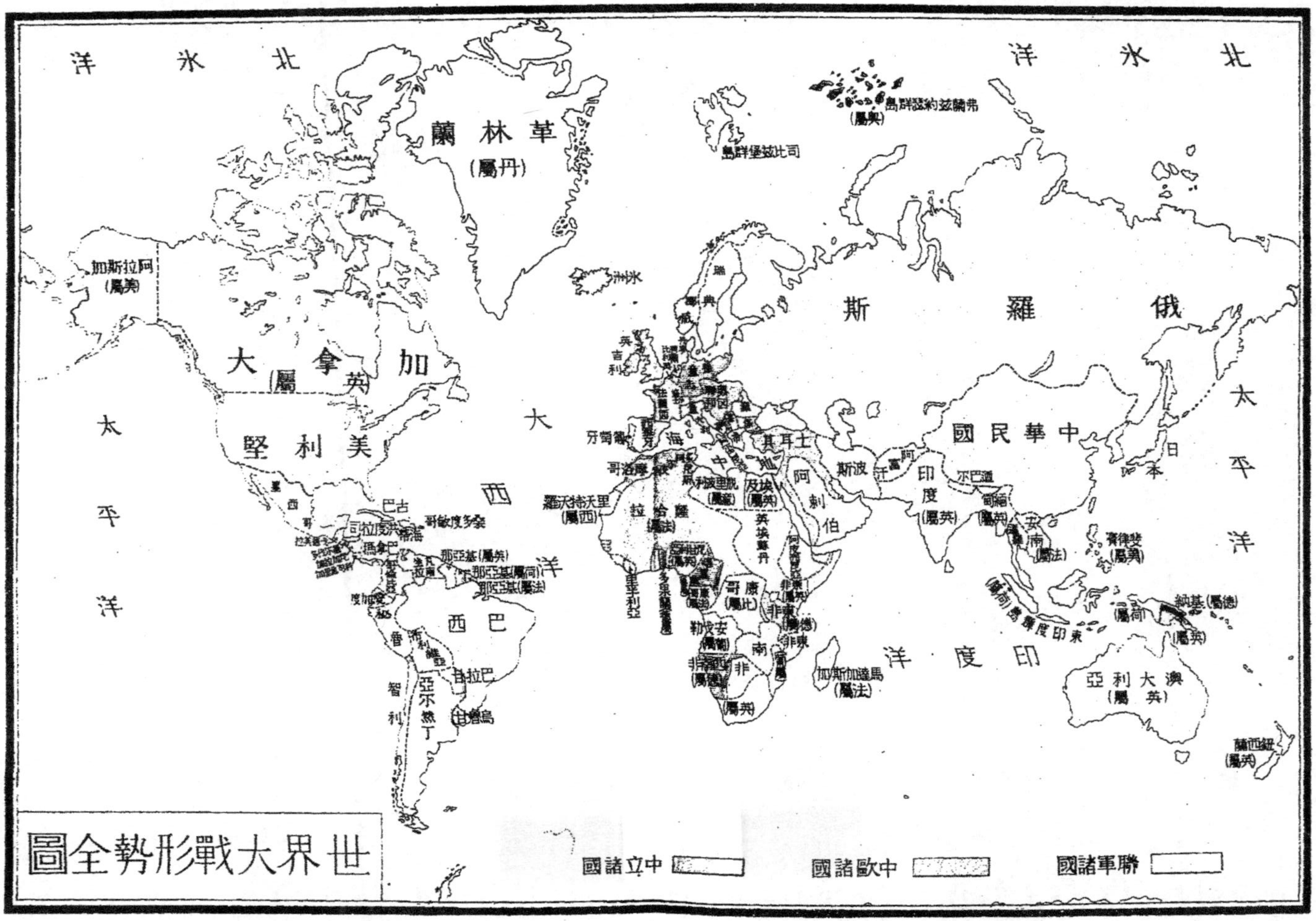
北冰洋
革林蘭
(丹屬)
司比茲堡群島
阿拉斯加
(美屬)
加拿大
(英屬)
美利堅
太平洋
大西洋
冰洲
俄羅斯
中華民國
日本
土耳其
波斯
阿富汗
阿剌伯
印度
(英屬)
印度洋
馬達加斯加
(法屬)
澳大利亞
(英屬)
紐西蘭
(英屬)
巴西
智利
古巴
葡萄牙
英吉利
聯軍諸國
中歐諸國
中立諸國

世界大戰形勢全圖

第二十章　聯軍成敗之轉機一

第一節　聯軍所受與登堡戰綫上之經驗

「歐洲戰局，泯泯棼棼，亙數載之久，此進則彼退，彼卻則此前，其勢若五雀六燕，銖兩悉稱，直至一九一七年，而局勢於以大變。何者？德，奧，保，土之團結自若也，所約與國不加多；若「協商」則自俄羅斯羅馬尼亞退出戰團外，法，英，意，日，比，塞，蒙，葡如故也，而接踵加入者，首爲美利堅。美以人道主義爲標榜，攘臂而起，屨及劍及，義聲震爍六合，由茲而聞風繼起者，則有若中國，若古巴，若巴拿瑪，若暹羅，若里半利亞，若巴西，若希臘：（在政變後加入，事詳後）登高一呼，衆山皆響。他若對德絕交者，則有若布利維亞，若戈德美拉，若科司他里加，若愛加度，若海蒂，若洪度拉司，若尼加拉加，若祕魯，若桑多度敏哥，若烏魯甘。（此等對德絕交之國，皆於一九一八年對德宣戰，如戈德美拉對德宣戰之期爲是年四月二十二日，科司他里加爲五月二十三日，尼加拉加爲五月二十四日，海蒂爲六月十五日，洪度拉司爲七月十九日）。披覽輿圖，美利堅以大力爲「協商」助，而東西十數邦，亦復廣樹聲援，同抱敵愾；得道多助，美之謂歟！而所稱「中歐羅巴」者，久若被困之壘，孤懸絕地，至是益復陷於楚歌四面之中故此時之「協商」不僅「協商」軍也雖名之曰「聯軍」也可。

西戰場爲「聯軍」集中地自一九一六年英法聯軍進擊索姆河一役雖不能達拔卜姆與貝龍兩目的地實已加德軍以巨創故德軍遼闊之陣綫致一變而爲難於守禦之兩陣角所謂兩陣角者一自阿拉斯至薩以色爾其較小者也；一自阿拉斯至哀因河其較大者也至一九一七年春間英軍累次攻擊恩格河畔益使德軍阿拉斯至薩以色爾之陣綫日難抗拒而拔卜姆亦危若累卵矣。

三月初德參謀部不欲以大力守此兩陣角力主放棄徐徐引退興登堡與魯登道夫先於一九一六年九月始在此兩陣角後開掘多數壕塹以爲强固之防禦世所稱「西格弗里戰綫」是也其綫起阿拉斯之東南經甘央甘勃來之西迄聖廣丹拉反埃至哀因河畔之高原「聯軍」又目之爲「興登堡戰綫」則以爲興登堡所擘畫而得是名也夫以德軍如許之軍隊與其輜重徐徐退卻敵不及乘非籌之有素能如是乎？

圖十三　興登堡戰線

是以德軍之退，潛移默運；英法聯軍，直至三月十五日始行覺察。於是海格立命英軍向阿拉斯至洛衣行總攻擊；倪凡爾命法軍向洛衣至來姆行總攻擊。兩軍同時大舉。十七日，英軍占旭爾恆與拔卜姆；翌日，法軍佔聖廣丹山與貝龍，旋又佔納容，進次拉反埃二哩內之丹尼埃。

德軍引退之原因，言人人殊。德人自稱爲縮短戰綫，既省軍力，尤便集中，是爲軍事上一種策略：守可也，戰可也。「聯軍」則謂德軍力不能支，勢不得不退，否則形勢日險惡，所謂軍事上策略，特詭辯耳。總之，德軍之引退，乃一九一六年索姆河戰役之結果。既退之後，其所籌備之新戰線，周密堅固，自無待言。惟「聯軍」乘此時間，得恢復法地一千方哩，居民二十萬，不可謂非「聯軍」之得策也。

德軍之退至「興登堡戰綫」也，至四月而始盡。於是德軍以阿拉斯附近爲北樞紐，勞恆周圍爲南樞紐。「聯軍」之進攻，亦必分南北以應之。故英向阿拉斯，而法向勞恆。

阿拉斯之戰，自四月九日始。戰綫長約四十五哩。英軍攻擊之目的地，左爲郎斯，右爲甘央；德軍如失上二地，則甘勃來與杜威皆不能守。英軍攻擊三日，僅奪得維米嶺及「興登堡戰綫」之北端約二哩，俘虜萬二千人，礮百五十尊；曠日持久，而兩目的地均不得達，且損失之巨，尤過德軍。

英軍進攻阿拉斯可一週後，法軍又進

英軍統帥海格

攻勞恆，世稱之爲哀因河第二役。法統帥倪凡爾性剛毅，好急進，志在盡毀德軍於一旦，四月十六日下令總攻擊。軍分三路：第一路三面環攻哀因河畔之高原；第二路自北攻來姆之高原；第三路以主力軍攻上述兩地中間之勞恆平原。用兵之多，視英軍阿拉斯一役可三倍；說者謂爲「聯軍」瑪因河戰後之第一次大舉。三路法軍奮勇前進；自沙阿松至般利奧白之哀因河畔平地及高原，盡爲收復，俘虜二萬一千人，獲礮百七十五尊。然法軍死傷逾十萬人，耗輜重無算，而「興登堡戰綫」依然固若金湯也。

倪凡爾之冒險進攻，遽遭敗挫，不免招極大之反響。四月二十八日，內閣總理李博，陸軍總長班樂衞，躬至前綫觀察。越二日，內閣宣布規復隸於陸軍部之參謀處，而長以貝登；此蓋斥棄倪凡爾之先聲也。五月十五日，倪凡爾果免職，貝登承其乏爲統帥，福煦升任參謀長。

阿拉斯與哀因河兩役告終，英法兩軍所得之教訓，不可謂不大！德人嘗自詡「興登堡戰綫」能伸能縮，可弛可張，用以保護，實具神妙；英法軍嘗試之而堅不可拔。德人之言，誠非虛語！貝登福煦於此，遂一變倪凡爾策略，易攻爲守；質言之，舍急進而爲緩進，爲長圍之計，久而使之自斃。故自茲兩役以後，以迄一九一七年終，英法兩軍，計畫一致，蓋徐徐焉爲有限之攻擊已耳。

五月，英軍進佔阿拉斯附近各地，所得維米嶺，益鞏固。英軍自進攻阿拉斯以來，俘德軍已二萬人。同時法軍佔勞恒西南十哩之克拉翁及夫人路之兩端。（夫人路爲法王路易十五所築，沿哀因河以北之高原。）德皇儲力謀恢復，累戰不克。據英法軍事家言，德軍自

四月至九月間，「興登堡戰綫」上所受之損失，當達三十五萬人，

十月，法軍復進攻哀因河畔，其地當沙阿松東北，戰綫長六哩。德殘軍扼夫人路，不能支，旋退至愛蘭脫河後方。是役法軍恢復失地四十方哩，俘萬二千人，獲礮二百尊，於是愛蘭脫與哀因兩流域之形勝，盡落法軍之手。

同時「興登堡戰綫」之東，當凡爾登之前方，法軍又獲勝利。八月二十日，貝登命凡爾登守將基毓瑪，率隊轟擊墨士河兩面之後方，連佔阿服古林，死人山，高爾蒲苟米哀林，俘四千人；越四日，又進佔來業維爾，薩摩業鵝嶺，俘萬五千人。法軍於凡爾登前被德軍所佔地百二十方哩中，已恢復百方哩有奇。

凡爾登守將基毓瑪

同時，英軍進擊弗郎特之奮勇，亦不亞於法軍。初，阿拉斯戰役終了後，海格移其視綫於北方，第一步即先鞏固以帕至郎司之戰綫，慮德軍曼星維起脫陣角之爲梗也。先是，英軍於十五月以前，預掘隧道；又於隧道中埋大地雷十九具，內貯「阿摩尼脫」炸藥可五百噸。至是通以電流，地雷爆發，山巔炸裂，岩石摧陷；炸聲之巨，遠聞百數十哩。同時英軍復以重礮轟擊，并擲放魚雷，可兩週，而英步兵（爲英吉利、愛爾蘭、澳大利亞、紐西蘭各軍合組之軍隊）自觀察嶺（在以帕之南）至拍勒希丹脫林（在阿蒙底埃之北）之陣綫奮勇前進，乘勝據德軍前綫可十哩，軼出曼星與維起脫之前，於是德軍之陣角破。是役也，德軍除被俘數千人外，死傷達三萬；英軍死傷，不滿萬人云。

英軍自奪得曼星維起脫陣角，此後從以帕出攻，已無阻礙。又英軍於此一路之目的地，在柏鄉代爾嶺，其總目的則爲恢復比利時之海濱。比海濱既恢復，則奧斯登特與徐勃羅其，素爲德潛艇根據地者，無復爲德人所利用，不徒包圍實業繁盛之里爾鐵道中心之羅賚已也。自七月至十一月，英軍在右，法軍在左，奮勇爭先，而淫雨爲災，戰地成澤國，「聯軍」進步因之迂緩。又其時德人由東戰場調到援軍，壕塹之外，累疊沙袋若堵牆，內貯機關礮，

飛機之作戰

使軍士藏匿其後.此種掩護,與地平行,雖飛機盤空,無從覺察,非用重礮轟擊,斷難攻破也.故「聯軍」自七月中旬始,凡三閱月,猛攻五次,恢復土地二十三方哩,進至以帕羅賚路,跨及一哩許之以帕美甯路.其時英軍已佔弗郎特平原險要;重礮轟擊,可直射羅賚,蓋相距祇五哩矣.十月三十日,英軍攻入柏鄉代爾,旋被德軍逐出.越一週,英加拿大軍再攻入并自柏鄉代爾前進八百碼.德軍反攻,不能克.自是英軍陣綫在柏鄉代爾及其附近者已鞏固，世稱以帕第三役。

雖然，英軍小勝之結果，政治與經濟上兩無影響，則以德軍猶力扼比海濱與里爾如故也。至軍事上，則英軍於以帕前之陣勢，較前益穩固，將來進攻，尤易着手，其影響亦非細也。

十一月二十日，英軍又進攻甘勃來，佔數村，并得蒲爾龍林之一部。自是德軍陣綫之在甘兵與甘勃來者，日瀕危險。越一旬，英軍以德人反攻，不能支，退出蒲爾龍林。十二月七日，甘勃來戰役告終，兩方損失相埒。

法國第一飛行家基納美

空中戰爭，至是而益烈。著名飛行家，德有李德霍芬，法有基納美，皆二十餘之少年。李德霍芬以圓陣著，能使數飛機環繞成一圓形，鋒銳不可當；故被李德霍芬所毀之英法飛機，多至八十具。至一九一八年四月，李德霍芬戰死索姆戰場，英軍以禮葬之，示崇敬也。基納美矯健而有膽略，嘗駕單機衝入德軍陣綫，德飛機被毀者，多至五十三具。或謂基納美於一九一七年被李德霍

德國第一飛行家李德霍芬

芬以圓陣圍困，基以衆寡不敵而死，德軍嘗厚葬之。其餘飛行家，若德之勃爾甘，殷美門，法之芬克倫甘塞，英之抱爾，美之洛夫貝來，亦皆負一時之盛名焉。

總言之，一九一七年中西戰場之英法聯軍進攻凡四次，卽阿拉斯，哀因，凡爾登，弗郎特，四役是也。德軍攻擊聯軍凡二次，一在甘勃來，一在以散。其時英軍被迫而退於以散河後方，損失三千人。夫德軍自退至「興登堡陣綫」而後，攻擊「聯軍」凡兩次，而「聯軍」攻之則有四次，足徵一九一七年以來，德軍之勢日以消，「聯軍」之勢日以長，循是而逆推之，則一九一八年彼此之形勢，亦可想見矣。

第二節　聯軍堅持聲中意軍之敗績

「聯軍」各大國中，其軍隊之最呈弱點者，俄羅斯而外，厥惟意大利。一九一六年，意軍參與「協商」會攻之役，獲勝於衣松蘇流域，佔領戈利齊亞，既而奧援軍至，扼守險要，意軍不能再進，一變而爲對峙之形勢。一九一七年五月，意軍復謀大舉，卒以奧軍防衞之鞏固，無隙可乘。八月，意軍統帥加度那又以大軍攻戈利齊亞以北之各山道險要，冀破奧軍右翼；一方復自海濱進攻，冀破奧軍左翼。亡何，進攻奧軍右翼之意軍少有勝利，旋以接濟多阻，不能再進，故卒無成功。

時奧將之守衣松蘇戰綫者爲蒲羅維克上將。蒲與其部下，俱爲「南斯拉夫」人，奧不能用是種人於東戰場者，以其與俄軍爲同種，不忍自相殘殺也。「南斯拉夫」族恨奧皇室刺骨，何以用之當意軍而有奇效，則以「南斯拉夫」族雖恨「條頓」族，然其與「拉丁」族，亦積不相能。奧版圖內之脫里安斯脫與阜姆，「南斯拉夫」族欲圖佔領之，合塞爾皮亞同建南斯拉夫國者也，同時意大利亦覬覦之，以是「南斯拉夫」與意遂成不解之仇。故蒲羅維克所率之「南斯拉夫」軍奮力禦敵。蒲爲奧名將，意軍當之，實非其敵手也。

一九一七年秋，俄當革命之後，內部紊亂，無暇謀外，德奧兩軍遂得乘此時機，抽調一部軍隊，約十萬人南赴衣松蘇前綫，以爲反攻意軍之用。一九一五年秋，德奧聯軍大舉攻塞而塞覆；一九一六年秋，德奧聯軍又復大舉攻羅而羅潰；今一九一七年秋，德奧欲以往日對塞羅兩國者對意。意軍統帥加度那，初不料及德奧聯軍之大舉反攻，防禦至懈弛；國內又復因社會黨之騷動，頓呈紊亂。魯登道夫鑒定時機，突以迅雷不及掩耳之手段以覆意軍，復於西戰場抽貝路軍加入，又命譚爾閔新琴參與進攻計畫。奧參謀部用其謀。其計畫爲攻意軍之在衣松蘇河上流者，使朋西薩與加爾索兩處之意軍，斷爲兩截，不能呼應。其時俄軍已不能再爲患，意軍若覆，魯登道夫可壹意對法，其計亦雄矣！

十月二十一日，德奧重礮隊，向意軍拍來坐多爾米諾陣綫及朋西薩高原之北面突施攻擊。意軍礮隊無多，又復不精，故無還擊之力。德奧聯軍乘勝渡衣松蘇河，陷加波來篤，勢如破竹。意軍既大敗，又復棄朋西薩與加爾索高原而西退。至十月二十七日，六日間，德奧聯軍共俘六萬人，獲礮五百尊。二十八日，貝路軍進陷西維達爾。同日，蒲羅維克軍恢復戈利齊亞。三十日，意軍大本營烏定亦爲貝路軍所攻陷。至十一月一日，德奧聯軍已越意境而抵塔格利亞門多河上，至是共俘意軍達十八萬人，獲礮至千五百尊。意大利軍既敗於衣松蘇河，於是意軍之守加尼克阿爾拍山者，亦受影響；又復沿塔格利亞門多與比亞佛

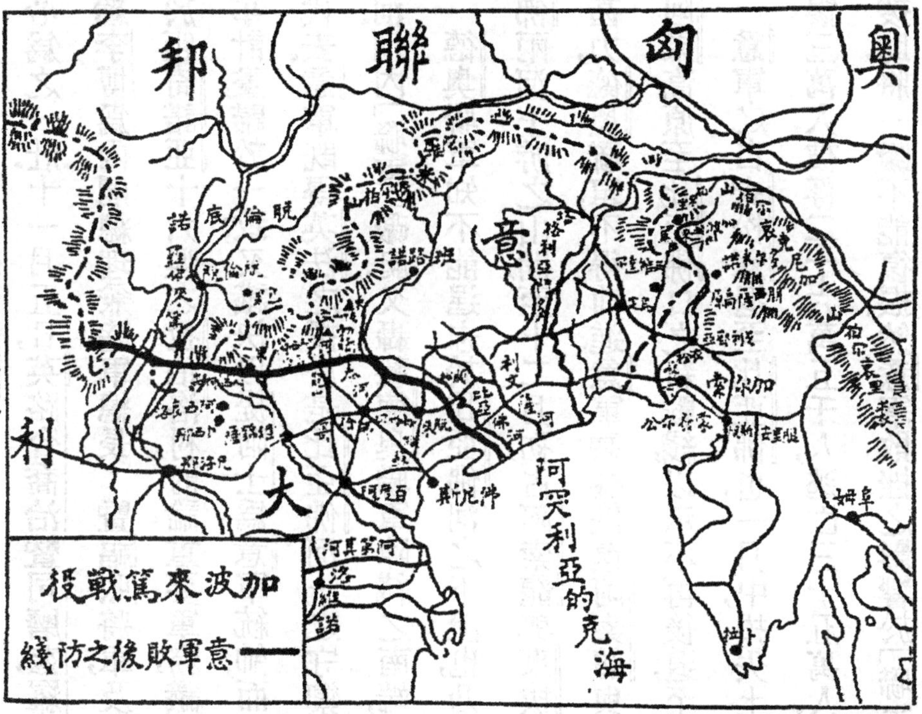

兩河之下游而退却。當意軍之退至塔格利亞門多河上也，謀持久；以德奧兩軍乘勝前進，銳不可當，乃築浮橋以渡其兵，而退至利文薩河。又不支，乃退至比亞佛河。至十一月八日，意軍已全退至比亞佛河後方矣。

當意軍加波來篤之敗耗至，全國鼎沸，內閣引咎辭職，意王乃命奧蘭度組織新閣。外交總長宋尼諾仍舊外，新閣員則有尼蒂之財政總長，阿爾非利之陸軍總長。英法當道聞之，乃亟謀挽救之法，法遣法驌爾，英遣拍魯墨，各率五師先後赴援，意軍軍心爲之一壯。十一月五日，英路合喬治暨司磨茲，羅伯孫，威爾遜三將軍，法班樂衞（時已繼李博爲內閣總理兼陸軍總長）暨福煦將軍，及意當道奥倫度，宋尼諾，阿爾非利齊集於距奇諾亞十六哩之拉伯洛村，討論重要軍務，議決設軍事會議於凡爾塞，俾「聯軍」軍事計畫歸於一致；又議決以提阿士爲意軍統帥，而調加度那爲赴凡爾塞軍事會議之意代表。意軍既得英法之援，於是比亞佛河上之守禦益固。德奥軍雖進占順松，而終不能渡河。河內「聯軍」礮艇，又轟擊德奥聯軍陣綫之南端，藉以拱護佛尼斯。

德奥聯軍知不能逞志於比亞佛河之下流也，乃攻擊阿西阿果高原，及勃蘭泰與比亞佛兩河上游之山間，至十二月初，占阿索龍與東拔兩山。然此時意軍以得英法之助，守禦甚力，德奥聯軍，不得前進。意軍乘機恢復阿索龍與東拔兩山，且令其軍隊移駐於自阿西阿果高原至比亞佛口之新戰綫，以示不再後退，至是形勢乃暫定。

意軍之自衣松蘇退至比亞佛也，一月中損失土地二千方哩，人數八十萬，（死一萬人，傷三萬人，被俘二十六萬五千人，逃亡三十五萬人，病十五萬人）輜重無算。若非英法之援助，將一蹶不能復振。然意軍敗挫之影響於「聯軍」者實大；「聯軍」向甚散漫，至是始覺軍事上統一之必要。日後福煦之被推爲「聯軍」統帥，以博最後之勝利，實拉伯洛會議爲之朕兆也。

第三節　聯軍於近東勢力之恢復

「聯軍」近東之勢力，在一九一七年以前，可謂喪失殆盡，試總述之，一九一五年「聯軍」海軍挫於達特奈耳，陸軍敗於加里波利，既不能阻保加利亞加入「同盟」，又不能使希臘爲我効用，復不能使塞與蒙不受「同盟」之蹂躪。至一九一六年，英法兩軍雖登陸於薩洛尼加，然前困於德奧保三國之軍，而後又見扼於希王康士但丁，坐視羅馬尼亞之敗釁而莫能救。米索波泰米亞之英軍，進攻巴格達特，不克，且大敗。俄軍雖奪得土屬阿曼尼亞，然區區勝利，視「中歐羅巴」之所得，實判若霄壤。至於柏林，維也納與貝爾革拉特，蘇斐亞，君士但丁堡之間，鐵道貫穿，聯成一氣。自抱斯福起，德人築有貿易路，或經小亞細亞，或經米索波泰米亞，而巴格達特，而波斯海灣，以東窺印度；或再經敍利亞而柏來斯丁而紅海，以南窺埃及。總是以觀，近東不啻德意志之外府；所謂「中歐羅巴」者，乃由幻想而成事實。而「聯軍」之力，能及於西戰場，而終不能損「中歐羅巴」籠罩近東之威權也。

自一九一六年秋而後，英政府爲鞏衞印度與埃及計，增加駐埃及兵力，總司令墨賚，乃自開羅監工築一鐵道，自甘塔拉東向越胥迺沙漠，蓋爲後日進攻柏來斯丁之用也。時土屬紅海以東海夾子人民受英人歆動，許以策應，屢謀叛土。會土當軸捕戮其數領袖，而美咖郡長呼山，以土當軸廢棄「可蘭」聖經所定之回教規例爲辭，藉口聲討，乃於一九一六年十一月十六日宣布獨立，而自稱海夾子王。「協商」旋承認之。海夾子叛軍在紅海以北及死海以東之舉動，力足以扼土軍之南窺埃及。於是蘇彝士運河賴以保全；胥迺鐵道，賴以完工。同時駐波斯海灣之英軍，亦於同年八月得毛特將軍之新援，而印度之防衞，亦因之日形鞏固矣。

一九一七年二月，毛特向苛脫愛耳阿瑪拉進攻，爲湯司漢復仇。時天氣適宜，利於行軍，輸運尤得手，益以礮艇數艘，加入助戰。至二月中旬，英軍陣綫，乃移至底格里斯河之兩岸。至二十四日，復奪得薩那亞及休姆蘭土股之一部。此二地爲苛脫愛耳阿瑪拉之鎖鑰，既失之後，苛脫愛耳阿瑪拉已無險可據，故土軍亟棄之而退至河上。

英軍乘勝前進，其礮艇又盡殲土耳其河上之船艦，遂於二十八日抵阿席席葉。三月初，英軍渡第阿拉河，攻底格里斯兩岸之土軍，土軍退巴格達特，旋又棄之，於是英軍於上年所失之礮隊盡恢復，且盡奪土軍輜重焉。

英軍之佔巴格達特也，軍事上無重要之價值。惟柏林橫貫巴格達特之鐵道，本爲德皇威廉二世雄心所寄；自一九一四年而後，德人轉戰經年，其事遂至實現，近東之威權，亦因之以增。今巴格達特既失，威廉之雄心，遂若蜃樓海市之頓成幻境矣！

毛特自佔巴格達特後，恐土軍反攻，復乘其疲敝，三路窮追：左翼佔通波斯之要道；右翼沿歐弗來脫河前進二十五哩，抵拉瑪提；中路沿底格里斯河前進，四月二十三日佔薩瑪拉，於是巴格達特薩瑪拉鐵道，亦落於英軍之手，軍事輸運，愈爲便利。惜其時米索波泰米亞氣候炎熱，不利行軍；阿曼尼亞之俄軍，亦以國內革命勢忽停頓，否則英俄兩軍兩面夾攻，土國命運，斷無幸理。故其時此處戰役，暫告結束，英軍遂佔有米索波泰米亞大部，土耳其受此巨創，其不易恢復者，亦勢也。

毛特米索波泰米亞之勝利，又促成希臘之政變。初，法英聯軍之在馬西頓尼亞者，一扼於保，再扼於康士但丁，疐後跋前，頗憂狼顧。及巴格達特陷落，戍馬西頓尼亞之「聯軍」心膽爲之一壯。五月底，梵尼瑞洛司新招軍隊六萬人，加入「聯軍」。六月十日，法英兩軍突入希之塞薩來州，佔芙洛與拉利薩兩城。翌日，法軍又佔哥林脫地峽。法政府遣前阿爾支利總督容那爲希臘招撫使，旣抵希京雅典，卽向希臘國務總理善米司（善米司於一九一七年五月四日繼龍勃洛司爲總理）提出二事：一，希王康士但丁卽日遜位；一，王儲喬治須公布放棄承接王位。容那之來，疾若迅雷，康士但丁旣未預防，亦不敢冒孤注之擲，卒於十二日下遜位詔，而禪於次子亞歷山大。十三日，康士但丁與其后蘇斐亞出希臘境，爲寓公於瑞士焉。

亞歷山大繼位後，一切政策，惟容那之命是聽。凡親德要人，悉被驅逐。國務總理善米司，本首鼠兩端，至是亦不敢戀棧，辭職去。繼之者，卽梵尼瑞洛司。於是希臘全部，遂隸於「聯軍」旗幟之下，而與「中歐羅巴」交戰矣。至「中歐羅巴」方面，德向以侵犯比利時中立受世界唾罵，至是亦以法英之干預希政，反脣相稽，詈爲不道。七月七日，希政府復召集爲康士但丁所解散之下議院。（一九一五年五月選出者）七月底，「聯軍」以無憂後顧，退出所佔之芙洛，拉利薩，哥林脫等地，且復用希臘軍隊以禦「中歐羅巴」。駐希「聯軍」總司令薩拉意自抵薩洛尼加以來，雖無所表見，然對於西戰場之勛績，如前所述，亦未可抹殺，至是以牽涉於「破壞運動」一案，(事詳二十一章第二節)於十二月免職回國。繼其任者，則同年八月間凡爾登前立功之勇將基毓瑪也。

自埃及一方言之，墨賚將軍自力遏土軍，使不得越胥酒沙漠，復在甘塔拉至拉發築一鐵道。鐵道告竣，乃率軍沿海北攻。一九一七年春夏兩役，爲土軍所阻，不得志，英政府乃免墨賚職，而代以阿倫培。阿倫培初爲騎兵將校，以善戰名；英政府用之沙漠炎暑之地，可爲得其選矣。十月，阿倫培利用海夾子之阿剌伯軍，當土軍於死海之西而分其勢，已則突攻貝希柏，陷之。十一月六日，又佔加薩。時土軍勢漸弛，阿倫培乘勝前進，斷解發耶路薩冷鐵道於羅特及哀耳拉姆爾；十一月十六日，佔解發。於是英軍圍攻耶路薩冷之西北

英軍之巡哨蘇彝士運河

與西與南，土軍不支棄城走。十二月十日，阿倫培軍入耶路薩冷。耶路薩冷者，柏來斯丁之都會，耶教發祥地也。土耳其得之垂七百年於茲，今則陷落於耶教英軍之手矣！

英軍之獲勝於柏來斯丁（古猶太地）也，猶太人乘機要求重建猶太故國，阿刺伯人乘機倡「大阿刺伯」之議，而耶教「聯軍」諸國莫不額手相慶，以爲中古時代「十字軍」裂肝塗腦，伏屍千里，不能達之目的，至是始克成功。總之，英軍於米索波泰米亞與柏來斯丁之勝，致希臘政變而加入「聯軍」；「聯軍」之於近東，其勢力可從此恢復矣。

第二十一章　聯軍成敗之轉機二

第一節　中歐羅巴之杌隉不安

交戰國至一九一七年，除美利堅日本外，「中歐羅巴」及「聯軍」各國，罔不受戰事延長之影響；而俄尤甚，卒乃弱點暴露，退出戰團。其餘各國，雖不若俄之一蹶不振，而國本動搖，無可諱言。試先述「中歐羅巴」。

「中歐羅巴」之首領為德意志。一九一七年初，德相荷爾惠克附和軍閥，實行「無限制」潛艇政策。攻擊之徒，一變而為稱頌，意謂此足以制「聯軍」之死命，而使之俯首請和矣。乃曠日持久，依然無驗，荷爾惠克遂復以一身為衆矢之的。國中社會中央（舊教黨）進步三黨暨波蘭人，（在下議院有波蘭之代議士）向以對外故，而暫與政府沆瀣一氣者，至是亦迭施攻擊，首相實首當其衝焉。俄多數黨解決戰事之目標，曰無割地，無賠款；茲議也，傳播於德之下議院，咸視此為社會主義之本色。議員之間，遂因議和條件而發生爭執。他若教宗之提議，威爾遜之致書，而反對專制，與夫世界各社會黨之將開和平會議於司篤克姆，此皆予社會中央諸黨人以攻擊政府之機會。斯時荷爾惠克為市恩計，取消反對舊教派各律，以緩和中央黨；又取消「集會時不得用他種語言」律，以緩和波蘭代表．惜爲時已晚，人莫之德．七月六日，中央黨領袖愛茲保格宣言於下議院，力斥政府措置戰事之失當，而尤以「無限制」潛艇政策爲最；解決戰爭，則宜曲從俄多數黨之議和條件．斯言一出，應者紛起，而中央社會，進步三黨與波蘭代表及自由黨之一部分聯爲一致．下議院之大多數代表，又爲之聲援，要求

德意志首相荷爾惠克

修改普魯士憲法，改良國會，及宣布戰爭之目的，一如愛茲保格所提議者．荷爾惠克至此，益左右爲難矣．蓋欲從議員之要求，則開罪於保守自由兩黨之大部分，且其人皆執政之中堅，主戰最力而已亦此中之一分子也．夫荷爾惠克自一九〇九年出任揆席，八稔於茲，德自備戰以至交戰，一切責任皆惟荷是賴，至是精力就衰，進退維谷，遂於七月十四日辭職．

荷爾惠克辭職後五日，下議院置竇華茲來文得羅及其餘侵掠家之反對於不顧，以大多數通過百餘案；其關於和議者，有如左三條：

（一）德意志戰爭之目的，無非爲保護祖國之自由獨立與領土完全；

（二）德意志下議院擁護和議與交戰各國互相諒解；

（三）和議以無割地及無政治與經濟之壓迫爲目的。

觀乎此，則黨人之宗旨已顯然與德皇之政略，軍閥之主義，背道而馳。德於此時，設不幸而腹背受敵，或竟俯就下議院通過之條件以言和，雖有損失，亦不至如異日之鉅。乃其時俄以革命故，退出戰團，遂使德君臣一往直前，不稍顧慮，且以謂最後之勝負，非堅持到底不爲功，故對於下議院通過之條件，誠無異吹劍之一吷也！

荷爾惠克既辭職，繼之者爲米加利司；米蓋普魯士王國之財政次長，亦卽德意志帝國之食物總管也。就職時年適周甲，德皇以其出自平民，與保守黨具有同情，故畀之以首揆一席。前財政總長罕甫利希任協理，而兼攝內務總長；勾爾門繼徐墨門爲外交總長。米加利司非蓋世奇才，然對於此次下議院之風潮，亦具有靈敏之手腕。彼於七月十九日通過之議和案，陽示贊成，而陰實遷延之；所謂政治修改，須待考慮者，則以進為退之一法也。

八九兩月間，米加利司與勾爾門陽為酷愛和平之辭，而陰嗾軍閥以否認下議院通過之和議案。十月下議院開會時，「無限制」潛艇政策既絕無效果，海軍中又發生變亂，於是下議院風潮突起，保守自由兩黨，憤米加利司不與下議員完全絕交，中央，社會，進步三黨又憤米加利司之言不顧行，米加利司窮於應付，遂於十月二十一日辭職。越十日，德皇乃命巴燕王國首相赫德林伯爵為首相，而兼普魯士王國首相職。

赫德林就職時，年七十有四矣。赫於德意志向負盛名，於濮恩大學哲學教授一席，尤為其一生精力之所萃。時論謂德皇之屬意於赫，以其向屬中央黨人，故利用之以為緩和反動者之策；赫亦聲言表同情於下議院通過之和議案。惜就任方一週，而俄之多數黨已推翻克倫斯基政府而秉國政，其第一目的即與德議和。既而勃來斯脫里脫夫司克及蒲加來斯脫兩和議先後成，俄屬芬蘭，拉他維亞，立陶宛，波蘭，烏克蘭亦相繼獨立，於是德人無東顧之憂；戰場形勢既變，軍閥之勢，亦乘此復張，而赫於此，遂不復言及和議矣！

斯時奧匈聯邦何如乎？聯邦內複雜之民族，咸起而要求自主。說者以前皇儲斐迭南將實行三重主義，素願未償，而遽隕命於塞拉約佛；厥後戰事綿延，老皇約瑟，復捐館舍；新皇喀爾，年少英明，以時勢所迫，不得不以三重主義進而爲五重主義。五重主義者，卽奧匈聯邦而易爲奧大利，匈牙利，波蘭，捷克斯洛伐克，與南斯拉夫之聯邦也。析言之，波蘭，捷克斯洛伐克，南斯拉夫，雖同屬「斯拉夫」族，而語言習俗宗教又互異。喀爾迫於大勢，欲實行此種主義，乃責成首相克蘭馬丁尼茲與外交總長吉甯。（按自一九一一年奧匈聯邦首相爲司斗克，至一九一六年十月被刺，克爾勃繼之；克蘭馬丁尼茲則繼克爾勃者也。）克吉二人雖屬「捷克斯洛伐克」，然常受「日耳曼」族之覆翼，故効忠於奧匈聯邦，奧匈兩族，固已融洽，而其餘三族對之，仍不免水火，故無論爲喀爾爲克蘭馬丁尼茲爲吉甯，苟一旦於「波蘭」「捷克斯洛伐克」「南斯拉夫」三族，少加優異，則「日耳曼」與「匈牙利」兩族必同起反對；用是五族之間，相嫉

奧匈聯邦外交總長吉寧

相仇，卒無甯日。使無德意志爲之維持，則奧匈聯邦之分崩離析，豈待今日哉！

自一九一四年戰事發生以來，奧大利下議院之停頓已三載於茲。迨俄人革命，奧君臣慮遭波及，卒於一九一七年五月，重行召集。時「捷克斯洛伐克」代表與「南斯拉夫」代表提出兩族自組國家案，克蘭馬丁尼茲窮於應付，因延攬「波蘭」代表爲己助，冀占下議院優勢。「波」代表忽乘機要求波蘭爲獨立國，且須包含加里西亞與波羅的海濱，此所謂一波未平，一波又起也。既而「波」代表以不慊於克蘭馬丁尼茲之答覆，與「捷克斯洛伐克」、「南斯拉夫」兩族之代表相聯合，於六月十六日否決預算案。同時「捷克斯洛伐克」國民委員會宣布漢帕斯堡皇朝罪狀，謂其未得「捷克斯洛伐克」族同意，擅自宣戰，且格殺我兵士，禁錮我國民，戮我代表，禁我報紙，種種殘害，難更僕數。會中宣布未幾，「南斯拉夫」族領袖脫龍別起，與塞內閣總理柏希起，於七月二十日簽約於高夫。約載：塞爾皮亞與蒙丹尼格羅之「塞」族人五百萬，與奧匈聯邦所隸之「南斯拉夫」族人七百萬合組一獨立國家而聯合之。危機所伏，一觸即發。克蘭馬丁尼茲以應變無策而辭職，喀爾以散特勒博士代之。散接任後，即解散下議院，以覘其形勢之變遷焉。

自匈牙利之表面觀之，雖無若何之糾紛，而民人之困於饑寒，苦於久戍，則與奧大利相若。匈首相鐵察，自一九一三年視事以來，至此已歷四年，而時遭匈貴族之攻擊，乃於一九一七年五月辭職去。繼之者，安得拉喜也。

奧皇喀爾，鑒於奧匈聯邦之終不免於革命也，欲弭患於未然，自當以息戰爲上策，用是與外交總長吉甯，爲和議之運動，遂慫恿教宗之發起，藉以爲議和地。一九一七年八月十六日，教宗貝迺第克脫十五世通告交戰各國所提和議條件如左：

(一)世界各國當以道德之正理代物質之正理。

(二)世界各國當從此互相減輕武裝。

(三)交戰國互相歸還所侵佔地。

(四)交戰國互相取消賠款；有特故者，不在此例，當另議。

(五)實行海上自由。

(六)組織國際法庭。

(七)亞洛兩州及脫倫底諸等地，由其居民自決。

敎宗貝邇第克脫十五世

照上條件以觀，言雖娓娓可聽，然「聯軍」方面，以此和議謂為受奧之嗾使，置之不理。喀爾又以其內弟西克思脫親王（意籍）為紹介，獻議於法，并願扶助恢復亞洛兩州云云。由此觀之，喀爾求和之情，已極殷摯。無如德意志之宰制「中歐羅巴」也久，其同盟國當一視柏林之意旨為轉移。喀爾受其牽掣，勢不能單獨議和。所幸爾時意軍敗挫，而俄羅兩國，業與「中歐羅巴」媾和，此奧匈聯邦之所得苟延殘喘也。

綜觀一九一七年以來，德政黨對於和戰兩策，意見各殊，時呈紛亂，內部情形，已難一致，前途若何，無難推測。奧匈聯邦以民族複雜，爭執愈烈，瓦解之禍，恐亦難免，其暫能維持者，惟德人之力是視；德力屈，而奧之前途，亦可以知矣。

第二節　聯軍諸國之轉危爲安

「中歐羅巴」之杌隉，既如上述，至一九一七年而其勢轉盛者，此蓋受戰禍之影響而然也。然則「聯軍」各國，果能差優於「同盟」諸國乎？曰，否否。戰事綿延，民力凋弊，「聯軍」各國所受之痛苦，與「中歐羅巴」相伯仲；所差勝者，金融之恐慌，食物之缺乏，「聯軍」不至如

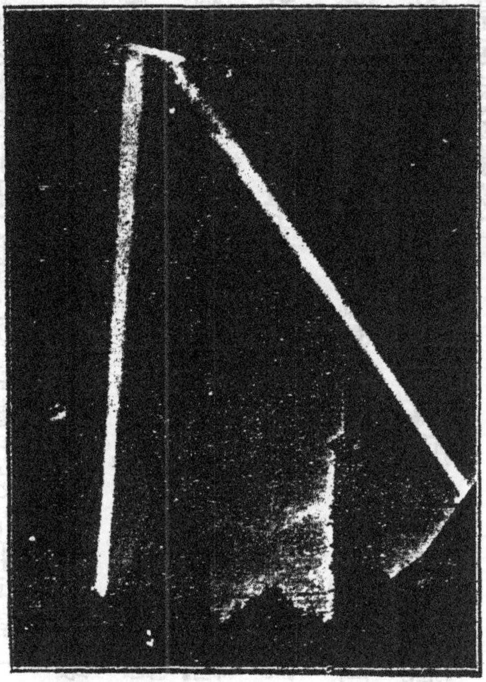

倫敦晚間之防禦齊柏林氣船

「同盟」之甚耳。然巴黎倫敦，以及通都大邑，靡不有德氣船飛機盤旋其上；每當深夜，炸彈下擊，一夕數驚，居民於暗中相摸索，杞人之憂，不堪言狀。至北海，地中海，大西洋，德潛艇倏忽出沒，「聯軍」船隻，日有被毀。斯時也，「中歐羅巴」以天空海底之武器，昔昔褫「聯軍」之魄，較之戰場，抑又

過之觀乎此，則「聯軍」各國當日之情形，可見一斑矣。

「聯軍」中之國於歐洲者，法，英，意，俄四國爲最大；俄退出戰團，而意亦幾幾不支，何也？以經濟論，意所受打擊，視英法倍蓰。若地中海之德潛艇，意當其衝，其受害也亦最巨。燃料食料，因是缺乏；軍需原料已告罄，至是而來源頓絕。以言乎政治，則王室與教會時時相齟齬。教宗倡和議，軍士聞之，相與逗遛而不復進。其甚者，自俄革命後，共產主義傳播交戰各國；意之社會黨，無政府黨，羣起相應，頓呈紊亂，卒因是而釀成加波來篤之敗績。斯時而無英法之赴援，意之爲意，或不免爲俄續。故此日之意，無異懸千鈞於一髮，其前途之命運，當一視英法爲轉移耳。

英三島懸絕海中，彼於戰時所受直接之痛苦，固較俄，意，法爲差少，然其與大陸上「聯軍」各國之關係，實無異共生死，故其所受間接之影響亦至巨。首相路合喬治謀暫息國內之糾紛，不得已而乘時宣言，表同情於愛爾蘭之要求。所提方法：一爲立予愛爾蘭以自治，惟烏爾斯得六郡不與焉；二爲召集愛爾蘭議會，其代議士以能代表全愛爾蘭之異黨異教爲適當。時「新芬」黨以革命失敗之餘，元氣未復，於是所謂國民黨者，擇其第二方法，而愛爾蘭之糾紛乃稍止。十二月，下議院通過女子選舉案，樹世界女子參政之先聲。說者謂此爲路合喬治政策上之勝利。然國內之工黨，實不易與；當英加入戰爭時，工黨首反對，（麥克唐納爾，工黨領袖之一，反對最力。）至是復要求和議，不遺餘力。即路合喬治，亦爲之心餒，謂德欲議和，亦當使俄人代償其損失。時倫敦某報，發表前外交總長郎司董函，函中謂戰事結束，萬不能決之戰場，不幸而決之戰場，則歐洲政治與社會情形，必爲毀滅，或將根本改革。此蓋歐洲之大不幸也。顧郎辭雖娓娓可聽，然適足以暴露「聯軍」之弱點；其不能決勝於戰場，蓋甚明也。司磨茲將軍數赴瑞士，西班牙，暗中進行與德代表商議條件，亦足見當日之情形矣。

英吉利首相路合喬治

意之僨敗，英之躊躇不決，既如上所述，斯時法蘭西又何如？法者，戰場之所在，亦卽戰爭取決之地也。往日瑪因，以散，凡爾登諸役，使德軍不能前進而支撐殘局以至今日，法軍之力也。英軍之接踵而至者，至一九一七年，數與法軍埒。新加入之美軍，又絡繹至。然法嚮以陸軍名天下，凡戰爭方略，英美不得不馬首是瞻。斯時東戰場之戰爭已告終，若巴爾幹若衣松蘇，脫論底諸各戰場，皆德軍之所認為易與者，惟於西戰場，為法，英美聯軍之所麕集，法軍一旦覆敗，則英美亦隨之俱覆。「聯軍」於此，欲保持法之精銳，自非先振法士氣不可，

當貝登將軍接任統帥之初，卽有一九一七年五月二十日軍隊之變叛。此變叛起於後備軍，而蔓延於前綫，近巴黎者尤猖獗。法政府恐擾亂人心，釀成大禍，力守祕密。統帥貝登，一面下令准每兵士於每四月給假十日，一時法軍得休息者三十五萬人；英軍八萬人。一面重懲禍首，處十餘人以死刑，所謂恩威並用者也。貝登至軍中演說，曉以大義，聽者感動。說者謂貝登之守凡爾登，奮不顧身，今反側子所以自安者，曩日之神勇，有以懾之，非徒示恩也。夫歐洲戰事垂及三載，軍士以疲困而厭戰，禍機潛伏，一觸卽發，俄軍已事，若前車之已覆，法軍此日之叛變，正無異蹈其覆轍耳，若非貝登，大局已不可復問。噫！危哉！

法軍之叛變雖平，而人心浮動，善後爲難，國家隱憂，正未有艾。且此次變叛之因，醞釀已久，非推厥由來，不足以發奸摘伏，爲正本清源之計。既乃知禍變之發，實由國內之二種運動有以致之。二種運動者，一爲和平運動，一爲破壞運動。

和平運動，種因於馬克思之社會主義。馬於七十年前獨抒偉論，謂世上勞動界，當一致與資本界抗，務勝之而後已。故自一八四八至一九一四年間，此主義之旁礴震盪，幾有與日俱進之勢。及大戰起而中道停頓者，以各國黨人，類皆爲政府左袒，由左袒而互相訾謷，於是社會主義，乃奄奄一息矣。所賴以維持於不敝者，維荷蘭、斯甘地那維三國之社會黨人已耳。

俄人之倡革命也，世界社會黨之聲勢，又爲一振。先是，俄之社會黨於五月間發起一國際社會黨會議，以討論和議。無何，荷蘭、瑞典、挪威、丹麥四國社會黨起而組織委員會，舉瑞典黨魁勃蘭丁爲會長，以召集世界各國之同志，開討論和議會於司篤克姆。勃蘭丁性誠懇，爲曉來斯後舉世信任之一人，至是咸欲恃其威望，以資號召。奈戰事方酣，「聯軍」各國中之社會黨，贊成會議者有之，不贊成者亦有之，議論紛紜，莫衷一是。法內閣總理李博，

（李博於三月間繼白利安爲首揆）英內閣總理路合喬治，僉以此會議，非「聯軍」之福，幷恐其爲德利用，不肯發給出境護照；於是法軍需總長篤瑪，（法之社會黨領袖）英軍需總長漢特生（英之工黨領袖）皆辭職。蓋篤漢二人，曾赴彼得羅革拉特，調查革命眞相，而受其影響，且深恐祖國蹈俄之覆轍，故欲藉司篤克姆之會議，以爲解決戰爭地也。斯時德之社會黨領袖夏德門，得政府許可，巡赴司篤克姆。或謂夏之行，德皇實嗾之，別有用意。乃開會後，卒以「聯軍」各國無正式代表，無結果而散。

司篤克姆會議之無形解散，雖於戰事上無甚影響，而影響於「聯軍」各國則至巨。一則社會黨嗣是不再與政府協作，而加以攻擊；社會黨員出內閣，爲「神聖團體」破裂之先聲。（見第五章第四節）二則軍心懈弛，無由得其死力。甚者法意兩國之「破壞運動」，自此變本加厲，稍或不愼，國家卽由是覆滅，可畏哉！

然社會黨之和平運動，事事循軌，在在合法，一堂堂正正之運動也。至「破壞運動」則反是，今試述之。

「破壞運動」之遠因，實起於戰前，其爆裂則在一九一七年。法於三年來之戰爭，流血多而受創重而破壞之徒，遂乘時而逞其搗亂此間不容髮之時也且謀破壞之分子，有內務總長瑪爾維，參議院議員恩班，衆議院議員羅司塔洛三人此皆法之有極大聲勢者；而又重之以一大有力者之驅策，翳何人？翳何人？卽前內閣總理前財政總長喀煜是也喀爲急進社會黨領袖，時爲衆議院議員，其政策則親德而排英數年前，其妻擊斃「飛加羅」報館主筆加而曼脫，遽興大獄（見第五章第二節）或謂喀謀攬政權，或且進而爲「迭克推多」；

法蘭西前國務總理喀煜

大權在握，將實行其所蓄之陰謀加而曼脫洞其奸而筆伐之，故喀假手其妻以殺之時法官爲喀舊僚，蔽罪加而曼脫，而喀妻竟漏網；喀煜勢力之蔓延可知矣！及大戰啓，法英協力禦德，喀曾任糧臺之職，旋以開罪英法軍官，被軍事裁判，拘囚某壘。釋出後，即赴南美亞爾然丁，與德駐使路克司堡相過從，蹤跡極詭祕。其時美國務卿蘭辛扣留路克司堡電文數通，中皆盛稱喀煜，並密令德潛艇長曰：『喀煜若返國，其所乘艦，不幸而被擊沉，當待以殊禮。』既而喀回國，未幾赴意，與意之親德黨下議院議員加伐利尼等有所謀畫。法政府雖知之，而無可如何也。

無何，法境內「破壞運動」案層見迭出，無一不與喀陰有關係，其最著者爲菩羅案。菩羅，法之馬賽人，家世寒微，偶有經營，迄無所獲。顧其性狡黠逾恆，犯案纍纍，自得識喀而否極泰來矣。菩溷跡政界，時時爲喀所卵翼。大戰時，菩頻往來於瑞士，意大利，西班牙，美利堅，而常爲軍諜所蹤迹。其在法也，出巨貲購得巴黎數大報館，如「日報」，如「備戰鼓」者，日攻擊其政府與軍隊，以離間英法之感情，又盛倡與德單獨媾和之說。法政府百計刺探，旋得美國務院致外交部電，始知一九一六年中德意志國家銀行由美轉給菩款項，達二百萬金圜以上，大半由法銀行轉匯至巴黎；法政府既得此電，乃逮菩於獄。

參議院議員恩班，巴黎「日報」經理也，嘗受菩之貲助。菩被逮後，恩懼株連，委爲不知，且立售該報館於來奴阿與代所希。旋參議院得恩同意，暫停其議員資格；恩同時又辭「日報」一館經理，願受審判而來奴阿代所希二人，亦遭波及焉。

斯時也，衆議院議員斗墨爾頻赴瑞士，人咸疑之。一日，斗歸國，方抵境，即爲偵探搜出數萬佛郎之匯票。詰所自來，言語支吾，遂坐以通敵，錮諸獄，旋自裁焉。衆議院議員羅斯塔洛，亦以與埃及廢王阿拔司希米潛會於瑞士，當軸以其與敵人通消息也，亦繫諸獄。

巴黎有晚報名「紅帽」者，喀機關報之一也，嘗傳播「破壞運動」之言論尤力。經理竇伐爾，頻赴瑞士，行蹤極詭祕。一日，竇適自瑞士返，至境，爲警士搜出十二萬五千佛郎之匯票。時軍法官以此事未報告陸軍內務兩部，受當道責讓，而公安局長來瑪利因是解職。於是陸軍內務兩部，派員赴瑞士，查竇眞相，始知其受德賄賂非一次。時又於主筆阿爾梅來達家（西班牙人別號維果）搜得竇簽名之巨款匯票，遂捕二人，繫之獄。無何，該報館所有「破壞運動」之證佐，盡爲警士搜獲。阿爾梅來達未受讞，斃於獄。或曰，同黨殺之以滅口也！前公安局長來瑪利，亦牽連被逮。

顧上述種種「破壞運動」，非由內務總長瑪爾維爲護符，禍不若是烈。瑪爾維者，「破壞運動」之中堅，任閣員至十餘次，勢力傾朝野。彼於李博任總揆時爲內務總長；李雖禁止

法蘭西內務總長瑪爾維

社會黨代表參與司篤克姆之會議而不能獨同僚之奸。說者謂李為人忠厚，年復耄老，哀因河上之敗衂，罷工風潮之起伏，社會黨之不獲與於會議而銜怨，雖勉膺艱鉅，實已舉鼎而臏絕，而謀破壞者，復日逞鬼蜮於其後，勢不得不致政而去。繼之者，陸軍總長班樂衞也。（班樂衞仍兼陸軍總長，李博改任外交總長。）班嘗充巴黎大學及巴黎高等工業學校數學教授，與總統賚蒙普嘉賚之從兄亨利普嘉賚並當代數學大家，後被舉為衆議院議員。其處事敏而善斷，往時貝登之擢以不次，與廢康士但丁以除「聯軍」後顧之憂，此皆其事之卓著者。然於內務總長瑪爾維，既不克摘發其陰謀，又在在加以庇護，此其所以僨事也。初，參議院議員克來蒙蘇於七月二十二日提出查問瑪爾維案，以淸內奸。（李內閣任內）十月四日「法國舉動」報經理鐸臺（王黨）致書班樂衞，揭舉瑪爾維罪狀，謂彼以國情輸敵，倪凡爾哀因河之進攻，德人得預防之多魚之漏，左證鑿鑿。班得書，承瑪爾維許可，宣讀於衆議院。政府雖加查問，而班以爲攻擊之言若捕風影，不足據。既而司法界於瑪之前祕書來瑪利（公安局局長）寓內搜得確證，班始知深受蒙蔽，而事益擴大，乃不得已而引咎辭職。

斯時之法，內而喀煜與瑪爾維狼狽爲奸，甘心搗亂；外而强敵壓境，保聚之力垂竭。情勢之危，已可想見。所謂責任內閣總理一席，非有旋乾轉坤之手段，不能勝任愉快，彼僕遬者無論矣。古人有言曰：『賢者急病而讓夷，居官者當事不避難。』克來蒙蘇之奮袂而起，吾不得不爲法慶得人也。

克來蒙蘇，普嘉賚，喀煜，法之三傑也。普近陰險；喀近驕悍；克近猛烈。而各有所偏。論其才：則克長雄辯；普嫻外交；喀善理財。之三人者，常爲政敵，積不相能。普之被舉爲總統也，克獨反對，謂普性儉險，不當爲總統。普既當選，克常借報章詬詈之。然彼二人，尙有融和之餘地者，以所抱親英政策，不謀而合也。班既辭職，首揆虛無人，而「破壞運動」之徒，又時時思逞，普以爲使吾國從此沉淪也，毋甯釋小忿而全大誼；故克之繼班而起，普蓋有勸駕之力焉。

克來蒙蘇，法之望臺人，組閣之日，行年已七十有六矣。家世習醫，至克則於繼述外，潛心政治，志在救國，古人所稱「上醫醫國」是也。彼於「第二帝國」（拿坡崙三世時）週年紀念時，年少氣盛，獨狂呼共和萬歲，觸怒政府，被錮於獄。既釋出，恥食皇粟，避而之美，爲斯丹福某女校法文教授，凡四載。（一八六五至一八六九）後娶其高足拍魯末女士，與俱歸國，懸壺巴黎蒙瑪脫區。貧病者，給以藥餌，人咸飲其德。一八七〇年，普法戰事起，拿坡崙三世被俘。帝制既覆，改建共和，克始呈身政界，被舉爲蒙瑪脫區長。一八七六年，克代表蒙瑪脫區爲衆議院議員，益得發抒。彼所刊行之日報名「正義」者，躬操筆政，以指陳時政之闕失。甘必大（一八八二）番利（一八八五）勃利松（一八八六）三內閣之傾覆，克爲主謀，時人咸戲呼之爲「倒閣專家」也！一八九三年

法蘭西國務總理克來蒙蘇

爲巴拿瑪案所牽涉，解職去；精心譔著，凡九歲，旋又刊行「黎明」報，爲特來飛案昭雪甚力，而克亦自是重入政界矣。一九〇二年被選爲參議院議員。一九〇六年爲內務總長。同年九月，升內閣總理；荐喀煜爲財政總長。時受政敵擠排，越三年，卒爲代爾喀賽所倒，然其退而爲參議院之議員如故也。喀煜，白利安先後組閣，皆受克掊擊，不安於位。克善雄辯，精劍術，好與人對，人咸目之曰「虎」。其發詞，口若懸河，莫能與匹，故其倒閣，如是之易也。大戰既啓，克於「自由人」日報中評論政府，旋遭封禁，而換名之「桎梏人」，仍賡續刊行。論者謂此老倔強，皆是類也。然以筆端鋒端舌端之可畏，銜之者頗衆。一九一七年，當國勢危急，喀煜客羅馬，嘗以未來之法總理隱自期許；然對於克來蒙蘇，又隱若一敵國焉。克爲總理，而喀爲階下囚矣！

克之就任，（十一月十六日）其第一政策，即以嚴厲手段遏止國內之「破壞運動」。欲遏止「破壞運動」，非先去其首領喀煜不爲功。然喀有衆議院資格爲護符，克來蒙蘇不便加以法網。會巴黎衞戍總司令竇拔依控喀罪狀，克乃藉之要求衆議院停止喀議員資格，且以一己之去留力爭。衆議院議員果如所請，而喀遂於一九一八年一月十五日被錮於「

桑推」獄。十九日，意政府以案關重大，乃於福祿倫司某銀行內，啓喀所貰之保險箱。箱中有喀得任總揆後和德之計畫書，題其簽曰「柳別工」。「柳別工」者，古羅馬與戈爾交界之河名；當凱撒本貝交惡時，凱誓師戈爾，而渡是河，示破釜沉舟之意，卒滅本貝，稱霸羅馬。喀煜勳襲此三字，其志已昭然若揭矣！至其夾袋中之人物，則有恩班之海軍總長，薩拉意之統帥二人。吁！喀之勢炙手可熱，當軸所莫敢誰何者也。使當日之法蘭西，無復有克來蒙蘇其人，前途之危，甯堪設想？克亦人傑矣哉！

克兼國鈞，尙嚴厲，略無所瞻徇。菩羅，竇伐爾，來瑪利等受軍法裁判：菩與竇處死刑；來瑪利等受監禁。喀煜，瑪爾維，恩班等三人，以國會議員資格，受高等法庭審判。厥後恩以證據不足免；瑪流西班牙；喀繫獄待訊。（一九二一年，法庭以喀被控之二罪：一爲叛逆，不成立；一爲戰時與敵通信，因判決禁錮三年，停止公民權十年，限制個人自由五年。喀煜自被拘後，至是已及三年，乃釋出。）薩拉意者，軍人而兼政客者也，時統法英聯軍於薩洛尼加，國會中多莫逆交，而與喀尤暱；及「破壞運動」案定讞，克召之回，迫令解甲。於是風起水湧之「破壞運動」案遂平。

瑪爾維案之高等法庭

克既平一破壞運動一案，國內大多數政敵，向之百計擠排者，今則反生敬畏，咸欲擁護之以謀對外，此一九一八年事也。當是時，奧外交總長吉甯，多方運動和平，忽於二月十一日揚言於維也納之市政廳，謂和議之梗，不外亞洛兩州問題，今克來蒙蘇已聲明有商推之餘地，僅俟我奧之調停云云。夫克來蒙蘇之爲人，臨大節而不可奪者也。自一八七一年城下之盟，德人天驕，誅求無藝，法人忍辱含垢，割亞洛兩州以畀敵。斯時也，克生當壯歲，血氣方剛，以喪地之可羞，反對無效；割地以後，時時引爲奇恥，而見於辭氣，推其心，以爲非返我侵地，誓不與德人共天地也。及聞吉甯之誑言，大爲震怒，遂將奧皇致西克思脫親王一書（見上節）完全披露。蓋和議之主動，出自奧人，所稱對亞洛兩州有商榷餘地者，乃奧皇之私衷，克非眞有此言也。克旣不認，於是吉甯聞之，以慚忿交集而辭職。

「聯軍」中問題之最難解決者，厥爲統帥問題。「聯軍」而無統帥，則軍權不一，軍權不一，則能者被牽掣，不能者易推諉，此行軍之大忌也。「聯軍」中，以資望論，以主客論，則統帥一職，自當屬法；然英人之守舊者，往往以己國將領，無隸他國麾下者。膠執成見，頗亦斷斷。異日克之爲法軍爭統帥也以此。

克雖爲內閣總理，而時時躬蒞前綫，考察軍情，曉以大義，故軍士咸愛戴之。有見之者，謂其在衆議院報告時，往往壕塹之泥，霑體塗足，及公事畢，而又赴前綫，其不憚煩如此。一日，克於衆議院言曰：『撥雲霧而見青天，其不遠矣！』蓋克之老謀深算，業有成竹，惟其然也，遂使顚危之局，轉而爲安，此不獨法蘭西之幸，抑亦「聯軍」各國之幸也。

第三節　威爾遜提議和平十四條

兩陣對峙，師老力屈，其士氣已再衰而三竭，而渴望和平之心於以生。試觀一九一七年和議聲浪之日高可知矣。然此等和議，有倡而無和，亦所謂過屠門而大嚼，雖快意而不能得肉也！姑分述之。第一爲德意志軍閥式之和議：此爲一九一六年冬，德政府提議（見第十六章第七節）其要求於「聯軍」者，完全出於戰勝國之口吻；時「聯軍」既未失敗，自不肯予以承認。第二爲德意志社會式之和議：當一九一七年夏，已通過下議院，前已述之矣；（見本章第一節）表面觀之，不啻與軍閥式相反對，然主持和議之首領夏德門輩，雖以社會主義相標榜，而不免爲「聯軍」所疑，且阻於國內之軍閥，故亦不發生效力。第三爲教宗式之和議：即一九一七年八月十六日貝爾第克脫十五世所公布者，（見本章第一節）然「聯軍」疑爲奧人之授意，置不理；蓋和議須實力爲後盾，教宗之聲勢，已遠不若中古時代之赫濯，曲雖高，如和寡何！第四爲國際式之和議：其事濫觴於司篤克姆；（見本章第二節）所謂國際主義云者，社會主義重要之一端也，其目的在不分國界，而與貴族政治及資本主義相抗衡，命意非不高，然「聯軍」以俄近事爲殷鑑，對於急進之社會主義，早已不寒而慄。法英各國之不許社會黨出境，正坐是故。故此四者，宗旨不同，而皆不易成爲事實。斯時也，以地位論，以勢力論，足以左右世界之大勢而爲之調人者，厥惟威爾遜。威當幾立斷，乃於一九一八年一月八日在國會提議和平十四條如左：

(一)和議當以公開態度解決之；此後宜杜絕私結盟約，禁止祕密外交。

(二)領海以外，無論平時或戰時，須保完全之航海自由；但於執行國際條約時，得以國際之公意，封鎖一部，或全部之公海。

(三)廢棄各種經濟之障礙；國際當定貿易平等之條例，以維持和平，幷由國際間保障之。

(四)立適當之保障，以縮小軍備至最低額，而足以保護國內治安爲度。

(五)對於殖民地之處置，須以公道爲判斷；殖民地人民之公意，當與政府之正當要求，共適權衡。

(六)凡已被佔領之俄羅斯領土，須一律歸還。關於俄國種種問題，世界各國，當以誠摯協助其自由發達爲前提，俾其自定政策，入於自由國民團體之下。如俄羅斯有須要時，各國當供給其一切。

（七）凡已被佔領之比利時領土，須一律歸還其一切主權，不得絲毫加以限制，俾與世界自由國享同等之利權，此爲世界所公認者。欲使各國信任國際公法，此舉實爲首要。苟無此補救之道，則國際公法之效力，從此將消滅無餘矣。

（八）凡已被佔領之法蘭西領土，須一律歸還；侵損之處，當爲補償。亞爾薩斯與洛蘭兩州，本爲法屬，自一八七一年爲普魯士强佔後，因之擾亂世界和平者，殆五十年，今須歸還，使和平基礎，益見穩固，蓋爲世界計也。

（九）重訂意大利疆界，其版圖之改定，當以居民之種族爲根據。

（十）奥匈聯邦內之民族，其在國際間之地位，當擔保其自由發展之機會。

（十一）羅馬尼亞，塞爾皮亞，蒙丹尼格羅三國，須一律恢復原狀；已被佔領土地，一律歸還。塞爾皮亞予以通海之權利。巴爾幹諸國之關係，當和衷共濟，幷須照歷史上之習慣與種族而定。巴爾幹諸國之政治經濟自由，由國際公共保障之。

（十二）對於土耳其帝國之「土耳其」種族，須承認其主權。其在土耳其政權下之他種族，當享受保護生命發達自治之權利。達特奈耳海峽，由國際保障，永遠公開，俾各國自由通航。

（十三）建設波蘭獨立國，凡確爲「波蘭」種族所居之地，均歸其版圖，並予以通海之權利。其政治與經濟之獨立，及領土之完全，以國際條約保護之。

（十四）確定約章，組織國際聯盟，其宗旨爲各國相互保障其政治獨立與領土完全；國無大小，一律皆然。

自威爾遜之和平十四條發表後，「聯軍」各國，一致贊同，僉認爲戰爭之目的焉。

第二十二章 德軍最後之攻擊

第一節 德軍攻擊之準備

德意志日以和議爲口頭禪，而武力迷夢，迄未稍醒。彼蓋以比利時，盧森堡，波蘭，塞爾皮亞，蒙丹尼格羅，羅馬尼亞，芬蘭，拉他維亞，立陶宛，烏克蘭，以及意東部，法北部，既以武力得之，而勃來斯脫里脫夫司克與蒲加來司脫兩和約，又懾於我之威勢，而一一畫諾，他若我兵力所不及之地，則上有凌駕霄漢之氣船，下有出沒波濤之潛艇，雖古軍事家九天九地之策，無以過矣。嗣今以往，東方戰事，無虞後顧。「聯軍」而不欲媾和則已，欲媾和，則非降心以從我德意志式之和議不可。且當其時，德人自社會黨一小部分外，又復一致團結，追隨於政府之後，盛言和議，無有異詞矣。斯時之「聯軍」，其將低首下心而乞和乎？自當時之情勢言，「聯軍」節節失敗，莫可爲諱，顧其秣馬厲兵，運籌決策，對於「中歐羅巴」，依然不肯示弱；而於「中歐羅巴」被困之窘狀，尤能洞若觀火。卽不幸而一挫再挫，而據有輸運自由之海道在，士卒之徵調，餉械之接濟，仍足有恃而無恐。由是言之，兩方之言和，眞遙遙無期也。

又自德之地位論之，東戰場之戰事雖了，其爲被圍之壘如故也；欲解此圍，勢必一戰。德軍於此，果於何處施最後之攻擊乎？將施之馬西頓尼亞歟？無論法英聯軍，勢不能盡驅，即能盡驅，而戰爭之結束，決不在此。將施之意大利歟？意「聯軍」中孱國也，即不能當德軍之一擊，而盟於城下，彼法，英，美之健兒，不猶麕集於西戰場乎？以上兩策，咸不能結束戰事，欲結束戰事，自非有一度最後之大攻擊不可。矧當是時，美軍東來，源源不絕；德潛艇之橫行海上者，美軍直視若無物。將來美之軍士，愈聚愈多，「聯軍」增一奧援，即「中歐羅巴」多一彊對，此尤德人所旦夕不安者。故自經一九一八年二月間德下議院之祕密集議，得興登堡魯登道夫爲解釋其策略，而大舉之計遂定；悉全國之力以赴西戰場，以竟一九一四年秋未成之功。至薩洛尼加之「聯軍」，比亞佛河之意軍，則令保奧兩國同時並舉，以爲遙應。預計成功之日，不過四月，多則六月。至耗損士卒，預以百萬爲度；不足，則以五十萬濟之，以爲最後勝利之代價。當日興魯意計蓋如此。既而此祕密大計畫通過於下議院，而洩漏於民間，人民間有異議，而贊同者仍居多數。

興魯二人，既明知此爲最後之攻擊，爲德意志生死存亡之大關鍵，欲竟其功，非以全力對付不可。於是前之留戍俄羅斯及遣往意大利巴爾幹各方之精銳，悉一一調回，尅日西赴至有工廠夫役農場傭工，亦被簡入，以厚兵力。是役也，能進不能退，不待交綏，而破釜沉舟之氣概，已躍然紙上矣！

至進軍之韜略，發自虎底哀，而取決於魯登道夫。一曰德軍進攻，利在深夜，銜枚疾走，不使敵人覺察；又各路軍隊，分道並發，而集合於一定地點，無或先後。二曰以重礮突然轟擊，而後以步兵繼之，務出敵人之不意；於將進未進前，又以毒氣彈射至敵陣，俾觸其氣者，或悶斃，或昏眩。以上兩策，必需衝鋒；衝鋒兵士，悉由各營遴選而出，選畢，組成小隊，使各攜帶

德軍軍長虎底哀

便捷臼礮與機關礮二種；前者用以擊毀壕塹後者用以突圍。我之後方，以重礮遙轟敵陣，壯我聲勢。此種韜略，法人名之曰「滲透」，意謂無孔不入也。又云，此種衝鋒兵士，猶吾人指爪，蒙以鑌鐵，以之擊物，無堅不摧也。迨敵軍陣綫爲吾衝破，而吾兵士即於衝破處，蜂擁而入，使敵人不及彌縫其闕，然後吾衝入之兵士，或炳炬，或舉烽，以爲呼應

後方之符號。由是中權已度，後勁繼入，俄而大隊之步兵，與大隊之礮兵，又續續前。途中纏械，足支數日。或甲軍疲乏，而即以乙軍更番猛進。此種戰術，宛然一旋轉不息之車輪，亦即一賡續不已之跳背遊戲也。一九一七年，虎底哀用此法以攻里加而勝，魯登道夫用以攻意軍於加波來篤而亦勝；此為德人之新戰術，視大戰初之以大隊密集而衝鋒，與徒以重礮終日轟擊一處者，優劣不可同日語。若非研究有素，豈易到此？顧用兵之道，貴乎神速，魯登道夫之新韜略，亦本之兵法原理，未嘗有神鬼出沒之奇也。設其所遇之敵，不可猝敗，或以堅持故，而曠日彌久，則一鼓作氣之前鋒，必將受久戰之影響，再而衰，終而竭，而形勢為之大變，此又魯登道夫所不能逆料者矣。今將當日魯登道夫所重組之七大軍區，分列如左：

巴燕王儲路不賚脫		
	（一）亞甯	自北海至利斯河
	（二）格斯脫	自利斯河至阿拉斯
	（三）貝路（烏多）	自阿拉斯至甘勃來
	（四）瑪維茲	自甘勃來至聖廣丹

德意志皇儲弗來得里威廉——

（五）虎底哀　自聖廣丹至奧士河

（六）勃恩　自奧士河至克拉翁

（七）貝路（弗里茲）　自克拉翁至來姆

德皇威廉二世，躬涖司伯大本營指揮一切，實則閫外之事，悉惟興魯二人是主。故興魯之在是時，朝野上下，實倚賴之若長城然。時下議院副議長罕甫利希大言曰：『興登堡上將何往乎？彼殆率我德意志數百萬健兒，與敵人相見於西戰場，而賈其餘勇滅此朝食矣！』其崇拜興氏也如是。

抑此時德軍之心目中，尤有一魯登道夫在。魯爲普魯士人，其母則瑞典籍。大戰之初起也，魯年垂半百，身爲少將，無所知名；后隨哀米希入前鋒隊。德軍圍攻利愛其，不能下，旅長某中彈仆，魯登道夫繼領其衆，奮勇前進，比利時第一堅壘，遂爲所陷。德皇愛其勇，留之大本營。魯之遭際，自是漸盛。既而俄軍圍東普魯士，勢急甚，魯白德皇，起用興登堡，畀以東普魯士總司令之職，而己則長其參謀，遂有泰倫堡之大捷。自是興魯二人和衷共濟，以奏膚公。厥後陷波蘭，復加里西亞，收塞爾皮亞，克羅馬尼亞，雖不能不歸功於興登堡，麥欣生，福根海諸人，而魯登道夫亦與有力焉。且加波來篤一役，窮追意軍至比亞佛河上者，實出魯登道夫一人之奇謀。今者魯登道夫統率全軍，與「聯軍」相見於疆場，戰而勝，則德意志稱霸全歐，睥睨世界，而魯氏奏凱歸來，且將躬受麾杖，備享尊榮，雖興登堡麥耿生諸上將，亦不得專美於前矣，豈不偉哉！

第二節　德軍破英軍於畢加第及弗耶特

「聯軍」之要害烏乎在？曰，在索姆河流域。索姆河流域何以得爲「聯軍」之要害？曰，斯爲英法兩軍銜接處。德軍而能擊破此點，則英法兩軍，勢必成爲兩橛，由是而逐英軍於海，殲法軍於陸，卽美軍之源源而來者，將誰援乎？果爾，則戰事或由此結束，而德國式之和議，行將成爲事實！一九一八年三月二十一日黎明，德軍以迅雷不及掩耳之手段，進攻英軍陣綫。越二日，置於距聖古朋東北十五哩之「貝爾他」大礮，射擊巴黎，計路程長七十五哩，此德軍奪人之先聲也。時法軍統帥貝登，以德軍必將攻法軍於香板尼；英軍統帥海格，以爲以帕之英軍，必爲德人所襲擊。不知魯登道夫之策略，偏出法英統帥意料之外；其進攻地爲阿拉斯至奧士河，此卽上文所言索姆河流域也。英軍之守此段者，爲平恩與高胡兩軍；

平恩軍駐阿拉斯至聖廣丹，高胡軍則在聖廣丹至奧士。是日也，大霧迷漫，百步以外，無從視察；德軍貝路，瑪維茲，虎底哀三軍，以所選衝鋒兵士，乘勢突進，所向披靡，連佔英軍第一第二防綫，英軍退守第三防綫，謀持久戰。至翌日，高胡軍已不能與法軍銜接，要害盡失，士卒潰退。德軍乘勝自聖廣丹西向阿米恆，南向納容，分道並進。二十四日，下貝龍，哈姆，旭尼，渡索姆河。二十五日，佔拔爾勒，乃爾，納容。同時平恩軍之右翼，以高胡軍潰退，不得已退出拔卜姆，自此而阿爾倍外之險要盡露，平恩乃以全力守其左翼，堅持阿拉斯。

二十六日，法將法毓爾率師來援，軍於奧士，阿佛爾兩河間，與阿米恆南莫勒意之英軍聯爲一氣。同時英將凱賚組臨時義勇軍，應徵者，或爲工人，或爲機師，年齡職業，概弗問，願入伍者聽。一時捨業從戎者頗踴躍。成軍後，與德軍相持於阿米恆凡六日。英法兩軍之得以裂而復合者，雖由法毓爾救援之功，而此軍之互爲犄角，亦與有力焉。

德軍既不能下阿米恆，其所掠土地，其形勢皆突出於恩格與阿佛爾兩河之間，兵家所謂三面受敵之地也，非擴而充之，不可一日守。二十七日，德軍復猛攻平恩軍，進佔阿爾倍；翌日，擊破法毓爾軍，下蒙提第哀。德軍至是，形勢較穩固；然英法兩軍之銜接如故也。

德軍斯時，欲橫斷英法兩軍而不能遂，其故由於淫雨連綿。索姆流域，盡成泥濘，旣不利行軍，尤不便輸運，德軍不得達其目的，英法兩軍之所由分而復合也。然英法軍於一九一六年索姆河戰役恢復之地，至是爲德軍所佔外，復失地千五百方哩，被俘九萬人，失礮千三百尊，「湯克」礮車百輛。說者謂畢加第戰役，至此告一結束，德軍而欲達其目的，非爲第二度大攻擊不可。

魯登道夫於第二度之攻擊，又改變其方針，擬截斷守以帕之拍魯墨軍及阿拉斯之霍恆軍，尤急欲乘霍恆軍之不意，抵其隙而蹈其瑕，一若前日之橫斷高胡軍然者。德軍而果能如願，則加來可不戰而得。加來者，英軍上陸之根據地，一入德軍之手，旣可斷英軍之後援，又得藉以扼渡佛海峽之咽喉，而登英倫之陸矣。卽不然，而僅達加來之半路，則哈士菩克必爲其囊中物，旣據哈士菩克，則以帕不守，以帕不守，則英比兩軍後方之鐵道總綫，亦必由是而渙散。四月九日，德亞甯與格斯脫兩軍向阿蒙底埃至拉拔山進攻，中斷英軍前綫約三哩許，復乘勝前進。翌日，渡利斯河，佔阿蒙底埃與愛司端埃。十二日，據墨維爾，距哈士菩克僅五哩。旋德軍又移其戰綫於哈士菩克東北。十四日，佔近甘曼爾山之納夫愛格里斯。十六日，佔維起𥹸後，完全佔領曼星陣角。

德軍之佔領曼星陣角與轟擊甘曼爾山也，將使以帕之英軍日益阽危。職是之故，海格傳令退出柏鄉代爾陣角。柏鄉代爾陣角者，英軍於一九一七年以重價得之者也。（見第二十章第一節）海格此舉雖有損英軍威名，而按之實際，足以縮短戰綫，易於守禦。十八十九兩日，法援軍亦續續至，亞甯與格斯脫兩軍由是屢攻而不克矣。

自四月二十四日至二十七日，德軍復大舉攻甘曼爾山，損卒甚多，耗費子彈亦不貲；雖英法兩軍以被迫退出山嶺，而亞甯軍已憊甚，無力進窺以帕。同時德軍之進軍於哈士菩克東南及般斗恆左右者亦不克。至五月中旬，弗郎特戰役乃告終，世稱之爲利斯戰役者，則以其地在利斯河流域故也。

畢加第，弗郎特兩戰役終，德軍仍不得達其目的。或謂英軍於此兩役，受創甚重。卽以弗郎特戰役論，阿蒙底埃，墨維爾，及曼星，柏鄉代爾兩陣角均爲德軍佔，又依然一九一四年以帕第一役後之舊形勢矣。除一九一七年所恢復者仍被佔外，又失地八百方哩。計爲時未及兩月，而英軍損失之數，竟達三十五萬人，法軍亦十五萬人，可謂巨矣！

英政府聞高胡軍之潰退也，舉國震驚，急謀變計。四月八日，國會以大多數通過新徵兵制案：凡自一九一五年起，居留於英吉利之人民，自十八至五十五歲，均當服務行伍；卽往日法律所許免役之教士，至是亦當徵調云。

英政府之頒行新兵制，係概括愛爾蘭言之，而愛人獨期期不奉詔；而糾紛已極之愛爾蘭問題，至是益滋紛擾。初，政府已許愛人召集愛爾蘭議會；（見第二十一章第二節）除「新芬」黨外，全島各黨皆得派代表列席。一九一七年六月，開始集會，主席拍倫甘脫，於該島自治問題，頗有討論。一九一八年四月，會中所公布之議決案，以建設愛爾蘭自治政府爲最要。烏爾斯得聞之，極端反對；政府復從而利用之，於愛之建設政府，不之許，且以新兵制相强迫。愛人聞訊，羣相驚詫，僉謂加拿大，澳大利亞，南非，皆得享受自治權利，吾儕愛人，何獨向隅，且必令執殳爲王前驅也？此說一出，而英下議院之愛爾蘭國民黨議員，盡行退出下議院，以爲愛人之後援。四月二十日，國民代表齊集特勃林，一致宣言曰：『英政府未得愛人同意，强使從軍，是爲暴政；愛之紛擾，政府實尸其咎。』同日，愛爾蘭工黨代表千五百人，復一致議決，對於新兵制堅不承命。先是，舊教主教集議梅諾司，爲同樣之反對，且慫恿全愛人民定期宣誓，以示反抗，愛人從其言。自是愛之國民黨工黨教士向之効忠英吉利與「聯軍」者，登時變其態度，而國民黨新領袖狄倫，與「新芬」黨領袖伐來拉，且握手言好矣。政府慮激變，且恐乘此復引起革命，遂許取消新令。同時愛爾蘭自治案，亦因之擱置。英人以愛人此舉，實背叛「聯軍」；而烏爾斯得聯合黨領袖卡孫尤憤激；英政府乃於五月五日特任費賓起爲愛爾蘭總督，以示壓抑。費愛人，曾爲西戰場英軍統帥，又爲聯合黨黨員；英政府此舉，實一鐵腕政策也。愛人斯時，其將柔聲下氣，唯唯聽命乎？抑堅持到底，以與政府抗也？自是而主戰（對大戰而言）主自治之國民黨，忽投入主和主獨立之「新芬」黨旗幟下，而英愛之間，仇視愈甚矣。

無何，西戰場英軍之敗衂，其影響遂及於「聯軍」統帥問題。自陸軍之聲望與主客之地位言之，統帥一席，理當讓法。顧英人性驕傲，雅不甘居人下；吉青納於大戰初，不肯慨然赴西戰場僇力拒敵者，亦慮受霞飛之節制故也。后英政府改派費賓起爲統帥，以費之聲望，亞於吉也。及費至法後，亦獨當一面，未嘗受他方約束，說者謂法將屢爭壹軍權而不能得，坐是之故！迨費賓起去，而繼以海格，其爲人也，堅毅能容忍；一九一七年倪凡爾哀因河上一役，亦嘗與海格約此一度戰事，英軍咸當受其部分遵其節度，并聲明以是役爲限，海格從之。彼其心以爲苟利於國，統帥誰屬，絕無成見。顧英武人多自負，頗有處中爲梗者，而參謀總長羅伯孫尤甚；幸羅已辭職，繼之者爲威爾遜，威與法軍素親善，而兩方面遂漸漸接近矣。迨美利堅加入後，要求「聯軍」統一軍權。至三月下旬，德軍開始攻擊，美統帥潘興願率所部聽法將調遣。英人是時，亦以高胡軍之潰敗，挫其銳氣，不復如前日之驕傲。三月二十五日，克來蒙蘇，米爾納，威爾遜，海格，貝登齊集於杜倫，開重要軍事會議。克來蒙蘇堅請公推「聯軍」統帥，壹軍權，以免歧誤；衆贊成，議遂定。

然則斯時「聯軍」中足以膺統帥之重任者何人乎？曰福煦是已。福煦與霞飛，年相若，又同隸南省。弱冠時，又同肄業於巴黎專科學校之軍事學科；畢業後，復入方登勃羅之礮隊專門學校。既而霞飛入工程隊，福煦入礮隊，至是而兩人之行蹤分矣。福煦爲中校時，膺巴黎陸軍大學之聘，教授軍事學。大戰中後起諸名將，如戈路，孟强，恩班，基毓瑪，貝得羅，代朋內，譚古德，摩得意，歐拔爾等，皆其高足。又復本其心得著書兩編，一曰「戰爭之處理，」一曰「戰爭之要義，」一世稱傑作，迻譯殆遍。一九〇八年，克來蒙蘇出任總揆，任福煦長陸軍大學。福煦躊躇者再，徐謂克曰：『君固不知僕之家世；僕有弟，乃神父也！』克立答曰：『余不問宗教與否，余蓋欲汝教軍事學，非教神道學也！』蓋在法共和政府之下，其仇視教徒，與仇視貴族等。福煦之意，固不欲一旦長陸校以後，卽有帶宗教色彩之嫌疑；而克氏之堅欲其長陸校者，殆早識英雄於未遇時哉！福煦既受職，關心國事，默察未來，知歐陸戰禍，終必爆發，遂於將來禦敵之策略，潛心研究，其遠慮如此。一九一一年，福煦調任師長。一九一四年，隸加司丹爾諾部下，轉戰洛蘭；旋調至中路。霞飛瑪因河上之捷，以散河上之堅持，福煦與有功焉。後索姆河戰事劇烈，福煦以墜車受重創，退而養疴。及貝登繼倪凡爾爲統帥，所遺參謀長，法政府以福煦繼之。意軍加波來篤戰敗後，卒能阻德奧聯軍於比亞佛河者，皆福煦之謀也。一九一七年，克來蒙蘇復任總揆，急欲特拔福煦，奮鬭經時，事果實見。一九一八年三月二十六日，福煦被推爲「聯軍」統帥；法軍統帥貝登，英軍統帥海格，美軍統帥潘興，咸受其節制焉。

自福煦爲「聯軍」統帥，而西戰場之軍權，乃歸一致。前日英軍畢加第與弗郎特兩役，因軍權不一而致敗者，今而後，可以免矣。果也福煦就任後，與德軍相持於阿米恆，以帕，哈士

聯軍之四統帥

潘興　福煦　海格　貝登

菩克諸地。雖以魯登道夫之老謀深算，亦不能分裂英法軍而使之中斷。德之欲殲英法軍於海陸者，至是又盡成畫餅，非福煦之豐功偉烈，能如是乎？

第三節　德軍挫法軍於哀因河及奧士河

魯登道夫不嘗有言乎？『西戰場軍事，不出四月或六月，必以勝利結束之』。然魯自大舉進攻以來，已忽忽兩月，士卒死傷達五十萬，已踰魯氏預定之半數。即以百五十萬論，亦已喪其三分之一之代價。而計其所佔之地，或自阿拉斯至拉反埃，或自阿拉斯至以帕，廣狹雖殊，要皆爲魯氏計畫之勝利。故魯氏既敗英軍，遂移其屢勝之師，以攻法軍防綫。（或謂魯登道夫初意，仍擬進攻畢加第，一鼓而摧英軍，而軍政兩界，志在亟取巴黎，故有此變計，姑誌之。）

斯時魯氏最注重之攻擊地爲哀因高原。自德軍防綫路程計之，哀因高原距巴黎尤近，其形勢猶瑪因河之門戶也。德軍而能奪其門戶，則巴黎夏龍間之鐵道斷，而法軍之在香板尼與阿而克痕者日以危，此魯氏之所以重視也。時德軍在此戰綫者爲勃恩貝路（弗里茲）兩軍。兩軍軍士，突增至四十師；以二十五師爲前行，其餘爲後備。五月二十七日上午一時，德軍以重礮轟擊愛蘭脫河與來姆附近，約三小時，步兵繼進；又一小時許，哀因河北岸高原之法軍已掃蕩無餘。薄暮，勃恩率軍渡哀因河，抵凡爾河上之非姆，其中路又前

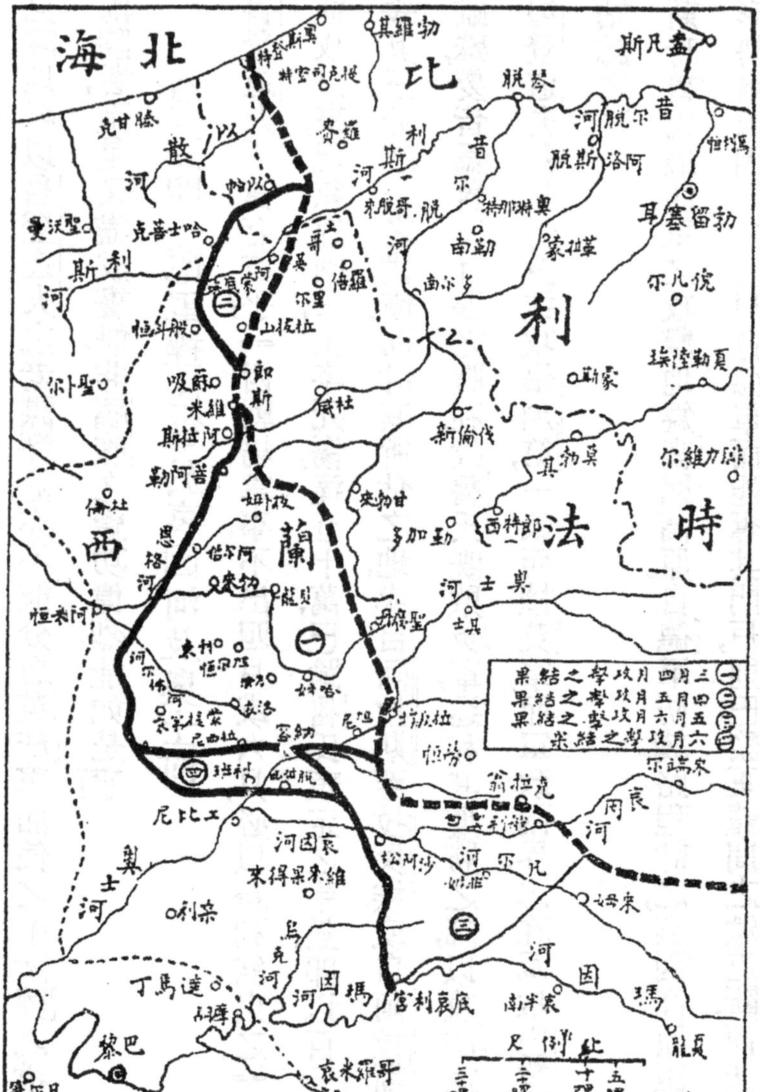

西戰場德軍最後之攻擊

進十二哩。福煦傳令：『德軍之攻入非姆南者，聽彼深入，不加遏止；我兵士但當東守來姆，西固沙阿松兩防線，力扼敵軍左右兩翼，使不得展；而我中路乃突然反攻，一鼓殲旃。』令既下，德軍右翼猛攻沙阿松，至二十九日進佔之。其中路果自非海前進，尋達凡爾，烏克瑪因三河流域交匯之間。翌日，德軍軍於底安利宮，至鐸孟，蓋已得瑪因河流域一部矣。然德軍右翼自得沙阿松，山路崎嶇，跋涉困難；其左翼又力攻來姆，不能克。軍力所到，不能如其本策。幸所統中路已沿烏克河前進六哩，而底安利宮之西，拓地又漸廣，形勢乃得暫定。世因稱之爲哀因河第三役。總計德軍獲地六百五十方哩，俘虜五萬五千，礮六百五十尊。德軍前綫，向距巴黎六十二哩者，至是僅四十四哩矣。

哀因河第三役雖告終，德軍地位危險殊甚。蓋其所掠地，自哀因河逶迤而至瑪因河，易受敵軍側面之襲擊；設法軍一旦夾溝而廖我，必無幸矣。魯登道夫知之，因繼續攻擊，陽則前進，陰實固防，惟此次新攻擊，其地位已由哀因高原而移至奧士流域，必以工比尼爲目的地。魯氏以爲如是既可聯絡阿米恆前德軍之陣綫，亦得藉此佔領哀因，奧士，瑪因，烏克諸流域，爲進佔巴黎地。六月九日晨，駐蒙提第哀與納容間之虎底哀軍以十五師之兵力突攻橫列二十五哩之法軍前綫，法軍早有準備，故第一日進攻之結果，得地僅三哩，第二日亦然，不足償其損失也。至六月十三日，虎底哀與士河上之攻勢，完全停頓。

當虎底哀軍之進擊也，貝路軍亦於同月十八日轟擊來姆，藉以攢其左翼，與虎底哀同時並進。然來姆形勢險要，法軍踞守其地一帶山嶺，防禦既極鞏固，尤有高屋建瓴之勢。德軍屢攻不能克，此一路之攻勢，亦即停止。

聯軍統帥福煦

是時西戰場遂爲魯登道夫福煦對壘之地矣。之二人者，皆一時名將，建功戎旅，聲譽彪炳。不知者以一時勝敗，妄爲軒輊，此則矮人觀場，隨人嘻笑，非定論也。惟以狀貌論，魯登道夫多威肅，而福煦和藹；以治軍論，魯登道夫尙嚴厲，而福煦簡易；至於物望，魯登道夫威權傾朝野，人咸畏之，福煦平易近人，人咸愛之：此二人不同之點也。

德軍軍務總管魯登道夫

是時也，巴黎日受「貝爾他」大礮之擾。一入夜間，飛機軋軋，如隼盤空；炸彈下擲，如石隕地。巴黎人士，見德軍愈逼愈近，至不敢以一朝居，而遷都之議，又如死灰之重燃，此亦事勢所必至也。幸克來蒙蘇持以鎮定，并由薩洛尼加召回驍將基毓瑪，任以巴黎衛戍總司令一職，以爲背城之戰，繼前日加里安尼鞏衛京師之故事。惟西戰場之上，斯時忽形沈寂，其爲魯登道夫籌備最後攻擊之時期歟！

第四節　德軍之見阻

魯登道夫之進攻「聯軍」也，又忽忽三月矣；回想當日期許之言，及三月來之成績，雖未能一一滿志，而「聯軍」一方已有應接不暇之勢，此則魯氏之差堪自慰者。且魯氏預定計畫，本有奧軍進擊意軍於比亞佛河一策，以爲德軍之聲援。魯氏以爲奧攻意，意必不支，西戰場之「聯軍」，必將抽調南下，以爲意援，一抽調而「聯軍」之力分矣；我蹈其瑕而乘其隙，甯非「中歐羅巴」之大利？雖然，此時奧匈聯邦之情狀果如何乎？自表面觀之，境內無敵軍蹤跡，且已併得蒙丹尼格羅之全部，塞爾皮亞與阿爾巴尼亞之大部，意大利之東北一隅，以爲勝利，誠勝利矣，然國內各民族，紛擾滋甚。「捷克斯洛伐克」與「南斯拉夫」族之兵士，棄甲曳兵者，又日多一日。重以國帑罄竭，室如懸磬，民不聊生，輾轉溝壑。而奧帝喀爾，意欲單獨媾和，非惟懾於德意志之積威而不敢發，且因是而深滋德人之疑，不得已乃躬赴柏林，陳述苦衷。五月十二日，喀爾乃與德人繼續盟約，以堅其信。說者謂奧匈聯邦，直德意志一附庸耳。時魯登道夫以西戰場形勢瀕危，乃將駐意德軍，悉數西調，而攻意之事，則密授奧軍以方略，俾獨任。一令蒲羅維克軍渡比亞佛河，西向窺蒙丹洛山，先佔佛尼斯平原後，進佔佛尼斯；一令霍眞度夫軍自梯落爾南下，向阿西阿果高原，革拉伯山，東拔山，沿勃蘭泰河而下，以斷意軍之後：此魯氏授奧之策略也。然自駐意之德軍西調，奧軍已形同孤立，而意軍方面之法英軍如故也。一九一八年六月十五日，奧軍開始攻擊：霍眞度夫軍爲意，法，英聯軍所扼，不能前進；蒲羅維克軍渡比亞佛河，佔蒙丹洛山之東部，復沿河而下，抵桑鐸那附近，復自河而西，又前進五哩。驟觀之，蒲羅維克之勝利，似可預卜。且斯時也，意、法、英三國軍隊，果爲蒲羅維克所敗，則意必不支，不支，則法英兩國必且檄調西戰場之軍隊，兼程南下，而魯氏乘彼單虛，亦足以掩其不備。乃至十八日，大雨如注，盡日始霽，比亞佛河流因之暴漲，奧軍所架浮橋，盡遭漂沒。意軍礮艇，乘機還擊；空中飛機，亦以炸彈下擲。奧軍至此，在前行者已不能與後方呼應；而意之援軍，大隊續至。二十三日，意統帥提阿士下反攻令。至七月初，奧軍盡退回比亞佛河東面，所

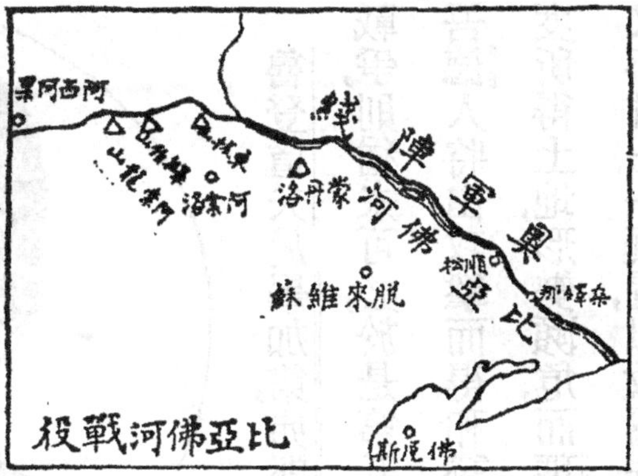

比亞佛河戰役

奪意軍險要，復入意軍之手。是役奧軍死傷十五萬人，被俘三萬人，失礮七十二尊；意軍損失亦相當。說者謂奧軍於此次戰事，盡其所長，不留餘力，一戰不勝，士氣已餒，自茲而往，縱欲徇德當軸之意，勉强再舉，强弩之末，不穿魯縞，奧軍至此，眞無能爲矣！尤可危者，外既有壓我而陳之勁敵，內復有伺隙而動之革黨，黔驢之技，更何所施，執是以言，魯登道夫之所希冀於奧軍者，卽欲不謂之絕望而不可得矣。

奧軍之圖意也，既不得逞，德軍至此不得不勉力支持。又其時德意志朝野上下，信任魯登道夫之心，猶未少減，惟外交總長勾爾門頗有異辭。六月二十四日，勾氏在下議院宣言曰；『戰爭之結束，斷不能決之於疆場，且斷不能離外交上之談判。』斯言也，謂武力之不足恃也。主戰派聞而大怒，迫令勾氏辭職，而以海軍中將辛慈繼之。辛慈者，即前駐我國之德公使也。

意軍統帥提河士

魯登道夫於畢加第，弗郎特，哀因，奧士，四次之攻擊，不能不謂之勝利。然由是而欲結束戰爭，則猶未可必，於是第五次進攻之說又起。魯登道夫所以名之爲「和議攻擊」者，以示吾德人將由攻擊而得和議之意也。至就軍事上言之，此第五次之進攻，亦不可少，蓋前四度所得土地，形勢瀕危，而瑪因河上爲尤甚。德軍欲避敵人側面之反攻，既不易一一防禦，又不甘一一棄置，以攻爲守，但當進尺，不當退寸。然「聯軍」方面已預知魯登道夫第五次進攻之地，必在瑪因河流域，故法，英，意三軍議定堅守此處戰綫。而美軍陸續加入，亦已達三十萬人，而後來者尤有加無已，此則德軍所未及料也。况德軍新戰略，籌備完全，尙須時日，而「聯軍」抵禦之法，已成於德軍之先。當德軍進攻前五日，法軍偵探偵知德軍將於七月十四或十五日開始攻擊，偵騎四出，探其究竟。十四日晚，法拔來斯蒂中尉，偕伴侶四人，潛入德軍陣綫，掩執數人歸，詰之，始知德軍果定七月十五晨爲進攻之期，於是「聯軍」之抵禦益形周密。於拔來斯蒂，則贈之榮譽章，以誌其功績云。

七月十四日，爲一七八九年法蘭西民軍攻陷「拔司的」監獄之紀念日，雖在戰爭中，其歡慶之情形，仍不減疇昔。夜分，巴黎居民，忽聞礮聲隆隆，自遠而至，初以爲空中襲擊，既見東北角紅光燭天，始知德軍又大舉進攻矣。是役也，魯登道夫實已傾德意志全國之力，以求一逞。其進兵計畫：使勃恩軍爲一路，由瑪因河前進，以斷巴黎囊西之鐵道；莫德拉（繼貝路）阿安能兩軍爲一路，進攻來姆東之拍留內，阿而克痕間，以斷來姆「聯軍」之來援，且足使亞洛兩州所駐之德軍，同時夾擊，以盡殲東部之法軍，又足使墨士河畔法軍所築礮壘，不得再恃以爲屏蔽；又命愛朋率新軍（後加洛維茲繼之）爲勃恩軍後援，以厚其勢，如是則勃恩軍可沿瑪因河順流而下，直搗巴黎。其他則有虎底哀與瑪維茲兩軍進攻阿米恆與蒙提第哀間之法軍陣地，此路獲勝，亦可由北方徑窺巴黎，與勃恩軍中途會師，使英法兩軍從此截斷，福煦除城下乞降外，無他術矣！魯登道夫之計，不可謂不豪。故自七月十五日黎明，勃恩軍因礮隊轟擊後，步兵乘勢自底安利宮與鐸孟間南渡瑪因河，佔該河流域之高原，自早至暮，於前綫二十二哩間，前進至三哩。然德軍兩翼，仍不得逞；左翼在東南爲貝得羅部下之意軍所阻，不得進哀半南；右翼在西南被譚果德部下之美軍所阻，不能越底安利宮附近。至來姆東之莫得拉與阿安能兩軍，又爲戈路軍所扼；蓋戈路預知德軍之來攻，爲先發之計，使德軍「滲透」新法，無所施其技。又德軍以死力佔拍留內，沃勃里芙泰歐，然來姆之堅持如故也。來姆之西南，瑪因河之南，勃恩軍於十六十七兩日前進向哀半南。然已疲憊不堪，不能再戰。說者謂瑪因河第一役，霞飛命福煦率新軍加入；今瑪因河第二役，福煦亦援霞飛故事，命米得利率新軍加入於貝得羅、譚果德兩軍間，法軍勢大振，至十八日，西戰場之形勢驟變，德軍不能再攻，反予「聯軍」以反攻之機矣。

先是，魯登道夫將謀進兵時，貝登與法皸爾孟強、譚果德三將商定反攻計畫，由福煦鑒定此計畫卽利用勃恩軍突出於瑪因河之陣勢，以爲制敵之計。昔人謂深入重地，兵家所忌，德軍但顧前利，一意猛進，此大誤也。時勃恩東攻來姆，「聯軍」則就沙阿松與底安利宮之西，攻德軍之側面。以是法軍輜重山積於維來古得來森林間，豫備兵亦麕集於此，而魯登道夫不之察也！

福煦所以能反攻者，無他，恃有美軍之助耳。初，德政府以潛艇政策足以阻美軍登陸，然其結果西戰場之美軍，反日多一日。自一九一八年一月至三月底，「聯軍」及中立國損失噸數一百十五萬；四月至六月底，減爲九十五萬；說者謂此爲英美防禦大西洋之周密。同時英美兩國新造船隻噸數，反較被擊沈者爲多，故美軍之源源來法者，與日俱增。自一九一七年六月至十二月止，每月平均計算，美軍來歐人數爲二萬七千；一九一八年一月至三月，每月平均計算，已增爲六萬人；至四月，突增十一萬七千人；五月，得二十四萬四千人；六月，得二十七萬六千人；至七月，美軍在法總數已溢百萬。此等兵士之訓練，始於美而成於法；其收效之速，誠非德人所及料也！四月，美軍第一師守蒙提第袁西北一段，後於五月二十八日，恢復岡的尼村落。六月，美軍第二師於底安利宮附近之班羅森林，力持德軍，阻其前進。然此不過小試其技，及七月中旬，德軍大舉，潘興乃盡獻美軍於福煦，請其重用，福煦從之。若當日之信用法英軍也，而「聯軍」之反攻成矣。

七月十八日，孟强與譚果德各率其法美合組之軍，於二十八哩戰綫內，反攻德軍於沙阿松與底安利宮間。進攻時先以步兵，繼以「湯克」礮車，護以機關礮隊，如迅雷疾風，出德軍意料之外。孟强軍於哀因烏克兩河間，前進五哩，抵沙阿松以南之高原；譚果德軍於烏克，瑪因兩河間恢復叨爾西，以迫底安利宮。勃恩不支，乃於七月二十一日退出底安利宮。譚果德軍乘勝渡瑪因河，向烏克河前進三哩許。時

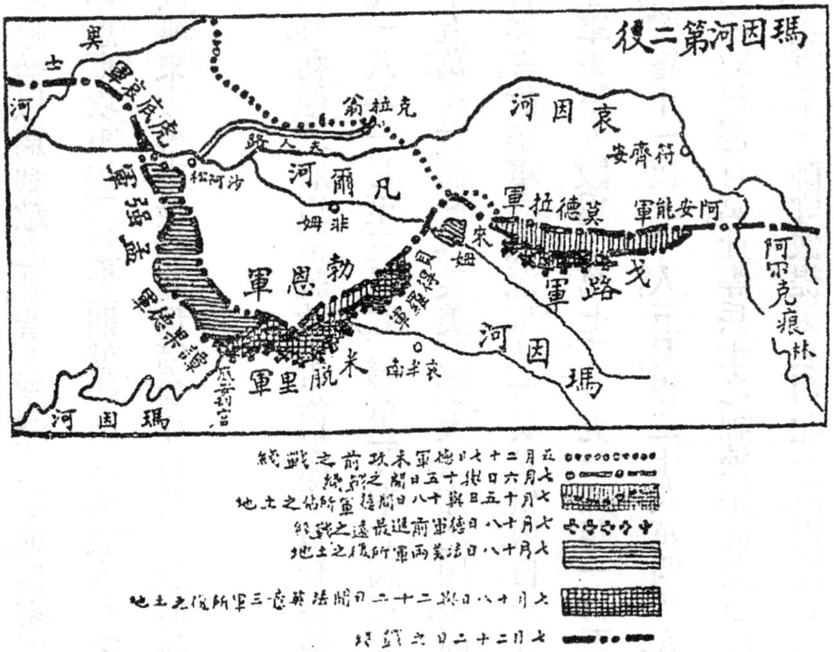

勃恩軍且戰且退，奮勇異常；其軍隊不致爲「聯軍」所殲者，有以也！二十八日，「聯軍」渡烏克河，復反埃泰特諾埃。八月三日，法軍復沙阿松。四日，法軍又復非姆等五十餘村落。至是德軍已盡退至哀因凡爾戰綫，瑪因河第二役又告終。法軍俘三萬五千人，礮七百尊。八月六日，福煦擢爲上將，總理兼陸軍總長克來蒙蘇向之歡祝曰：

『將軍榮擢矣，統率「聯軍」以達最後之勝利，非將軍莫屬也！』

瑪因河第二役，與瑪因河第一役相彷彿。以戰綫言之，說者皆譬之平行線。當大戰開始時，德軍氣蓋一世，以破竹之勢向巴黎，至瑪因河，突爲法軍所阻。霞飛雖不能殲德軍，然卒能保存巴黎，保存「聯軍」，

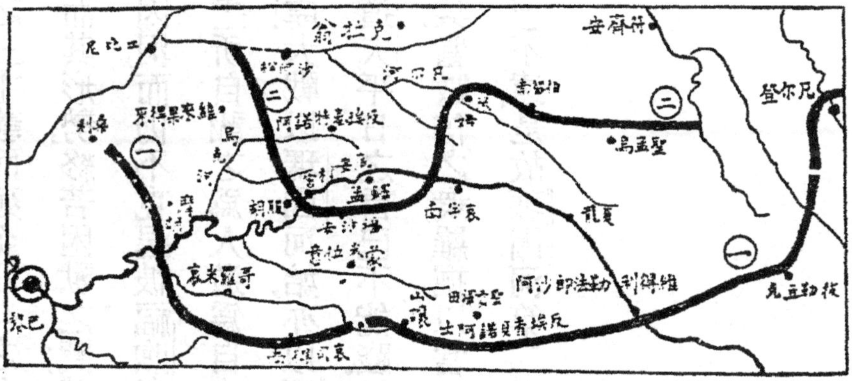

瑪因河兩役戰綫之比較

㊀第一役　㊁第二役

且保存「聯軍」所自詡之爲人道爲自由爲公理而戰之三主義，而延至四年之久，是爲瑪因河第一役。四年之中，德軍雖以屢捷之師，東衝西突，而其形勢，終若困獸之鬭；其卒也萃傾國之力捲土重來，計其士卒，投鞭足以斷流，乃至瑪因河，而仍不克逞。彼福煦者，雖未能聚德軍而殲旃，而其保存巴黎，保存「聯軍」，保存「聯軍」所自詡之爲人道爲自由爲公理而戰之三主義，而延至永久，猶之瑪因河第一役也。烏虖！大戰以瑪因河始，亦以瑪因河終；是河也，其爲一不能飛渡之天塹歟！自此役終，而魯登道夫平日之言，已不能踐。說者謂德軍困鬭四年，已無餘力，魯登道夫於此，縱能策疲乏之兵，當數倍之衆，羅掘以當軍食，奮呼而爭先登，然國內之號寒啼飢者，去析骸易子之期，殆已不遠。是故瑪因河第二役，實爲大戰結束之起點也。

地球之旋轉

（中歐羅巴與世界）

Il 420. Firenze.

意國寓意畫

今昔之感

(大戰前後之德國)

The New York Herald.

美國寓意畫

第二十三章 大戰之結束

第一節 德意志之力竭退師

福煦有言曰：『予之治軍，不知有敗之一字；敗而自承，斯眞敗矣。』又曰：『備戰者卽所以備進攻也。』福之言壯矣哉！然同溯四年來之戰局，「聯軍」屢戰屢北，殊多損折，而法蘭西之受害尤獨鉅。凡北部肥沃之地，實業繁盛之場，旣悉被敵軍蹂躪無餘，而數百萬躐行遂陣之壯丁，又復捐軀原野，長爲國殤；至於都城巴黎，一再被逼，阽危之狀，尤足令選愞之夫，蒼黃失措；而法軍於此，未嘗自承敗狀。今者福煦知德軍兵力已竭，實予「聯軍」以可乘之機，故自七月十八日起，開始反攻，一戰而勝，德軍遂自瑪因河退至哀因河。斯時福煦不欲使德軍稍得休息，亟擬乘時直下，爲一鼓殲敵之策，復於八月八日爲第二次之反攻。此時「聯軍」反攻，則在畢加第。英勞林孫（時已繼高胡爲第五軍軍長）與法代朋南兩軍進攻於索姆河之南，阿米恆之東；德軍僨甚，不堪應戰。十日，英法兩軍乘勝復蒙提第哀；二十七日，復羅衣；二十九日，復納容。同日，法孟强軍於奧士河畔進逼里牢古，又猛攻哀因河畔，進迫沙阿松。至英軍方面，則有平恩軍猛攻畢加第北部；至二十九日，復拔卜姆；九月一

法軍驍將戈路

日，復貝龍；拍魯墨軍猛攻弗郎特，至九月一日，復甘曼爾山。福煦之反攻，自七月十八日始至八月終，每戰輒勝；舉德軍春間所占土地一一克復，并俘敵十三萬人，獲重礮二千尊，機關礮萬四千尊；時德軍已由「興登堡戰綫」絡繹退盡矣，

敗耗傳來，德意志政府，雖知憬悟，爲時已晚；然又不得不爲亡羊補牢之謀。於是德皇威廉二世召集軍政兩界要人於司伯大本營，密籌議和方法。然事有難言者：所擬議和條件，必先得奧匈聯邦之同意；既同意矣，又必須一中立國爲之紹介；且得紹介矣，而又必待「聯軍」之接受：輾轉需時，緩不濟急，而「聯軍」已壓壘矣！德政府於此，故張大其詞，外以慰

前綫之猛士，內以靖蠢動之民心。論者謂此爲一時治標之策。欲得良好和議與預弭境內之革命，非堅守所佔比法兩國土地不可。斯說一出，德皇威廉二世，首相赫得林，參謀總長興登堡一致贊同，惟軍務總督魯登道夫則不贊一詞。彼蓋以軍事計畫之失敗，負負無可言，又以前途茫茫，不可測度，眞有羞見江東父老之狀，宜乎其默爾而息也。

法軍驍將孟強

自聯軍一方面言之，福煦以機不可失，時不再來，乘德軍喪氣之時，爲一鼓蕩平之計，故自七月中下令反攻後，至九月，戰綫之縣亙，已自北海迄於墨士河畔。至福煦之韜略，則分令其部將進擊，倏此倏彼，亟肆以罷之，多方以誤之，使德軍疲於奔命而後已。九月二日，英霍恆軍攻阿拉司東，破特洛古與甘央間之德軍陣綫，而復甘央及諸村落，俘萬人；四日，復郎司，疾趨甘勃來。十二日，美潘興軍攻吳佛平原；翌日，破德軍聖米哀爾陣角，復村落七十，計地百七十五方哩，俘萬六千人，獲礮四百五十尊。自是凡爾登，多爾，囊西間之鐵道，得以通行無阻。而美軍陣勢，由此可以窺德之曼芝礮壘與勃里愛鐵鑛區域。此為美軍獨當一面之始；其訓練之迅速，於茲可見。

「聯軍」自破聖米哀爾陣角，福煦即下令五道進攻：(一)九月十八日，英勞林孫軍與法代朋南軍合攻聖廣丹，於十月一日佔之。(二)九月二十七日，英平恩與霍恒兩軍合攻甘勃來，於十月九日佔之。(三)九月二十八日，比王阿爾倍親率比軍會同法將譚果德英將柏魯墨兩軍進攻提克司密特與以帕間；比軍進薄羅賚；英軍復柏

法軍驍將譚果德

鄉代爾，進攻美甯直逼里爾。（四）九月二十八日，法孟强軍攻奧士哀因兩河間，復夫人路。（五）九月二十六日，法美兩軍開始進攻來姆墨士間：美潘興軍於墨士河畔攻阿而克痕之東；法戈路與譚果德兩軍於香板尼攻阿而克痕之西。

德軍雖且退且戰，然其力已疲；除失地外，自七月十八日以至九月底，被俘軍官五千五百人，兵二十五萬人，損失輜重無算。方謀重整旗鼓，而保軍之在馬西頓尼亞戰場者，忽敗耗紛至。九月三十日，赫德林見事不可爲，辭德首相與普首相兩兼職。越三日而一興登堡陣綫已被攻破矣。德皇命拔騰親王麥克司繼赫任。麥克司者，富於民治思想，德皇蓋特簡之以緩和外內之民氣者也。麥克司組新閣，羅致各黨人才；以前殖民總長索爾夫調任外交總長外，社會黨議員占閣員二：一爲夏德門，一爲鮑胡譪；中央黨議員亦占二席：一爲克勒勃，一爲愛茲保㭗。新閣既成，麥克司又赴下議院宣布政策大要如左：

（一）贊成一九一七年八月一日教宗所提之和議條件。

（二）如國際聯盟果能包含世界各國而以平等爲宗旨者，德意志亦將加入。

（三）以明文宣布恢復比利時。

(四)全部和議成立時，局部和議概予取消。

(五)亞洛兩州得爲德意志帝國內之自治區域。

(六)將選舉法根本改革，立使普及於普魯士。

(七)國內選出之代表內閣負完全責任。

(八)修改條例，擔保集議自由，言論自由，以及別種個人自由。

麥克司宣布政綱後，復於十月初致書威爾遜，請其調停戰事。然關於國際聯盟之政見五條，威爾遜已於九月二十七日宣布於紐約，其大要如左：

(一)不論敵國友邦，須一秉至公，解決戰事，不當稍有偏徇於其間。

(二)解決一切，各國當一致以公共利益爲根據，不得限於一國或數國團體之利益。

(三)在國際聯盟之下，不當復有「同盟」「協商」及別種條約。

(四)在國際聯盟之下，一國或數國間，不當再發生經濟結合，或經濟上之抵制與排斥；惟國際聯盟可以行使經濟上之懲罰而屏棄之，以明統治而嚴規例。

(五)國際間種種條約，當公布全文，咸使周知。

總計十月中，德美兩國往來公文甚多，威爾遜宣言：德意志若不接受和平十四條，不取消「無限制」潛艇政策，不退出侵佔區域，不擯保毀棄德意志之獨裁政治與軍國主義，則「聯軍」決不與休戰。同時福煦又乘勢猛攻。比，法，英聯軍自十月十四日在提克司密特至利司河前綫進攻後，相繼復羅賚，美甯，哥脫來，杜威，里爾，土哥英，羅倍各地。比王亦親率大軍復奧斯登特，勃羅其，徐勃羅其，以迄琴脫附近，而抵荷關邊境。十月二十一日，英軍攻代能之東；十一月二日，復伐倫新；四日，復郎特西；九日，復莫勃其；十一日，復蒙斯。同時孟強軍進次奧士，散爾，哀因諸河之間；十一月八日，逼曼徐安亞，蓋已追德軍至法比邊境矣。至阿而克痕林東，有美潘興軍於十一月六日復山塘；阿而克痕林西，有法戈路軍復符齊安與來端爾，至十一日，戈路，孟強兩軍會師於美齊安亞附近。

自七月十八日至十一月十一日，「聯軍」所向克捷，法境內幾無德軍蹤跡，比境亦所留無幾。其時保加利亞，土耳其，奧匈聯邦又皆覆敗，德意志以「同盟」離散，獨力難支，而大戰亦於是終幕矣。福煦以物理學喻其連續不已之攻擊曰：

『今有一斜陂於此，一球自其頂滾下，如不爲外力所阻，其速率必漸漸增加，而球之下行亦愈速。不幸至中途而受他物之梗阻，則球之動力必盡失，所謂前功盡棄是也。余之攻擊，深明此理而已。』

斯言雖小，可以喻大，如福煦者，誠可謂知兵矣。

第二節　保加利亞與土耳其之乞降

當一九一八年春，德軍大舉進攻之日，保加利亞與土耳其兩國已與「聯軍」諸國潛行磋商和議。彼兩國非好背盟也，外與「中歐羅巴」既時有齟齬，內則軍糈民食，已至山窮水盡，故不得已而爲此下策也。先是，保王斐迭南擬以所得羅馬尼亞之度勃羅劇州增入己國版圖，土政府諸執政，聞保王此舉，亦思染指；且謂我土耳其除佔得俄屬高加索州數地外，保當以脫拉司州見還。奈斐迭南於土保疆界，不願重提；而德奧兩政府，又不欲開罪於土執政，因將保人欲得度勃羅劇一事暫行擱置，留俟後日解決。保人聞之大失望，而疑忌日滋；自是蘇斐亞、柏林之間，遂不若從前之沆瀣一氣矣。蓋保人參戰初意，本欲執近東之牛耳，而不甘爲凱撒、蘇丹之附庸；今若此，不幾事與願違乎？一九一八年春，德意志欲集大軍於西戰場，以爲最後之決戰，因將留駐保加利亞之軍隊悉數西調。（是時保雖有德之第九軍留駐，乃軍官爲德人兵士爲保人。是時「聯軍」馬西頓尼亞戰綫，自沃希利達河以迄愛琴海，而保軍以四十萬人與「聯軍」相持。「聯軍」所以逗遛不進者，實因勝負關鍵，在西戰場而不在保；且雙方戰鬬力又俱不如前日之充足，故皆按兵不動也。

自保加利亞內部言之，平民久苦戰爭，無以給饔飧，士不宿飽，不堪應戰，斐迭南漸失民心；德與勢力漸形消滅。說者謂「聯軍」苟乘此時機幷力進攻，以保人之困頓，可以坐操勝算。又其時親德之拉度斯拉服夫已辭首相職，意志不定之馬利諾夫繼之；馬蓋夙以單獨媾和爲職志者也。至是而形勢遂爲之一變。

保軍之勢日益消，「聯軍」之勢日益長。曩日薩洛尼加之「聯軍」，本爲英法兩國加里波利之敗卒，厥後戍軍逐漸增加，而意軍與塞軍又相繼加入，軍勢爲之一壯；然其力尙不足以破保軍陣綫也。自梵尼瑞洛司與希王康士但丁絕交後，梵所部希軍凡三師加入「聯軍」陣綫。及康士但丁廢，而希軍之加入已增至十師。一九一八年七月，總計馬西頓尼亞前綫之「聯軍」有二十九師：內法八師，英四師，塞六師，希十師，意一師，凡七十二萬五千人。

當一九一八年七八兩月間，正福煦大舉反攻之日。福之意，欲求戰事之速結，非東西並擊不爲功;欲東西並擊,非大敗近東之保加利亞與土耳其,亦不足以解決戰爭.故福煦專力於西,仍分遣法將愛司半來赴馬西頓尼亞,英將阿倫培赴敍利亞,雙方並進,以期與西戰場法軍之反攻爲遙應.

馬西頓尼亞聯軍總司令

愛司半來

愛司半來爲法蘭西名將之一;學識經驗,足與霞飛,加司丹爾諾,福煦,貝登諸名將並駕齊驅者也.當一九一四年,霞飛瑪因河上之捷,雖由加里安尼之奇兵與福煦之反攻,然非愛司半來之使克羅克與皮羅兩軍斷而爲二,則瑪因河之捷,未必能操萬全也.後索姆河,香板尼,哀因河諸役,愛司半來亦嘗與其他名將同著勳績。及一九一八年七月，福煦調基鈲瑪任巴黎衞戍總司令，所遺馬西頓尼亞「聯軍」總司令之職，以愛司半來承其乏。良以愛司半來能經營，多奇謀，其才長於攻；基鈲瑪性堅毅，能猛戰，其才善於守；一轉移間，兩適其用也。愛司半來既抵馬西頓尼亞，巡閱一過，知不修路政，難以行軍，乃於八週之中，修築道路以利運輸，建設廠場以貯軍火，佈置交通機關以靈消息，增架重礮於形勢適宜之地，以便轟擊。迨布置就緒，乃於九月十四日下令進攻保軍陣綫。英希兩軍軍度倫湖附近為右翼；法塞兩軍軍伐達企那兩河畔為中路；意軍軍阿爾巴尼亞為左翼。及戰，中路法塞兩軍，最告奮勇；塞軍尤於一週中前進四十哩。二十四日，法騎兵佔帕里來拍，盡獲保軍輜重；二十五日，乘勝占拔蒲那路及伊希抵拍，迫珂不路魯與烏斯古勃。同時右翼英希兩軍於二十七日進佔司得羅尼察。至是保京蘇斐亞無險可守矣。

保加利亞投降時之戰綫

保加利亞見大事已去，突向「聯軍」以無條件投降，要求停戰。

九月三十日，雙方簽休戰約於薩洛尼加，大要如左：

（一）保軍立即解散；所有軍備，悉交出由「聯軍」看守。

（二）保軍所佔得之塞希兩國土地，立即交還原主。

（三）保加利亞所有種種輸運機關，如鐵道及多瑙河上之船艘，須由「聯軍」支配。

（四）保加利亞之土地，如在「聯軍」軍事行動必要時，須聽「聯軍」處置各要隘亦由「聯軍」駐守。

「聯軍」所定條件，對於戰敗國，至爲嚴酷。保王斐迭南，一國之主，受此挫辱，外既無顏以對「同盟」，內又無辭以自解於國民，卒於十月四日禪位於太子蒲利斯，倉猝去國，而潛形於匈牙利別墅。以近東之雄主，作他邦之寓公，其末路亦可悲矣！至十月十二日，塞軍復入古都尼希。同時意軍向阿爾巴尼亞進行者，先於七日佔愛爾白生，十四日佔竇拉執。十九日，「聯軍」已次多瑙河南岸，亡何，蒙丹尼格羅無復有奧軍蹤跡，而塞軍已攻入波司尼亞矣。十一月初，塞軍遂得復貝爾格拉特。

「聯軍」既進次多瑙河南岸，塞爾皮亞及蒙丹尼格羅均已恢復舊物，影響所及，遂使羅馬尼亞對於蒲加來司脫和約，忽焉反汗；復重整旂鼓，以圖侵掠，愛司半來且率其「聯軍」以援助之，而進窺奧匈聯邦。其影響最大者，土耳其之投降是已。土之得與德奧銜接一氣者，其樞紐乃在柏林與巴格達特間之鐵道；今巴爾幹半島已入「聯軍」之手，而同條共貫之鐵道已中斷，土耳其之形勢，至是已孤懸於「中歐羅巴」之外，其欲不為保加利亞之續也得乎？

敍利亞聯軍總司令
阿倫培

土耳其自一九一七年三月失巴格達特之後，士氣已隳，形勢日非。同年十二月，阿倫培以所統軍隊之一部，奉命西調以禦魯登道夫，故雖進攻土軍而終不能克。土軍亦以海峽子患在肘腋，不暇乘阿倫培之隙。於是阿倫培得乘機佔極里旭，其在柏來斯丁之地位，益為鞏固。

愛司半來大舉進攻保加利亞之日，阿倫

培亦得自印度來之新軍以爲之助，乃於九月十九日大舉進攻，其戰綫自拉發至海邊可十六哩，其右翼軍喬但河濱，以重礮轟土軍陣綫，誘土軍疾馳赴援，阿倫培乘土軍之虛，乃命其左翼騎兵，突然衝過其陣綫，土軍大亂。翌日，英軍抵拔生與那薩利脫；二十三日，佔海發與阿克；二十六日，抵加利來海，佔抵貝利亞司。至喬但河以東之土軍，則爲海夾子軍盡驅而南，與河西之土軍斷而爲二。十月一日，阿倫培與海夾子王儲並轡入大馬士革，而土之拉耶克倍路脫，脫里波利及霍姆斯相繼失。十月二十六日，英軍佔阿來

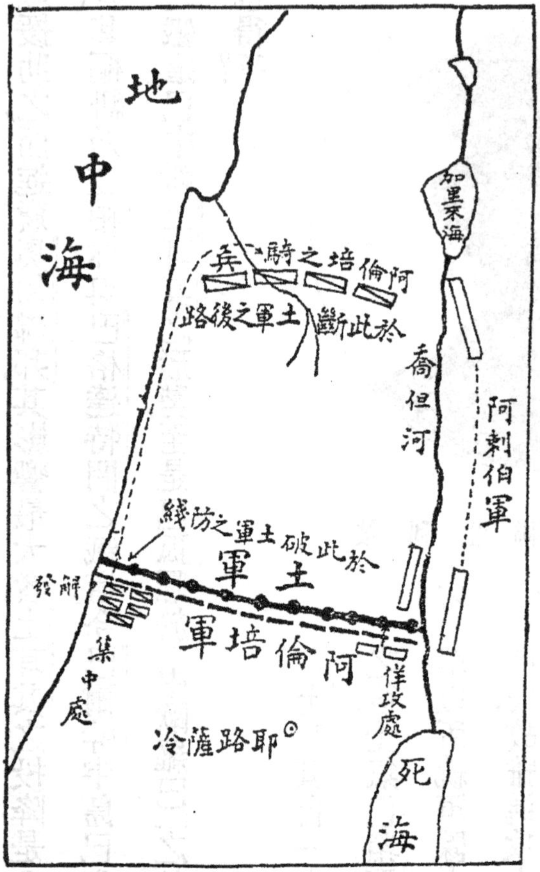

英軍進攻土耳其一

卜後，德將桑達斯率土軍官遁亞歷山特來太。綜計五週中「聯軍」在柏來斯丁與敍利亞

北進三百哩,俘八萬人,獲礮三百五十尊.土軍既潰,巴格達特鐵路亦斷;土耳其除乞降外,無他道矣.

英軍進攻土耳其二

時英將馬夏爾所部軍由米索波泰米亞進窺木蘇耳;愛司半來亦自馬西頓尼亞乘勝迫阿突利亞堡,土京告急.先是摩哈默特五世於七月三日殂,摩哈默特六世於十月十日繼位.及「聯軍」逼近時,執政諸青年恩佛他拉脫等見事不可為,聯袂辭職.摩哈默特六世遂於十月十四日乞和於威爾遜,威諾之.土政府乃遣湯司漢先詣愛琴海英軍司令加爾宿拍處接受條件;湯司漢者,英降將也.(見第十三章第四節)旋土全權代表與加爾宿拍議於來姆諾司之摩得洛司.十月三十日,訂休戰約,大要如左:

(一)達特奈耳,抱斯福,黑海三處皆公開.

(二)土耳其軍隊悉行解散。

(三)土軍所俘「聯軍」士卒悉交還。

(四)土耳其與德奧斷交。

(五)土耳其境內許「聯軍」爲軍事上之行動。

保加利亞屈服於前，土耳其又乞降於後，「中歐羅巴」之勢，半歸渙散。說者謂德意志控制近東凡三載，一旦見攫於「聯軍」之手，行百里者半九十，古人所以深歎末路之難也！保土兩國，旣相繼乞降，至是而奧匈聯邦愈岌岌矣。

第三節　奧匈聯邦之瓦解

奧匈聯邦之瓦解，醞釀於保土兩國未降以前。曩者，西戰場德軍之謀大舉也，聯邦中苦壓制諸民族，若「捷克斯洛伐克」，若「南斯拉夫」，若「魯舍尼亞」，若「羅馬尼亞」等，莫不要求自治；久之而更進一步，則又欲脫離聯邦而獨立，或加入同族之一國。其時著名大城，如不拉格，阿格拉姆，來拔希克拉可夫，來姆堡等，凡爲上列各民族所麕集者，亦復聞風興起，如響斯應。甚至向之僑居於巴黎，倫敦，羅馬，華盛頓各地者，亦各遙爲聲援，不謀而合。軍隊逃兵，日益增多。而「聯軍」各國，復用是種民族，組成義勇軍，使効用於西戰場或俄羅斯，以樹「中歐羅巴」之敵焉。

回憶一九一七年間，「波蘭」族之激昂，不若此際「捷克斯洛伐克」與「南斯拉夫」兩族之甚，良以受治於漢帕斯堡皇朝之下之「波蘭」族，絕無何種壓迫；而一九一六年十一月五日，德奧兩皇之詔令，特許設立王國，尤足羈縻「波」人反側之心；即散特勒總理之暫得操縱下議院，亦無非由此。迨一九一七年初冬，德意志以袒護烏克蘭，致「波」屬之可爾姆州，爲烏所併。奧匈聯邦對德人此舉，惟命是從，不敢可否。於是「波蘭」人之懷恨德人者，亦遂遷怒於奧匈矣。畢爾坐斯基將軍者，「波蘭」領袖之一，本抱袒奧宗旨，至是以反對「中歐羅巴」故，被德人禁錮於境內。哈勒，奧軍上校也，自勃來斯脫里脫夫司克和議成後，挾「波」人之列名尺籍者，棄甲而加入「捷克」軍隊，復赴法，爲新設之「波蘭」義勇軍軍長，以與德軍相見於西戰場。又奧匈聯邦下議院中之「波蘭」議員，與「捷克斯洛伐克」「南斯拉夫」之議員聯爲一氣。奧政府以反抗之舉，紛至沓來，倉皇無措。至一九一八年五月四日，國務總理散特勒遂請奧皇以明令解散下議院。

時復有所謂「大斯拉夫」公會者，實爲奥匈聯邦之勁敵。一九一八年一月開會議於不拉格，同年三月開會議於阿格拉姆，至七月開會議於來拔希。所議決之事件，不外脫離奥匈以謀獨立而已。然在奥匈境內而謀獨立，不免多方牽掣，後乃由意政府之庇賴，於一九一八年四月十日開大會議於羅馬；蒞會者有「波蘭」「捷克斯洛伐克」「南斯拉夫」「羅馬尼亞」諸民族代表，宣言如左：

（一）各民族宣言應先自決其國家之存在，或統一，或完全獨立。

（二）各民族當知奥匈聯邦，無異德意志之附庸，尤爲各民族獨立政府及將來自由發展之絕大障礙。

（三）本公會認與公敵有宣戰之必要。

此宣言發表後，奥匈聯邦下議院「捷克斯洛伐克」及「南斯拉夫」諸議員，表示一致，以爲遙應；而「聯軍」對之，亦予以相當之贊助。先是一九一七年，法蘭西在西戰場組織「波蘭」及「捷克斯洛伐克」軍隊，承認其爲交戰團。一九一八年四月二十一日，意大利承認「捷克斯洛伐克」之國務會議爲正式政府，並置「捷克斯洛伐克」軍隊於比亞佛河前綫，以抗奧軍。五月二十九日，美利堅國務卿蘭辛宣言：美利堅政府對於「捷克斯洛伐克」及「南斯拉夫」之民族，有因求自由而奮鬬者，當予以同情。六月五日，「聯軍」開第六次會議於凡爾塞，法，英，意首相均列席，議決設立波蘭獨立國，幷予以通海之路，為公正和議之一條件；對於「捷克斯洛伐克」「及南斯拉夫」兩民族，則與美國務卿具有同情焉。又其時「捷克斯洛伐克」兵一戰於法蘭西，再戰於意大利，三戰於俄羅斯。（見本章第五節）「聯軍」諸國：法於六月三十日，英於八月十三日，美於九月二日，日於九月九日，對於奧匈聯邦未瓦解之先，已承認捷克斯洛伐克為獨立國云。

是時奧匈聯邦政府何如乎？戒嚴令也，逮捕令也，停止出版也：總言之，百方維持秩序。又德軍西戰場之大攻擊，奧亦出兵相助；彼蓋期德軍之必勝，勝則假其力以平內亂，其事或可預信。然德軍之勝負不可知，果其勝也，奧當不至失望。不然，德意志敗矣，其為德意志如故也；奧匈聯邦之瓦解，其能免乎？

無何，「中歐羅巴」之敗耗續續至。德軍以力竭故而引退，保加利亞與土耳其亦相繼乞降。由是愛司半來所率之「聯軍」已抵多瑙河上，且攻入波黑兩州。敵軍所至，蹙國百里。顧其時最足以制奧匈聯邦之死命者，爲提阿士所率之意軍比亞佛河與哀爾拍山間之反攻是也。十月二十四日，意軍乘奧軍不意，突攻革拉伯山間。同時英軍一隊攻比亞佛河下流，法軍一隊攻阿西阿果高原。三十日，意軍復革拉伯山。於是奧軍平原與山間之兩大軍，被截爲兩段。十一月一日，平原之奧軍爲意軍窮追而大潰。三日，意軍佔脫倫脫與脫里安斯脫，再進復烏定。計十日間，奧軍被俘三十萬人，失礮五千尊，已不復成軍，而奧匈聯邦瓦解之朕兆見矣。

先是，十月二十九日，奧匈聯邦外交總長安得拉喜電美總統威爾遜，謂奧匈政府當承認聯邦境內各民族之權利，可不待德意志同意，先行單獨媾和，並請美總統轉告「聯軍」，即行休戰。三十一日，奧匈聯邦政府卒遣代表詣提阿士大本營，以無條件投降。十一月三日，休戰約成，大要如左：

(一)奧匈聯邦軍隊，立卽解散；與德軍合作之奧匈軍隊，亦立卽召回遣散；所有礮之半數及輜重，悉交由「聯軍」保管。

(二)奧匈聯邦軍隊，立退出侵佔地；并在與「斯拉夫」及「意大利」兩民族所爭執地，亦概行退出，以「聯軍」代之。
（三）「聯軍」佔奥匈聯邦境内之軍事要隘及輸運系統。
（四）奥匈聯邦政府，立飭聯邦境内以及巴爾幹與意大利戰場之德軍退出。
（五）被俘「聯軍」兵士，立遣歸國。
（六）「聯軍」商船之被扣留或俘獲者，立行交還。
（七）奥匈聯邦，立將戰鬭艦三艘，巡洋艦二艘，毀滅艦九艘，魚雷艇十二艘，礮艇六艘，及潛艇十五艘等，交予「聯軍」。
（八）「聯軍」得管理多瑙河，并佔領卜拉。

奥匈聯邦，不待休戰約之簽字，已分崩離析，不堪回首矣。境内諸民族之臨時政府相繼成立，時內閣亦辭職，喀爾任拉馬齊為總理；拉蓋一教授，而常撰反對戰爭之文字者也。然亦專司交付之手續而已。

由奥匈聯邦分崩中起而為第一新興國者，曰捷克斯洛伐克。初，「捷克斯洛伐克」民族已於十月十八日在巴黎宣布獨立，二十九日，開捷克斯洛伐克國務會議，議長克拉瑪茲

捷克斯洛伐克總統麥薩利克

宣布取消喀爾之波海米亞，摩拉維亞，西來細亞及斯洛伐克王位，而改設捷克斯洛伐克共和國。十月終，捷克斯洛伐克代表團二，一自不拉格，一自巴黎，分道集日內瓦開會議，草憲法，舉麥薩利克為臨時總統。十一月，開第一次國會，卽借不拉格為召集地，批准麥薩利克為總統，並委克拉瑪茲為總理。

波蘭者，昔為俄，普，奧三國所瓜分，至是亦重見天日，光復舊物。當奧德兩國之革命也，波蘭人之在奧之加里西亞與德之西來細亞，西普魯士，撲順者，一致宣言與舊俄屬波蘭合作。未幾，又迎由德釋囘之畢爾坐斯基返故都華沙，十一月十四日，舉之為臨時總統，伯特來夫斯基（著名音樂家）則任為總理焉。

南斯拉夫之統一，至是亦成為事實：合斯洛文尼亞，克魯西亞與波黑兩州之塞爾皮亞

波蘭總統畢爾坐斯基

波蘭國務總理伯特來夫斯基

人組南斯拉夫國務會議於阿格拉姆。十月二十九日，克魯西亞議會宣布否認喀爾帝及達爾馬西亞，斯洛文尼亞，阜姆與奧匈聯邦分離，而與塞爾皮亞，蒙丹尼格羅聯合；自衣松蘇河至伐達河之「南斯拉夫」族人，共組一獨立南斯拉夫國。十一月七日，塞首相柏希起，奧下議院塞籍議員「南斯拉夫」領袖柯洛希茲，「南斯拉夫」公會倫敦支會長脫龍別起開會議

南斯拉夫攝政王亞歷山大

南斯拉夫國務總理柏希起

於日內瓦。其時克魯西亞及斯洛文尼亞以與塞爾皮亞異其宗教，而斯洛文尼亞人主張建設共和國，尤與塞人不能一致。其卒也，克魯西亞與斯洛文尼亞代表各犧牲其宗旨，爲「南斯拉夫」民族一致之主張。十一月二十四日，南斯拉夫國會開會議於阿格拉姆，正式宣布南斯拉夫王國，舉塞爾皮亞王彼得爲南斯拉夫王，王儲亞歷山大爲攝政王，柏希起爲國務總理，格洛希茲爲副總理，脫龍別起爲外交總長．其時蒙丹尼格羅亦爲南斯拉夫分子，以蒙王尼古拉無可位置，於十二月一日由蒙國會表決廢王，實行歸併於南斯拉夫王國，南斯拉夫之統一始告成．

捷克斯洛伐克，波蘭，南斯拉夫旣由奧匈聯邦分裂而出，德蘭西耳伐尼亞與蒲果維那兩州亦準備併入羅馬尼亞．至推米斯伐爲羅塞兩國所爭地，加里西亞爲波蘭與烏克蘭所爭地，亦皆脫奧匈聯邦之羈勒云．

卽當時之匈牙利，亦不願再與奧大利合作．十月二十八日，布達佩斯民衆實行一不流血之革命，要求匈牙利獨立，自行建設共和國．十一月一日，前首相鐵察突爲兵士刺死，而匈牙利之獨立益無阻礙．二日，獨立黨領袖喀老利在議會宣言曰：『喀爾王已取消匈牙利人對彼之盡忠宣誓．至異日匈牙利應採取何等政體，一聽諸匈牙利人民自行表決之．』十六日，匈牙利正式宣布獨立，改爲共和國，喀老利被選爲總裁焉．

不特匈牙利已也，奧大利亦不願再爲君主國．十月三十日，維也納學生工人羣集國會前，要求廢棄漢帕斯堡皇朝，改政體．時有軍官某突呼其侶將所戴軍官帽上之帝國帶結除去，一時附和極衆國會中高懸之皇旗亦遭扯下，民勢大張。喀爾卒於十一月一日下遜位詔，其文曰：

『朕自卽位以來，適當大戰，時時欲救吾民於水火而登之衽席；且欲修正憲法，以利民而福國。朕對於所統治之各民族，始終愛護，決不阻其自由之發展。嗣今將使奧大利另行組織一國，其責任當委之民選之代表，朕決不少有干預。朕但願奧大利國民，在此新政府之下，當力泯畛域，和衷共濟，以謀復已傷之元氣，享他日之幸福，朕實有厚望焉。』

奧大利國務總理倫納

詔令既下，越三日，議會宣布奧大利共和國。翌年二月，「日耳曼」民族之奧大利國民四百萬，無論男女，皆得參與選舉。三月，新國會開會，社會民主黨首領薩安茲被選爲總統，倫納爲總理；至是而喀爾遂出走瑞士矣。

奧大利民國成立，漢帕斯堡皇朝相傳六百餘年之統緒，遂告終於喀爾之手。歐洲最古之皇朝，向之盛極一時者，至是忽一落千丈。猶憶奧皇兼聖羅馬帝國皇號時，有不可一世之概；列侯分峙，莫敢與京，當時號稱極盛。自皇軍沃斯丹利茲一役，漢帕斯堡雖日以衰弱，然至大戰時，猶足宰制世界，號稱八大强國之一。今則已矣。奧匈聯邦之故土：有畫歸羅馬尼亞而成大羅馬尼亞者；有併於塞爾皮亞而成南斯拉夫者；有曩時瓜分於俄，德，奧之波蘭土地而一一還之於波蘭人者。又有新建設之三共和國：曰捷克斯洛伐克，曰匈牙利，曰奧大利。奧大利於是時，僅擁有舊日奧匈聯邦西部一隅之地；昔爲大帝國，今則等之小朝廷矣。古人喻兵於火，不戢自焚，觀之奧匈聯邦，較然可見。且至是而「中歐羅巴」四國中堅强不屈者，惟有一德意志。吁！亦僅矣！

第四節　德意志之求和及其革命

保加利亞與土耳其兩國相繼敗衂，一片降幡，旣已隨風飄颭，而奧匈聯邦又復一敗塗地；斯時之德意志，孤軍深入，獨力難支，已無可諱。果也外而力竭之兵，退自比法；內而革命之聲，傳遍全國。十月二十六日，魯登道夫以精力已竭，辭職去，政府以格勒納承其乏。至三十日，興登堡亦知事不可爲，上書政府，其言曰：

『自馬西頓尼亞敗耗傳來，同時吾西戰場豫備兵亦漸告罄，無法補充。以今日大勢觀之，敵人之力日益充足，我已不能使彼俯首聽命。蓋欲抵禦敵軍連續不斷之攻擊，非我軍有極大之團結力不爲功。無如我軍地位已極動搖；若至萬不得已時，亦惟有行其自然而已。蓋今日我國之情形，卽犧牲兵士千萬，亦殊無益。欲救我德意志及我同盟國人民，一言以蔽之，惟有停戰而已。』

觀夫興登堡之言，可以窺見德軍此際之實力矣。矧當是時，四境之內，紊亂不堪；人民要求和平而外，復以飢餒故要求食物。又美總統威爾遜往日有願與德人民議和之宣言，於是國人厭亂之心，不謀而合；革命黨人一再舉義。一九一九年十月三十一日，海軍艦隊將士，突奉出港命令，疑爲赴戰。戰鬬艦「多林根」號上尉某因召集全艦兵士，曉以大義，誓必殉國。兵士聞之，非惟不願効忠於霍亨佐倫皇朝，且公舉代表進謁司令，有所要挾，方談判時，兵士忽將各蒸汽鍋下之火，盡行熄滅，艦不能行；又慫慂同泊是地之戰鬬艦「海里果蘭」號，速謀響應，不轉瞬而兩艦盡叛。時第一艦隊司令某竭力壓制，且將轟擊兩艦；兩艦兵士頗爲所懾，遂被解至威廉哈文待訊。然其時他艦隊相繼起義者，已有不可遏抑之勢。歷一晝夜，各艦兵士及威廉哈文之海軍衛戍隊，在在起事；而基爾，柯克司哈文，勃龍蒲丹爾，愛姆頓，留培克亦相繼樹赤色旗幟。德皇介弟海軍上將亨利親王逃出基爾。至十一月二日，德艦隊什九盡入革黨掌握，而基爾愛姆頓之海軍根據地，亦相繼失守。柏林孟興諸大城之社會黨，亦思乘機而動矣。

先是，德總理麥克司於十月二十七日電美總統威爾遜，謂現政府確能代表德意志人民，要求停戰，即往日專橫之軍界，今亦服從云云。十一月五日，威爾遜復書，謂「聯軍」各國，已以全權畀福煦上將，與德代表商停戰，將來和議，當根據威氏一九一八年一月國會之演辭及嗣後陸續之宣言。六日，愛茲保格偕德代表團道法軍陣綫而抵工比尼東八哩之來東特。德代表入福煦花車，接受條件。時福煦而外，有英海上參謀總長惠米司，蓋爲接洽關於海軍事項者。凡由福煦提出之條件，僅有接受與不接受之兩途，期以七十二小時爲限。十一月十一日晨五時，德代表簽字於休戰約。亡何，而各戰場皆停戰矣。約之大要如左：

(一)德軍須於十四日內退出比利時，法蘭西，亞爾薩司，洛蘭及盧森堡。

(二)德軍須於一月內退出來因河左岸，「聯軍」得由來因河之橋端麥因茲，可勃倫茲，可洛尼前進右岸三十粁。

(三)取消勃來斯脫里脫夫司克及蒲加來司脫兩和約；德軍須退出俄羅斯，羅馬尼亞，奧匈聯邦與土耳其各地。

(四)德意志由俄羅斯羅馬尼亞兩國所取得之金幣，交予「聯軍」保管，至和議告成爲限。

(五)德軍艦及潛艇概行交出，由「聯軍」看守；並交出軍用自動車五千輛，火車頭五千箇，火車十五萬輛，飛機一千七百具，重礮五千尊，機關礮二萬五千尊。

(六)「聯軍」對德之經濟封鎖如故。

(七)德意志所俘「聯軍」兵士，悉數交出。

休戰期限，原定一月；期滿續延，略有更動，以翌年凡爾塞和約簽定時爲止。無何，「聯軍」自德代表接受休戰條件後，卽長驅越比京勃留塞耳，入盧森堡，抵薩爾勃留根及亞爾薩斯方面之來因河。十一月十三日，比王阿爾倍躬率比軍復琴脫；十九日，復盎凡斯；二十二日，重入故都。法軍統帥貝登於十一月十九日佔曼芝，升擢爲上將；二十五日，與「聯軍」統帥福煦同入司脫拉司堡。時人以比利時土地落於德人之手凡四載，今則歸諸故主，若去

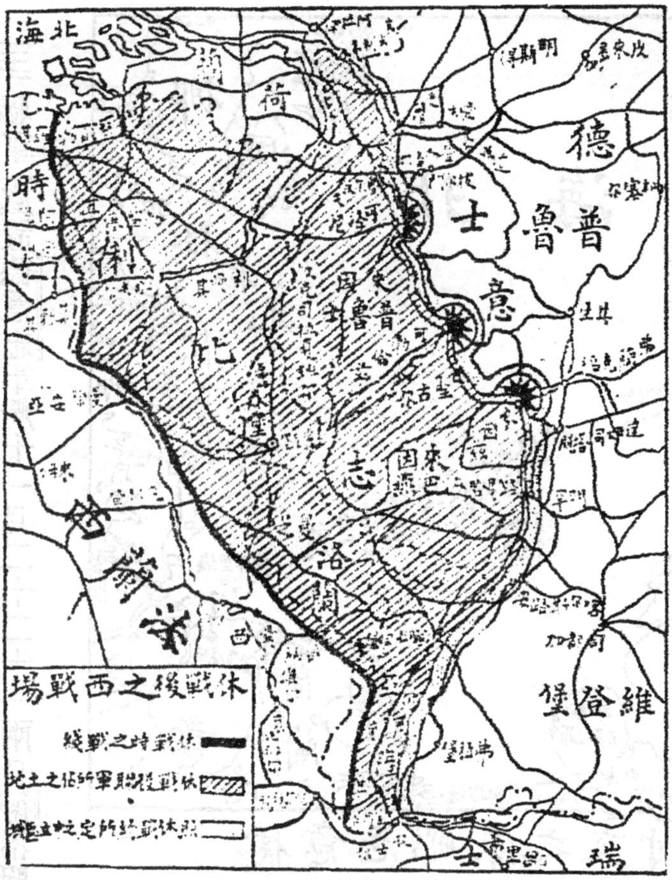

珠之復還；亞洛兩州見割於德人凡四十八年，今仍舉以畀法，似完璧之歸趙：誠快事也。迨至十二月中旬，法軍前進百七十哩，英軍百五十哩，美軍百六十哩，比軍百六十哩；英軍管理可洛尼一帶，美軍管理可勃倫茲一帶，法軍管理麥因茲一帶。

至「聯軍」處置德意志軍艦，十一月二十二十一兩日，德潛艇三十九艘駛至哈惠起歸

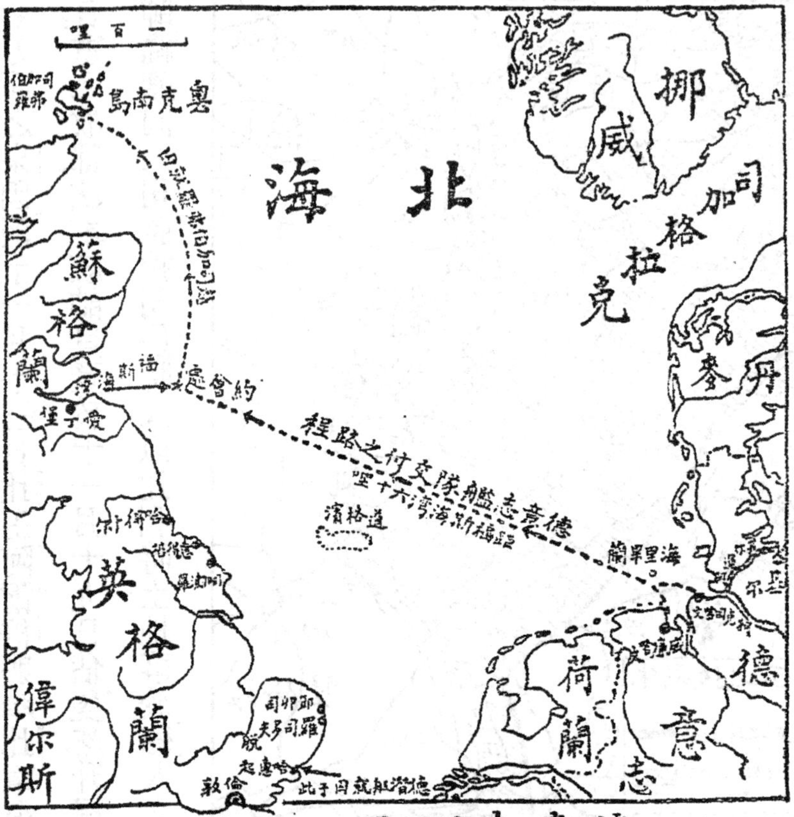

德意志艦隊之交付

英將泰利脫收管。二十一日，德勞得少將率無畏艦九艘，（「大弗來得里」，「阿爾倍王」，「凱撒」，「皇儲威廉」，「皇后」，「巴燕」，「侯爵」，「攝政王路脫卜爾」，「大主選親王」）戰鬬巡洋艦五艘，（「散得利茲」，「特弗令格」，「風代湯」，「興登堡」，「毛奇」。）巡洋艦七艘，（「喀爾斯路安」，「弗蘭克福」，「朋堡」，「勃

羅末,「可洛尼,」「勃來門,」「勃來姆養.」)驅逐艦五十艘,計四十一萬噸,概行交出;惟一驅逐艦中途觸水雷沉沒.大隊既抵福斯海灣口期會處,英海軍統帥弼德傳令英軍艦導德艦往奧克南羣島中之司加伯弗羅而禁錮焉.嗚虖!德意志艦隊之實力,非不足與英吉利頡頏於海上,特德當局以陸軍為天下雄,果能用我之長,擊人之短,其取勝如操左券,雅不欲以海軍作孤注之一擲;迨陸軍失利,而海軍又復騷動,縱使勉力一戰,軍心已不可恃,況謀變之事相繼而來乎?談者謂竇畢茲以二十餘年之精力,造成世界第二等强大之艦隊,意蓋欲一戰而取英吉利海上之霸權也;乃未鏖赤壁之兵,竟喪「餘皇」之艦,竇畢茲誠有不堪回首者矣!

德意志至此,陸軍退矣,海軍降矣,質言之,帝國之賴以橫行於世界者,已盡失其所恃矣.自西戰場觀之:比利時已恢復故土;法蘭西已重得亞洛兩州,來因河右岸,又為「聯軍」置成矣.自東戰場言之:波蘭兵正大舉進攻撲順與丹濟;捷克斯洛伐克已佔領上西來細亞;羅馬尼亞已否認蒲加來司脫和約而加入「聯軍;」君士但丁堡已在「聯軍」艦隊威權之下;多瑙河畔,且為愛司半來以重兵相壓矣.回想當年,誠不勝今昔之感也!

當休戰約未簽前數日，德意志人民始悟敗衂之影響，及恥辱之將至，咸一致歸咎於霍亨吒論皇朝，力迫威廉二世退位，勢頗洶洶。威廉二世不得已離柏林，赴司伯大本營。顧其時海軍既叛，民勢益張，極端社會黨領袖里勃克耐希脫復爲大規模之革命運動，德意志聯邦南部巴燕等又爲分立之呼號。社會黨領袖夏德門遥電德皇，謂其同黨之舉動，彼不能再負責任。十一月八日，巴燕社會黨領袖埃士納與黨人廢路易王，改爲巴燕共和國，幷電德皇不再受任何君主政體之約束。德意志首相麥克司再電德皇，勸其早日遜位，以順民意。時威廉二世雄心未死，尙欲率其軍隊馳赴柏林，剿滅各路民軍，幸爲興登堡所阻，遂不果。與之言曰：『軍心已亂，陛下一身之安全，且不能保，遑謀再舉乎？』威廉聞之，遂於十一月九日與隨侍武官數人逃往荷蘭；不數日而皇儲弗來得里威廉往從焉。皇帝與太子既離德境，首相麥克司親王遂發表宣言如左：

『我皇帝已決定遜位，由首相暫攝國政，至遜位詔下後，皇太子亦將宣布不復繼承大統。至正式攝政之一人，我皇帝已屬意下議院議員愛勃脫任之；幷冀其早日頒布普遍選舉，召集國會，藉解決德意志最後之政體及他民族之願加入德意志版圖者。』

自此宣言發表後，德意志境內之喧譁益甚；來因與凡斯脫法利亞諸州實業區域，尤似燎原之火，不可撲滅。皇室表號，均遭毀裂；赤色旗幟，觸目皆是；亨堡，勃來門，來伯齊西諸大城均同時參與革命。至於柏林，十日晨九時起全城忽然罷工。兵士數千人，咸手赤色旗幟，乘裝甲自動車蜂擁入市；各廠工人相繼聯合。既而水兵三千，來自基爾，加入民軍，聲勢益盛。於是柏林之官廨之街衢，以及橋梁車站，盡爲工人所佔。倏忽之間，皇室徽號，已一變而爲赤色旗幟。萬聲喧豗中，下議院前突有向衆報告，舉社會民主黨領袖愛勃脫爲首相者，一時歡呼之聲，不啻雷動，而德意志革命之勝利，已由電浪傳遍世界矣。或謂社會民主黨之勝利，乃得之舊教派之中央黨及新教派之自由黨兩方之助力云。

九月之中，德意志聯邦君主盡被推翻，列表如左：

君主名	邦名	尊號
威廉二世兼德意志聯邦皇帝	普魯士	王
路易三世	巴燕	王
威廉二世	維登堡	王

弗來得里沃古斯脫	薩克遜	王
弗來得里二世	拔騰	大公
弗來得里弗蘭茲	曼克倫堡希惠林	大公
弗來得里沃古斯脫	沃爾登堡	大公
威廉恩斯脫	惠瑪	大公
阿鐸爾夫弗來得里六世	曼克倫堡斯脫來茲	大公
恩斯脫	勃龍司惠克	公
查理斯愛德華	薩克斯戈堡古他	公
愛德華	恩哈爾脫	公
恩斯脫二世	薩克斯沃爾登堡	公
朋那特	薩克斯孟寧琴	公
來沃卜爾	里彼	侯
亨利二十七世	勞安斯	侯

弗來得里	伐爾代克	侯
阿鐸爾夫	休姆堡里彼	侯
翬丹	希伐茲堡羅度司堵脫	侯

自威廉二世抵荷蘭，荷蘭故人朋丁克伯爵館之阿曼龍根別墅。皇儲弗來得里威廉亦旋赴維爾林根。荷蘭人民對於政府此舉，頗多不慊；而在朝要人，或慴於「聯軍」之戰勝，慮以逋逃藪致人責讓，亦嘖有煩言。獨荷女王威爾罕米那之偶配亨利親王爲德人，又與德廢皇威廉二世誼關姻婭，當道且多親德派，故威廉二世父子得爲一時寓公。然別墅四周，均有武裝警察，更番守衞。廢皇不得越園外一步，僅日以伐木爲消遣，丁丁之聲，時聞於外；較之往日不可一世之氣概，今昔之感，能無慨然！至德意志境內

德廢皇寄寓荷蘭之別墅

外人民，尙以未見德皇遜位詔，激昂異常；「聯軍」亦大爲不滿，遂向愛勃脫政府要求德皇簽遜位詔，以安內外之心。德皇乃於十一月二十八日簽遜位詔，越二日而公布於柏林，其文如左：

僑居荷蘭之德廢皇

『在此文上，朕聲明永久放棄普魯士王冕及德意志聯邦皇冕。朕同時取消在德意志帝國及普魯士王國以內之文武百官陸海兩軍對於朕盡忠之宣誓。朕更希望彼等對於德意志帝國有新組織，以保護德意志人民，不爲無政府黨與饑荒與外國勢力所蹂躪也。』

德太子弗來得里威廉亦於十二月一日自維爾林根簽永久不繼承大位書，其文如左：

『自皇帝下遜位詔後，或因他種關係，繼承問題，必且及余，余今正式宣布永久不復繼承普魯士王冕與德意志皇冕也』

德意志之君主，既相繼去矣；當日陸海軍大將之歸宿又何如？魯登道夫百戰百勝而有最後之一敗。語有之：『常勝之家，難與慮敵』，其說信矣。魯既尸其咎，自不能見容於民主政府之下，卒乃赴瑞典，依其外祖父家而資休養焉。竇畢茲手創海軍，迭著勞勩，而戰功未奏，艦隊投降。彼固不必引咎，然以堅持「無限制」潛艇政策，致美利堅憤而參戰，無端樹一强敵，敗機已兆，叢詬滋謗，百喙難辭，卒乃割其美髯，出走瑞士焉。麥耿生自羅馬尼亞取道匈牙利回國時，匈總裁喀老利暗受「聯軍」意旨而逮捕之。有覩其被執時情狀者，謂麥與喀問答時，悲憤交集，幾至垂涕；對於彼國執政，且以為棄予如遺，頗多怨望。麥氏為階下囚者數閱月。其餘諸大將，或被拘囚，或自竄伏，淒涼末路，大率相同。惟興登堡身統大軍遠戍國外，坐鎮如故。其言曰：『余不願離我軍隊，所以防我國之不測也。異日班師而後，遣散卒伍，盡我本分，行將解甲歸田，以終我天年耳。』興之言如此。又當德意志新政府成立時，興復上書，願受驅策，推其心，但知有國，不知有君，故雖在德意志共和政府之下，猶為全國人民所崇拜，亦可謂矯矯不羣者矣。

是時之德意志，外患亟矣，復有內訌。內訌者何？國事改造之意見每每不能一致；約計分爲三派。一爲復辟派：舊日之貴族與將領，鑒於己國突然失敗，莫不歸咎於執政；又恐其個人權利，從此消滅，時時望死灰之復燃，此蓋以復辟爲宗旨者。一爲共產派：極端社會黨首領里勃克耐希脫者，以爲革命必須徹底，欲徹底，非由無產階級當國不可；他如資本家與地主，皆在撲滅之列，不僅芟除貴族已也，其法悉仿俄羅斯。時獨立社會黨領袖哈山朋司登，考次基等既表同情，而巴燕總理埃士納及駐德俄大使拉台克亦均予以援助，此蓋以共產爲宗旨者。一爲緩和派：卽現在諸執政是也，其中堅皆社會民主黨分子，如愛勃脫，夏德門輩，尤得基督國民與民主兩黨之輔助；基督國民黨爲前中央黨之改名，民主黨乃前進步黨之急進分子，及前國民自由黨之左翼所合併而成者也。

初，愛勃脫政府於十一月三十日宣布臨時選舉律，於未來之國會選舉，用隱名投票法。凡德意志國民，年齡滿二十者，不論男女，均有選舉與被選舉權，惟但書被選者姓名而不書選舉人姓名，解決未來之國是新律也。乃極端社會黨領袖里勃克耐希脫與女黨員盧森堡殊不謂然；二人主張以無產階級膺國是，且預組織「斯巴達古司」團，以備一旦武力

德國極端社會黨領袖
里勃克耐希脫

解決之用。斯巴達古司者，古脫拉司劍客，當西曆紀元前七十三年時，曾率被壓迫之民衆反抗羅馬，數獲勝利，兩載後力竭戰死，史家每樂道之。里盧二人之組織此團，蓋有所取義也。至是新國會選舉行將告竣，（一九一九年一月）「斯巴達古司」團得柏林警察之助，突然起事；然終以衆寡不敵而敗，此團員數百人盡戰死。至一月十五日，里勃克耐希脫與盧森堡遭暗殺，「斯巴達古司」團遂失敗。十九日，新國會選舉，得告完成焉。

同年二月六日，德意志新國會開會於惠瑪，緩和派占三百三十二席，內社會民主黨一百六十四席，中央黨九十一席，民主黨七十七席。其餘國民黨三十四席，獨立社會黨二十四席，無黨派者七席，與緩和派之三百三十二人，立於反對地位。然六十五人中，又互相水火，議員中有女子二十八人，爲德意志女子參政之始。十一月，國會通過臨時憲法，並舉愛勃脫爲臨時總統，委夏德門組織內閣；閣員之中，社會民主黨七，中央黨三，民主黨三，獨立社會黨一。

德意志總統愛勃脫

新政府雖規模粗具，而國內紊亂之狀，依然不堪言喻。二月二十一日，巴燕總理埃士納爲復辟黨所刺，舉國騷擾。新政府雖力持鎮靜，而復辟共產兩派，各標異幟，已伏將來反抗之機。尤可慮者，「聯軍」各國，乘戰勝之後，盛氣陵人，層層壓迫；至於國內，戰事雖停，而民仍患餒，困苦之狀，不堪縷述；國之可勝而不可敗也，於此可見已！

第五節　俄羅斯之別開一局

縱橫「歐陸，不可一世」之德意志帝國，經四年餘之血戰而敗於一旦；說者以「德之軍隊無力應戰，故有此不可收拾之狀。」信是說也，顧何以數十年來所編

德意志國務總理夏德門

練之海軍，忽一旦而倒戈？又何以輦轂之下之各大城鎮，一旦而競立赤幟？是必有絕大之潛勢力充塞於其間，促國民反動之機而速其獨立者。勢力維何？殆即傳自蘇俄之社會主義乎？宣傳愈廣，革命愈烈。執是以言，「聯軍」之勝德，蘇俄政府亦與有力。爲「聯軍」計，方將感激之不暇，而斯時之俄羅斯，反不能博「聯軍」之歡心者，亦自有說。俄之當國者，皆爲無產階級，視他國之貴族專制資本壟斷者，有若冰炭之不相投，故蘇俄政府者，不惟「中歐

羅巴」諸國惎之,即「聯軍」諸國亦惎之.緣是休戰以前,俄受「中歐羅巴」與「聯軍」兩方之威脅;休戰以後,復受「聯軍」四面包圍之策.幸蘇俄政府,奮鬬經年,始得於國際間鞏其勢力,內則爲共產主義之試驗室,外則爲異日階級戰爭樹先聲,是誠有史以來所僅見,吾故名之曰俄羅斯之別開一局.

自一九一八年三月勃來斯脫里脫夫司克和議成立後,蘇俄政府,忍辱負重,其目的專爲國內之建設.其時都會已南遷莫斯科,藉以避德軍洶洶壓境之勢,亦藉以易控制全國也.七月,全俄「蘇維埃」大會通過新憲法,其大要如左:

(一)新憲法之根本問題,由現在過渡時期觀之,在於完全破壞資本制度,厲行廢止人類之剝削,并以實現其社會主義之故,用强大有力之全俄「蘇維埃」之形式,爲無產階級參政之基礎.

(二)俄羅斯爲工人,兵士,農夫代表者之「蘇維埃」共和國;此等「蘇維埃」有中央及地方之一切權力.

(三)蘇俄共和國地方權力之組織,則有省,縣,郡,村之各「蘇維埃」大會,各選舉其執行委員會，爲施行上級「蘇維埃」之一切命令，及決定一切關於地方性質之重要問題。

（四）蘇俄共和國，男女國民之滿十八歲者，不論其屬何種宗教民族，國籍，苟從事於社會生產，而自食其力之人，或「蘇維埃」之兵士，皆有「蘇維埃」之選舉及被選舉權。

（五）全俄「蘇維埃」大會爲蘇俄共和國之最高機關。全俄「蘇維埃」大會復選舉全俄中央執行委員會；委員人數以二百名爲限。全俄「蘇維埃」大會閉會時，以中央執行委員會爲共和國之最高機關。

（六）中央執行委員會以統轄蘇俄共和國國務，故得任命人民委員評議會，又任命各人民委員會，（按卽行政各部）統轄行政上種種事務。人民委員評議會之議員，爲各人民委員會之委員長。（按卽各部總長）

（七）一切土地，森林，鑛產，鐵道，工廠，銀行等，皆歸全國民所有。

（八）蘇俄共和國於「不勞無食」之主義之下，宣言一切國民有勞動之義務。

(九)以實際確保勞動者有教育機會之故，蘇俄共和國有供完全無費之教育於勞動者之責任。

(十)以保障勞動者良心眞正自由之故，使寺院與國家分離，學校與寺院分離，并保障一切國民宗教與反宗教宣傳之自由。

(十一)蘇俄共和國對於資本帝國兩主義下之被壓迫者，負援助之義務，使人類咸脫羈絆。

(十二)蘇俄共和國國民皆有服役軍事之義務，惟勞動者得執武器。

俄羅斯既專心內治，對於德意志之威脅，遂不得不惟命是聽。由是德意志因和議成立，攫得之利益有三(一)移調戍俄軍隊，以厚西戰場之兵力；(二)援照和約，迫令俄人供給原料食料；(三)俄舊藩屬之政治經濟，由德人操縱。自同年三月至六月間，德以全力與「聯軍」相搏，對於東方，仍兼籌並顧。如烏克蘭，立陶宛，芬蘭，高加索等地，無不有德軍蹤跡。其在烏克蘭者，助其領袖司哥羅拍斯基壓迫革命，俾德軍得肆其無厭之求。其在拉他維亞與愛斯多尼亞者，運動波羅的各省獨立，而保護之。其在立陶宛者，以立陶宛臨時政府曾於一九一七年十二月宣布獨立，與德聯盟，規定軍事貿易稅務貨幣，兩方均通力合作，威廉二世旋承認其獨立；立陶宛感之，爲任戰爭擔負。其在芬蘭者，則敗其革命軍首領孟納漢，因其社會黨人，并將遣親貴王其國而卵翼之矣。旋又聯合土軍佔阿曼尼亞，喬其亞，及高加索各城鎭，而分佔黑海北岸要港及鄰近地。又其時西伯利亞被釋放之德奧俘虜紛佔鐵道，據要隘，奪民食，攫器具，掠軍裝庫。綜觀以上數事，德之於俄，不啻視爲外府，取求無藝，舐糠而及於米，而俄人苦矣。

蘇俄政府，日受德意志之橫暴，拒之不可，諭之不聽，駁斥之置不理；無已，將乞援於「聯軍」諸國，以聲德軍之暴。顧「聯軍」諸國，前旣聞蘇俄之否認舊時債額，而戰時所訂密約，又爲其發露無餘；卽所謂勃來斯脫里脫克司克和約，亦純出於德人之要盟；又其甚者，蘇俄所揭櫫之極端社會主義，無異洪水猛獸；「聯軍」方避之若浼，蘇俄而望其相助，是眞所謂與狐謀皮也。况其時「聯軍」所袒護之反多數黨，絕而復蘇；蘇俄處境之難，已可想見。然而列寧者固一知彼知己而不肯變易其初衷者也，乃毅然宣言於中央執行委員會曰：『我國國土，頃已幅裂；所得而保守者，不過大俄羅斯一部。與其擁大邦而徒存守府之空

列寧對羣衆演說時之神氣

名，與不可必之利益，無寧保護我社會主義之策源地爲得計。」彼尤洞見世界資本帝國之糾結：英與德既勢不並立，日與美尤積不相能。茲四國者，若勠力以謀我，其勢力之偉大，直可吞沒蕞爾之蘇俄共和國而有餘；不知四國之情勢，早已在在分裂，所謂目能見千里而不自知其眉睫者歟！

故當德軍强盛之日，列寧著著退讓。蘇俄政府迫於德之威脅，不得已而與烏克蘭芬蘭兩國訂謙恭之條約；德人有嗾白俄居民要求獨立者，料食物，罔弗取攜，運歸其國；甚至褫俄人之衣，奪俄人之食，以予國人。似此暴行，非特多數黨銜之刺骨，卽反多數黨亦憤皆欲裂，良以多數黨與反多數黨同爲俄人故也。於是米拔克遂遭暗殺；米骨未寒，而埃克苨又傳刃腹中：不及一月，而流血事凡兩見，吁！怨毒之於人，甚矣哉！

同時俄羅斯境內之反多數黨又乘機紛起：潼河流域之「哥薩克」軍隊與高加索州相繼宣布獨立；皇室宿將亞歷山夫，謝米諾夫，柯爾卻克，烏洛夫等又在西伯利亞組織政府。先是，西伯利亞臨時政府於二月間宣布成立於託姆斯克，然不久爲赤軍所佔；至七月，復辟黨霍爾伐脫（中東路坐辦）亦另組織政府於哈爾濱，稱託姆斯克政府之續焉。

時則有「捷克斯洛伐克」軍隊者，約十萬人，自一九一七年十一月間由奧匈聯邦赴俄後，率居俄南部及烏克蘭，意欲加入「聯軍」，爲「捷克斯洛伐克」民族之自決而奮鬬。及勃來斯脫里脫夫司克和議成，此等軍隊得蘇俄政府許可，道西伯利亞而抵海參崴，旋乘船赴意法助戰。「捷克斯洛伐克」軍隊對於俄內政，原守中立；一部分先抵海參崴，而留待出發者，忽與赤軍發生衝突。託羅次基爲德所脅，欲解除「捷克斯洛伐克」武裝。「捷」軍不服，遂開戰。時在俄德俘已照約釋放，遂加入赤軍助戰。是時戰區有二：一在西伯利亞，先抵海參崴之「捷」軍任之；一在福爾加流域，留待出發者任之。尋在西伯利亞之「捷」軍節節勝利，敗祖德派於海參崴及伊庫次克而據黑龍江流域；至七月中旬，又沿西伯利亞鐵道至託姆斯克以西千三百哩而抵福爾加流域。同時在福爾加流域之「捷」軍佔薩瑪拉，星皮爾斯克，客讓等地，進至烏拉山之烏發，幷據有產穀最豐之地，使歐俄西伯利亞之食物供給忽中斷，蘇俄大震。然「捷」軍勇則勇矣，而兵力單薄，國境遼闊，苦不能持久；欲持久，洵非得「聯軍」之救濟不可。

「聯軍」各國欲以武裝干涉俄羅斯，討論已數月；其所以干涉之故，實欲藉俄羅斯之力，復畫東戰場戰綫，以分德軍之勢，而拊其背。茲事體大，談何容易？以軍事言，「聯軍」方以全力持德軍於西戰場，一旦抽兵遠調，備多力分，於「聯軍」亦大不利；以政治言，「聯軍」諸國與俄羅斯爲友邦而非敵國，一旦干預其內政，名義至不正，而適足以滋國內政黨之口實：有此兩故，武裝干涉，自不易成爲事實。及「捷克斯洛伐克」軍節節勝利，而「聯軍」干涉之計定矣。

「聯軍」進軍之途有二。一自磨門海濱之阿姜格爾登陸，以護衞磨門鐵道；磨門鐵道者，成於一九一六，沿北冰洋磨門斯克而至彼得羅格拉特，以輸運英法美入口之戰爭物品者也。「聯軍」此舉足以阻德芬兩國聯合軍之襲擊，一也；預斷德意志在北冰洋之潛艇根據地，二也；「聯軍」大批戰爭供給品方絡繹於途，不致落敵人之手，三也。一自海參崴登陸以防衞西伯利亞鐵道，亦藉以接濟「捷克斯洛伐克」軍隊。「聯軍」諸國，又議定赴阿姜格爾之軍隊，英軍主之，而法美兩軍爲之輔；赴海參崴者，日軍主之，法英美意華軍爲之輔：其計畫如此。

先是，英國海軍陸戰隊於一九一八年三月在磨門斯克登陸。至六月，英將波爾率「聯軍」繼之，佔白海海口凱姆，幷宣布俄領磨門海濱須歸「聯軍」保護。八月二日，「聯軍」佔阿姜格爾。七日，波爾助反多數黨組織地方臨時政府，舉吉可夫斯基爲領袖。至九月下旬，「聯軍」復自阿姜格爾沿特維那河南進五十哩。嗣後以人數不足，交通不便，遂不能再進。

西伯利亞有日將大谷統率「聯軍」於一九一八年八月在海參崴登陸，閱一月而肅清爲蘇里與黑龍兩江流域，且沿西伯利亞鐵道而抵貝加爾湖，於是與「捷克斯洛伐克」軍聯接一氣矣。西伯利亞至是亦入「聯軍」掌握。惟「聯軍」中意見紛歧，號令不一。而俄人所組反多數黨臨時政府，又夥頤不可悉數；疇爲正式，疇爲割據，尤不易區別。至於其地「聯軍」雖云合作，然日本以兵額之多，出他國上，復以西伯利亞東部及滿洲等地，均已晝入勢力範圍之內，大有指揮羣雄惟我獨尊之概，且日美兩國，尤多齟齬。司梯芬斯者，美人也，奉「聯軍」指派，往修西伯利亞鐵道；司梯芬斯所率工程師，又皆美人，由是爲日軍所拒者數閱月。迨西戰場休戰約成立，日以美人一再之請，將西伯利亞戍軍七萬三千人減至二萬五千，幷允交西伯利亞鐵道與美工程師隊修理。當是時，「聯軍」雖奄有西伯利亞，終不能乘勝以擣蘇俄者，有由也！

自阿姜格爾與海參崴兩處「聯軍」登陸後，「聯軍」諸國與蘇俄政府已立於戰爭之地位。於是莫斯科柏林兩政府，不得不愈形接近。八月二十七日，兩政府於勃來斯脫里脫夫司克和約，補以附約，其大要如左：

（一）德意志許蘇俄政府自由將俄羅斯實業充歸國有。

(二)俄羅斯舊屬波羅的省愛斯多尼亞與利服尼亞皆離俄獨立，惟俄於波羅的海濱得有自由港口三：曰來凡爾，曰里加，曰文道。

(三)高加索之拔古及其地之石油礦仍歸俄有，惟德人亦得採用其一部分。

(四)俄羅斯擔任驅逐「聯軍」於北部。(指阿姜格爾)

(五)德意志擔任阻止「聯軍」假道芬蘭以攻擊俄羅斯。

(六)俄賠償德六千兆馬克。

觀此則俄德兩國既因受「聯軍」之壓迫而愈形接近。「聯軍」亦盡力聯合反多數黨政府而使之統一。一九一七年秋間，選出之反多數黨國會議員重集於烏發，議建全俄政府，并推阿夫克生的夫爲總統，武路戈斯基爲總理，以沃姆斯克爲國都。至九月，權力駸駸遍西伯利亞，薩瑪拉，沃倫堡，烏發，烏拉，阿姜格爾諸州，以及霍爾伐脫所組織之政府，亦見歸併，大致已稍稍就緒矣。然至十一月十八日，沃姆斯克政府忽爲海陸軍總長柯爾卻克(前黑海艦隊總司令)推翻，總統阿夫克生的夫被俘，柯爾卻克自爲「迭克推多」。「捷克斯洛伐克」軍隊表示劇烈反對，謝米諾夫，喀爾米各夫，霍爾伐脫等亦相繼去，而反多數黨之內部益形糾紛矣。

「聯軍」之武裝干涉俄羅斯也，俄內部反多數黨相繼響應。柯爾卻克等外，尚有但尼金，蘭格爾相繼起於南部，郁滕尼起起於西北部。而接濟彼等以軍官與輜重者，「聯軍」也。然其內部實不能一致，以視多數黨之有主義有組織而奮鬬者，不可同日語，而成敗亦於是判矣。

以無產階級當國之蘇俄政府而與帝國主義之德意志握手言好，名旣不正，勢不能若水乳之交融。特俄爲「聯軍」壓迫過甚，毆之使與德合，鋌而走險，急不暇擇，此「聯軍」之咎，非出俄之本願也。故俄與德，外雖親睦，蘇俄政府所持以號召羣衆者，依然舌敝脣焦，有萬劫不變之概。故至一九一八年十一月休戰時，論者以爲德意志之敗，敗於地勢之陷於重圍，敗於民食之窮於羅掘，又敗於外交政策之不達權變，而不知俄人暗中之宣傳，實爲德人之催命符。譬之又若化學化合中之接觸劑，有以增加其速率也。德意志敗而勃來斯脫里脫夫司克和約由是而消滅，蘇俄政府所應對付者，僅「聯軍」與反多數黨矣。

「聯軍」之以武裝干涉俄內政也，固爲俄人所不喜。此不僅多數黨然也，卽與多數黨立於反對地位之社會革命黨與憲政民主黨亦莫不爾。用是之故，復辟黨以漸有覺悟而一變其仇視多數黨之政策，加入赤軍與「聯軍」戰。休戰之後，法蘭西亟爲整理計，其望德人之賠償也，若飢者之待食，自無暇顧而言他。英吉利以工黨之反對，海外貿易之急須恢復，亦不復能干涉俄事。日本業攫得亞洲俄羅斯之利益，私願已償，其他亦非所願聞。美利堅自否認巴黎和議以迄撤兵，共和民主兩黨爭執不已，亦不能再顧俄事。卒也一九一九年秋，俄羅斯北部之「聯軍」先行撤退；至一九二〇年春，西伯利亞之「聯軍」繼之。由是反多數黨勢益孤，郁滕尼起，但尼金，蘭格爾相繼戰敗，遁走外國；柯爾卻克且被殺焉。「蘇維埃」統治之俄羅斯，經兩載餘之轉輾奮鬭，備嘗艱苦，至此而竟告統一。顧蘇俄政府之對於舊日外藩，仍一本其民族自決之主義，不加干涉，故波蘭，芬蘭，立陶宛，拉他維亞，愛斯多尼亞，烏克蘭皆先後得完全獨立；至蘇俄之對於被壓迫國家，如土耳其，波斯，阿富汗，中國，復盡取消其向日帝國時代所取得之權利：名義既順，地位又復鞏固。社會主義與資本帝國兩主義之對壘形勢既成，而世界乃開一新紀元矣。

第二十四章　巴黎和議

第一節　和議之經過

戰爭之後，必有和議，此通例也。然有史以來，和議可謂多矣，而旋戰旋和，旋和旋戰，至有朝盟壇坫而夕見兵戎者，如是者，亦不一而足。此次奧塞啓釁，戰禍蔓延，爲害之烈，既爲前所未聞，由是各國人民，想望太平，以爲循是以往，謀國是者，不欲絕戰禍之根株則已，否則懲前毖後，當於未來之和會中各各憬悟，開誠心，布公道，力謀世界永久之和平，不致重蹈覆轍，必且有堂堂正正之條件，以爲準則，預解將來一切之糾紛。夫如是，必使會議之時，無我詐，無爾虞，一也；各國既具誠意，在在當予公開，二也；國不分大小，勢不論强弱，一律平等，三也；俾各民族有充分之自決權，四也。果爾，則世界和平，可望久遠。威爾遜氏「以戰止戰」之策，明效亦於是大著，庸非各國之所馨香禱祝者哉？

時德人之所以簽休戰約者，本冀根據威氏和平十四條，以爲和議之基礎。卽「中歐羅巴」之突然革命，改造政體，亦所以應威氏與德意志人民議和之一語，冀於未來和會中，獲得較寬之條件也。然一載以前，德意志嘗威脅蘇俄，與之訂勃來斯脫里脫夫司克和約

和議成矣墟墓遍矣

(大戰之結果)

Nebelspalter, Zürich.

瑞士寓意畫

財殫力痛

（大戰之代價）

The Dayton News.

美國寓意畫

矣,蘇俄何嘗非民主國,何以德人不因俄人之請求而予以較寬之條件?今德意志雖號稱民主,而欲於「聯軍」帝國主義下希冀一較寬之和議,試問昔日己之欲施於俄人者何如乎?矧「聯軍」自身,早爲密約所束縛,決不因威氏之理想,而慨付犧牲,觀旣往以測將來,而和會前途,殆可想見矣!

「聯軍」苦德人久矣,今忽轉敗爲勝,復仇復仇之聲,萬衆一詞。克來蒙蘇者,復仇之雄也,彼嘗對衆議院宣布其將來和會之宗旨,謂非結盟不足以維持均勢,斯言也,對於威氏之廢棄結盟,已先予以打擊。且克氏者,知有法蘭西之安全,而不知有世界之安全者也,故法人咸戴之以爲懲德之前鋒。路合喬治力持治德皇罪,將使德意志傾囊倒篋,無復有一錢之存在,斯說一出,路氏遂獲勝於一九一八年十二月之選舉。奥蘭度知有倫敦密約,不知其他。此歐洲三强國之代表,其所表見,實與威爾遜之宗旨相逕庭而主張不同者也。况威之在本國,不能得全國人民之同意,羅斯福塔虎脫兩前總統,曾會同發表宣言,斥威氏和平十四條之迂闊,攻擊不餘遺力,果也選舉結果,參衆兩院,共和黨員獨得多數。無何,威氏所率民主黨敗於內,不得已而毅然赴歐,參與和會,至是而威氏不啻身入蜂房,在在被螫矣！

威氏於一九一八年十二月四日乘「華盛頓」號抵法，彼所以乘是艦者，必因艦名之佳，欲媲美於開國之偉人也。十三日抵法，時歡呼之聲，響如雷震。法政府以密拉親王邸爲威氏行轅；密拉者，拿坡崙之妹壻，亦卽拿部下之名將也。巴黎大學復贈威氏以名譽博士學位，此爲該校歷來未有之盛舉，而威氏首得之，尤足爲無上之光寵。後威氏又赴倫敦，游羅馬，受兩國君主之優待，其熱誠尤難言喻。說者謂威氏抵法後，遍遊名勝，流連古蹟，每有所遇，輒歎羨不置，其意中之和平十四條，已於歡迎中，盡化爲子虛烏有矣！

威氏之抵法也，與「聯軍」領袖法，英，意三國總理及駐英法之兩日本大使先爲幾度非正式會議，以定將來之措置。至定法京巴黎爲和會地點者，則以「聯軍」各國，惟法之受創爲最深，亦惟法軍之戰功爲最巨故也。開會日期，定一九一九年一月十八日；是日也，亦卽一八七一年普法一役，威廉一世以戰勝故，兼爲德意志聯邦皇帝，在法蘭西凡爾塞故宮受加冕禮之一日也。

此次參與和會之獨立國凡二十有七，自治領土五。列席代表又分爲五，三，二，一，凡四等。

時美利堅，英吉利，法蘭西，意大利，日本代表各五人；比利時，巴西，塞爾皮亞代表各三人；我中國與希臘，羅馬尼亞，葡萄牙，波蘭，捷克斯洛伐克，暹羅，海夾子，加拿大，澳大利亞，南非，印度代表各二人；布利維亞，古巴，愛加度，戈德美拉，海蒂，洪度拉司，里半利亞，尼加拉加，巴拿瑪，祕魯，烏魯甘，鈕西蘭代表各一人；總計代表共七十人。

和會中，中立諸國未曾邀入，即加入「聯軍」之蒙丹尼格羅及不同臭味之俄羅斯，亦未得參與，而德，奧，保，土更無論矣，是又可名之曰片面之和會！至高麗，愛爾蘭，阿皮西尼亞，諸受壓迫之民族，亦乘時派遣代表至巴黎，將以求民族之自決焉。

一九一九年一月十八日，巴黎外交部和平廳中和會開幕矣。法總統普嘉賚致祝詞後，即推選議長副議長；法總理克來蒙蘇當選爲議長，美國務卿蘭辛，英總理路台喬治，意總理奧蘭度，日總代表西園寺，當選爲副議長，法蘭西駐瑞士大使迪他司他則被委爲祕書長。各國全權代表而外，尚有專門委員，專門教授，新聞記者，繪圖技師，顧問，諮議，祕書等，濟濟一堂，誠盛舉也。

自一月十八日至五月七日，對德草約完成。和會中除儀式外，實際悉由諸分科委員會解決，如國際聯盟委員會，戰事責任委員會，賠償委員會，國際勞動立法委員會等，凡十有七種。每有會議，概守祕密，且必由五大强國操縱其間，蓋最高會議之組織，出自五大强國，故一切大權，皆在其掌握也。至各國所派代表，美則有總統威爾遜及國務卿蘭辛，英則有總理路合喬治及外交總長貝爾福，法則有總理克來蒙蘇及外交總長畢勛，（庚子時駐華公使）意則有總理奧蘭度及外交總長宋尼諾，日則有前總理西園寺及代表牧野；所謂十頭會議者也。然此十頭會議又覺龐雜，於是由十頭會議而減爲五頭會議。五頭會

巴黎和會中之四頭

威爾遜　克來蒙蘇　奧蘭度　路合喬治

議者，由五大强國各派代表一人，卽威爾遜，路合喬治，克來蒙蘇，奥蘭度，西園寺是也。迨日本因山東問題已獲勝利，對於歐洲事務，認爲無足置喙，於是日代表退出，而所謂五頭會議者，去其一人矣。及意大利以阜姆問題不能如願，於是意代表又退出，而所謂五頭會議者，又去其一人矣。所餘者，惟克來蒙蘇，路合喬治，威爾遜三人，時人目之爲三頭會議者也。威爾遜夙以民族自決，外交公開相號召，實則所議各事，僅在克氏之私邸，否則爲路威二氏之私館，而正式會場中無聞焉。夫以世界之大，人民之衆，其命運乃操於此三頭之掌握，寧非咄咄怪事！

和會何爲而有五强？何爲而減爲三頭？又何爲而堂堂正正之議場，一變而爲少數之武斷？此無他，特武力以爲後盾而已。不然，以吾國地大物博，何以於此次和會，不爲雞口，而爲牛後？以比利時教育實業之發達，當倍蓰於意大利，何以各國又右意而左比？時比利時總代表于芒斯大會前質問，五强何以能斷世界，而弱小受其支配，强權乎，抑公理乎？克來蒙蘇則謂五大强國，於戰役勞苦功高，本無延請弱小參與之必要，所以延請弱小者，顧及其利益耳。其氣燄如此。

「聯軍」三十五國之中,意見紛歧,未嘗有一致之主張。威爾遜之第一目的,爲國際聯盟之實現,欲得國際聯盟之實現,非得實力諸國之同意不可,故威氏於英吉利首犧牲和平十四條中之海上自由。英代表既得操縱海上,繼承德意志海外領土之大部,且得威氏之讓步,於是詢謀僉同,咸贊助國際聯盟焉。

威氏於法蘭西,既任其侵佔德意志土地,而吸收其脂膏,猶以爲未足,進而要挾不可必得之賠償,威氏於此,非但不置一詞,且復商定結法,英美三國同盟,以與德抗,此與和平十四條中之民族自決,與廢棄同盟兩則,又大相矛盾者也。

斯時克來蒙蘇及其他法代表,堅持極端帝國主義;法人中有贊成者,亦有反對者。二月十九日,克在私邸爲自稱無政府黨之閣打所狙擊,一彈貫肺部。當是時,人咸以克氏年邁,將有性命之虞,然越十日而克氏辦公如常,其抱負亦不因此而稍減。閣打亦以克氏之意,幸得末減云。

英法等國之對於國際聯盟,無在不敷衍威氏。二月十四日,國際聯盟草案告竣,翌晨,威氏因公返美,越一月而復來巴黎。時匈牙利共產黨政府崛起,與蘇俄相呼應,會場之中,飛電傳來，各國于此，知和會之久延爲不利，遂立開三頭會議，自是英法拋棄其從前之消極主張，而採取美國之積極主張，議定將國際聯盟案插入和約，作爲和約之一部。

我國之青島，爲德意志強行租借之一港，而和會中又認爲德意志殖民地之一者也。我國代表顧維鈞王正廷出席最高會議，要求由德意志直接交還，各國皆首肯，獨日本代表牧野持異議，強硬反對。各國以此案不能一時解決，遂暫行擱置。嗣後連續審議國際聯盟草案，行將告竣，而牧野忽要求聯盟約中，須插入「廢去人種差別待遇」一案，英美兩國之排斥黃人職工，由來舊矣，若容納牧野之要求，不特威氏政治地位，將受其影響，即和議全約，亦決無通過美國國會之希望。然日人之所以提出是案，非爲正義，非爲人道，彼蓋借以抵制威氏，使彼於青島問題，先有所顧慮，而不得不予我讓步云爾。卒之威氏對於「人種平等」一加以否認，爲日人繼承青島權利之通過條件。又其時意代表與蘭度欲強據舊奧屬之阜姆港爲意有，威氏以該港應留給南斯拉夫，而斥意代表之要求爲非義。與氏大恚，與宋尼諾相繼退出和會而歸國；瀕行時，又發表宣言，謂威氏宜速了解我意國國民眞精神之所在，語意頗決絕。於是和會場中，頓形黯淡，而適予日代表以可乘之機矣。日代表以意代表返國，則五大國所組織之最高會議，已缺而不全，而其事又猝發于德議和代表將到之時，心知此種惡劇，必爲英美兩國所不喜，乃復故作腔勢，以爲恫嚇，謂要求而不我許，則將步意使之後塵而去。當是時，法，英，美三國代表，不欲于戰敗國代表之前，暴露其醜態，尤不顧授社會黨與極端社會黨以可乘之隙。亡何，德代表先後蒞會，青島問題，又係對德和約中亟待解決之一款，非若阜姆之僅係對奧問題，尙可從緩也。四月二十八日，開各國代表總會議，將國際聯盟規約，與對德和約與國際勞動規約，一一通過，蓋和約全文，皆以此三部構成。而對德和約中之青島問題，已將德人所有山東權利，悉數讓歸日本矣。夫意索阜姆，而英法代表，不聞有助威氏者，以英法與意預有密約也。日之繼承青島佔領及山東權利，而英法代表不得不袒日而拒我國者，亦與日人預有密約也。卽如威氏不嘗以力扶正義語我國代表者乎？至是亦自食其言而不顧，非徒食言，卽烝騰一時之和平十四條，亦盡成夢幻泡影，此亦足見威氏之爲人矣！

以上所述，美，英，法，意，日强國五，而英，法，意，日四國，又皆於和會之前，互有密約；惟威氏一人，與彼四國，誠諺所謂同床各夢者也。彼于事前，旣未及預防，一旦臨事，窮於應付，亦勢所必至然威氏以和平十四條爲和議基礎，本爲兩方所承諾，「抵法之後，果能堅持前議，」而從事，庶不失爲公正，卽不我從，則拂袖而去，急流勇退，亦未爲失策。乃形勢旣變，而猶逗遛其間，甘爲傀儡，光明磊落之大丈夫，當不出此！

此外如往日俄羅斯，奧大利，土耳其三帝國之弱小民族問題；如波蘭，捷克斯洛伐克，羅馬尼亞，塞爾皮亞，希臘，阿曼尼亞等之疆界如何規定，頗滋紛擾。然會議旣爲五大强國所龍斷，亦惟有追隨其後，以待解決已耳。

五月一日，「聯軍」各國正式接見德代表。其領袖爲蘭超，蘭蓋德之外交總長也。其餘五人，爲司法總長賚芝堡，交通總長其司勃茲，議長賴因納，脫銀行總裁梅爾旭埃，大學教授蘇經。七日，適「路惜推尼亞」號沉沒之四週年，「聯軍」各國全部代表列席，首由祕書長迪他斯他交和約全文於德使蘭超。和約全文，凡八萬言。議長克來蒙蘇謂德代表如約中各項，尚有疑問，可於十五日內，用法英兩國文字提出詢問書，無愆期。旋蘭超向衆演說曰：

「德雖敗北，然對於戰爭責任，諸國當分其仔肩，不當使德獨承其罪。蓋釀成此大禍者，皆爲旣往五十年前之「歐洲諸國，好行其帝國主義之故也。」」

凡爾塞會場席上之德代表

蘇經　其司勃茲　蘭超　賚芝堡　賴因納脫　梅爾旭埃

德代表瀏覽和約之後，連續抗議，口辨爲會議所禁，乃撰爲駁覆書兩通，于十二日提交會議。其一以和約全文，苛酷難受，一爲國際聯盟與對德和約無關，若請德加入，何以案尾無德意志署名地位，一再抗議而後，蘭超乃於十七日返國，報告詳情。十九日再至巴黎，二十日要求駁覆書展期，最高會議許展八日，至二十九日爲止。至期，蘭提出抗議書，洋洋六萬言；六月十六日，最高會議亦以同樣長文駁斥之，並限德代表七日簽字，否則「聯軍」將行必要手段。蘭不得已再歸國，交國會討議。乃德國會方加討論，而福煦統帥，忽率法，英，美三國聯軍待命出發，若謂德意志而拒絕簽字，則將渡來因河而直搗柏林矣。斯時也，德意志果低首下心而簽字乎？抑拒絕簽字乎？各新聞紙之駁斥，各政治家之討論，與夫夏德門內閣，愛勃脫總統，皆主張拒絕簽字者也；乃全國多數厭戰之人民，及獨立社會黨則反是。於是夏德門內閣總辭職，

凡爾賽和約之簽字

社會民主黨黨員鮑胡藹被召組閣。時社會民主黨，中央黨，民主黨，又恐拒絕簽字，則獨立社會黨與極端社會黨，必乘時而起，於是簽字一說得以決定。六月二十三日，為最高會議所予限期之末日，德國會以大多數通過無條件簽字案；二十七日，派新代表外交總長密

聯軍過凱旋門之盛況
霞飛　福煦

和勒與殖民總長培爾奉命赴巴黎，接受和約。

一九一九年六月二十八日，正奧皇儲斐迭南被刺後第五週年，雙方代表，卽于是日午後三時簽定對德和約。簽字處爲凡爾塞故宮，卽往日威廉一世以戰勝法蘭西之餘威，被戴爲德意志聯邦皇帝而受加冕禮之處也。法人之用意，亦誠深矣！七月十四日，聯軍麕集巴黎，遊行過凱旋門，爲戰勝之紀念，霞飛，福煦，貝登，海格，潘興與諸名將均參與。一時軍樂齊鳴，旌旗蔽天，人民縱觀，途爲之塞。同日克來蒙蘇致書貝登，有言曰：『見此日者，不虛此生矣。』克氏意氣之盛，可見一斑！

凡爾塞和約，我國代表因山東問題，屢訴不得直，請修正不許，請保留亦不許，請約後聲明又不許，不得已拒絕簽字。我國代表何爲而拒絕簽字乎？此則我國民之義憤有以致之。當是時，我國代表中主張簽字者頗不乏人；北京政府，又電巴黎我國代表團，勸令簽字。顧威氏於最高會議，曾向我國代表聲明，無能貫澈其主張；我國代表以彼方情形電告北京政府，且謂此次和會主張失敗之原因，一由一九一七年二三月間，日本與英法諸國早有密約，已將青島攫爲已有，二由於一九一八年九月，我國當局，與日本政府有同意之山東換文,美國於此,愛莫能助云云。此電一到,羣情憤怒,目曹汝霖,章宗祥,陸宗輿爲賣國;其時曹任交通總長,章任駐日公使,陸任造幣廠總裁.五月四日,北京各校學生三千餘人,羣集天安門,行示威運動,秩序仍不紊,一面電告海外,主張對外交堅持到底;一面要求政府,懲辦曹,章,陸三罪人。旋有少數學生,焚曹汝霖私宅,攢毆章宗祥幾死,以洩憤。警察承政府意旨,逮繫多人。然學生氣益奮亡何,義聲四播,而各省,而各埠通都大邑商罷市,士罷課,一致要求政府釋放被逮各學生,免曹,章,陸三人職,以謝天下。北政府知民氣之不可遏也,准曹等辭職,時排斥日貨之舉,已遍全國矣。迨五四運動之訊傳至巴黎,留法學生亦相率奮起,圍我國總代表陸徵祥私寓,使不敢簽字,於是我國代表拒絕簽字遂決。

意大利代表簽字者爲蒂篤尼。初,奧蘭度歸國,得其國會多數之信任,重至巴黎,然不久兩閣員皮蘇拉蒂與尼蒂辭職,奧蘭度亦以阜姆問題,終無大望,而和約簽字之期又日迫,乃提出內閣總辭職書而歸國。意王乃命尼蒂組閣,蒂篤尼者,乃尼蒂閣內之外交總長也。

當凡爾塞和約未簽字前數日,囚於司加伯弗羅之德降艦,除「拔騰」號而外,同時自行轟沉。說者以當會議時,法人對於德艦,食指頻動,思攫而有之,作爲賠償之一部。然法果得此，則於原有艦隊而外，具有乘人之力，勢將與英艦隊相頡頏。以英人之智，甯有弗知，乃爲先發之計，授意德軍官出此轟沈之一策，并藉口當是時之英艦隊適戍巡於外，不及阻止，使法人不復見疑。然法人聞之，究不無蛛絲馬跡之可尋，宜其嘖有煩言也。或又謂德艦隊總司令勞得當開戰時，已密受威廉二世之指意謂德艦而不獲勝，甯可沉，不可降；今既不幸而降矣，借兵齎糧，如資敵何，燬而沈之以報故主，視沉船破釜，濟河焚舟，猶過之。此實德人大戰後最勇之一舉。此又一說也。然而悲矣！

巴黎會議，事屬對德，凡爾塞和約，既於六月二十八日簽定，威氏即於翌日起程返美，路合喬治，西園寺等亦相繼歸國，由畢勛，蘭辛，貝爾福，蒂篤尼，牧野，新組織五國會議，以代行最高會議職權，處理對奧，匈，土，保諸約。

初，奧大利共和國總代表國務總理倫納率代表團於五月十四日抵法，三十一日，「聯軍」各國開總會議，通過對奧和約，六月二日，正式交付奧代表接受後歸國商榷，厥後幾經抗議，而對奧和約修正案始於八月終脫稿，九月五日交付奧代表。奧人知「聯軍」各國，意極堅決，不敢再存奢望，遂於九月六日，在國會通過，十日，雙方代表正式簽字於聖吉曼。

其時我國代表，知不簽奧約，將不得進國際聯盟，而約中所載奧大利放棄在我國之權利益之條文，（如奧匈在天津租界曁其他公產等）將不可得，於是我國代表之對於奧約亦簽字焉。

阜姆問題，至爲糾紛，尼蒂新閣，既遷就威氏而簽奧約，詩人阿農齊哇，突於九月十五日率同志數千人佔阜姆，旋又佔柴拉。（在達爾馬西亞）阜姆公民，投票表決，莫不袒阿農齊哇，換言之，卽願隸屬意大利之謂也。然嗣後新選擧之國會，則又袒護尼蒂，換言之，卽阜姆不必歸意之謂也。延至翌年一月，和會最高會議，又提議阜姆與柴拉歸國際聯盟擔任保護；阿突利亞的克海邊東部至阜姆爲止，阿爾巴尼亞之大部，里薩來西那兩島則歸意；阿突利亞的克海其餘島嶼，如達爾馬西亞，阿爾巴尼亞北面一小部歸南斯拉夫。南斯拉夫聞之，竭力駁斥，於是阜姆問題，又成一不能解決之懸案。

奧約既簽，和會繼續進行對保和約，九月十七日「聯軍」方面交約於保加利亞總代表國務總理戴駝羅夫。戴以橫遭輿論之攻擊，不久於其位，新國務總理施丹勃利斯基兼任總代表，十一月二十七日，保約乃在納意簽字。

繼保約而簽字者爲匈約。初，匈極端社會黨領袖科紅，率其徒衆於一九一九年三月揭赤幟，推翻喀老利，設立共產政府，意在取法俄羅斯，「聯軍」卽欲與之訂約而無自。厥後羅軍乘隙攻入匈境，匈王黨乘機推翻科紅，與「聯軍」各國立訂和約，於是脫里阿農和約，亦於一九二〇年六月四日告成云。

最後之一約，厥爲土約，雙方代表於一九二〇年八月十日簽約於山佛爾，土代表僅能代表蘇丹摩哈默特六世。其時土耳其愛國志士基瑪爾（見第十一章第二節）已樹革命之幟於阿那多利亞，（一九一九）以聲討蘇丹政府之喪權辱國，反對列强之肆行侵掠，登高一呼，四方皆應，於是另組政府於安戈拉，基瑪爾被推爲國會議長兼行政首領，否認蘇丹政府，而山佛爾和約，亦遭拒斥焉。

以上係和議經過之大略情形，自各國和約簽定後，而參與和議代表，遂以爲和議既成，各歸本國，而和會乃閉幕。

第二節　和約之大概

巴黎會議所產生之和約凡五種：曰凡爾塞和約，曰聖吉曼和約，曰脫里阿農和約，曰納意和約，曰山佛爾和約。有是五種，而世界之形勢，爲之一變，而戰敗國之疆域之政治之軍事與經濟，其所受之損失，尤更僕難數。惟和約原文，冗長難讀，非撮其要，不足以了然於心目，爰本斯意，擇其重要者，以次述之。

凡爾塞和約，簽定於一九一九年六月二十八日，德意志共和國國會於七月七日批准，其所受損失，分述如下：

疆土上之損失

（一）亞爾薩斯洛蘭兩州歸法。

（二）歐奔與麥爾曼提歸比。

（三）梅梅爾交付「聯軍」，由「聯軍」轉與立陶宛。

（四）以撲順及西普魯士兩省之大部分與波蘭。

（五）上西來細亞與東普魯士南部之居民，得由公民投票表決，加入波蘭共和國。（東普魯士於一九一九年公民投票表決加入德意志共和國；上西來細亞復於一九二一年投票表決，加入德意志共和國，其他各城鎭，亦有願加入波蘭共和國者，

然居少數後國際聯盟復畫定西來西亞與德意志與波蘭之地界。

(六)丹濟及四面附近地定爲自由區，俾波蘭得通波羅的海。

(七)希蘭司惠克隸於何國，由公民自行投票表決之。(希省北部投票表決歸丹麥。)

(八)薩爾流域之政治權歸國際聯盟，經濟權歸法蘭西，皆以十五年爲期，期滿或歸國際聯盟，或歸德意志，或歸法蘭西，由該地公民自行投票表決。

（九）德意志海外領土，一切放棄：其在中國租得之膠州，與所得山東省各種權利利益，概由日本繼承；太平洋赤道以北諸島嶼歸日本；赤道以南諸島嶼歸英屬澳大利亞；薩摩阿島歸英屬鈕西蘭；德屬西南非歸併於英屬南非自治聯邦；德屬東非歸英吉利，惟該地之西北一小部，割歸比利時；德屬喀墨龍與多果蘭由英法兩國剖分之。約中得繼承德意志領土諸國，大抵爲國際聯盟委任國。至德意志在中國，暹羅，里半利亞，摩洛哥，埃及，土耳其之權利及利益，概行取消。

政治上之損失

（一）取消勃來斯脫里脫夫司克與蒲加來司脫兩和約。

（二）承認比利時，波蘭，捷克斯洛伐克，奥大利之完全獨立，與完全主權。

軍事上之損失

（一）德意志軍額及軍官，共減至十萬人。

（二）德意志取消徵兵制。

（三）德意志西部砲壘，在來因河東五十粁者，盡行拆毀。

(四)凡軍用品之進口與出口，概予停止．倘製造軍用品，須先經「聯軍」各國規定．

(五)海軍限定戰鬥艦四艘，輕巡洋艦六艘，魚雷艇十二艘，惟不得復有潛艇；海軍人員總額以萬五千人爲限．

(六)除上文規定外，如有別種軍艦，須交出或拆毁．

(七)拆毁海里果蘭砲壘．

(八)基爾運河及他河流均公開．

(九)波羅的海濱不得建築砲壘．

(十)海底電綫十四道，須一概交出．

(十一)德意志承諾前皇威廉二世受國際高等法庭之審判，其餘違犯戰時公法之德人，亦分別懲治．（一九二〇年，英，法，意三國政府根據凡爾塞和約，以德廢皇有違約侵入比利時，實行無限制潛艇政策，及施用毒氣等罪狀，要求荷蘭政府引渡審訊．荷蘭政府據無國際法庭有合法之審判法權存在之理由駁斥之；旋復聲言擔保德前皇不再擾亂世界和平，故審判之議遂寢．）

經濟上之損失

(一)德意志於「聯軍」各國所受之損失，擔負完全責任。至「聯軍」各國人民所受損失，德意志先交付二○，○○○，○○○，○○○金馬克。此後交付賠款，則由「聯軍」賠償委員會規定。

(二)「聯軍」各國損失之船隻，應按照被沈之噸數，由德意志一一賠償。其法先將所有德商船及停泊海濱內河各船隻，交與「聯軍」各國，不足，則另造新船以補償之。

(三)「聯軍」各國區域內，戰時爲德意志所毀壞者，其重行建築之工程，由德人擔任。

(四)德意志以煤及煤產品供給法蘭西，比利時，意大利三國。

(五)德意志前在比利時，法蘭西所取得之美術品，悉數交還。

(六)德意志以相當之價償還羅文被焚之手稿與印刷品。

賠償一項，未經凡爾塞和約詳細酌定者，一九二一年「聯軍」賠償委員會始定爲二二六，○○○，○○○，○○○金馬克。時德意志及「聯軍」方面之經濟家，咸謂上列之數，實已溢出德意志全國財力之外，故和約中之賠償問題，實爲大戰後最爲糾紛之一事，而亦擾亂和平種子最烈之一事也。

約末又聲言德意志賠償問題一日不解決，即來因河左岸及可洛尼，可勃倫茲，麥因茲橋首之「聯軍」一日不撤。德意志而能踐約，「聯軍」當於五年後退出可洛尼，十年退出可勃倫茲，十五年退出麥因茲。此爲凡爾塞和約之大概。

自和約觀之，德意志所失歐洲土地面積約二萬六千方哩，即全國面積百分之十三以上；人口八百餘萬，即全國人口百分之十二以上；所失海外屬地在百萬方哩以上，人口千二百萬以上。所失歐州土地，類皆實業最盛之區，（煤鐵尤爲大宗）益以海外屬地盡失，航務一時滅絕；且「聯軍」封鎖，至德意志國會批准和約後，方得解除；食糧缺乏，飢民遍野。縱令國際和平完全恢復，而內困於原料之缺乏，外迫於盤旋之無地，益以閒曠工人，所在皆是，無從安插。自今以往之德政府，縱有巧婦，難爲無米之炊，坐困誇臺，尤乏點金之術，誠有難乎爲繼者矣。

當凡爾塞和約簽字之日，法，英，美三國同盟亦簽定，其大要如左：

法蘭西倘受德意志侵犯時，英美兩國須負出師援助之義務。

觀此則法蘭西不忘德意志之報復，顧前瞻後，又多一重保障。然威氏大言廢除盟約，曾幾何時，躬自反汗，狐埋狐搰，此之謂矣！如威氏者，尚有何說？

聖吉曼和約，係一九一九年九月十日「聯軍」各國與奧大利所簽定。脫里阿農和約，係一九二〇年六月四日「聯軍」各國與匈牙利所簽定。此兩約內容相彷彿，茲幷述其大要如左：

（一）奧大利與匈牙利各取消勃來斯脫里脫夫司克與蒲加來司脫兩和約。

（二）奧大利與匈牙利除互相承

奧匈聯邦之分裂

圖中有點綫處俱奧匈聯邦故土分裂後界綫附見

認獨立外，并各承認波蘭，捷克斯洛伐克，南斯拉夫之完全獨立；放棄往日奧匈聯邦內非奧匈民族所居之土地，以予波蘭，捷克斯洛伐克，南斯拉夫，羅馬尼亞，意大利諸國。

(三)奧大利與匈牙利取消在埃及，摩洛哥，暹羅及中國之權利利益。

(四)奧大利與匈牙利盡將往日奧匈聯邦之艦隊，多瑙河小艦隊，空中駕駛機等交付「聯軍」。

(五)奧大利陸軍以三萬人爲限；匈牙利以三萬五千人爲限。

(六)奧大利與匈牙利應負之賠款，由「聯軍」賠償委員會分別酌定之。

新奧大利共和國，地不過四萬方哩，人民不過九百萬；新匈牙利共和國地不過三萬五千方哩，人民不過八百萬。視戰前奧匈聯邦時擁有二十六萬方哩之土地，五千一百餘萬之人民，泱泱大邦，雄視歐洲，前後懸絕，不能無今昔之感也！

納意和約，一九一九年十一月二十七日「聯軍」各國與保加利亞所簽定，其大要如左：

(一)保加利亞取消勃來斯脫里脫夫司克與蒲加來司脫兩和約。

(二)保加利亞之度勃羅劇州，割隸羅馬尼亞。

(三)保加利亞之馬西頓尼亞州之大部，割隸南斯拉夫。

(四)保加利亞之脫拉司州海濱，歸希臘，惟保加利亞貨物經過時，得予免稅。

(五)保加利亞軍額限三萬三千人。

(六)保加利亞償款二，二五〇，〇〇〇，〇〇〇金佛郎，分期交付。

山佛爾和約「聯軍」諸國與土耳其蘇丹代表於一九二〇年八月十日簽定，然

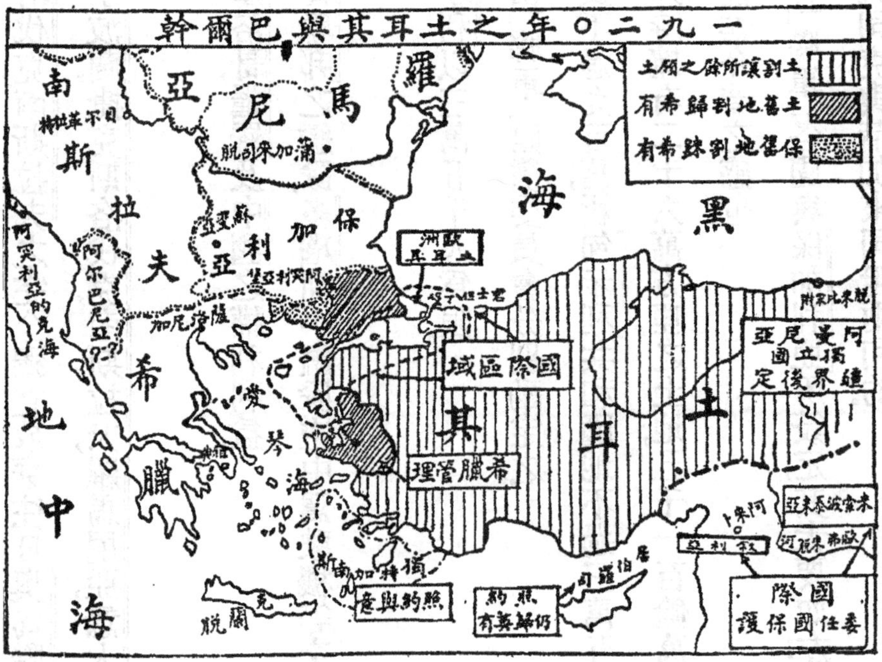

土耳其國會否認之，其大要如左：

（一）土耳其取消勃來斯脫里脫夫司克與蒲加來司脫兩和約。

（二）海夾子獨立。

（三）阿曼尼亞獨立，由國際條約予以保障。

（四）柏來斯丁，米索波泰米亞，喬但流域，敍利亞四地，由國際聯盟委任國保護；前三者歸英，餘一歸法。

（五）西西利亞畫入法蘭西勢力範圍；南阿那多利亞包含阿達利亞海口畫入意大利勢力範圍。

（六）士麥那及其附近一帶，（小亞西亞海邊）脫拉司州，阿突利亞堡，加里波利士股，因勃洛司與推耐鐸司兩島，均歸希臘。

（七）獨特加南斯羣島，（在愛琴海島十二）一九一二年爲意軍所佔，仍歸意。

（八）達特奈耳與拖斯福兩海峽及其附近，定爲國際區域，惟土耳其於君士但丁堡，仍操有限制之主權。

此五和約之外，又有他種約定：如波蘭得爲東加利西亞委任國者二十五年；（按東加利西亞有居民一千六百萬，大半爲烏克蘭人。）如波蘭與捷克斯洛伐克兩國，以公民投票表決德興之誰屬；如意大利與希臘另約，意讓出阿爾巴尼亞南部及獨特加南斯羣島（路特與加斯丹洛利坐不與焉）以予希，希則於該島租一地與意大利，以爲上煤之用，幷承認阿爾巴尼亞大部歸意保護；如北冰洋中之司比茲堡羣島自來無人管領，至是歸諸挪威，如荷蘭之於比利時，取消昔爾脫河航行之苛律等等。此外「聯軍」各國與新興諸小國，如波蘭，捷克斯洛伐克等，增廣版圖諸小國，如羅馬尼亞，南斯拉夫，希臘等，皆與訂立新約；並於政治經濟而外，復予以種族宗教二者之保護，於波蘭羅馬尼亞，則予猶太族以保護，至塞爾皮亞則予天主教以保護是也。以上皆一九一九年至一九二〇年事。

第三節　國際聯盟規約與國際勞動規約

巴黎和議，戰勝者之片面和議也。所謂國際聯盟，其名是而其實非，一片面之國際聯盟也。不然，戰敗諸國若德，若奧，若匈，若保，若土，其國際之名義自在也，何以不得與會？俄羅斯雖別創一局，其國際之名義自在，何以與會各國，以爲非同道而屛之？墨西哥雖內亂頻仍，其國際之名義亦自在也，何以「聯軍」各國又歧視之使不得入會也？茲略述國際聯盟規約之大要如左：

會員

(一)凡簽字和約之「聯軍」各國，及被請加入諸中立國，即爲國際聯盟發起會員。

(二)凡完全獨立國，或屬地，或殖民地，如有議會三分之二之同意，得加入國際聯盟爲會員。

(三)凡聯盟會員若經兩年之豫先通告，得退出聯盟；惟退出時，將所有國際義務，及本規約所定一切義務，須完全履行。

機關

(一)大會由聯盟會員代表組織之。除常會外，遇事機迫促時，得隨時在該會所在地，或在其他擇定地點開會。會員祇有一投票權，不得派三人以上之代表。凡屬於範圍以內之事務，及有關世界和平之任何問題，皆應處理之。

(二)行政院由美，英，法，意，日五國之代表與聯盟之其他四會員代表組織之；四會員由議會隨時選定此院至少須開年會一次,或在聯盟所在地,或在其他擇定地點。開會時,凡列席於行政院各會員,祇有一投票權,并祇派代表一人,凡屬聯盟範圍以內,或關係世界之任何問題,皆得處理之。

(三)聯盟所在地,設有祕書廳,所置祕書長,兼爲大會及行政院之祕書長。

防護國際間之戰爭

(一)聯盟會員,互相尊重,並保持領土完全,及現有政治上之獨立,與防禦他國之侵犯。

(二)聯盟會員約定倘會員中發生爭執,勢將決裂時,當將爭執之事,提交公斷,或先歸行政院審查,非俟公斷判決,或行政院報告後,三個月期滿以前,不得遽行開戰。

(三)公斷之法,或用裁判,或用勸導,兩者皆由經常國際裁判法庭主之。

(四)如聯盟會員,不願由國際裁判法庭解決,亦須接受行政院或大會之裁判;前者由全數投票表決,後者由列席之行政院全數及大會多數表決,惟受裁判之會員,不得投票。

(五)聯盟會員,如不服上兩種判決,而擅行開戰者,其他會員立與斷絕種種關係,由行政院開會商定陸海兩軍行動,以示懲罰.

(六)如有非聯盟會員對於聯盟會員以戰事相恐嚇者,由行政院開緊要會議,討論對付方法而實行之.

保守國際條約

(一)凡聯盟會員中種種私約,概不得存在,並此後不得訂立與本規約抵觸之別種條約.

(二)國際契約,如公斷條約,如區域諒解,如孟祿主義,此皆關於維持和平者,不得視爲與本規約內各條有所抵觸.

承認減縮軍備

(一)聯盟會員爲維持和平,須減縮軍備至最低之點,以足保衞國家之安甯,及共同實行國際義務爲度.

(二)行政院審度,凡一國地勢及其特別狀况,應預定前項減縮軍備之計畫,以便各國政府之攷慮，及決定此項計畫，至少每屆十年，應重行攷量，加以修正。

(三)行政院擔任籌適當辦法，阻止私人製造軍火，及戰事材料之流弊。

此外國際聯盟，又當擔任特別職務，如廢止販賣婦孺，禁止販賣鴉片，及危害藥品，防遏與國際有關之疾疫等；其最要者，莫若管理國際區域，如薩爾流域，丹濟自由市等；及處理爭執地點之公民投票表決事務，如希來司惠克，東普魯士，上西尕細亞等。若聯盟會員之接管德意志殖民地，及土耳其之疆土者，謂之國際聯盟之委任國，此委任國須時時報告管理情形於聯盟。

國際勞動機關，爲勞動者體育智育德育三者之福利起見，附設於國際聯盟，其組織法有二：一爲國際勞動大會，年開大會一次，每國得派代表四人，其中二人爲政府代表，一爲僱主代表，一爲勞動代表，專討論勞動問題，提議勞動法案者也；一卽國際勞工局，擔任搜羅與分給勞工消息，豫備大會時討論之秩序，督理國際勞動條約之施行等事。

締約各國，知氣候，風俗，習慣，及經濟上工業上慣例，各不相同，因之勞動狀況，不能立卽統一。但深信勞動不應視同商品，故思應有規定之方法與原則，爲各工業機關就其特別情形所能行者，勉力適用在此種方法與原則中，下列各項，尤爲特重：

（一）勞動不應僅視爲貨物或商品。

（二）一切事與法律不相背者，工人及雇主皆得有集會權。

（三）付給勞動工資，應按照時代及地方情形，以期得保其生活之程度爲限。

（四）採用每日八小時，每週四十八小時工作之定制，不論何地尙未施行者，應以此爲目的。

（五）採用每週至少二十四小時休息之制，星期日應設法包含在內。

（六）廢止幼童之勞動，并限制靑年男女之勞動，使得繼續受教育并確保體育之發展。

（七）男女同等之勞動，以受同等之工資爲原則。

（八）各國規定關於勞動情形之標準，應確保合法居住其國內之勞動者受經濟上之公平待遇。

（九）爲確保適用保護勞動者之法律及章程起見，每國應設稽查制度，婦人得以參加。

一九一九年十月，據和約，國際勞動大會開大會於華盛頓，討論事務兩閱月，一致通過履行勃恩大會於一九〇六年通過之廢止婦孺夜工及不合衞生之工作，及廢止黃磷製造火柴兩案；至救濟失業，亦規定辦法焉。

國際聯盟之地點，聯軍各國僉定瑞士之日內瓦，國際勞工局亦附設焉。何以故？以瑞士爲列强公認之中立國，由來已久，其地又適當全洲之中心。且瑞士人民，又分德意志，法蘭西，意大利三族，日內瓦爲法蘭西族麕集之地，國際聯盟而擇此地，非無因也。

瑞士湖山之勝，見稱世界，而日內瓦尤爲全國之冠；古來文學家，科學家，社會學家，類以此爲淵藪，而騷人墨客，探奇索幽，又咸推爲世外之桃源焉。迺自大戰以迄言和，間諜出沒，策士輻湊，情狀一變。至國際聯盟成立，一般政客，紛至沓來，冠蓋相望，於是日內瓦天然之勝境，變而爲筆舌競爭之場，不復如前日之幽閒矣！而瑞士人顧以國際聯盟相度其地，猶自詡爲「世界都會」，不大可惜哉！

一九二〇年一月，國際聯盟行政院開會於巴黎，法代表蒲局埃被推爲主席，英人特羅

此傘眞能遮蔽風雨乎

(國際聯盟)

The San Francisco Chronicle.

美國寓意畫

最後之暴君

（生活程度）

The Passing Show, London.

英國寓意畫

日內瓦

門特授爲經常聯盟祕書長。同年九月，開第一次大會於日內瓦。威爾遜既爲發起國際聯盟之第一人，且其時「聯軍」各國及被邀中立諸國，旣已聯袂而來，列席與議，而威氏所代表之美利堅，忽而否認和約，否認和約，卽不必加入國際聯盟，其事亦殊出世人意外也！

第四節　和約之反響於美利堅

凡爾塞和約及其他諸和約，其性質純根據於復仇與强權而始行締結者也。既爲復仇與强權，勢不能無反響。然反響而出於戰敗諸國，此情事之常也；

即一時戰敗諸國，含垢忍辱，俯受羈勒，亦以其力之所不能抗，非眞心悅而誠服也。乃當時第一聲之反響，不在戰敗諸國，而反在戰勝之美利堅，亦云奇矣！

當美利堅之參戰也，一爲反對德意志之無限制潛艇政策，一則希望以公道正義爲和議之基礎，結束世界最後之戰爭。美人中有謂以吾國財力之雄厚，戰勝德意志，仍當還我不預外事之舊政策，庶光明正大之心，足以表白於天下，此一說也；或又謂以吾國地位之優越，一旦戰勝德意志，將使世界之民主政治，得强有力之擔保，而黷武之害，可不復見於將來，此又一說也。由前之說，是謂偏見；由後之說，徒有理想。實則多數美人中，平昔對於歐陸戰事，各各莫明其妙。迨美利堅於戰爭方酣之際，遽爾加入「聯軍」數年來之所想望於美利堅者，既如願以償，而美人乃欣欣然自鳴得意，以爲吾美利堅既居領袖之地位，且必惟吾國之馬首是瞻，故對於威氏之始而宣布戰爭目的，繼而有國際聯盟之提倡，羣然附和，如響斯應也。不謂德既敗北，巴黎和會，意見紛歧，各國便其私圖，幾無一人能謀公共之利益者；威氏至此，既不能貫徹其初衷，而夷考其行，復在在自相矛盾，於是國內輿論，一落千丈矣。

一九一八年十一月美國國會選舉告竣，共和黨黨員占大多數，民主黨不敵也。然共和黨黨員之對於民主領袖威氏，頗有以其發起之國際聯盟而與之表同情者，迨威氏攜赴和會之僚屬，無有共和黨一人在其中，在威氏之意，以爲對外政策本係一黨之政見，情勢不得不爾，不圖借題相攻者之紛紛然伺隙而起也。斯時也，斥威氏不爲公道正義之和平，盡力而反爲復仇與强權盡力者有之；謂爲不守高尚之孟祿主義，而反被牽入歐州紛爭之漩渦者亦有之。前者與威氏個人之主張相枘鑿，後者與美利堅自來所揭櫫之政策相剌謬；而威氏遂爲衆矢之的矣。

威氏於一九一九年七月歸自巴黎，征塵甫息，物議紛起。參議院中共和黨黨員之攻擊，無論已，即向時道同志合臭味相投之民主黨黨員，亦間有攻擊甚力而無復存投鼠之忌者。當是時，謂其組織國際聯盟之不當者有之，責其山東問題解決之不合者有之，其甚者，斥爲違背華盛頓建國時垂戒之言，使閉關自守之美利堅，一旦牽入盟約漩渦之中；雖言人人殊，要皆持之有故，言之成理，足以箝威氏之口，使之無可解免者也。不甯惟是，德籍美人，見祖國之重受壓迫，而大呼不平；意籍美人，見祖國之不得阜姆，而指爲不公，原隸愛爾蘭者，聞愛人之要求獨立不許，要求自治不遂，其卒也訴之和會，亦不之理，於是向之仇視英人者，至是亦遷怒於威氏；他若國會議員之斥其侵越權限，口語藉藉，更無論矣。語有之，『千夫所指，無疾而死，』謂夫輿論之可畏也。威氏於此，其如口衆我寡何！

自是威氏與參議院大多數議員各執一是。參議院以非立保留案，不予批准和約；威氏則以非完全批准不可：相持不下者垂一載。一九一九年九月，威氏出遊各省，將欲以滔滔汨汨之演說，博國民之同意，不謂甫至甘薩司，忽病痿痹，勢瀕危，於是所定計畫，不得不因之中止。翌年三月，參議院以大多數通過對於凡爾塞和約十四保留案，而少數民主黨議員又起而阻止批准予以保留之凡爾塞和約。一九二〇年五月，國會通過取消對德奧宣戰案，然威氏亦否認之。

威氏與國會，既若冰炭之不相投，至一九二〇年十一月大選，民主黨雖努力逐鹿，竟爲高材捷足者所先得。新總統哈定，共和黨參議院議員也，一旦繼威氏而爲總統，對於國會通過之取消對德奧宣戰案，立行簽字，於是美利堅與「中歐羅巴」不復立於戰爭之地位。自美一方面言之，曩時所訂凡爾塞和約，國際聯盟規約，以及美法兩國之盟約，自是俱歸無效。

當威氏之初抵歐岸也，「中歐羅巴」諸國，恃爲公正之護符，而德人尤賴爲一綫之生機。即「聯軍」各國中贊成和平十四條者亦不乏人，蓋所謂永久和平者，凡屬方趾圓顱之倫，無一不日夕祈禱者也。威氏一出，而世界上被壓迫之民族，如高麗，印度，埃及，愛爾蘭等，皆以爲撥雲霧而見天日，誠歡誠喜，距躍三百。一若威氏之出，幾等於「彌塞亞」矣。然使威氏之和平十四條能一一見諸事實，誠不失爲世界空前之一偉人，即儗之「彌塞亞」，亦無不可；至於其本國之人望，則尤駕華盛頓林肯而上之。否則威氏能堅持和平十四條，始終不變，即不幸而終歸失敗，則史册之上，亦必因其堅忍不拔，奉以美名。計不出此，至自食其言而不顧，殆所謂首鼠兩端者耶？由是戰敗諸國，銜之次骨，戰勝諸國，意存藐視；被壓迫諸民族，對之則憤眥欲裂；別開一局之俄羅斯，又始終竊笑於旁也。迨威氏歸國而後，復受其國民之裁判，以致精神懊喪，一蹶不能復振，此亦自取之咎也，其可慨也夫！

第二十五章　大戰中人口與財產之損失

第一節　人口之損失

老子曰：『佳兵者，不祥之器。』子輿氏曰：『率土地而食人肉，罪不容於死。』戰禍之酷烈，古人所由痛心也。此次世界大戰，爲時凡四載有奇，斷脰折足，刳腹流腸之慘，亦既不忍悉狀矣，而其他之死於饑餓疾疫者，雖得百鄭俠，不能爲之圖；一將功成萬人枯骨，此次戰禍之淪爲枯骨者，豈徒萬人而已哉。今先從人口之損失言之，美人李德非爾曾舉重要交戰團員十六國彙表如左：

(一)「中歐羅巴」諸國

國名	兵數	死	傷	被俘與失蹤	損失總數
德意志	一一，〇〇〇，〇〇〇	一，六一一，一〇四	三，六八三，一四三	七七二，五二二	六，〇六六，七六九
奧匈聯邦	六，五〇〇，〇〇〇	八〇〇，〇〇〇	三，二〇〇，〇〇〇	一，三一一，〇〇〇	五，三一一，〇〇〇
土耳其	一，六〇〇，〇〇〇	三〇〇，〇〇〇	五七〇，〇〇〇	一三〇，〇〇〇	一，〇〇〇，〇〇〇

保加利亞	四〇〇,〇〇〇	一〇一,二二四	一五二,三九九	一〇,八二五	二六四,四四八
統計	一九,五〇〇,〇〇〇	二,八二二,三三八	七,六〇五,五四二	二,二二四,三四七	一二,五四二,二一七

（二）「聯軍」諸國

國名	兵數	死	傷	被俘與失蹤	損失總數
俄羅斯	一二,〇〇〇,〇〇〇	一,七〇〇,〇〇〇	四,九五〇,〇〇〇	二,五〇〇,〇〇〇	九,一五〇,〇〇〇
法蘭西	七,五〇〇,〇〇〇	一,三八五,三〇〇	二,六七五,〇〇〇	四四六,三〇〇	四,五〇六,六〇〇
大英帝國	七,五〇〇,〇〇〇	六九二,〇六五	二,〇三七,三二五	三六〇,三六七	三,〇八九,七五七
意大利	五,五〇〇,〇〇〇	四六〇,〇〇〇	九四七,〇〇〇	一,三九三,〇〇〇	二,八〇〇,〇〇〇
美利堅	四,二七二,五二一	六七,八一三	一九二,四八三	一四,三六三	二七四,六五九
日本	八〇〇,〇〇〇	三〇〇	九〇七	三	一,二一〇
比利時	二六七,〇〇〇	二〇,〇〇〇	六〇,〇〇〇	一〇,〇〇〇	九〇,〇〇〇
塞爾皮亞	七〇七,三四三	三二二,〇〇〇	二八,〇〇〇	一〇〇,〇〇〇	四五〇,〇〇〇
蒙丹尼格羅	五〇,〇〇〇	三,〇〇〇	一〇,〇〇〇	七,〇〇〇	二〇,〇〇〇

羅馬尼亞	七五〇，〇〇〇	二〇〇，〇〇〇	一二〇，〇〇〇	八〇，〇〇〇	四〇〇，〇〇〇
希臘	三三〇，〇〇〇	一五，〇〇〇	四〇，〇〇〇	四五，〇〇〇	一〇〇，〇〇〇
葡萄牙	一〇〇，〇〇〇	四，〇〇〇	一五，〇〇〇	二〇〇	三〇，〇〇〇
統計	三九，六七六，八六四	四，八六九，四七八	二，〇七五，七一五	四，九五六，三一三	三〇，八九二，三三六

此十六國而外，尙有波蘭兵之加入「聯軍」者，凡十五萬人；捷克斯洛伐克軍隊之在西伯利亞，法蘭西意大利者，凡十八萬人；海夾子革命後，以二十五萬人加入「聯軍」抗土耳其。綜計以上新增之交戰團員，共五八〇，〇〇〇人，合「聯軍」原有之三九，六七六，八六四人，與「中歐羅巴」之一九，五〇〇，〇〇〇人相抗衡，統計兩方兵士之總數，幾六千萬人，亦足令聞者咋舌矣！

試卽六千萬兵士中斷言之，死者約八百萬人，殘廢者約六百萬人，他若人民之直接間接死於是役者，數亦與畢命戰地者，略相當也。

試更就「聯軍」方面與中立諸國言之，其人民倉卒遇難，死於德意志之潛艇，水雷，氣艇，飛機，及軍艦之砲擊者，爲數又復不尠。比法人民之被禍者，當在十萬以上。而阿曼尼亞，敍利亞，猶太希臘人以不甘受治於「中歐羅巴」故，而死於饑餓疾疫或屠殺者，亦有四百萬之多。至「中歐羅巴」人民受「聯軍」封鎖政策，羅掘旣盡，無所得食，由是因饑餓疾疫而坐斃者，雖無確數，然一入其境，道殣相望。至波蘭，立陶宛，烏克蘭，室如懸罄，野無青草，餓莩而外，戰死者尤纍纍不絕，此則視石壕哀啼之婦，新豐折臂之翁，慘狀尤爲過之耳。

戰骨叢瘞所之一

至於此次疾疫，爲歷史上所罕見者，有所謂「西班牙流行性感冒」焉，狀至危險。患是症者，每緣是而病肺炎，以致不可救藥。聞此症起於一九一八年春，交戰各國，死亡接踵，無何而蔓延及全球者垂一載，死亡總數達六百萬人。由上推算，則此次世界大戰所損失之生命，至少亦有二十兆云。

抑此次大戰中死亡者，大都爲膂力方壯之少年，亦即爲生殖力最强之國民。據統計家言，謂其時滋生之人口，以抵死亡之數，相差甚遠。丹麥統計家陶陵謂戰時兵士之死亡爲十兆人，人民死亡爲五兆人，此十五兆人所減少之生育，至少亦二十兆人，死於有形者什之四五，死於無形者亦什之六七，懸擬之約有三十五兆云。

挪威「戰後社會情狀調查會」最新統計，兵士死亡十兆，人民三十五兆，合之爲四十五兆，此第就歐羅巴一洲言之土耳其與亞洲俄羅斯尚不與焉。要之人口損失，實占歐羅巴全洲人民百分之十一。說者以戰後法蘭西全國人口計之，(亞洛兩洲在內)尚不足四十二兆，譬言之，不啻舉全法人民而盡死之，而猶虞不足焉，慘哉！

第二節　財產之損失

人口之損失，既如上所述，其隨人口而同盡者，厥爲財產。美人羅傑斯復舉重要交戰國自一九一四年八月至一九一八年八月公債之增高，（作美金計算）列表如左：

（一）「中歐羅巴」諸國

國名	一九一四年八月	一九一八年八月	增加數
德意志	一，一六五，〇〇〇，〇〇〇	三〇，〇〇〇，〇〇〇，〇〇〇	二六，八三五，〇〇〇，〇〇〇
奧大利	二，六四〇，〇〇〇，〇〇〇	一三，三一四，〇〇〇，〇〇〇	一〇，六七四，〇〇〇，〇〇〇
匈牙利	一，三四五，〇〇〇，〇〇〇	五，七〇四，〇〇〇，〇〇〇	四，三五九，〇〇〇，〇〇〇
統計	五，一五〇，〇〇〇，〇〇〇	四九，〇一八，〇〇〇，〇〇〇	四三，八六八，〇〇〇，〇〇〇

（二）「聯軍」諸國

國名	一九一四年八月	一九一八年八月	增加數
英吉利	三，四五八，〇〇〇，〇〇〇	三〇，〇〇〇，〇〇〇，〇〇〇	二六，五四二，〇〇〇，〇〇〇
英吉利屬地	一，四五四，〇〇〇，〇〇〇	三，〇〇〇，〇〇〇，〇〇〇	一，五四六，〇〇〇，〇〇〇
俄羅斯	五，〇九二，〇〇〇，〇〇〇	二五，三八二，〇〇〇，〇〇〇	二〇，二九一，〇〇〇，〇〇〇
法蘭西	六，九九八，〇〇〇，〇〇〇	二五，二二七，〇〇〇，〇〇〇	一八，六二九，〇〇〇，〇〇〇

美利堅	一，二〇八，〇〇〇，〇〇〇	一五，〇〇八，〇〇〇，〇〇〇	一三，八〇〇，〇〇〇，〇〇〇
意大利	二，七九二，〇〇〇，〇〇〇	七，六七六，〇〇〇，〇〇〇	四，八八四，〇〇〇，〇〇〇
統計	二〇，六〇二，〇〇〇，〇〇〇	一〇六，二五四，〇〇〇，〇〇〇	八五，六九二，〇〇〇，〇〇〇

「聯軍」各國中以英吉利公債爲最鉅，綜計四年來增加之數，已達二萬六千五百兆，其八千兆則貸其屬地與「協商」國，「協商」中又以俄羅斯意大利居多數。由美利堅借出者，共八千五百兆，英得四千兆，法二千五百兆，意一千二百五十兆，其餘則分借俄，比，希，塞，羅，捷，古巴，里半利亞諸國。至德意志與奧匈聯邦，其公債之增高，均爲土耳其保加利亞兩國所借也。

公債之增高令人驚異如此！然此種損失，不過財產之一部分，至戰時所收入之稅項，或直接，或間接，則有所得稅，奢侈稅，戰時利息稅種種。一九一八年中，每法人（兵士不在此例）平均納稅一百九十佛郎，課稅之重，債額之大，卒增加多數紙幣。至各交戰國銀行內所貯現金，四稔以來，一如疇昔，然此等現金之總數，與銀行担負之比率，已自五四·三降至九·四，全世界生活程度之突然增高，職是故爾。

或謂財產之損失，係指金錢之耗費、產業之毀滅、國外置業之拋棄等等而言。此次大戰，損失實數，無從詳細調查，故不能得一確實之報告。惟即受創最重之比法兩國觀之，據一九一八年十二月法衆議院預算委員會報告法蘭西北部損失之總數，內含工業、農業、森林、建築、機械種種，達六四，〇〇〇，〇〇〇，〇〇〇佛郎云。若援此數以推測比利時之損失，當亦不在二〇，〇〇〇，〇〇〇，〇〇〇佛郎下也。來姆之大教堂，建自十三世紀，爲自來法蘭西帝王受加冕典禮之所，其雕鏤之精工，著聞全歐，今亦爲砲彈所毀；羅文之藏書樓，古籍充棟，至可寶貴，今已盡遭祖龍之厄。即此兩事觀之，其被燬之價值，已不可以更僕數也。美國某經濟會，舉交戰國財產之損失，（作美金計算）列表如左：

（一）「中歐羅巴」諸國

國名	財產損失數目
德意志	四五，〇〇〇，〇〇〇，〇〇〇
奧匈聯邦	二五，〇〇〇，〇〇〇，〇〇〇

土耳其	五，〇〇〇，〇〇〇，〇〇〇
保加利亞	二，〇〇〇，〇〇〇，〇〇〇
統計	七七，〇〇〇，〇〇〇，〇〇〇

(二)「聯軍」諸國

國名	財產損失數目
英吉利	五二，〇〇〇，〇〇〇，〇〇〇
美利堅	四〇，〇〇〇，〇〇〇，〇〇〇
法蘭西	三二，〇〇〇，〇〇〇，〇〇〇
俄羅斯	三〇，〇〇〇，〇〇〇，〇〇〇
意大利	一二，〇〇〇，〇〇〇，〇〇〇
羅馬尼亞	三，〇〇〇，〇〇〇，〇〇〇
塞爾皮亞	三，〇〇〇，〇〇〇，〇〇〇
統計	一七二，〇〇〇，〇〇〇，〇〇〇

即右表兩統計數而總括之，知大戰中所損失之財產為二四九，〇〇〇，〇〇〇，〇〇〇金圓，而比利時希臘等國尚不與焉；歐羅巴外，亦有數國未經列入。至沉於司加伯弗羅之德意志艦隊，其值為三五〇，〇〇〇，〇〇〇金圓，亦未列入。觀此則大戰中損失之財產，其鉅更可知矣。

第二十六章　大戰中科學之應用於軍事

第一節　近百年來科學之進步

聚無數聰明英俊之學子，以研精科學，及其有成，迺出而公諸世，使天下人咸與蒙其利而廣其用，此莫大之幸福也。然自奧塞搆兵而戰雲急，舉無數生靈而驅入於槍林彈雨之中，不幸而爲猿鶴，爲蟲沙，其僅而得免者，則回溯當日之浩刼，莫不談虎而色變之役也，將謂爲戰術之新奇歟？彼其從橫捭闔，陰謀詭計，糜爛不至若是之烈也。將謂爲戰具之精良歟？而甲善輸攻，乙長墨守，盡其具幾於山可移，海可倒，風雲雷電可以備驅策，其用不可謂不廣。然而不可以咄嗟辨也。吾則曰：『此次之戰爭，與其謂爲戰術戰具之角逐，毋甯謂爲科學之大戰爭爲適當也。』夫聚羣雄於一隅，而相忌相嫉，相則傚相傾軋，不憚於和平未裂以前，咸各鏤肝鉥肺，鉤心鬬角，以從事於科學之研究，所謂爐造化而炭陰陽，幾無時無地而不求顓精焉。蓄之也久，故發之也烈；取之也精，故用之也宏。科學之應用於戰爭，乃於是焉始。

不觀夫自維也納會議以迄今日，爲時已及百年；此百年中，科學之成績如何，非可歷歷數乎?電報電話之用以遞消息傳語言也,幾幾乎天涯比鄰矣!電車,汽車,汽船之用於交通也,幾幾乎不脛而走,不翼而飛矣!石油燈,煤氣燈,電燈之用於建築也,幾幾乎無幽弗燭,容光必照矣!痲醉劑之用以解剖,防腐劑之用以澌滅微菌,幾令我國之和緩,扁華望而卻走矣!其他若攝影,若紡織,若打字刈草各種機器,所謂以人巧奪天功者,又更僕難數矣!他如物質原子說,生物細胞說,生物進化說,微菌病原說,標新領異,無義弗搜。益以二十世紀之初,飛機,自動車,無線電報電話之相繼發明,天地菁華,日以發洩。所以增進人類之幸福者,且方興而未艾,一言以蔽之,曰科學之成績是已。

然則科學者,所以增進人類之幸福,而不當假之以爲殺人之具,此義蓋易喻也。然而仁人之得飴,所以養老也,而盜跖得之以黏牡;不龜手之藥,所以洴澼絖也,而吳人資之以利水戰。歐洲各國,爲寢兵之空談,而備戰則皇皇如弗及。一旦橫決,禍水漫衍,向之研精科學而欲以增進人類之幸福者,不旋踵而悉化爲殺人之利器矣。

試徵之普魯士:彼其於十九世紀之初,首創通國皆兵制,各國效之,而歐洲形勢,爲之一變。自是而後,不戰則已,戰則軍隊必更多,糜費必更巨,而禍害必更烈。惟其然也,歐洲各國,從事於軍器之精益求精，故於十九世紀之末造，鎗礮之速率驟增矣。一八六六年普奧哥尼格來茲一役，普軍所用來復鎗之速率，較遠於奧軍而獲勝。迨一八七〇年普法一役，法鎗優於普，而卒以普之礮優於法而又獲勝。夫礮隊在拿翁時代，已甚重要，嗣是而後，尤爲一軍之勝負所關。礮之向射實彈者，旋代以裂彈矣。機關礮發明而後，射擊益靈捷，而戰禍益烈矣。至炸藥一端，當十九世紀末無烟炸藥發明後，尋常之有烟黑色火藥，廢棄不用矣。至於海面，變化更大。十九世紀中葉所用之戰艦爲木製者，後乃以帆代槳，繼又以汽力而代風力。克里米亞之戰，法蘭西始用鐵甲艦；於是諸國仿效，而海上軍備煥然一新。十九世紀之末，潛艇始告成功，於是由海面戰爭而及於海底。二十世紀之初，飛機氣艇發明後，空中戰爭，遂伏於此。迨大戰既啓，科學之應用於軍事者日益繁，所發明者亦日益美備，此其受害者所以日益劇烈也。總之，往昔戰爭，類皆平面之戰爭，此次戰爭，則立體之戰爭；上達天空，下窮海底，無在非戰場，向之期科學爲人類幸福者，反不免爲人類禍矣，噫！

第二節　陸地戰爭

陸地戰爭，今與昔異；所以異者，以今日之戰爭，大抵爲壕塹戰爭故也。一九一四年戰端既啓，德意志以久經訓練之雄師，所向披靡，行且直搗巴黎矣，乃至瑪因河而遽爲法軍所阻；其故蓋由俄軍已攻入東普魯士，以拊德軍之背，柏林告急，德人勢不得不抽調攻法之師旅，往解東普魯士之圍，即世所稱泰倫堡役是也。夫大戰初啓，德人欲一鼓滅法，還師破俄；「協商」欲藉俄軍之力，夾攻德奧，而使之速敗：故瑪因河與泰倫堡兩役，皆出乎兩方之預算。惟其然也，而戰事即由是延長；於是兩方復開掘壕塹以圖持久，至戰爭告終而後已。故此次戰爭，謂之壕塹戰爭也可。

壕塹戰爭，利於守而不利於攻。欲攻破壕塹，必須費去多數之生命，多數之礮彈，方克有濟。麥耿生於度那耶克河上之捷，乃攻克壕塹之明效，世稱其用兵之神；然其代價，亦可想見。索姆河一役，法英聯軍雖獲小勝，而得不償失，亦足徵壕塹戰爭之困難矣。

衝鋒包抄則用騎兵；短兵肉薄則用步兵；攻堅城轟巨壘則用礮兵。平地戰爭，騎兵爲上。壕塹戰爭，騎兵已不復占重要之位置，惟天氣炎熱之區，如米索波泰米亞埃及等地，騎兵尚復重用。舍此以外，實恃步兵與礮兵而已。

交通之便利，實爲陸地戰爭勝敗之關鍵。大戰之初，德軍於東西戰場，勢如破竹，則以鐵道布置有方，而運輸便利也。瑪因河上法軍之勝，雖由德軍回救東普魯士而力分，與夫霞飛將軍之軍略，而要不得不歸功於加里安尼將軍所遣之自動車隊；此自動車隊所經之路，法人蓋早有成算也。凡爾登之終不落於德人之手者，法軍之接濟有方，交通便利使然也。厥後美國加入，不數月而兵士之在戰場者已逾百萬，此亦輕便鐵道輪運之力也。

自無線電報發明，世界消息皆由電浪爲之傳達；交通之便，無過於此。大戰中尤有較無線電報爲便利者，卽無線電話是也。無線電話發明於一九〇七年至一九一五年，始奏傳布遠方之成效，卽自美京華盛頓至法京巴黎之試驗是也，共計路程三，六〇〇哩。無線電話之成效既著，於是「聯軍」各國首先應用於軍事。當時軍艦與司令部，及軍艦之與軍艦，飛機之與平地，及飛機之與飛機，推之其他各處，皆得由電浪傳語矣。

礮之精利，爲大戰中決勝之要點，其種類約分爲四：（一）野戰礮，礮身長而口徑小，射出之軌道爲一平行線。此礮專用於野戰，以法之「克勒索」礮廠之七五粍口徑之礮爲最著；其射擊之的爲三哩，放射之次數每分鐘可多至二十次，法美兩軍皆用之。（二）攻壘礮，礮身不甚長，而口徑大，射出之軌道爲一拋物線。德國「克虜伯」廠之四二糎口徑之礮，及奥

奧國司各達廠之攻壘巨礮

國「司各達」礮廠之三〇・五糎口徑之礮爲最著，比利時波蘭各礮壘之攻陷，皆藉此二種短礮之力，而「司各達」礮之成績尤佳．(三)鐵道礮，爲礮中之最龐大者，載於車上驅機而行於鐵道，故名．此礮射出之軌道爲一拋物線．最著者如德國於七十五哩外射擊巴黎之礮，礮身重四十萬磅，礮子亦三百三十磅，其直徑爲九吋，實足駭人聽聞者也．德人用此礮射擊時，適當一九一八年三月二十九日，是日爲天主教節期，所射之礮子，墜於「聖節凡」教堂，堂中死七十五人，傷九十人，被害可謂烈矣．(四)濠溝礮，所用以專攻濠溝者，射出之子彈爲魚雷式，內貯最強烈之炸藥．射出之軌道，亦爲拋物線．此等礮

德國七十五哩外轟擊巴黎之巨礮

以英國之「司多克司」礮爲最著。

機關礮則此次大戰中所用最廣，而德軍尤甚，蓋其步軍衝鋒時務須以此礮爲輔也。英軍所用之機關礮爲「麥克信」式與「路惠斯」式兩種，法軍所用爲「霍啓基斯」式與「聖愛的恆」式兩種，美軍所用則爲「卜郎甯」式。

機關礮之外，又有手彈；其式一如機關礮，而便於狙擊。計分兩種：一用以守，一用以攻。彈內可貯自二十二嘛至三十二嘛之炸藥，雜以金類堅銳之粒屑，或蓄以毒氣，故其炸裂處之一五〇半徑內之生物，不死則必傷也。其形有圓如橘者，有橢圓如卵者，後因拋擲不便，乃於彈之一端加一木柄焉。

保護壕塹，不得不抵制機關砲與手彈。抵制之法，則以沙袋堆疊溝上，如城雉然，彈過沙袋，不能炸裂矣。

沙袋而外，又有所謂鐵絲網者，用以阻止敵軍之直入。法以鐵絲締結成網，散布要隘，敵軍遭此，莫能騫越。若以電流通之，則觸此網者，必觸電而斃。或有以子彈炸毀此網而圖抵制者，然耗多許之子彈，終不能毀少許鐵絲網，是自損其貲也。故鐵絲網為保護壕塹之良具，在「湯克」礮車未創行以前，無論如何軍器，不能與之敵也。

法軍方面之鐵絲網

試述「湯克」礮車之歷史：初，美人霍爾脫鑒於尋常車輪止能行於平地，不能駛行山上，乃以鋼片鍊環繞其車輪，以為登山之用，於是履山如平地矣。然此不過「湯克」之雛形，英人司文登見而異之，當戰雲迷漫之際，發明「湯克」砲車，以為出奇制勝之具。當英人造此砲時，以敵國間諜四布，嚴守祕密，初名之曰「陸地巡洋艦」，後因此名易啓人疑，乃改名「湯克」。英文「湯克」，卽貯水器之義，意若謂近東戰場如米索波泰米亞，如埃及，天氣炎熱，又多沙漠，此「湯克」蓋爲運水之用也。一九一六年九月十五日，「湯克」砲車始用於戰場，德軍大駭。蓋「湯克」之外殼，其鐵甲甚堅，其輪之鋼片鍊，雖遇危崖峭壁，皆能超越而過；若有樹林梗前，則摧折之而直入。「聯軍」得此奇貨，聲勢轉盛。自「湯克」之製出，有機關砲而無所用，有鐵絲網而無可阻，所謂橫行無阻者是也。英國「湯克」礮車之種類凡二：其較大者，內可貯野戰礮，以毀滅敵軍機關礮之巢穴。其較小者，內置機關礮，用以戰敵國之步兵。礮車中可乘二十餘人。法國仿造之「湯克」，較英國之「湯克」爲小，每

英國之湯克礮車

輛可載八人。其不同之點，英國之「湯克」，其鋼片鍊繞車之全體，法國則鋼片鍊專繞於車輪。嗣後英法各造小「湯克」甚多，每車載二人，車小而行速，其用至靈便也。至德人仿造之「湯克」，以材料缺乏，似較劣也。「湯克」內之兵士，則殊不適，以發礮時之聲浪熱度，令人震盪鬱悶；又以空氣不透，烟燄彌漫，竟有因不得呼吸而坐斃者。且不幸而遇大礮子彈，則全隊虀粉，情至悽慘也。

第三節　海上戰爭

海上戰爭，以智利海濱，福爾克蘭海里果蘭，道格濱里加海灣，五役爲小戰，外裘脫蘭一役，爲有史以來世界第一大海戰，而亦英德海上最後之頡頏也。海戰之糜費，十倍於陸戰，以一刹那間而數千萬金所製之巨艦，可燬於礮彈，燬於水雷魚雷，燬於飛艇潛艇；故海戰者，實兩方戰艦之互相毀滅耳。裘脫蘭一役，德海軍擬衝出北海，一掃英國之封鎖，爾時英國海軍，頗受巨創，然德人卒以衆寡不敵，計不得逞。說者謂德人於此次戰爭，凡關於海戰上應用之科學，與其所發明，至爲夥頤，誠所謂雖敗猶榮者矣。

總之，此次大戰，其勝敗之數，無在不繫夫科學。數理家先測量礮準而後射擊，天文家先測氣候而後放毒氣，地質家之埋伏水雷，心理學家之選擇相當人員，至所謂美術家者，於海上戰爭，尤有莫大之關係。何以言之？戰艦之在海面，上有飛翔天空之飛機氣艇，下有蟄伏水底之潛艇，每易爲敵人窺見，於此而籌保護之法，則以相當色漆，髹於船身，或似天色，或似海色；以用天色，則此艦之回光與天色無異，用海色則此艦之回光與海色無異；甚有取海天相接之色者。至商船或裝運船，則用各種色漆，以眩潛艇之視察。總之，色澤之如何，在其環境，亦在美術家之隨機應變。天氣依日光而轉移，亦由於空中塵氛之厚薄；北海天氣暗，地中海天色明，故艦上所髹之漆色，亦因以不同。夫蟾蜍之色如泥，蚱蜢之色如草，此爲天然之保障，美術家以生物原理，應用於軍事，足證科學與美術，美術與軍

髹色漆之裝運船

事，皆有密切之關係也。試觀「愛姆頓」，一德國之小巡洋艦耳，沉「聯軍」軍艦商船凡二十五艘，以其能利用色漆也。

潛艇爲海戰之利器，德人尤利用之，總計被擊沉之船隻，其數逾一千五百萬噸，損失造船費及所載貨物，其價值約華銀一萬四千兆銀元。即以一九一七年論，「聯軍」船隻被德潛艇擊沉而受損失者，每日平均計之，亦在二百萬銀元以上，亦駭人聽聞矣。或曰，英爲海上霸王，德以後起之故，避其所長，攻其所短，故專恃潛艇，與英人角逐於海底；其往來之飄忽，出沒之無定，在英人亦聞而色變也。至德潛艇之構造，其精銳亦遠出各國之上。試觀戰事初啓時，德潛艇長約一百五十呎，寬可十二呎；在海面一小時，可行十二浬，在海底則行九浬。厥後戰事益烈，構造愈精，其船身有長至三百呎者，其行駛海面之速率，每一小時內，由十二浬而增至十八浬，海底則由九浬而增至十二浬；行蹤倏忽，殆無異魚之遊泳。惟歷時過久，必須至海面，行其呼吸耳。又每潛艇在海底，不能踰三小時之久，有時而能歷兩晝夜者，亦以其在淺水處耳。淺水處則有養氣筒放出養氣，以助呼吸，有苛性鉀匣以收吸炭酸氣故也。又潛艇之升降，全藉乎壓載器中所貯水量之收放。潛艇之在海底，不能株守一處，換言之，卽須時時行駛故也。此由壓載器中所貯之水，或收或放，全艇卽隨之而動；若艇身下沉至二百呎，卽不能勝水之重量，遂不免於覆沒也。至艇之後段，置「提塞耳內燃機」二，（此機爲德人提塞耳所發明，故名。）所用以行駛海面也。其僅能行駛於海面者，則以他種內燃機，皆藉空氣之力，助其燃燒，若在海中，則此等機器，必用盡空氣，艇中之人，遂不免窒息而死也。「提塞耳機」之燃料，爲石油之重者。（尋常燈內所用石油）石油之輕者曰「加宿林」，所不宜用於潛艇者，以其易於揮發，而猝生火險也。「提塞耳機」之燃燒，用空氣之壓力；空氣被壓至五百磅每方吋時，溫度可升高至法氏表一千度，重石油被燃而機發動矣。又重石油無揮發之易炸氣體，故爲

德國潛艇U字第五十三號

潛艇之唯一燃料。至潛艇行駛海底，則用磨託電機。艇內除「提塞耳機」磨託機而外，尙有機件多種，如壓載器內水量之收放，魚雷之射擊，及無線電等，無在而非機也。一潛艇既無在非機，其容積自不能過大，而軀體臃腫之人，尤不相宜也。以艇既下沉，温度必降，瘦小之人，多着衣服，已廣占地位而不留空隙。若爲臃腫之人，則大莫能容矣。潛艇之最大者，可容四十人。艇中以傳音器爲耳，四望鏡爲目。傳音器之傳音，由於電磁；四望鏡之助視察，由於凸鏡之遠視，（望遠鏡之理）與夫三稜鏡之折光而達於海中也。潛艇之軍器凡二，以雪茄式之魚雷爲最要。所謂魚雷，實卽一磨託船，自備壓緊空氣之磨託機也。此種魚雷長可自十五呎至二十餘呎，寬可十四吋至二十吋，內

德國載貨潛艇德意志號

貯「脫里拿爾」炸藥可四百磅，其前端有機如針，一觸卽發。然魚雷價甚昂貴，故又不得不備第二種軍器，卽三吋至六吋口徑之礮；行於海中時，此等礮皆塗以油脂，以防銹蝕，全透出海面，洗淨油脂，卽可用矣。潛艇在戰爭時，皆由無線電接受其本國海軍部之命令，惟其傳放之機，電浪不甚遠耳。艇身備有鋸齒，以便遇鋼網時，破網而出也。

潛艇有二缺點：一雖裝有巨礮，不能與別艦交鋒，蓋其壓載器一中子彈，水卽乘隙而入，其沉沒可立待；一卽其所載之石油，偶或漏出海面，便露痕迹，若敵艦蹤跡追襲，其毀滅亦可必也。

抵制潛艇之法，約分爲三：一驅逐艦，其艦身甚輕，而駛行甚速，視潛艇在海面時約增兩倍，在海底時約增三倍；二水面飛機，卽飛機之能駛行海面者，時或飛翔空中，拋擲炸彈；三傳音機，以電磁之理，探察潛艇聲浪，因而追擊。此三者，所以抵制潛艇之法也。然吾聞德潛艇名「德意志」者，自亨堡逸出北海，渡大西洋而抵美國，復由美國滿載糧食而歸，未嘗爲敵艦所發覺，亦足見其行蹤之神出鬼沒矣。

大戰之將畢也，意大利發明一種「海面湯克」，其底方而行於海面，若不入水然，兩旁置有魚雷各一。先是，奧大利於阿突利亞的克海諸軍港，以橫木浮於海面，使敵人軍艦，不能絕流而渡，至是而海面「湯克」，竟能越之，以船底之兩旁有鐵鏈二，其製如陸地上之「湯克」而較小耳，海面「湯克」之得名以此。

大戰將了，英國又發明一種不裝甲小戰艦，其速率較驅逐艦尤大，所以不裝甲者，以其速率之大，能避礮火之轟擊，而其所載之礮，皆爲十八吋口徑，較無畏艦所載十六吋口徑之礮爲尤大也。礮長可七呎，重一百五十噸，彈重三千六百磅，內貯炸藥五百磅，可射擊三十哩以外，其力亦罕見矣。英國倡造此種戰艦時，頗守祕密，直至大戰告終，德艦降伏，始行宣布云。

海邊礮壘，足以轟擊敵艦，然敵艦若乘霧來攻，則岸上不能視察，即不能還擊，於是而籌自衛之策，則當布水雷於要隘，以防敵人之偷襲。水雷有二種：有停泊者，有浮行者。大戰時，德人密布水雷於英國海濱，英國亦密布水雷於德國海濱以報之。厥後德人又布浮行水雷於北海，地中海，大西洋等處，「聯軍」船隻被毀外，中立國船隻，被沉沒者，亦難以更僕；緣此種浮行水雷，既無一定之處，一時尤難掃淨，迨其後停泊之水雷，亦脫錨而浮行海上，故大戰雖了，而在水雷未盡掃清以前，海行者殊多危險也。

總之，大戰時軍艦商船之沈沒於海底者，不可勝數。戰事既終，歐美各國，咸知沈沒貨物其數甚鉅，思有以取出之，於是備器遣人入海摸索。然海面既波濤洶湧，洋海中無情之壓力，皆足爲梗，誠所謂望洋向若而歎者矣。說者謂斯時也，果能取出被沉沒之貨物，往時西班牙無畏艦隊殲滅後之損失，亦得入海探取之矣，然非俟科學再進之後，不能達目的也。

第四節　空中戰爭

空中戰爭，所以輔海陸戰爭之不逮，而範圍亦視海陸爲大。蓋海有艦隊，陸有軍隊，畫鴻溝以爲守，兩方卽不能踰越尺寸。至於空中，則有飛機，有氣艇，若高屋之建瓴水，其勢足以俯視一切，所謂窺探敵營，拋擲炸彈，又其餘事。然則古人所云，飛將軍之自天而降，至今日而幾於信矣。故飛機也，氣艇也，皆空中戰爭之要具也。請先述飛機。

飛機者，爲一種機艇，雖不能視空氣爲輕，而能利用風之壓力於其機葉，而自由翺翔於天空。大戰開始，飛機種類，至爲繁夥，有用以窺探敵人者，有用以拋擲炸彈者，有用以交戰者，搆造各異，而駕駛之術亦不同，玆爲分類如下。

抛擲飛機，則以載炸彈故，其體甚重，而駛行甚緩，此爲飛機中之最大者，有若德國之「戈太」機，意國之「加不落尼」機，其上可乘三人，裝三礮，備九百四馬力之機三，攜炸藥二七五〇磅，總共能載重四千磅，亦可爲巨矣。

法國之飛機

交戰飛機，則以海上戰爭，夙以重大之戰鬬艦爲利器，至於空中之交戰飛機，則貴輕小而不貴重大，彼此適得其反也。此種飛機，僅能容短小精悍者一人，其速率則一小時內行一五〇哩；軍器爲一機關礮，

飛機中之抛擲炸彈

司機者欲射擊，可用手指按電鈕，俾兩傳導體相遇而電路通，礮子於是發焉。

飛機之駛行最速者，當以推前機裝於前面者爲第一，蓋自來飛機之推前機，皆在後面也。推前機上，則置一偏出之輪，所以防子彈之傷前面機葉也。

大戰之末，德人又發明一種「空中湯克」，亦交戰飛機之一也。機上置機關礮一，裝於能旋轉之一木圈上，所以攻敵國之飛機也。機之四周，皆裝鐵甲，故名「空中湯克」。

海面飛機者，能駛行空中，亦能駛行海面。此種飛機，類皆用以對付潛艇，故備有無線電話機。當其偵得潛艇之所在，可立時報告驅逐艦，而加以攻擊。機中又備有炸彈，以便下擊潛艇；且備有魚雷，以便偵得潛艇時，降落海面，至射放魚雷後，再上升空中也。

以上所述，皆爲飛機之大概。然德人於飛機之外，又有一種氣艇，卽世所稱最著名之「齊泊林」氣艇是也。此艇原理，與氣球相同。氣艇氣球之所以能上升者，以內貯之氣，較輕於空氣耳。此氣較空氣輕十五倍，爲原素中之最輕者，故名輕氣，亦名氫。

空氣之密度，與氣球之上升有關；離地益近，則空氣益密，其趨向由下而上，其空氣卽由密而漸稀也。氣球上升至一定點，卽高懸天空，不再升降，蓋由空氣於此點之體積，適與氣球之重量相等故也。

氣球上升益高，則所遇之氣候益冷，故足以緊壓空氣，使之液化，而增其重量。若在烈日下，則日光之熱，又能使之開放，而減其重量。若膨脹過甚，則氣球有迸裂之虞。故每氣球之下部，必留一活門，以便氫之放出。氣球中備有沙袋爲壓載物，苟氫一遇冷，卽壓緊而增其重量，如是則沙之拋擲，可使之不下降也。此種氣球，旣無機械，又無駕駛之器，僅能隨風飄蕩，以達其欲至之處而已。然自「齊泊林」氣艇發明後，氣球已視爲陳舊物矣。「齊泊林」氣艇之異於氣球者，以其能自行駕駛，不受束縛於風及氣候故也。艇形似一雪茄，舊式之艇，貯氫於一大囊，新式者則分貯於數十小囊，庶一囊破裂，不至波及其餘。此種小氣囊，皆置於一大囊之中。至氣艇之外殼，及附殼之棚，必以金類中之堅且輕者爲之，如鋁然。鋁雖輕，而不甚堅，於是有鋁與鋅相和之合金起而代之。最新者，則爲一種合金名「獨拉路明」者爲之；此合金之百分成分，銅爲三，鎳爲一，餘則爲鋁，雖

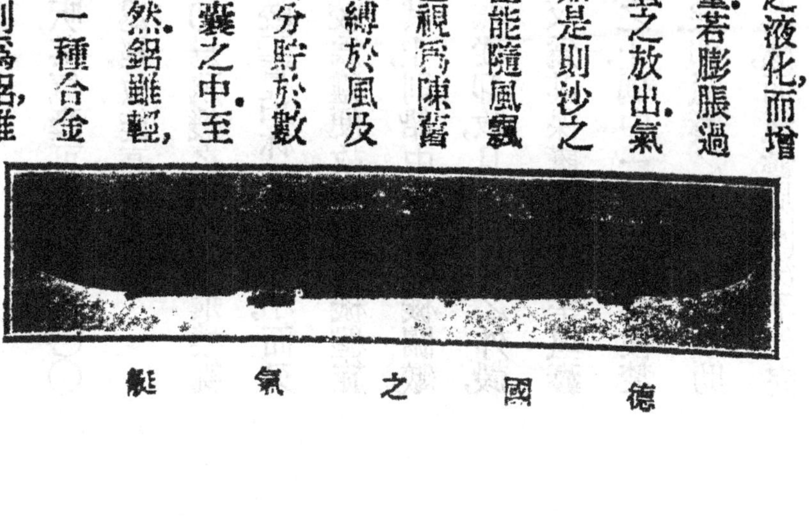

德國之氣艇

較鋁為重，其堅則四倍之或五倍之也。

德國最大之「齊泊林」氣艇，其長為七六〇呎，其寬為七五呎，其氣囊可貯二，〇〇〇，〇〇〇立方呎之氫。此氣艇之重量，雖為五十噸，然較空氣為輕，故能高升。氫之性易自燃，故內燃機不能置於氣囊之附近。最可慮者，卽為飛機之攻擊，蓋飛機既較「齊泊林」氣艇為小，而又較為靈便故也。設飛機盤旋其上，則船中所備之機關礮，無從仰攻，且其龐大之外殼，反為其保護之具；不幸氫囊之上偶中一彈，則全艇被焚矣。卽氫囊之中，無空氣以助其燃，而氫囊周圍，決不能完全周密，故有時而氫或漏洩，

齊泊林伯爵

而艇亦必被焚矣。倡「齊泊林」氣艇者，名齊泊林，以人名其艇者也。齊至歐戰末，鑒「聯軍」飛機之蒸蒸日上，而發明之氣艇，反不免相形見絀焉，故於一九一七年三月，鬱鬱而卒。

氫之易燃性，大不利於軍用之氣艇，斯時而有相當之氣，足以代之，而又不至如氫之易燃者，其惟氦乎？氦較氫約重一倍，自氫而外，原素中之最輕者當推氦。且其性不與他素化合，不自燃，亦不助燃，故爲貯氣囊之無上妙品。所以不遽用於大戰中者，亦有大原因焉。氦之天然產處有二：一在地球以外，一在地球以內。地球以外者，則在日之四周，吾人無從取得者也。地球以內者，卽指地球之表面及內層而言，例如空氣中氦占百分之〇·〇〇〇〇四，其量過微，其取法亦甚難，吾人固無從利用者也。惟天然礦產，如鈾及釷之礦，皆含有氦，然其物稀價昂，亦無從而利用之。惟當大戰初起時，有查得美國之奧克拉麥，探克薩司及甘薩司，皆有天然氦井，此種氦井可取得多量之氦，而氣艇中以氦代氫之議，於是乎倡。顧氦之性質，最難液化，液化既難，卽不能攜帶與搬運，所以不能液化者，何以無從得極低之溫度也。由是其價亦至昂貴，計氦一立方呎，約值華幣三百至一千二百圓，則「齊泊林」氣艇中所需之氦，其最廉之價亦爲六千兆銀元，故氦艇之製造，直託之夢想耳。厥後氦之液化機，逐漸發明，每立方呎之氦，僅值華幣一角六分，然此時大戰已終局矣。總之，氦井發現益多，並其液化法日益簡，則其價亦必廉，其應用亦因之日繁矣。今條列其利益如左：

(一)氦艇既無火險，又能作海陸之迅速遠行。

(二)氦艇之內燃機，及推前機，可同置於氣囊殼內而無危險。

(三)氦艇中可自由吸烟，不致有意外之危險。

今日英美諸國，其於已製成之數氦艇外，方且竭力從事製造，或氦艇，或飛機，無一不指爲載客之用，實則寓兵於工寓兵於商之意，其載客云云，不過假託之詞已耳。

第五節　化學之應用於戰爭

海牙平和會開會之第一次，距大戰十有五年，至第二次開會，距大戰僅七年耳。當時和會揭櫫之宗旨曰弭兵，弭兵目的不能達，於是與會各國同意表決，期減輕戰爭中之諸慘劇，所謂禁止毒氣之應用於戰爭，卽其一端也。然一九〇〇年吾國拳匪之亂，聯軍攻陷天津，卽背約用綠氣礮，狐埋狐搰，相去幾時，此次大戰中各國之破壞戰時約法，又可預言也。

英軍首用「特姆特姆彈」(特姆特姆，印度城名，在加爾格塔之東北，相距五哩，有軍需製造局，其所出子彈之一種，其殼之項，較柔軟，以便射入人體後，卽行炸裂，痛苦異常，無不立死者，此彈爲海牙平和會所禁用）。德人斥之德軍首用毒氣，「聯軍」斥之。總之，互相效尤，兩方皆伯仲間耳，明於責人而昧於責己，其英德之謂矣！

德意志以化學冠世界，英國倫敦皇家理科大學化學教授鐵爾敦爵士，提倡英國化學，其演說中擬德之化學家如海濱之沙，蓋形容德國化學家之多也。德國雄心勃勃，每一種發明，莫不應用於軍事，而於化學爲尤盛。如前所述，瑪因河第一役既告終了，兩方開掘壕塹，爲持久計，德國柏林大學化學教授奈恆斯脫首倡利用毒氣，以爲軍隊奪取壕塹之地。一九一五年四月二十三日薄暮，德與英法軍相持於皮克斯旭得與郎其麥克之間，忽有一濃厚之氣，呈綠黃色，自德軍壕塹吹至「聯軍」壕塹，軍士聞之皆窒息，時則死傷接踵，全軍潰亂，德軍乘勝奪得「聯軍」十五哩前線。尋此氣爲空氣冲淡，英法之援軍亦至，「聯軍」收其潰卒，得以復集，是爲此次大戰中用毒氣之始。

毒氣不僅限於氣體，卽液體之易於蒸發者，固體之研爲細末者，其效果亦正與氣體同。所以均稱之爲毒氣者，以其皆能如氣體之揮發，觸於人身，輕者致傷，重則立斃也。今就其毒性分類如左：

（一）窒息類　此種毒氣，專攻入人之咽喉，氣管及肺；若久吸其濃厚者，必致窒息而死。

（二）血毒類　此氣有毒性而不具激刺性。有專攻神經者，吸之昏眩而死；專攻血輪者，血液循環中止而死。

（三）流淚類　此氣專攻目部，使目受激刺而流淚，致不能視。

（四）發泡類　此氣專攻皮膚，外皮觸之，卽發生水泡，嫩皮觸之，卽行迸裂，皆痛癢難忍。

（五）引嚏類　此氣亦攻嫩皮，而尤以鼻孔中之嫩皮爲最，吸之發噴嚏不止。

各種毒氣，旣依其毒性而分類，然亦有一毒氣而兼數種毒性者，如芥末氣則有第一第三第四三種毒性。若因其氣化性之互異，則又分速緩兩種；緩者亦有數小時至數日之久。

凡有一毒氣之施放，必有總攻擊以隨其後。毒氣之選擇，必有以下五種之特點：

（一）此氣必可得自多量；

(二)此氣毒性，必能速達敵軍；

(三)此氣必能易受壓力而成液體，以便盛入器皿而便攜帶；

(四)此氣既受壓力而成液體，若壓力除去，則具極大之氣化力；

(五)此氣必重於空氣，以冀其能自上墜下。

氯(即綠氣)似具有上列五種之特點，故大戰中用之亦甚廣，一九一五年四月二十三日，德人首先所用之毒氣，即此氣也。溴爲紅色液體，故用時不必使受壓力，在平常溫度即氣化；其毒之猛烈，過於氯，惟難得其多量，且其價亦較貴，故不若氯之用爲廣也。且溴既爲液體，則盛貯也易，常於彈丸中用之。溴與氯皆屬成鹽素族，故抵禦之法亦同。抵禦之法，軍士各戴一防護面具，自頂至頸，妥密保護。此面具爲一胄形之囊，製以絨布橡皮牛皮等物，而橡皮最爲適用。德國以戰時橡皮缺乏，代以牛皮，較爲笨重。兩目之前，遮以透明體之假象牙，英人則用玻璃質積成數層，中隔以假象牙體質，明瞭如玻璃，而無虞碎裂。當口鼻處，則貯以炭酸鈉或次亞硫酸鈉所浸透之棉花塊，蓋此二物能吸收氯與溴而變其毒性也。

大抵有一種毒氣，必有一種化學品以抵制之，嗣後毒氣愈出愈多，且有以數種毒氣合用者，則保護之法，亦日益完備。保護之法惟何？即根據於物理之收吸及化學之中和。面具之內，分列三層。第一層爲易於吸收氣體之炭質；炭質之所以能吸收氣體者，以其多孔也。炭質中以杏仁殼及他種果殼所成之炭最爲適用，大部分之毒氣，大概爲此層收去。第二層爲甘油浸透之棉花，浸於次亞硫酸鈉或炭酸鈉之溶液內，以吸收氰溴等氣。第三層爲「友羅託落賓」浸透之紗布，再加過錳酸鉀，以抵制氰化炭氯基，及棉花一層，所以防固體氫化砒質也。此法於呼吸上似不靈便，然抵制毒氣，實爲最佳之法也。

毒氣之防護一

一九一七年夏間，當德人攻以帕時，施

放一新氣，氣作淡黃色，味似芥末，因名之為芥末氣；法人名之曰「以帕利脫」，因其用於以帕之役也。此氣為害甚烈，良由其氣味輕淡，氣化極緩，有延長至四五日而其氣仍在者，故人多忽之，以致不可救藥。此氣入目則目盲，觸呼吸器則呼吸器發炎，著皮膚則發生水泡；又毒霧凝結，則成霧珠，偶落衣上，尚不至有何影響，若觸於皮膚，則痛若針刺，水泡漸生，痛癢異常。有時惟烟捲之烟，可解此毒，故吸烟者，

毒氣之防護　二

每得於無意中保護其身體。此種毒氣，防護之法，法人則除用假面具及呼吸器外，又以氰化鈣油膏塗於皮膚，或穿亞蔴仁油塗過之衣服，俱頗有良効云。

若在毒氣濃厚之戰場上，法實不足應用，須戴一大籠罩於面部，隨身攜有壓緊之氯。然法既笨重，且以有限之氯，抵無限之毒氣，卽不死於毒氣，亦死於窒息也。若壕塹地穴之中，毒氣凝聚不散，必穿重笨之器具以抵制之，亦云苦矣。由是觀之，防護毒氣方法，尙未盡善盡美也。至房屋營帳戰幕之防護，或用吸氣機之吸收，或以防禦藥品之徧灑，要之適量施用，各視其境況而異。

毒氣之由天然之力而輸送者，每不可恃，其故有二：一曰時機，風勢之順逆，非人力所能操縱；二爲毒氣經過之路程，必爲空氣冲淡，既失效力，等於虛擲。於是於施放毒氣而外，又用一種毒氣彈，一用此彈，而風之順逆絕無關係矣。毒氣彈之搆造，與尋常子彈相彷彿，惟內部之鋼鐵，易爲毒氣所蝕，欲免此弊，塗磁須多。每彈分前後中三部：前部貯炸藥，觸物卽發；中部貯液體毒氣，彈裂則氣化；後部亦貯炸藥，以便放射，放射之機如礮，其理亦與礮同。

法國巴黎大學化學教授莫勒，對於大戰德法兩國所用之毒氣，彙成兩表，載於一九二

○年之法國「科學評論」內,列之如左:

(一)德意志所用之毒氣

施放時期	法文原名	漢文譯名	公式	物態	毒性
一九一五四月	Chlore	氯	Cl_2	氣體	窒息
一九一五六月	Brome	溴	Br_2	液體	窒息
一九一五六月	Bromure de benzyle	溴附一烷代困	$C_6H_5\cdot CH_2Br$	液體	流淚
一九一五七月	Bromacétone	溴酮	$CH_3\cdot CO\cdot CH_2\cdot Br$	液體	窒息流淚
一九一五八月	Chlorosulfonate de méthyle	氯磺酸一炭烷	$SO_2<\begin{matrix}Cl\\OCH_3\end{matrix}$	液體	窒息
一九一五八月	Chloroformiate de Chlorométhyle	氯烷酸氯烷基	$Cl\cdot COOCH_2Cl$	液體	窒息
一九一五八月	Bromométhyléthyl-acétone	溴代二烷基酮	$CH_3\cdot CO\cdot CHBr-CH_3$	液體	窒息流淚
一九一六七月	Chloroformiate de trichlorométhyle	氯烷酸三氯一烷基	$Cl\cdot COOCCl_3$	液體	窒息
一九一六十二月	Phosgène	氯化炭氣基	$CO\ Cl_2$	液體	窒息
一九一七五月	Chloropicrine	硝基三氯烷	$CCl_3\cdot NO_2$	液體	窒息流淚

一九一七七月	Sulfure d'éthyle dichloré (Ypérite)	雙氯二烷硫醚	$S<\begin{matrix}CH_2\cdot CH_2Cl\\ CH_2\cdot CH_2Cl\end{matrix}$	液體	窒息 發泡 流淚
一九一七七月	Diphénylchloroarsine	二個困基氯亞鈚基	$(C_6H_5)_2ASCl$	固體	窒息 引嚏
一九一七九月	Phényldichloroarsine	二氯砒化困基	$C_6H_5ASCl_2$	液體	窒息 引嚏
一九一七九月	Chlorure de phénylcarbylamine	困基二氯烯脛	$C_6H_5N=C=Cl_2$	液體	嘔吐（致命毒）
一九一八四月	Oxyde de méthyle dichloré	雙氯二烷醚	$CH_2Cl\cdot O\cdot CH_2\text{-}Cl$	液體	
一九一八四月	Dichloroéthylarsine	二氯砒化二烷基	$C_2H_5AsCl_2$	液體	引嚏（致命毒）
一九一八四月	Dibromoéthylarsine	二溴砒化二烷基	$C_2H_5AsBr_2$	液體	引嚏（致命毒）
一九一八六月	Cyanure de diphénylarsine	二個困基錆亞鈚基	$(C_6H_5)_2AsCN$	固體	引嚏
一九一八九月	N. éthylcarbazol	二烷脛基聯困	$C_6H_4-C_6H_4$ ＼N／ | C_2H_5	固體	引嚏

（二）法蘭西所用之毒氣

施放時期	法文原名	漢文譯名	公式	物態	毒性
一九一五九月	Tetrachlorosufure de carbone	四氯硫化炭	$CSCl_4$	液體	窒息

一九一五 十二月	Iodacétone	碘酮	$CH_2I \cdot CO \cdot CH_3$	液體	流淚
一九一五 十二月	Chlorure d'O-nitro-benzyle	氯代一烷基(1)硝基(2)困	$C_6H_4 < \begin{matrix} CH_2Cl(1) \\ NO_2(2) \end{matrix}$	液體	流淚
一九一五 十二月	Iodure de benzyle	碘代一烷基困	$C_6H_5 \cdot CH_2I$	液體	流淚
一九一六 二月	Chlore	氯	Cl_2	氣體	窒息
一九一六 二月	Phosgène	氯化炭氯基	$COCl_2$	氣體	窒息
一九一六 七月	Ac. cyanhydrique (sous forme de Vicennite)	腈酸	HCN	液體	立斃
一九一六 十二月	Chloropicrine	硝基三炭烷	$CCl_3 \cdot NO_2$	液體	流淚窒息
一九一六 十二月	Acroleine	三炭烯醛	$CH_2 = CH\text{-}CHO$	液體	流淚窒息
一九一六 十二月	Bromacétone	溴酮	$CH_2Br \cdot CO \cdot CH_3$	液體	流淚窒息
一九一六 十二月	Chlorosulfonate d'éthyle	氯磺酸二炭烷	$SO_2 < \begin{matrix} Cl \\ O \cdot C_2H_5 \end{matrix}$	液體	窒息
一九一八 五月	Sulfure d'éthyle dichloré (Ypérite)	雙氯二烷硫醚	$S < \begin{matrix} CH_2 \cdot CH_2Cl \\ CH_2 \cdot CH_2Cl \end{matrix}$	液體	窒息發泡流淚
一九一八 九月	Sulfate de méthyle et chlorhydrine sulfurique	硫酸二個一烷基及氯磺酸	$SO_2 < \begin{matrix} O \cdot CH_3 \\ O \cdot CH_3 \end{matrix}$ et SO_3HCl	液體	窒息

毒氣而外，又有所謂液體火者，其功用殆與毒氣同，蓋兩軍對峙於壕塹，液體火與毒氣，皆足驅敵人退出壕外，而即幷其壕塹而奪得之。發火之器，約有兩種，一能置於一定之處所者，一能隨時活動者。其燃料即爲石油，然此等發火器之箱，一遇彈丸，立行炸裂，因以燃及其油，故隨時活動者，不若置於一定之處，可覆以沙袋，而不使炸裂。有謂與其用複雜之發火器，不若用簡單之炸條之爲靈便也。故液體火在大戰中，不見大用。獨於佔領敵壕之後，設有敵人潛匿壕中之窟穴，此則爲戰勝者心腹之患，以潛匿者仍可施放機關鎗也。斯時欲清理之，非發射液體火，俾敵人無可潛匿不爲功。此發射液體火之器，其形似筒，能放出急流之火，因名火箄焉。

毒氣與液體火，無異戰爭中最新之武器，而化學之對於戰事，遂得占極重要之位置。大戰以前，軍用化學僅限於炸藥一門，至此次大戰，即炸藥亦有許多之改良，許多之發明，且各國所用炸藥有不同者，茲爲述之。

尋常無機黑色火藥，其百分成分，炭一二·五，硫一二·五，硝石（硝酸鉀）七五，已早視爲陳舊之物。大戰中只用以引火，而所用「亞摩尼脫」者（亦稱礦工平安炸藥）頗似黑色火藥，因其所含之硝酸鋞達百分之八十八以上，餘為一分或二分三硝基代苙困及少許之氯化鋞，英軍用於轟毀曼星維起脫陣角之役。（見第二十章第一節）總之，大戰中所用之炸藥，幾皆為有機體，無烟質。其最普通者有二種，一為硝酸木材質，一為硝酸木材質及硝酸甘油混和而成者，皆屬於脂肪族。

硝酸甘油為一種油質，遇震動與熱，則炸力甚猛，且同時能發出多量之氣質，惟既不穩固，又極危險，故未能直接以此種油質為實習。時則以滴蟲土（此係矽藻之遺骸，而含有百分之九十五之矽石者。）收吸之而成炸條，所謂「提那米脫」者即此；或以膠質混和而成炸餅。英國所用之無烟炸藥名「高地脫」者，為一種炸餅；所含之物，以百分計算之，三〇為硝酸甘油，六五為硝酸木材質，五為礦脂。

以上所述之炸藥，皆用於盛手彈及魚雷；至用於開花彈者，則不炸於礮口，而炸於射中之地，芳香族炸藥居多。芳香族炸藥之最要者，為苦味酸及其鹽類「朋齊脫」及「脫里拿爾。」

苦味酸，一穩固之炸藥也，不若硝酸甘油之易於爆炸；其炸力之大，每秒鐘為七千粎，故其用甚廣，開花彈皆需之。其和以少許之氯化物者曰「曼利尼脫」。此「曼利尼脫」當盛於彈丸時，應極留意，偶一不愼，其炸後發出多量之一氯化炭，甚毒，蓋與人身血球赤色質化合，阻其氯化，能使人窒息而死也。如一九一五年十二月二日英國某廠之事，工人死者皆爲中一氯化炭之毒故也。苦味酸鹽類似較苦味酸爲佳；苦味酸鉀或苦味酸錏及硝混合，可以盛魚雷及彈丸。

「曼利尼脫」遇爆發酸銾，（係銾溶化於强硝酸中再加入酒精製成者，其公式爲 $H_9C_2N_2O_3$，易炸，各種炸藥中以此爲最猛，故常於彈丸中之撞帽用之；欲增其撞力，則和以氯酸鉀，或硫化銻，或玻璃粉。）炸力甚劇。

「曼利尼脫」易蝕金類，鐵爲最，惟不蝕錫，故彈丸之內殼，多包以錫。「利地脫」者，卽苦味酸溶自一三〇至一四〇度時，盛於彈丸，而留一孔於其中，以備參入爆發酸銾，硝酸木材質等類，而和以「脫里拿爾」者爲最合宜。

「硼齊脫」（卽三硝基代困，公式爲 $C_6H_3(NO_2)_3$ 246）爲最有價值之開花彈炸藥，因其速率每秒鐘爲八千粎，而其炸力較苦味酸尤劇烈也，然其價甚昂貴，故未能多用於軍器。

「脫里拿爾」(卽三硝基代一烷囨,簡稱T.N.T.公式爲$C_6H_2(CH_3)(NO_2)_3$ 2·4·6)與「朋齊脫」相彷彿,而其價較廉,其速率每秒鐘爲六千七百米。德人於此次大戰,用之最廣,其開花彈七七號及一〇五號皆盛之。此質不蝕鐵,故彈丸無包錫之必要。此種彈丸,每一用過,其外殼皆被烟塵蓋由燃燒之不完全,與夫炭之過量,及氱之不足也。德人所以廣用此炸藥者,其故有三:一,德國多產一烷囨(脫里拿爾之原料);二,此炸藥甚穩固,無意外之危險;三,此炸藥燃燒時,無毒氣之發出如苦味酸者。「脫里拿爾」既有此三特點,故鑿山闢路,開礦時,往往用之。至以「脫里拿爾」盛彈丸,亦有二法:一,先以此質熔之,乘其未凝結時而盛之;二,以此質用壓力機盛於彈丸。此二法,以前者爲佳。

炸藥中尙有不屬於有機體者,如木炭粉末與液體氱所混合之一種,爲大戰中法人之新發明,法人堅守凡爾登時用之。

總之,毒氣於炸藥,其最新者,皆爲有機質,卽屬於化學中之有機化學也。有機質之大原料,除一小部分外,厥爲煤膏;煤膏得自煤之乾溜,換言之,煤實毒氣與炸藥之大原料也。德國之魯爾薩爾兩流域爲產煤最富之區,如一九一三年魯爾所出之煤,其數爲一一五,

○○○，○○○噸，而全國所出之煤爲一九一，○○○，○○○噸，此法人之所以垂涎也。又一九一，○○○，○○○噸之煤，德人蒸溜約五五，○○○，○○○噸，其一，○○○，○○○噸爲造煤氣之用，其餘五四，○○○，○○○噸爲製骸炭，鋁鹽及煤膏之用。其中煤膏共得四○○，○○○噸，超出歐美各國遠甚。此煤膏爲染料藥料香料之大原料，其爲毒氣與炸藥之原料，尙其小焉者也。德意志能利用之，故其實業較他國爲發達，而大戰一啓，德人又取之不竭矣。

如上所述，煤膏爲各有機炸藥之大原料，然無硝酸，則各炸藥亦無由製成，蓋無論何種有機炸藥，必有硝酸與之起作用而后成也。硝酸之工業製造，由於硝石。歐美所用之硝石，幾無不來自南美智利。大戰中英以海軍封鎖北海，故智利之硝石，不能運往德國，而德人於戰時製造硝酸，又爲刻不容緩，乃審知空氣含氫，遂用電火花通過空氣中，則空氣有一部分，變爲氮化氫類，再將氮化氫通入水中，即成硝酸。德人又以接觸法由空氣中之氫製成硝酸及硇精。硇精者，各種肥料之母，用之田事，可以變瘠壤而爲沃土者也。餘若廢紙之造衣服，鑛物之成蛋白質，其事若莊周所謂化臭腐爲神奇者，不勝枚舉。烏虖！德以四面環

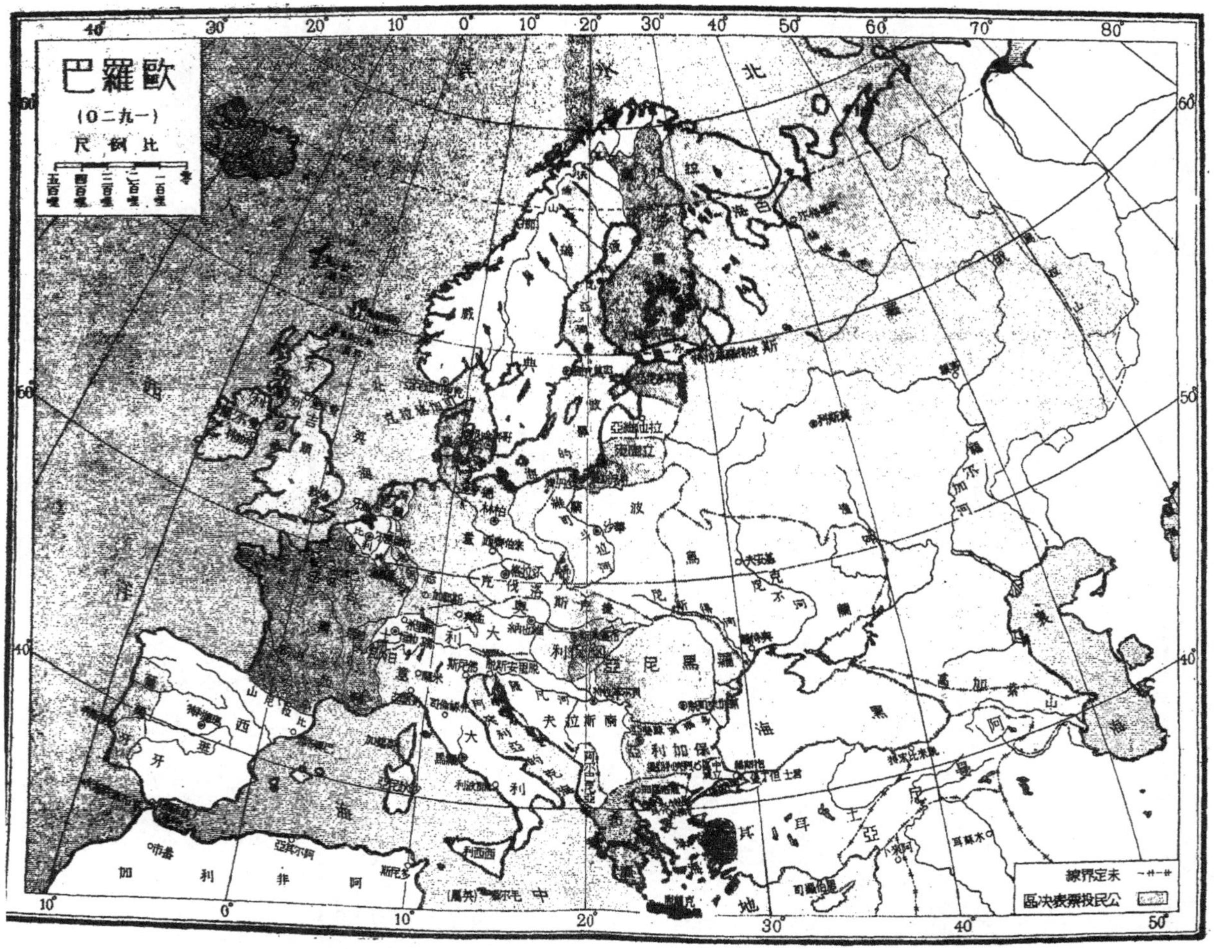
歐羅巴
(一九二〇)
比例尺
未定界線
公民投票表決區

迫，卒以人力而代天工之巧妙，支持四年有奇；當其簽休戰約之日，其兵猶遠壓敵境，豈非有因哉！

總之，化學之應用於戰爭，至此可稱已極。或謂此次戰爭中，化學殺人之禍，尚未烈也；若至將來，則且陷生靈於無量之刼數。然則將來戰禍之可畏，蓋可知矣！

第二十七章　結論

大戰息而和議成，舊時代之幕於是閉，新時代之幕於是啓。世界林林總總，咸將手額以望太平，宜乎舉前日戰爭之苦而一切忘之矣。雖然，常人之情，痛定思痛，回憶五年來伏尸千萬，流血漂鹵，金錢虛牝，幾至不可悉數。以彼情狀之慘，至有筆不忍述而口不忍道者，誰爲爲之，一至於此，此吾人所急欲推求者也。

德意志不嘗自詡爲世界最優之民族乎？維彼天驕，目無餘子，其喑嚄善戰，所向披靡，非不足稱雄一時，然而其興也浡，其亡也忽。當其妄逞強權，迷信武力，世界各國罔有其對；迨至敗挫，而八公草木，觸處皆兵。是故兵猶火也，弗戢自焚；德之所以自誇者，亦即所以自殺歟？或謂德之主戰：自國內言之，亦由彼國形勢，若守孤壘陷重圍；自海外言之，復不能開拓疆土，廣樹勢力，與英法諸國聯鑣並駕：此則由於地域狹小，生齒日繁，工商發達，外尠尾閭，迫而使然，蓋亦有不得已之苦衷焉。不甯惟是，爾時勃恩哈第有言曰：『我德意志或統治世界，或不幸傾覆，咸當於一戰卜之。』斯言一出，適以觸威廉二世之野心，而驚天動地之大戰，遂如堤坊之横決而不可止！彼英，法，俄，意諸國，又皆夙抱帝國主義而眈眈逐逐者也，唯之與阿，相去幾何？下流之歸，萬不足以服德人之心。所不同者，兩方戰鬪，一則實行强權而敢作訟言，一則託詞公理而尙蒙假面。執是以言，德意志似犯天下之大不韙。戰而敗，敗而俯首乞和，昔日勃恩哈第所謂「不幸而國家傾覆」者，至是而驗矣！觀於德之敗，益見世界民族，猶是横目二足，決不得優甲而劣乙，伸彼而抑此，其理不尤彰彰歟！

今試卽大戰後之歐羅巴，與大戰以前一一相較，民族主義其自茲而益昌乎？若波蘭，若捷克斯洛伐克，若海夾子，若阿曼尼亞，若芬蘭，若立陶宛，若拉他維亞，若愛司多尼亞，非由此次大戰，得脫强國之羈絆而獨立乎？向之法人，意人，丹人，羅人，塞人，希人之爲異族所銜勒者，不又重隸祖國之版圖乎？德意志旣與所轄之丹人，波人，法人，在在離而爲二，不已爲一純粹民族之國家乎？若奧，若匈，若俄，不又從此爲純粹民族之國家乎？異日奧德兩國，果能痛脊令之難，維同舟之誼，合兩國而爲一，無復有此疆爾界，將見歐羅巴自瑞士外，已在在具有民族建國之基礎矣。

所可惜者，今日民族主義之發展，僅限於一部分小國；其他大多數民族，抱有向隅之憾者，猶不勝枚舉。聚蠻觸於一角，合冰炭以同爐，此歐羅巴他日之隱憂也。養癰於身，其終必潰；遺火於薪，轉瞬必燃：事理然也。今試舉列國間隱伏之禍根，分述如左：

（一）亞爾薩斯，洛蘭　亞爾薩斯東部與中部，皆爲德人所居，惟西部爲法人耳；洛蘭居民，德法各半。今亞洛兩州重歸法蘭西，在法人視之以爲恥已雪，仇已復矣，然其如德人何？

（二）薩爾流域　完全德地也，「聯軍」據和約遣戍，以十五年爲期，政治權歸國際聯盟，經濟權歸法蘭西，則與佔領地無異矣。此十五年中，亦難保無亂事也。

（三）可洛尼，可勃倫茲，麥因茲　此德屬三橋端，今皆爲「聯軍」所佔；而三橋端西又爲德地，德人日與外兵接觸，其痛楚當如何？

（四）歐奔與麥爾曼提　德人割讓此兩地以予比利時，其地居民，皆有不忘祖國之心。

（五）亞蘭羣島　島在波羅的海，各國紛爭，已歷百年。一八〇九年由瑞典割以畀俄，作爲芬蘭之一部，但島民大半爲瑞典產。大戰後，芬蘭獨立，瑞典要求收回該島，而國際聯盟仍歸之芬蘭；對於瑞典，僅附以保障宗教，言語，習慣等條件：不知能永久相安否也。

（六）丹濟　在東普魯士海濱。據此次和約，東普魯士與其餘德地，被割爲兩截，兩截中有一通海之狹地則改屬波蘭，而此狹地之天然出路名丹濟者，則又歸國際聯盟管理而獨立。其地居民，波蘭人不過百分之七，其餘悉爲德人，德人豈甘心哉？

（七）梅梅爾　東普魯士之東，波蘭第二狹地在焉，其盡端處曰梅梅爾，大戰時爲法軍佔領，旣由「聯軍」交予立陶宛，而其地居民，與丹濟同，多數爲德人，波蘭亦垂涎也。

（八）上西來細亞　據約由公民投票表決，然其結果，大多數傾向德意志。國際聯盟將其地畫分爲二，半歸德意志，半歸波蘭。此非最後之解決，顯然也。

（九）德興　波蘭與捷克斯洛伐克互爭其地，本擬開公民大會解決，一九二〇年之大使會議決將該地分屬雙方。處置之法，非常糾紛：如西部煤區歸捷克斯洛伐克，而波蘭亦得分享其權利；中央鐵道歸捷克斯洛伐克，而沿此鐵道之要城德興則歸波蘭；又有波蘭人所居之一大區域，畫予捷克斯洛伐克。如此分配，欲不釀亂，得乎？

(十)東加利西亞　此處暫屬波蘭；將來屬於何國，須至一九四四年開公民大會決定之。境內加爾拍脫山中之油田，半爲英人所有，而法比亦附有資本。至城鎭如來姆堡確爲波蘭外，村鄕區域則屬於魯舍尼亞人，皆表同情於烏克蘭。又東加利西亞爲波蘭與羅馬尼亞間之一種連鎖，藉以合抗俄國者，其最後之命運，尙未定也。

(十一)倍薩拉皮亞　俄舊省有居民二百七十萬人，內羅馬尼亞人百萬，烏克蘭九十萬，猶太三十萬。一九二〇年，和約將此地斷歸羅馬尼亞，并附載俟俄政府得各國正式承認後再議細則等語。但俄國於此約並未加入，日後糾紛，恐不得免也。

(十二)度勃羅劇　舊屬保加利亞，有保人二十五萬；自第二次巴爾幹戰爭，讓於羅馬尼亞，大戰中爲保軍恢復若干時，大戰後又被割於羅馬尼亞。保人對此，必不甘心也。

(十三)脫倫底諾　在梯落爾省間，其地有操德語之人口，今爲意大利所佔。

(十四)阜姆　有謂此海口應歸南斯拉夫者，爲其商業上通阿突利亞的克海之天然出路，與脫里安斯脫之應爲奧國出口地相同。然意大利極端反對之，實以其地居民，意大利與南斯拉夫各居其半。此問題之糾紛，自可想而知。

（十五）柴拉　該地沿達爾馬西亞全綫，爲意大利與南斯拉夫衝突之根源，其情形與阜姆正復相同。

（十六）蒙丹尼格羅　該地已爲南斯拉夫所倂，王室中人均去國他適。惟境內獨立黨人，伏處山谷，羣謀光復；而阿爾巴居亞向與南斯拉夫不和，若爲黨人勾結，不免發生亂事。

（十七）阿爾巴尼亞　阿爾巴尼亞畫界問題，本極困難；其南部人民，回耶兩教各佔半數，又時有宗教種族衝突之虞。

（十八）代特加起　保加利亞脫拉斯州海口與沿海濱，今爲希臘割斷，致保不能直通愛琴海。保國處戰敗之後，力不能與希爭，將來奮鬥，恐不得免。

（十九）君士但丁堡　據山佛爾和約，達特奈耳與抱斯福兩海峽及其附近地，概充爲國際區域；而君士但丁堡則又爲英國海陸軍以「聯軍」名義佔領者也。然土國會已宣言否認山佛爾和約，且其獨立運動正在進行中。

（二十）奧大利　奧大利與德意志同種同文國也。大戰後，奧德兩國人民，極欲合併爲一，而爲「聯軍」各國所阻，遂不果，當俟異日之機緣何如耳。

（二十一）愛爾蘭　爲英吉利屬地之一，其種族，文字，宗教，又與英吉利不同。愛人之求脫離英之羈絆也，已數百年於茲矣，干戈相尋，至今未已。全愛人民，除烏爾斯得一小部外，大概可分爲兩派：一爲求愛爾蘭之自治而仍隸英吉利；一爲求愛爾蘭完全脫離英吉利而獨立。此蓋最難解決問題之一也。

歐羅巴情勢既如此，歐羅巴以外，又不言可知。頗聞埃及，印度，安南，高麗，斐列賓之國民，各各大聲疾呼，求民族自決而不得矣！卽如我國，彼列强蓋以半殖民地待我，我亦乘時要求脫離其羈絆而無術矣！此而謂民族問題之已解決，其將誰欺？

是故今日所宜注意者，卽民族主義之發展，僅限於世界一部分之小國。同時諸大國反得乘此時會，益厲行其帝國主義。今姑就戰勝之英，法，日，意，美五國，分別論之。

大戰結果，英吉利之勁敵德意志幾不國。英之對德政策，視前日之挫西班牙，摧荷蘭，大創法蘭西，如出一轍也。又大戰以前，英已奄有世界最大之版圖，今則益之以土舊屬之米索波索米亞，柏來斯丁與喬但流域；猶以為未足，又益之以德所屬之諸殖民地，若東非，南非，喀墨龍與多果蘭各一部分及太平洋中赤道以南諸島嶼。又自好望角完成一鐵道直達開羅，而盡有其周圍之地；其餘，波斯既全入英吉利勢力範圍之中，於是自開羅至新嘉坡周圍一帶海陸，亦皆入其掌握。嗚呼！英吉利一蕞爾島國耳，三百年前，其面積不過五萬方哩，自帝國主義發展以來，已增至一千五百萬方哩，占全球土地三分之一，全球可居可耕之地一半以上；當日之基本民族，不過六百萬，現已增至五百兆以上。近又交歡美利堅以厚其勢，一言以蔽之，今日之世界，乃「盎格羅薩克遜」民族帝國主義下之世界也。

法蘭西自敗德意志而後，陸軍之精強，遂為世界冠，且駸駸乎以歐陸之霸主自任矣。亞洛兩州俱已收復，其勢力已充塞來因河以東矣。顧猶恐其力之不足以脅德，進而結英吉利美利堅以為奧援；又不足，則聯比利時，波蘭，捷克斯洛伐克，羅馬尼亞，南斯拉夫諸小國以厚其勢。且以所得殖民地言之，則有敍利亞，西利西亞之國際聯盟委任權，喀墨龍與多果蘭各一部分之加入版圖，摩洛哥之增厚保護權。以所得經濟言之，則有洛蘭之煤，薩爾之鐵，以增長其固有之富源。質言之，卽繼承往日德意志實業繁盛之區，以播其帝國主義之勢力而漸及於世界耳。故帝國主義之發展，英吉利而外，當推法蘭西。

至言乎意大利，往日奧匈聯邦內意族所棲之地，已盡增入其版圖；而阿突利亞的克海復入其勢力範圍之中。法蘭西而爲歐陸之霸主，意大利卽其次焉者也。

日本乘歐陸多故，竭力發展其實業與商務，故戰後日本之富力，視戰前已增加一倍。又藉凡爾塞和約之力，佔領青島，繼承德意志在山東之權利，（華盛頓會議後，以上情形略有變動）并乘勢攫得太平洋赤道北德屬諸島嶼，自此泱泱大邦，益雄視東亞矣。

美利堅參戰結果，其所得者，不在直接在間接。孟祿主義業爲歐羅巴各國所承認。他如大戰以前，既已高掌南美，遠蹠東亞，及加入大戰，遂得乘此干預歐事。而紐約一地，竟代倫敦而爲世界金融之中心。至其以二千五百萬金圓購得丹屬西印度羣島，（一九一七）先後收海蒂，（一九一五）桑多度敏哥，（一九一六）尼加拉加（一九一六）爲保護國，與夫干涉墨西哥內政，若是者，非亟圖帝國主義之發展而何？

綜觀以上諸國，國勢不同，而所抱主義則一，故對於弱小，則肆行侵略。侵略之策，或以政治，或以經濟；其所恃以爲後盾者，武力也。今者大戰結束，八大强國，又去其三；五國之中，利害又各不相容。試言英吉利：英人自昔抱維持歐陸均勢之政策，至於今不貳。均勢維何？即不使歐陸有絕對優勝之强國是也。設有一國者突然崛起，英必聯合與國以挫敗之，而摧其壘，俘其士，殫其財力，使之不復能振而后已。若是者，可證之昔日之法蘭西。拿坡崙一世之力征經營也，喑嗚叱咤，不可一世；英不嘗聯普奧俄諸國以敗之乎？今威廉二世之雄視歐陸，與拿坡崙一世無以異也；英又聯法俄意諸國以挫之。百年之間而摧折大敵者二，亦云狠矣！顧德意志雖挫，而繼德意志以爭霸歐陸者，必又屬之法蘭西。若舉英之往事以爲例，則英人之視法蘭西，猶其視拿坡崙威廉二世已耳，焉有不投袂而起者乎？此可預言者一也。德意志與俄羅斯，非同爲今日失意之國乎？語有之：『同欲相趨，同難相死。』處驚濤駭浪之中，雖若胡越人之同舟，斷不復介介於宿憾。俄德之合，意中事耳。法人知之，於俄德之間樹一波蘭，以爲兩國之梗；且知波蘭之非二國敵也，而又資之以險要，濟之以軍資，俾有所恃而無恐。法人之慮，不可謂不遠。然異日俄德兩國，終若今茲之失意也則已；若一旦毛羽豐滿，六翮已備，朝垂囘谿之翅，夕奮澠池之翼，二憾齊起，以謀報復，波蘭必首當其衝，而戰事復作矣。此可預言者二也。日美兩國之積不相能，由來久矣；而種族問題，尤爲近日衝突之焦點，而在在可以觸發者也。大戰以後，英不願繼續英日同盟而傾向於美；英美之交，一時必固結而不可解。日人於此，勢必結外援以厚一己之勢力，以與英美抗。試思日本將來之外援，舍聯俄德，又將誰賴乎？此可預言者三也。斯三者，吾蓋於將來之大勢，籌之熟而料之審，殆有必出於此之理；然世界風雲，變幻無常，以爲必然，則又不可。且今日者，大戰方告結束，歐洲各國，精力垂竭，設當此時而輕啓戰端，甘爲戎首，必犯天下之大不韙，列強又豈肯遽冒此惡聲哉？惟其然，故藉巴黎和議以支配世界；而巴黎和議之性質，可略言之如左：

(一)產出國際聯盟之規定五大強獨攬世界大權；

(二)國際聯盟造成一部分會員之利益，使全部會員俱負責任；

(三)戰勝國處置戰敗國，宛若處置罪犯，使之控訴無路；

(四)雙方和約，完全違背相互主義；

(五)和約本旨，凡受外族覊絆之民族，應各完全獨立，然其結果，只偏於一部分所厚之民族；

（六）賠償損失，祇及片面；

（七）繼續舊式均勢主義。

要而言之，此次和議之本旨，若謂爲民族主義之發展，無甯謂爲舊式均勢主義之繼續爲適當也！且夫人之所以畏盜者，非畏其人，畏其刃耳。試觀當日和會，列强罔不獲有優越權，而與會諸國之非列强敵者，不得不低首下心而予以承認，其故何哉？卽以列强有海陸軍爲護符，猶大盜之挾利刃以脅人也。故自大戰以迄言和，以武力始，亦以武力終。至新均勢之產出，亦卽所以維持列强固有之勢力，俾永久不敝；欲永久不敝，故不得不暫泯畛域，使大力者有所聯合，則一切小者弱者將歷萬刼而不復，其用意如是而已！意前總理尼蒂見凡爾塞和約之過酷，發爲公正之言曰：

『昔者德意志亦嘗敗法蘭西矣；一八一五年及一八七〇年兩役，德人於法蘭西民族之結合，未嘗肆行摧毀，亦未嘗於經濟上一致其死命。自一九一九年而後，法蘭西當軸之舉措，直舉當日德人所未嘗加之法蘭西者，竟一一施之德人，殊與其已往之事蹟，不相符合。且德意志者，吾人認爲世界文明與光明之中心者也，今而後，恐將與世界相隔絕矣，豈不可惜！』

尼氏之言，至爲悲痛。彼以「聯軍」一方之要人，而亦爲此不平之鳴；公道在人，卽此可見。

又當代法國大文豪弗郎司之言曰：

『此次大戰，決非一明知故犯之罪孽，實歐洲歷來之生活所致也。凡爾塞和約，實爲甘心毀滅文明之一事；蓋我法蘭西文明，本有恃於歐羅巴文明者也。自今以往，歐羅巴非俟凡爾塞和約修改後，決無復有文明之一日也。』

弗氏之言，痛快極矣！弗氏，法人也；其叱政府措置之非，可爲至矣盡矣！今之大公無私如弗氏者，有幾人哉？至謂歐羅巴非俟凡爾塞和約修改後，無復有文明；然則今日歐洲情況之若何，實有不忍言者矣！

大戰之初起也，世界强國凡八：曰英，曰德，曰法，曰俄，曰奧，曰意，曰美，曰日；其中稱民主國者僅法美兩國，餘則均爲君主國。迨大戰告終，而歐洲著名之三皇室，若漢帕斯堡與羅瑪諾夫與霍亨咤倫者，皆以兵敗而顚覆，而德意志聯邦內諸王室亦相繼仆，於是君主國之僅存者，惟英，意，日三國。俄，德，奧，匈既由君主而改爲民主，而中歐東歐新興諸國，若波蘭，捷克斯洛伐克，芬蘭，愛斯多尼亞，拉他維亞，立陶宛，阿爾巴尼亞復起而應之，其政體相同也。於是世界之上，自南北美洲什九爲民主國外，歐羅巴諸國自經此次戰爭，變更政體，亦泰半與南北美洲相輝映。而我中華民國亦早於大戰前爲亞細亞樹先聲，卽其間遭袁世凱之僭竊，張勳之復辟，要皆不旋踵而俱敗，以是知專制魔力雖號萬能，決不能與民權相抗衡，而潮流所趨，無間中外。向日所稱天王聖明等美名詞，不過等之土龍芻狗。卽君主立憲，世所稱彼善於此者，亦且日就衰落，如晨星碩果之僅存。大勢如此，誠可爲民權主義慶也。

抑吾於此次大戰，又有深感焉。五年來之主持戰事者，德，奧，俄三國之帝，英，意二國之王，與夫法，美二國之總統也；比，塞羅則附其驥尾，日本則爲之犄角。其他若軍政兩界之領袖人物，雖間有與聞，而爲數極少。斯時以血肉之軀出入於鎗林彈雨之中者，要皆大多數之平民耳。一則暴骨戰場，斷脰折足；一則高踞民上，坐享富貴，苦樂之懸殊，可爲甚矣！且夫兵，凶器也，戰，危事也。當大戰之初起也，有仁者曉來斯出，大聲疾呼曰：「不可戰！不可戰！非然者，予將運動全歐罷工，以消戰禍於萬一。」不知斯言一出，適以觸抱帝國主義者之怒，而曉來斯遭暗殺矣。曉來斯死而大戰果發，綿亙五載，人口損失近五千萬，財產損失幾五千萬萬(銀元)自古戰禍之慘，殆未有過於是者！迨至大戰結果，俄皇尼古拉遭慘死，德皇威廉與奧皇喀爾不容於國人而狼狽出走。諺有之曰：『成則王，敗則寇。』俄，德，奧不幸而失敗耳；若使敗者勝者各易一地，則英意之君主，法美之總統，其命運安知不與俄，德，奧皇室等乎？法蘭西，戰勝國也；戰勝國與戰敗國當不同，何以實業繁盛之區域，一變而爲荒煙蔓草？又何以熙攘往來之民衆，一變而爲驚雁哀鴻？由此觀之，戰敗國固失矣，戰勝國亦未爲得也。且戰敗之國，未有不思刷恥不求自存者；又安知其不臥薪嘗胆，生聚敎訓，以圖報復？果爾，恐天下終無復有甯謐之一日。不甯惟是，方今科學進步，一日千里，殺人利器，層出不窮，一旦刼運復開，吾又恐世界赤子，將無有孑遺也，不誠大可悲耶！

予是以知俄羅斯之國民，對於此次戰役已有澈底之覺悟；彼其合政治革命與社會革命而同時並舉也，卽其見端也。夫尼古拉二世與其羣僚欲陷全國於戰爭漩渦中者，純出一二人之私意。迨兵連禍結，民不堪命，於是有一九一七年三月之革命。義旗甫揭，若響斯應；皇室之覆，易若振槁，可謂幸矣。然一轉移間，而全國政權又屬之資產階級。觀其所抱繼續戰爭之政策，武力迷夢，先後一轍。以暴易暴，不知其非，於是又有同年十一月第二度革命之一役，更是兩役而曩日盤踞俄羅斯之貴族資產兩階級，始同歸於盡；其摧陷廓清之功，洵非小小補苴者所可比，而俄羅斯革命事業至此遂告成功。自茲以往，將與國外之資本帝國兩主義相肉薄矣！

新俄羅斯建國之大綱，質言之，可得兩端，一爲剷除社會之階級，一爲剷除國際之階級。彼之以無產階級秉國政，乃剷除社會階級之先聲也；剷除社會階級，而社會之不平等除矣！彼之與弱小民族締結平等條約，乃剷除國際階級之先聲也；剷除國際階級，而國際之不平等泯矣！社會與國際之不平等既消弭，而後社會益團結，國際無隔閡；無所謂貧富貴賤，亦無所謂大小强弱也。將見人人甘其食，美其服，安其居，樂其俗，雖舉社會國際兩名詞而廢棄不用可也，豈不美哉！

中山先生有言曰：

『新世界國家與以前國家不同；通常國家，僅能保民，而不能教民養民。……

……今日所抱改造新世界之希望，則非徒保民而已；舉凡教民養民，亦當引爲國家之責任。試觀俄國新政府，彼之革命發生，尙在我後，成績較我爲優，因其目的不在謀一人生活與一家生活，而在謀公衆生活。如牛乳等之精良食品，先給幼者老者病者，次及軍人，最後始及於普通人。又如貧民之無力入學者，國學須設法扶助，使得入學。此即所謂人人不獨親其親，人人不獨子其子，以敎以養，責在國家。大同世界所以異於小康者，俄國新政府之計畫，庶幾近之。』

雖然，俄羅斯之新計畫，明明如彼矣，而加以訾謷者，亦頗不乏其人。今且姑置毀譽不論，第就事實論之，則有如左數端：

(一)俄羅斯革命之成功，爲社會主義者政權鬬爭之成功。

(二)俄羅斯社會主義者之成功，能否保持久遠，當視其政策之能否適應環境以爲斷。（一九二一年，俄羅斯因種種環境關係，已改行新經濟政策。）

(三)以目前論，俄羅斯雖未能以所揭櫫之主義，戰勝全世界，而列强亦未能以反對其主義，得撲滅之，故俄羅斯之在今日，實具有一種未可侮之勢力。（一九二〇年後，英，法，意等國且相繼承認之矣。）

是故世界各國，社會主義之實行，俄羅斯實爲首倡。至若今日之德意志奧大利諸國，亦皆由社會黨秉其國政；有謂其於社會主義尚未能澈底者，然予勞動階級以幾許之保障，則可斷言也。

社會主義，反乎資本主義之主義也，其應用在於工業國家。至於工業尚未發達之國家，仍不免被蹂躪於帝國主義鐵蹄之下，非論爲殖民地，即論爲半殖民地，故當務之急，在謀民族之獨立，若遏制將來資本主義之發達，則用預防政策而已足，故中山先生主張以節制資本爲解決我國民生問題之一端，誠不刊之論也。

此不獨我國然也，世界各國，其社會之情形之歷史均不同，即其改造之方法與程序，亦必因之而有異，至社會與國際兩種階級之必須剷除，則猶天經地義之不易也。故此次世界大戰，譬言之若大雨然，大雨之後，四野滂沱，百卉怒茁，每有不可遏抑之勢；俄羅斯之革命，大雨後茁長之第一卉也，嗣是而甲坼，而敷榮，雖所呈狀態，或有不同，至其蓬蓬勃勃之生機，莊嚴燦爛之現象，先後實一揆也。未來之世界，殆亦如是乎？

參考書報彙誌

一 報

日內瓦日報 Le Journal de Genève

鄒里希日報 Züricher Zeitung

巴黎時報 Le Temps

巴黎晨報 Le Matin

巴黎人道報 L' Humanité

維也納日報 Wiener Zeitung

柏林日報 Berliner Tageblatt

倫敦時報 The Times

倫敦每日電報 The Daily Telegraph

巴黎圖畫報(週刊) L' Illustration

科學評論(兩週刊) Revue Scientifique

科學與人生(月刊) La Science et la Vie

二　書

歷史大綱……惠爾斯著 The Outline of History……Wells

歐洲近世政治與社會史……海司著 Political and Social History of Modern Europe……Hayes

近世與今世史……夏比羅著 Modern and Contemporary History……Schapiro

今世時期……麥賚著 L' Époque Contemporaine……Malet

德意志史……服爾夫著 Deutsche Geschichte……Wolf

德意志及下一次戰爭…勃恩哈第著 Deutschland und der Nächste Krieg……Bernhardi

大戰之外交背景……西摩著 The Diplomatic Background of The War……Seymour

世界戰禍由來……雷殷著

一九一四年戰史圖說……哈諾多著 Histoire Illustrée de la Guerre de 1914 ……Hanotaux

英勇之法蘭西及其聯盟國……極弗羅 拉古 劉曼同著 La France Heroïque et Ses Alliés……Geffroy, Lacour et Lumet

倫敦時報戰史 The Times History of The War

紐約時報歐戰史 New York Times, The European War

文學彙編世界戰史 The Literary Digest History of The World War

大戰全史……斯推門著 Geschichte des Krieges……Stegemann

大戰全史……勃根著 A History of The Great War……Buchan

大戰簡史……海司著 A Brief History of The Great War……Hayes

世界戰史……西門治著 History of The World War……Simonds

世界戰史……瑪起著 History of The World War……March

世界戰爭軍事史指南……福祿新亨著 A Guide to The Military History of

The World War……Frothingham

大戰如何結束……孟强著 Comment finit La Guerre……Mangin

蘇俄共和國…勞斯著 The Russian Soviet Republic……Ross

一九一八年後之歐羅巴……基朋司著 Europe Since 1918……Gibbons

歐羅巴之衰頹……尼蒂著 The Decadence of Europe…Nitti

歐戰之教訓與中國之將來……黃郛著

戰後之世界……黃郛著

中國近時外交史……劉彥著

歐戰期間中日交涉史……劉彥著

大戰中物理學之應用……維業龍著 Les Applications de la Physique pendant la Guerre……Vigneron

大戰中之發明……龐特著 Inventions of The Great War……Bond

中 西 名 稱 對 照 表

(以中文筆畫爲次)

二畫

卜西那	Posina
卜沙拉	Bossora
卜里亞福拉	Pria Fora
卜拉	Pola
卜林切布	Prinzip, Gavrilo
卜耶拉弗兹	Pojarevatz
卜勃留司克	Bobruisk
卜眞	Bozen

三畫

工比尼	Compiègne
于芒斯	Hymans
士麥那	Smyrna
山佛爾	Sevres
山姆林	Semlin
山塘	Sedan
山讓	Sézanne
土哥	Turcos
土哥英	Tourcoing
土耳其	Turkey
土耳其斯坦	Turkestan
大山	Oyama
大主選親王	Grosse Kurfuest
大谷	Otani
大洋	Ocean
大查理斯	Charlemagne
大馬士革	Damascus
大隈	Okuma
凡來斯	Veles
凡洛那	Verona
凡南坐拉	Venezuela
凡斯脫法利亞	Westphalia
凡爾	Vesle
凡爾文	Vervins
凡爾登	Verdun
凡爾賽	Versailles

四畫

友琴	Eugene
夫人路	Chemin des Dames
日內瓦	Genève
牛倫堡	Nüremberg
勾爾門	Kühlmann, von
斗墨爾	Turmel
方登勃羅	Fontainbleau
中歐羅巴	Mittel-Europa
尤蘇卜夫	Yusupov
公桑伏	Consenvoye
公臺	Condé
文度	Windau
文得凡爾	Vandervelde
丹尼埃	Tergnier
丹麥	Denmark
丹濟	Danzig
木希	Mush
木倫	Morin
木蘇耳	Mosul
毛奇	Moltke. Helmuth von

毛特	Maude
毛爾泰	Malta
以色蘭	Islam
以利沙伯王后	Queen Elizabeth
以帕	Ypres
以散	Yser
以斯脫利亞	Istria
不耳串米希	Przemysl
不耳察希尼子	Przasnysz
不列他尼	Bretagne
不里司抵那	Prishtina
不拉格	Prague
比利時	Belgique
比阿士	Pearse, Padraic
比拉尼	Pyrenées
比亞佛	Piave
比特蒙	Piedmont
比勒司	Piræus
戈那利司	Gounaris
戈利齊亞	Gorizia
戈朋	Goeben
戈郭夫	Guchkov
戈路	Gouraud
戈閣	Gourko
戈爾	Gaul
戈德美拉	Guatemala
戈彌金	Goremykin
戈羅阿	Gaulois
巴比倫	Babylonia
巴西	Brazil
巴拉甘	Paraguay
巴格達特	Bagdad
巴拿瑪	Panama
巴散	Bazaine
巴散利	Boselli
巴爾	Boers
巴爾幹半島	Balkan Peninsula
巴黎	Paris
巴燕	Bayern
巴賽洛那	Bacelona

五畫

平恩	Byng, Julian
必得	Pitt
白利安	Briand, Aristide
他拉脫	Talaat
由留克	Hulluck
瓜唯脫	Koweit
立陶宛	Lithuania
叨爾西	Torcy
叨羅斯	Taurus
本丹	Panther
本貝	Pompey
本得	Panter
包安斯脫	Beust
包果	Borgo
包爾都	Bordeaux
卡伐那	Kavarna
卡伐拉	Kavala
卡孫	Carson, Edward
卡鄧	Carden
布加司	Bourgas
布加度司	Bogados
布利維亞	Bolivia
布里希開維起	Purishkevitch
布達佩斯	Budapest

代朋內	Debeney
代所希	Desouches
代特加起	Dedeagatch
代能	Denain
代爾喀賽	Delcassé, Theophile
古巴	Cuba
古那	Kurna
古來雅	Goliah
古姆喀來	Kum Kale
古梅爾	Gomel
古德奴	Goodenough
甘必大	Gambetta
甘央	Quéant
甘林特	Kerind
甘勃來	Cambrai
甘曼爾山	Mont Kemmel
甘斯門德	Casement
甘塔拉	Kantara
甘德	Kent
皮克司旭得	Bixchoote
皮阿拉	Biala
皮阿里司篤克	Bialystok
皮來番爾	Bielefeld
皮洛司篤克	Bielostock
皮勃斯丹	Bieberstein
皮得利斯	Bitlis
皮羅	Bülow, Bernhard von
皮羅	Bülow, Karl von
皮蘇拉蒂	Bissolati
尼不	Dnieper
尼古拉	Nicolas Nicolai-vitch

尼古拉二世	Nicolas II
尼甘利亞	Nigeria
尼加拉加	Nicaragua
尼西平	Nisibin
尼希	Nish
尼門	Niemen
尼格遜	Nixon
尼斯	Nice
尼斯得	Dniester
尼蒂	Nitti
尼達	Nida
可卜夫	Kopov
可凡爾	Kovel
可夫諾	Kovno
可不里克伊	Koprikeui
可可	Cocos
可尼亞	Konia
可利察	Koritza
可洛尼	Cologne
可洛奈爾	Coronel
可勃倫茲	Coblenz
可落米亞	Kolomia
可爾姆	Cholm
可爾麥	Colmar
弗冷齋	Pflanzer-Baltin
弗里士	Frise
弗拉利	Fleury
弗拉堡	Freibourg
弗拉蒙	Flamand
弗來得里	Friedrich
弗來得里威廉	Friedrich Wilhelm
弗郎司	France, Anatole
弗郎沙埃	François

弗郎特	Flandre
弗祿利那	Florina
弗蘭克福	Frankfurt
弗蘭克諾	Frankenau
弗蘭茲約瑟	Franz Josef
弗蘭茲約瑟街	Franz Josefsgasse
司斗克	Stürgkh, Karl
司斗墨	Stürmer
司文登	Swinton
司丹尼斯老	Stanislau
司比茲堡群島	Spitzbergen
司各達	Skoda
司各勃來夫	Skobelev
司加波羅	Scarborough
司加伯弗羅	Scapa Flow
司加格拉克	Skagerrak
司伯	Spa
司伯衣	Spahis
司彼	Spee, von
司的爾	Styr
司哥羅拍司基	Skoropadsky
司脫利	Stryj
司脫拉司堡	Strassburg
司得提	Sturdee
司得羅尼察	Strumnitza
司惠夫脫曉而	Swiftshire
司篤克姆	Stockholm
司磨茲	Smuts
加半賓	Capelle, von
加尼克阿爾拍山	Carnic Alps
加司丹洛利坐	Castellorizzo
加司丹爾弗倫哥	Castelfranco
加司丹爾諾	Castelnau, de
加伐利尼	Cavalini
加而曼脫	Calmette, Gaston
加里西亞	Galicia
加里安尼	Galieni
加里來	Galilee
加里波利	Gallipoli
加里波的	Garibaldi
加來	Calais
加拉茲	Galatz
加波來篤	Caporetto
加拔推拍	Gaba Tepe
加非爾特	Garfield
加南	Cannæ
加度那	Cadorna, Luigi
加拿大	Canada
加泰洛	Cattaro
加泰基	Carthage
加富爾	Cavour
加路林羣島	Caroline Islands
加瑙文	Carnovan
加賽爾	Cassel
加爾拍脫	Carpathes
加爾格塔	Calcutta
加爾宿拍	Calthorpe
加爾索	Carso
加諾司	Ganos
加諾帕司	Canopus
加薩	Gaza
加羅爾	Carol

六畫

印度	India
列甯	Lenin, Nikolai

朱堵	Rotherthurm
匈牙利	Ungarn
收弗冷	Suffren
衣松蘇	Isozo
百度阿	Padua
好望	Good Hope
好望角	Cape of Good Hope
休士	Hughes
休姆堡里彼	Schaumberg-Lippe
休姆蘭	Shumran
企那	Tcherna
企諾夫	Tchernov
企蘭	Jerram
旭尼	Chauny
旭蒙	Chaumont
旭爾恒	Chaulnes
安戈拉	Angora
安戈勒	Angola
安定	Aidin
安泰勃	Aintab
安得拉喜	Andrassy
安勞合	Andlauer
吉那服達	Chernavoda
吉拔起夫	Tcherbachev
吉拉特	Gerard
吉青納	Kitchener
吉甯	Czernin
吉鼎頤	Cettinje
吉諾維茲	Czernowitz
伊文甘拉特	Ivangorod
伊伐諾夫	Ivanov
伊利諾阿	Illinois
伊希抵拍	Ishtip
伊拔爾	Ibar
伊班克	Ipek
伊善德	Izzet
伊諾司	Enos
伊薩蓓拉	Isabella
伐尼安亞	Wagnière, Georges
伐那	Varna
伐希羅維爾	Vacherauville
伐里安服	Valievo
伐拉克亞	Wallachia
伐佛爾	Wavre
伐恩	Van
伐倫新	Valenciennes
伐達	Vardar
伐爾代克	Waldeck
伐爾脫	Warthe
多士拉	Tuzla
多尼斯	Tunis
多林根	Thoringen
多果蘭	Togoland
多瑙	Danube
多爾	Toul
多爾多開	Turtukai
多爾米諾	Tolmino
多爾起亞	Tulcea
多爾南	Tournai
多諾山佛林	Turnu-Severin
多羅意	Troyes
米也郎	Millerand, Alexandre
米加利司	Michælis
米多	Mitau
米拔克	Mirbach, von

米索波泰米亞	Mesopotamia
米得利	Mitry, de
米得羅維察	Mitrovitza
米第亞	Midia
米爾納	Milner
米謝爾	Michæl
米羅各夫	Milyukov
米蘭	Milan
西司多伐	Sistova
西西利	Sicily
西伐斯	Sivas
西利司脫利亞	Silistria
西利西亞	Cilicia
西伯利亞	Siberia
西克思脫	Sixtus
西拔司篤卜爾	Sebastopol
西格弗里	Siegfried
西班牙	Spain
西特起	Siedlce
西得南	Sydney
西園寺	Saionji
西奧克南島	West Orkney Islands
西維達爾	Cividale

七畫

余伯	Hipper, von
吳佛	Woëvre
低恒	Thiene
狄倫	Dillon
亨堡	Hamburg
辛慈	Hintze, von
但尼金	Denikin
宋尼諾	Sonnino, Sydney
坐阿芙	Zouaves
君士但丁堡	Constantinople
李博	Ribot, Alexandre
李德霍芬	Richterhofen, von
杜威	Douai
杜倫	Doullens
杜姆巴	Dumba
伯特來夫斯基	Paderewski
伯脫拉司	Patras
伯薩加	Passaga
却那克	Chanak
却泰嘎	Tchatalja
却裁	Tcheidze
佛尼斯	Venice
佛拉尼亞	Vrania
佛其尼亞	Virginia
佛南西亞	Venetia
希司堡	Schässburg
希伐茲堡羅度司塔脫	Schwartzburg-Rodolstadt
希沃	Schio
希里芬	Schlieffen, von
希來司惠克	Schlesweg
希臘	Greece
沙加耳	Sokal
沙皮斯基	Sobieski
沙司勃來	Salisbury
沙司漢帕頓	Southhampton
沙狄尼亞	Sardinia
沙阿松	Soissons
罕甫利希	Helfferich, Karl
罕拍夏亞	Hampshire

罕門司塔脫	Hermannstadt
罕爾	Herr
罕爾倍林	Herbebois
罕爾新福斯	Helsingfors
那米爾	Namur
那伐	Narva
那伐利諾	Navarino
那波利	Napoli
那席里葉	Naziriyeh
那塔爾	Natal
那賚夫	Narew
那薩利脫	Nazareth
利皮亞	Libya
利克	Lyck
利姆	Lim
利服尼亞	Livonia
利昂	Lyon
利班	Ribec
利斯	Lys
利愛其	Liège
利蒲	Libau
利文薩	Livenza
里牛古	Ribecourt
里牛利亞	Liberia
里加	Riga
里企諾夫斯基	Lichnowsky
里沃特沃羅	Rio d' Oro
里東	Lithons
里彼	Lippe
里勃克耐希脫	Liebknecht, Karl
里斯奔	Lisbon
里爾	Lille
里薩	Lissa
沃代爾	Oder
沃乎芬堡	Auffenberg, von
沃古斯多	Augustowo
沃司脫洛倫加	Ostrolenka
沃希利達	Ochrida
沃姆斯克	Omsk
沃勃里芙	Auberive
沃特路蒙	Haudromont
沃脫倫篤	Otranto
沃得爾斯堡	Ortelsburg
沃爾沙伐	Orsova
沃爾登堡	Oldenburg
沃蒙	Haumont
貝打古	Bethincourt
貝希柏	Beersheba
貝那曉	Bernard Shaw, George
貝耐代梯	Benedetti
貝耐第克脫十五世	Benedict XV
貝得羅	Berthelot
貝登	Pétain, Henri Philippe
貝散勒	Beseler, von
貝第汲夫	Berdichef
貝萊	Perry
貝路(弗里茲)	Below, Fritz von
貝路(烏多)	Below, Otto von
貝爾他	Bertha
貝爾革拉特	Belgrade
貝爾福	Balfour, Arther James
貝諾	Pernau

貝龍	Peronne
克凡希	Koevess, von
克老山維玆	Clausewitz
克利西亞	Krithia
克利斯金	Christian
克里司他尼亞	Christiania
克里米亞	Crimea
克松	Curzon
克來西	Cressy
克來蒙蘇	Clemenceau, Georges
克拉可夫	Cracow
克拉司尼克	Krasnik
克拉沃伐	Craiova
克拉皆伐玆	Kragujevatz
克拉翁	Craonne
克拉道克	Cradock
克拉瑪玆	Kramarcz
克洛玆	Klotz
克倫斯基	Kerensky
克理倫閣	Krylenko
克勒勃	Groeber
克勒索	Creusot
克脫西風	Ctesiphon
克森	Kherson
克虜伯	Krupp
克爾勃	Kœber
克魯巴都金	Kuropatkin
克魯西亞	Croatia
克龍司塔脫	Krostadt
克龍曼爾	Clommel
克羅克	Kluck, Alexander von
克羅幹	Kruger
克蘭馬丁尼茲	Clam-Martinitz
克蘭脫	Crete
克蘭斯頓	Gladstone

八畫

阜姆	Fiume
服胡	Vaux
牧野	Makino
幷司克	Pinsk
邱吉爾	Churchill, Winston
岡的尼	Cantigny
兒服夫	Lvov
板兒脫	Perthes
屈景頤	Szechenyi
金普龍	Kimpolung
昔爾脫	Scheldt
迪他斯他	Dutasta
直布羅陀	Gibraltar
奈恒斯脫	Nernst
抵貝利亞司	Tiberias
陀羅米阿爾拍山	Dolomite Alps
芬克	Fonck
芬蘭	Finland
東拔山	Monte Tomba
東耶	Tunja
芙洛	Volo
芙爾根	Vulcan
奇利果	Jellicoe, John
奇諾亞	Genoa
明司克	Minsk
明斯得	Münster
林心琴	Linsingen, von

林尼克	Rymnik	朋司篤夫	Bernstorff
虎	Tiger	朋西薩	Bainsizza
虎底哀	Hutier, Oskar von	朋堡	Burnburg
虎梅	Hume	朋斯丹	Bernstein
呼山	Husein	底弗里斯	Tiflis
呼衣	Huy	底安利宮	Château Thierry
呼遜	Hussein, Kemal	底拉那	Tirana
果姆	Guam	底格里斯	Tigris
果爾池	Goltz, von Der	底爾西脫	Tilsit
果蘭	Courland	法勗達	Fashoda
彼得	Peter	法毓爾	Fayolle
彼得羅色內	Petroseny	法爾摩斯	Falmouth
彼得羅革拉特	Peterograd	法薩利亞	Pharsalia
居沃芙山	Monte Ciove	法蘭西	France
居伯羅司	Cyprus	法蘭克	Franks
孟納漢	Mannerheim	帕里司倫特	Prisrend
孟強	Mangin, Charles	帕里來拍	Prilep
孟祿	Monro	帕來夫里	Plevlie
孟興	München	帕來西司	Plessis
抱勃爾	Bobr	帕拉塔那	Platana
抱斯福	Bosphorus	帕爾多司克	Pultusk
抱爾	Ball	亞甯	Arnim, Sixt von
抱爾薩	Borsa	亞歷山大	Alexander
門什維克	Menshevik	亞歷山大卜爾	Alexandropole
門加克司	Munkacs	亞歷山大利亞	Alexandria
門罕	Mannheim	亞歷山夫	Alexeiev
門飛司	Memphis	亞歷山特來泰	Alexandretta
其士	Guise	亞歷山德拉	Alexandra
其凡	Givet	亞歷西斯	Alexis
其夫及里	Gievgheli	亞爾然丁	Argentine
其生	Giessen	亞爾薩斯	Alsace
其司勃茲	Giesberts	亞蘭	Aland
朋丁克	Bentinck	波司尼亞	Bosnia

波那勞	Bonar Law
波拉	Borah
波門	Pommern
波的尼亞	Bothnia
波來符那	Plevna
波度爾司克	Podolsk
波海米亞	Bohemia
波斯	Persia
波堵來司	Pourtales
波爾	Poole
波羅的海	Baltic Sea
波蘭	Poland
來凡爾	Revel
來文得羅	Reventlow
來奴阿	Lenoir
來因	Rhein
來西那	Lesina
來沃卜爾	Leopold
來伯齊西	Leipzig
來東特	Rethondes
來拔希	Laibach
來姆	Rheims
來姆堡	Lemberg
來姆諾司	Lemnos
來業維爾	Regneville
來端爾	Rethel
拍司各夫	Pskov
拍里貝脫	Pripet
拍拉霍服	Prahovo
拍來司堡	Pressburg
拍來坐	Plezzo
拍來多利亞	Pretoria
拍倫甘脫	Plunkett
拍留內	Prunay
拍勒希丹脫	Ploegsteert
拍勒希抵	Ploechti
拍斯芬特	Pathfinder
拍勞克	Plock
拍魯墨	Plumer, Herbert
拍魯墨女士	Plumer, Miss
拍羅脫	Pruth
拍羅篤卜卜夫	Protopopov
拉夫加	Rawka
拉反埃	La Fēre
拉司波丁	Rasputin
拉加士	Lacaze
拉台克	Radek, Karl
拉他維亞	Latvia
拉西尼	Lassigny
拉利薩	Larissa
拉伯洛	Lapallo
拉伯蘭	Lapland
拉法也脫	Lafayette
拉拔山	La Bassée
拉耶克	Layak
拉度姆	Radom
拉度斯拉服夫	Radoslavoff
拉馬喜	Lammasch
拉發	Rafa
拉瑪提	Ramadie
拉羅非	La Laufée
拔卜姆	Bapaume
拔士爾	Basel
拔生	Beisan
拔古	Baku
拔司克	Basques

拔司的	Bastilles
拔多	Batum
拔來斯蒂	Balestier
拔拔達	Babadagh
拔脫番爾	Bartfeld
拔勒豆克	Bar-le-Duc
拔登堡	Battenberg
拔斯拉	Basra
拔雅席	Bayazid
拔葉斯	Beyers
拔蒲那	Babuna
拔爾門	Barmen
拔爾起克	Baltchik
拔篤基	Batocki
拔騰	Baden
阿不耳	Appel
阿丹來	Athenry
阿夫落那	Avlona
阿皮西尼亞	Abyssinia
阿加孟農	Agamemnon
阿加第爾	Agadir
阿米恒	Amiens
阿安能	Einem, Karl von
阿多埃	Artois
阿伐爾那	Avarna
阿而克痕	Argonne
阿西阿果	Asiago
阿西哀洛	Arsiero
阿坐夫	Azof
阿克	Acre
阿克拔	Akaba
阿利孰那	Arizona
阿利蘇薩	Arethusa
阿利阿定	Ariadine
阿里菩奴	Ari Burnu
阿那多利亞	Anatolia
阿那法太	Anafarta
阿佛來斯果	Averescu
阿佛爾	Avre
阿來卜	Aleppo
阿其司	Arges
阿的尼	Attigny
阿剌伯	Arabia
阿服古	Avocourt
阿非利加	Africa
阿美利加	America
阿拉罕	Araheim
阿拉斯	Arras
阿拉斯加	Alaska
阿兒丹	Ardennes
阿兒勃來希脫	Albrecht
阿拔斯二世	Abbas II
拔阿斯希米	Abbas Hilmi
阿姆斯得登	Armsterdam
阿姜格爾	Archangel
阿洛斯脫	Alost
阿勃羅齊	Abruzzi
阿特利亞的克海	Adriatic Sea
阿突利亞堡	Adrianople
阿倫倍	Allenby, Edmund
阿倫斯丹	Allenstein
阿索龍	Asolone
阿索龍山	Monte Asolone
阿席席葉	Aziziyeh
阿格拉姆	Agram
阿特久度爾	Adjudul

阿第其	Adige
阿麥特	Amade, d'
阿曼尼亞	Armenia
阿曼龍根	Amerongen
阿富汗	Afganistan
阿達利亞	Adalia
阿農齊哇	Annunzio, Gabriel [d'
阿蒲司諾脫	Arbuthnot
阿蒲格	Abouker
阿蒙底埃	Armentiers
阿爾支利	Algeria
阿爾巴尼亞	Albania
阿爾平	Albion
阿爾拍	Alps
阿爾其西拉司	Algeciras
阿爾其亞	Algiers
阿爾非利	Alfieri
阿爾倍	Albert
阿爾梅來達	Almereyda
阿爾脫幾希	Altkirch
阿薩	Assa Val d'
阿薩恆	Azannes
阿羅泰	Aluta
阿鐸爾夫弗來得里六世	Adolf Friedrich VI

九畫

胥迺	Sinai
紅帽	Bonnet Rouge
侯爵	Markgrof
秋丹克	Chotek, Sofia
風代湯	Von Der Tann
飛加羅	Figaro
荀米哀	Cumières
柳別工	Rubicon
珂不路魯	Kuprulu
保加利亞	Bulgaria
洪度拉司	Honduras
南斯拉夫	Jugoslavia
郁滕尼起	Yudenitch
皇儲威廉	Kronprintz Wilhelm
星皮爾斯克	Simbirsk
施丹勃利斯基	Stambulisky
屋勃來諾維起	Obrenovitch
科司他里加	Costa Rica
科紅	Kun, Belo
客司多利亞	Kastoria
客讓	Kazan
查理斯	Charles
查理維爾	Charleville
香板尼	Champagne
香的言	Chantilly
香納維爾	Champneuville
香霍斯脫	Scharnhorst
革拉凡洛脫	Gravelotte
革拉伯山	Monte Grappa
革拉蒙	Gramont
革林蘭	Greenland
苛拉桑	Khorasan
苛特斯坦	Kurdestan
苛脫愛耳阿瑪拉	Kut-el-Amara
苛斯頓提	Kustendi
柯克司哈文	Cuxhaven
柯洛希茲	Koroshetz
柯斯麥南克	Kusmanek

柯爾却克	Kolchak
約各司塔脫	Jacobstadt
約瑟弗來得里	Josef Friedrich
約瑟斐迭南	Josef Ferdinand
約翰尼斯堡	Johannisburg
洛夫貝來	Lufberry
洛夫眞	Lovtchen
洛衣	Roye
洛治	Lodz
洛拍可夫	Lupkow
洛維諾	Rovigno
洛蘭	Lorraine
美西那	Messina
美利堅	United States
美咖	Mecca
美哈第亞	Mehadia
美甯	Menin
美善利勃	Mezerib
威廉	Wilhelm
威廉哈文	Wilhelmshaven
威廉恩斯脫	Wilhelm Ernst
威塞爾	Wesel
威爾罕米那	Wilhelmina
威爾遜（英將名）	Wilson, Henry
威爾遜（美總統名）	Wilson, Woodrow
度司堡	Duisburg
度克拉	Dukla
度那耶克	Dunajec
度勃利起	Dobritch
度勃諾	Dubno
度勃羅劇	Dobrudja
度倫	Doiran
度蒙	Donaumont
柏夫洛夫司克	Pavlovsk
柏夫洛維起	Pavlovitch
柏希起	Pashitch
柏林	Berlin
柏奔	Papen
柏來斯丁	Palestine
柏鄉代爾	Passchendaele
柏蘇別沃山	Monte Pasubio
耶大	Jadas
耶可伐	Jakova
耶尼那	Janina
耶卯司	Yarmouth
耶西	Jassy
耶伐洛	Yavalo
耶果	Jagow, von
耶路斯拉夫	Jaroslav
耶路薩冷	Jerusalem
哀半南	Epernnay
哀末利希	Emmerich
哀司得南	Esternay
哀司基歐	Eskir Sheher
哀弗爾	Eiffel
哀因	Aisne
哀米希	Emmich, von
哀耳拉姆爾	El Ramle
哀耳善龍	Erzerum
哀耳靜琴	Erzingin
哀倫啟	Erenkeui
哈山	Haase
哈士善克	Hazebrouck
哈代其	Hardinge
哈米突	Hamid

哈里起	Halicz
哈里爾	Halil
哈姆	Ham
哈胡仁	Hausen, von
哈度蒙	Hardaumont
哈勒	Haller
哈得卜爾	Hartlepool
哈惠起	Harwich
哈瑪代	Hamadan
哈爾濱	Harbin
哈諾佛	Hanover
勃企杜特	Berchtold
勃自柴尼	Brzezany
勃宋服	Bezonvaut
勃利松	Brissons
勃里司多	Bristol
勃里阿蒙	Brialmont
勃里愛	Briey
勃明恩	Birmingham
勃拉	Bras
勃拉彭	Brabant
勃拉鄧堡	Bradenburg
勃拉鐵諾	Bratiano
勃來希柯夫斯加雅	Breshkovskaya
勃來拉	Braila
勃來門	Bremen
勃來姆哈	Blemheim
勃來姆賽	Bremse
勃來斯老	Breslau
勃來斯脫里脫夫司克	Brest-Litovsk
勃姆愛木里	Boem-Ermoli
勃洛提	Brody
勃恒	Bern
勃恩	Bœhn, von
勃恩哈第	Bernhardi
勃根	Buchan, John
勃留塞耳	Bruxelles
勃郎斯丹	Braunstein, Leber
勃孰拉	Bzura
勃爾甘	Boelke
勃龍司惠克	Braunschweig
勃羅末	Brummer
勃羅其	Bruges
勃羅細落夫	Brussilov
勃羅薩	Brusso
勃蘭丁	Branting
勃蘭納	Brenner
勃蘭泰	Brenta

十畫

神尾	Kamio
容那	Jonnart
挪威	Norway
秘魯	Peru
盎凡斯	Envers
迺巴爾	Nepal
展來脫利	Tseretelli
玆洛他里伯	Zlota Lipa
倫甘塞	Nungesser
倫納	Renner
俾士麥	Bismark, von
俾路支	Baluchistan
般斗恆	Béthunes
般利奧白	Berry-Au-Bac

徐勃羅其	Zeebrugge
徐墨孟	Zimmermann
索姆	Somme
索恆	Souain
索爾夫	Solf
班路諾	Belluno
班樂衞	Painlevé, Paul
班羅	Belleau
般司得堡	Insterburg
般美門	Immerman
般勃洛司	Imbros
倍羅脫	Beirut
倍爾福脫	Belfort
倍薩拉皮亞	Bessarabia
託波爾斯克	Tobolsk
託爾恒	Thorn
託羅次基	Trotzky, Leon
拿坡崙一世	Napoleon I
拿坡崙三世	Napoleon III
拿維拔柴	Novibazar
倪凡爾	Nivelle
倪安保	Nieuport
倪采	Nietzsche
倪馬爾	Djemal
埃	Aa
埃士納	Eisner, Kurt
埃及	Egypt
埃克況	Eichhorn
埃得爾弗來得里	Eitel Friedrich
納夫夏板兒	Neuve Chapelle
納容	Noyon
納意	Neuilly
納爾遜	Nelson
納維爾	Neuville
郎司董	Lansdowne
郎其麥克	Langemark
郎特西	Landrecies
郎格	Langres
郎斯	Lens
郎薩克	Lanrezac
泰立脫	Tyrwhitt
泰恆	Thann
泰倫堡	Tannenberg
泰特諾埃	Tardenois
泰諾卜爾	Tarnopol
泰諾夫	Tarnow
泰歐	Tahure
夏比得	Chapitre
夏打古	Chattancourt
夏拔茲	Shabatz
夏勒陸埃	Chaleroi
夏爾尼	Charny
夏德門	Scheidemann, Philipp
夏龍	Châlons
格尼拉里伯	Gnila Lipa
格那賽瑙	Gneisenau
格拉司果	Glasgow
格拉提司加	Gratisca
格洛特諾	Grodno
格落代克	Grodek
高夫	Corfu
高加索	Caucasus
高却果夫	Gortchakov
高利司	Gorlice
高利安	Caurières

高利清	Golitzin	烏魯米亞	Urumiah
高胡	Gough	海牙	Hague
高爾	Caures	海司勒	Haeseler, von
高爾蒲	Corbeaux	海夾子	Hedjaz
恩尼斯高端	Enniscorthy	海里果蘭	Heligoland
恩佛	Enver	海來司	Helles
恩度拉	Andola	海林琴	Herringen, von
恩哈爾脫	Annhalt	海威	Hawaii
恩班(法將名)	Humbert, G. L.	海格	Haig, Douglas
恩班(法議員名)	Humbert, Charles	海發	Haifa
恩格	Ancre	海蒂	Haiti
恩格伐	Ungvar	海蘭娜	Helena
恩斯坦	Einstein, Albert	馬西航	Marchand
恩斯脫	Ernst	馬西頓尼亞	Macedonia
桑勾利阿諾	San Guliano	馬利恆	Malines
桑米歇爾	San Michele	馬利諾夫	Malinoff
桑多度敏哥	Santo Domingo	馬克西米倫	Maximillan
桑利	Senlis	馬克思	Max, Karl
桑馬利諾	San Marino	馬夏爾	Marshall
桑推	Santé	馬夏爾群島	Marshall Islands
桑基沃伐尼	San Giovani	馬特加斯加	Madgascar
桑達斯	Sanders, Liman von	馬琴泰	Magenta
		馬爾抱羅	Marlborough
桑鐸那	San Dona	馬賽	Marseilles
烏多	Otto	馬麗安群島	Marianne Islands
烏克	Ourq	哥皮能	Gumbinnen
烏克蘭	Ukrainia	哥本哈根	Copenhagen
烏定	Udine	哥尼洛夫	Kornilov
烏執克	Uzsok	哥尼格來茲	Konigrätz
烏畧諾夫	Ulyanov, Vladimir	哥尼斯堡	Königsberg
烏斯古勃	Uskub	哥林脫	Corinth
烏爾斯得	Ulster	哥索服	Kossovo
烏魯甘	Uruguay	哥倫比亞	Columbia

哥脫來	Courtrai
哥斯鎮	Goschen
哥錫加	Corsica
哥薩克	Cossacks
哥羅米哀	Coulomiers
特文斯克	Dvinsk
特弗令格	Derfflinger
特各司	Derkos
特米余薩	Demir-Hissar
特米脫里夫	Dmitriev
特里安	Driant
特利那	Drina
特拉瑪	Drama
特來斯頓	Dresden
特姆特姆	Dumdum
特洛古	Drocourt
特勃林	Dublin
特勃來卿	Debreczin
特培	Derby
特惠脫	De Wet
特維那	Dvina
特羅門特	Drummond

十一畫

陸克	Roques
許恆	Schoen, von
堂董	Danton
培爾	Bell
雪爾	Scheer, von
崑司湯	Queenstown
乾米生	Jamiesen
麻利亞	Morea
叙利亞	Syria
第阿拉	Diala
粒努亞	Renourd
設得蘭	Shetland
啟來迺加	Cyrenaica
梵尼瑞洛司	Venizelos
勒加多	Le Cateau
勒南	Renaix [weg
荷爾惠克	Bethmann-Holl-
荷蘭	Holland
畢加第	Picardy
畢勛	Pichon, Stephen
畢爾坐司基	Pilsudski
推來肯背	Theresiopel
推來金閣	Terestchenko
推耐鐸司	Tenedos
密多	Muteau
密拉	Murat
密和勒	Müller
密羅仁	Mülhausen
梯落爾	Tyrol
梯爾	Thiers
梯蒙	Thiaumont
梯摩克	Timok
符一喜	Woyrsch, von
符其	Vosges
符齊安	Vouziers
符龍坐夫	Woronzov
莫勃其	Maubeuge
莫勒	Moureu
莫勒意	Moureuil
莫斯科	Moscow
莫德拉	Mudra
康士但丁	Constantine

康沃爾	Cornwall
康哥	Congo
康華力斯	Cornwallis
康瑙賚	Conolly
梅克爾	Meckel
梅度斯	Maidos
梅特湼	Metternich
梅爾旭埃	Melchior
梅諾司	Maynooth
曼芝	Metz
曼星	Messines
曼徐安亞	Meziers
曼爾西哀	Mercier
曼克能堡希惠林	Mecklenburg-Schwerin
曼克能堡斯脫來茲	Mecklenburg-Strelitz
脫里安斯脫	Trieste
脫里阿農	Trianon
脫拉西	Tracy
脫拉斯	Thrace
脫來比宋特	Trebizond
脫來里	Tralee
脫倫底諾	Trentino
脫倫脫	Trent
脫龍別起	Trumbitch
脫羅容	Troyon
脫蘭斯哇	Transvoal
麥及司的克	Majestic
麥司脫里脫	Mastricht
麥因茲	Mainz
麥耳可拉	Marcora
麥利茲	Maritz
麥克司	Max
麥克司惠耳	Maxwell
麥克拉各夫	Maklakov
麥克馬洪	MacMahon
麥星	Macin
麥倫古	Malancourt
麥耿生	Mackensen, August von
麥爾曼提	Malmedy
麥薩利克	Masaryk
麥蘇林湖	Masuren
基司	Keyes
基弗里	Kifri
基安夫	Kiev
基利亞	Kilia
基利拔	Kilia Bahr
基沃利蒂	Giolitti
基沃倫	Kiolen
基克基利塞	Kirk-Kilisse
基亞那	Guiana
基納	Guinea
基納美	Guynemer
基毓瑪	Guillaumat
基瑪爾	Kemal, Mustapha
基爾	Kiel
基爾司	Kielce
基爾利拔拔	Kirlibaba
基爾哥	Kirku

十二畫

復仇	Vengeance
智利	Chile
渡佛	Dover

順松	Zenson
發洛	Faroe
琴脫	Ghent
彌德	Beatty, David
越飛	Joffe
堪蘭	Kerry
答也郎	Tellyrand
留培克	Lübeck
菊木利亞	Chumuria
黃金海岸	Gold Coast
萊多夫福培克	Lettow-Vorbeck
捷克斯洛伐克	Czecho-Slovakia
華沙	Warsaw
華盛頓	Washington
善白西	Zambasi
善米司	Zaimis
普加賚	Poincaré,Raymond
普魯士	Preussen
腓力波里	Philipolis
腓力維爾	Philippeville
喬但	Jordan
喬治五世	George V
喬治亞	Georgea
黑勃脫旭	Herbertshöe
黑海	Black Sea
黑詹果維那	Herzegovina
費歇	Fisher, John
費賚起	French, John
番市	Fez
番利	Ferry
番埃香貝諾阿士	Fère Champenoise
番埃泰特諾埃	Fère-en-Tardenois
勞安斯	Reuss
勞林孫	Rawlinson
勞恆	Laon
勞恩堡	Lauenburg
開士第	Kezdi-Vasarhely
開高	Keckau
開普敦	Cape Town
開羅	Cairo
凱旋	Triumph
凱旋門	Arc de Triomphe
凱爾特	Celts
凱賚	Carey
湯司漢	Townshend
湯其亞	Tangier
湯馬司	Thomas, Hugh
湯馬沙夫	Tomasov
斐迭南（奧皇儲名）	Ferdinand, Franz
斐迭南(保王名)	Ferdinand
斐迭南(羅王名)	Ferdinand
斐律賓	Philippines
鈕及賽	New Jersey
鈕乎堡鈕和斯	Newport News
鈕西蘭	New Zealand
鈕芬蘭	Newfoundland
鈕恩堡	Nürnberg
無抗	Irresistible
無制	Indomitable
無畏	Fearless
無倦	Indefatigable
無撓	Inflexible
無敵	Invincible
菩太	Botha, Louis
菩克薩起	Buczacz

菩南	Burney
菩度	Burdur
菩耶提夫	Bojadiev
菩阿勒	Boisleux
菩羅	Bolo
提司來利	Disraeli
提司脫	Diest
提克司密特	Dixmude
提阿士	Diaz
提阿佩革	Diabekr
提登霍芬	Diedenhofen
惠米司	Wemyss
惠得	Witte
惠得培	Whitby
惠提琴	Weddigen
惠瑪	Weimar
惠臺	Waidai
惠爾斯	Wells, H. G.
惠靈吞	Wellington
散	San
散因	Seine
散來斯	Seres
散南格來	Senegalais
散特勒	Seidler, von
散得利茲	Seydlitz
散得哀爾拔	Sedd-el-Bahr
散爾	Serre
散賚脫	Sereth
斯巴達	Sparta
斯巴達古司	Spartacus
斯丹來	Stanley
斯丹福	Stanford
斯古塔利	Scutari
斯甘地那維亞	Scandinavia
斯拉服尼亞	Slavonia
斯古羅蒂司	Skouloudis
斯洛伐克	Slovakia
斯都加	Stutgart
斯脫留瑪	Struma
斯麻爾根	Smorgen
斯基納維司	Skierniewice
斯德丁	Stettin
喀各夫	Kharkov
喀老利	Karolyi
喀美南夫	Kamenev
喀拔洛夫	Khabalov
喀門特西爾伐	Carmen de Sylva
喀拉及倫	Karajeyren
喀拉格起	Karagatch
喀拉喬治維起	Karageorgevitch
喀勃利諾維起	Cabrinovitch
喀斯	Kars
喀斯丹	Gastein
喀斯巧	Kaschau
喀煜	Caillaux, Joseph
喀爾	Karl
喀爾斯路安	Karlsruhe
喀爾諾基	Kalnoky
喀墨龍	Kamerun

十三畫

獅	Lion
裏海	Caspian Sea
解發	Jaffa
愷撒	Cæsar
意大利	Italy

蘇里希	Zürich
極里旭	Jericho
葡萄牙	Portugal
瑙維克	Novikh
滑鐵盧	Waterloo
瑞士	Schweiz
瑞典	Sweden
新芬	Sinn Fein
新桑代克	Neu Sandec
葛門夏	Kermanshah
葛賚	Grey, Edward
裘里阿爾拍	Julian Alps
裘脫蘭	Jutland
蒂拍佛爾	Thiepval
蒂篤尼	Tittoni
雷克雅未克	Reikjavik
雷德門德	Redmond, John
道伯脫	Dorpat
道格濱	Dogger Bank
道脫蒙	Dortmund
塔司非里愛夫基	Tasfiri-Efkiar
塔虎脫	Taft, William
塔格利亞門多	Tagliamento
塞山克司	Sussex
塞拉約佛	Serajevo
塞拉龍	Sierra Leone
塞爾皮亞	Serbia
塞薩來	Thessaly
達西亞	Dacia
達姆司塔脫	Darmstadt
達馬丁	Dammartin
達特奈耳	Dardanelles
達特諾司	Dardanos
聖卜爾	St. Pol
聖古明	St. Gobain
聖古爾	St. Goar
聖司梯法諾	St. Stefano
聖吉曼	St. Germain
聖米哀爾	St. Mihiel
聖沃曼	St. Omer
聖孟烏	St. Menehould
聖貢	St. Gond
聖節凡	St. Gervais
聖廣丹	St. Quentin
路子克	Lutsk
路不利尼茲	Lublinitz
路不賚脫	Rupprecht
路合喬治	Lloyd George, David
路克司堡	Luxburg
路易哈芬	Ludwigshafen
路昔推尼亞	Lusitania
路香薄	Rochambeau
路勃林	Lublin
路度司多	Rodosto
路特	Rhodes
路特西亞	Rhodesia
路祥閣	Rodzianko
路維起	Lowicz
路德	Root, Elihu
奧士	Oise
奧大利	Österreich
奧司丹利茲	Austerlitz
奧司丹落特	Osterode
奧司多維克	Ostrowiecs
奧克南	Orknev

奧利泰	Olita
奧沙維玆	Ossowietz
奧待薩	Odessa
奧納	Ornes
奧特那特	Aud Narde
奧陸拉	Aurora
奧斯登特	Ostende
奧蘭治	Orange
奧蘭度	Orlando, Vittorio
愛比那爾	Epinal
愛比羅司	Epirus
愛生	Essen
愛加度	Ecuador
愛伐脫	Ewarts
愛司半來	Esperey, Franchet [d'
愛司多尼亞	Esthonia
愛耳里西	Ehrlich, Paul
愛利文	Erivan
愛克司	Eix
愛克司拉夏班爾	Aix-la-Chapelle
愛朋	Eben
愛姆司	Ems
愛姆頓	Emden
愛勃脫	Ebert, Friedrich
愛納	Esnes
愛玆保格	Erzberger, Mathias
愛格里拍倫加	Egri Palanka
愛琴海	Ægean Sea
愛斯葵斯	Asquith, Herbert H.
愛斯端埃	Estaires
愛爾白生	El Bassan
愛爾平	Elbing
愛爾倍	Elbe
愛爾蘭	Ireland
愛德華七世	Edward VII
愛薩	Essad
愛蘭脫	Ailette

十四畫

閣打	Cottin, Emile
瑤企那	Jotchina
赫德林	Hertling, von
蓋拍拉脫	Guépratte
嘉利	Cary, de Langle de
嘉來定	Kaledine
嘉通	Khartum
齊多米	Zhitomir
齊吉林	Tchitcherin
齊泊林	Zeppelin, von
漢尼拔	Hannibal
漢帕斯堡	Hapsburg
漢特生	Henderson
福其	Forges
福南	Fournet
福根呼順	Falkenhausen, von
福根海	Falkenhayn, von
福斯海灣	Firth of Forth
福煦	Foch, Ferdinand
福祿倫司	Florence
福爾加	Volga
福爾克蘭	Falkland
瑪因	Marne
瑪利	Marie
瑪利王后	Queen Mary
瑪利察	Maritza

瑪拉司底	Marasesti
瑪洛司	Maros
瑪爾金	Malkin
瑪爾維	Malvy
瑪維茲	Marwitz, von der
瑪摩拉	Marmora
瑪德利特	Madrid
蒙木斯	Monmouth
蒙丹尼格羅	Montenegro
蒙丹洛	Montello
蒙米拉意	Montmirail
蒙美提	Montmedy
蒙斯	Mons
蒙提第哀	Montdidier
蒙發爾公	Monfalcone
蒙瑪脫	Montmartre
蒙福公	Monfaucon
蒲凡	Bourvet
蒲加來司脫	Bucharest
蒲利斯	Boris
蒲局埃	Bourgeois
蒲果維那	Bukowina
蒲格	Bug
蒲留歇	Blücher
蒲落尼	Boulogne
蒲爾龍	Bourlon
蒲蒙	Beaumont
蒲羅維克	Boroevic
蒲齡	Burian
維也納	Wien
維司斗拉	Vistula
維司巴頓	Wiesbaden
維司[illegible]	Wi[illegible]

維希可佛	Wyszkower
維希革拉特	Vishegrad
維克多愛瑪鈕爾	Victor Emmanual
維米	Vimy
維果	Vigo
維來果得來	Viller Cotterets
維其倫西亞	Vigilancia
維起脫	Wytschæte
維得利勒法郎沙阿	Vitry-le-François
維登堡	Würtemberg
維維亞尼	Viviani, René
維爾那	Vilna
維爾東	Virton
維爾林根	Wieringen
維賽	Visé
維羅卜伐	Virubova, Anna

十五畫

潼	Don
劉佐	Lützow
撲順	Posen
潘興	Pershing, John
滕甘克	Dunkirk
厲沃旦	Lyautey
撥林斯登	Princeton
蔡閣塞洛	Tsarko-Selo
鞏丹	Guenther
鞏勃爾	Combles
鼐西米	Nesimy
鼐佛	Neva
興加來夫	Shingarev
興登保	Hindenburg, Paul [von

歐弗來脫	Euphrates
歐奔	Eupen
歐拔爾	Urbal
鄧格爾	Dankl, von
鄧恩堡	Dernburg
鄧羅	Damloup
墨士	Meuse
墨西哥	Mexico
墨維爾	Merville
墨賚	Murray
賚芒	Leman
賚芝堡	Landsberg
賚起次基	Lechtski
賚倫廿拍夫	Rennenkampf
魯舍尼亞	Ruthenia
魯登道夫	Ludendorff, Eric
魯爾	Ruhr
魯爾沃夫	Ruhrarf
魯鐸爾夫	Rudolf
德古曲	Tecuciu
德來卜夫	Trepov
德拉志基	Treitschke
德意志	Deutschland
德輿	Teschen
德蘭西耳伐尼亞	Transylvania
德蘭西高加西亞	Transcaucasia
摩耳達維亞	Moldavia
摩那哥	Monaco
摩那斯抵	Monastir
摩其來夫	Mogilef
摩胡	Meaux
摩洛哥	Morocco
摩哈默特五世	Mohammed V
摩哈默特六世	Mohammed VI
摩哈默特阿里米耳柴	Mohammed Ali Mirza
摩拿利	Maunoury
摩得意	Maud'huy
摩得落司	Mudros
摩達尼亞	Mudania
摩蘭哈非特	Mulai Hafid

十六畫

戰士	Warrior
儒拉	Jura
篤瑪	Thomas, Albert
曉來斯	Jaurès, Jean
鮑胡藹	Bauer
盧森堡	Luxemburg
賴因納脫	Leinert
獨特加南斯	Dodecanese
龍勃洛司	Lambros
龍惠	Lonwy
諾丁恩	Nottingham
諾司克立夫	Northcliffe
諾服喬其司克	Novo Georgievsk
霍夫門	Hoffman
霍耳斯丹	Holstein
霍佛	Hoover, Herbert
霍亨咤倫	Hohenzollern
霍亨堡	Hohenberg
霍姆斯	Homs
霍恆	Horne
霍特	Hood
霍眞度夫	Hoetzendorf, Conrad von

霍爾伐脫 Horvath
霍爾脫 Holt

十七畫

霞飛 Joffre, Jules César
賽門特利亞 Semendria
薄利蘇夫 Borrissof
薄脫墨 Bothmer
戴郎 Teheran
戴駝羅夫 Teodorov
戴諾司 Tahynos

十八畫

鵝嶺 Côte de l'Oie
檳榔嶼 Penang
瞿林司基 Gilinsky
薩凡 Save
薩以色爾 Saillisel
薩加羅夫 Sakharov
薩安茲 Seitz
薩衣 Sailly
薩冷 Salins, Guyot de
薩那亞 Sanna-i-Yat
薩克斯戈堡古他 Saxe-Coburg-Gotha
薩克斯孟甯琴 Saxe-Meiningen
薩姆卜 Sambor
薩姆沙納夫 Samsonov
薩服夫 Savof
薩服埃 Savoy
薩拉多哥 Salatrucul
薩拉意 Sarrail
薩郎特拉 Salandra
薩洛司 Saros
薩洛尼加 Salonica
薩瑪拉 Samara
薩蒲羅夫 Saburoff
薩爾 Saar
薩爾伐多 Salvador
薩爾勃留根 Saarbrücken
薩爾堡 Saarburg
薩摩以德 Samoyedes
薩摩司克 Zamosc
薩摩業 Samogneux
薩獨伐 Sadowa
薩諾克 Sanok

十九畫

譚古德 Degoutte
譚爾閔新琴 Delminsingen Kraft von
羅士基 Ruzsky
羅文 Louvain
羅夫諾 Rovno
羅司多夫脫 Lowestoft
羅司篤夫 Rostov
羅司篤克 Rostok
羅米利亞 Rumelia
羅伯孫 Robertson
羅佛來篤 Rovereto
羅佛蒙 Louvemont
羅阿落司加 Rawaruska
羅姆尼加 Lomnica
羅姆柴 Lomza
羅洪 Roon, von
羅勃司比 Robspièrre
羅倍 Roubaix

羅特	Ludd
羅馬	Rome
羅馬尼亞	Rumania
羅培克	Roebeck, de
羅斯	Loos
羅斯福	Roosevelt
羅瑪諾夫	Romanov
羅爾普加斯	Lule Burgas
羅賚	Roulers

二十畫

寶珠頓	Potsdam
寶意愛特	Boy-Ed
竇伐爾	Duval
竇那	Düna
竇拔依	Dubail
竇拉執	Durazzo
竇畢茲	Tirpitz, Alfred von
蘇甸	Souchon
蘇伐爾基	Suwalki
蘇吸	Souchez
蘇佛拉	Suvla
蘇克利諾夫	Sukhomlinov
蘇斐亞	Sofia
蘇意	Souilly
蘇經	Schucking
蘇路門羣島	Soloman Islands
蘇瑪利蘭	Somaliland
蘇維埃	Soviet
蘇維爾	Souville
蘇爾甫利諾	Solferino
蘇爾根	Schulgin
蘇爾道	Soldau
蘇彝士	Suez
蘇蘇爾路	Susurlu

二十一畫

鐸孟	Dormans
攝政王路脫卜爾	Prinzregent Luitpold
霸胡	Pau, Paul
霸順	Pozen
鐵爾登	Tilden
鐵察	Tisza
蘭辛	Lansing, Robert
蘭貢	Rangoon
蘭超	Broekdorff-Rantzau, von

二十二畫

囊西	Nancy
韃靼	Tartar

敬啟

『民國專題史』叢書，乃民國時期出版的著名學者、專家在某一專題領域的學術成果。所收圖書絕大部分著作權已進入公有領域，但仍有極少圖書著作權還在保護期内，需按相關要求支付著作權人或繼承人報酬。因未能全部聯系到相關著作權人，請見到此説明者及時與河南人民出版社聯系。

聯系人　楊光
聯系電話　0371-65788063
2016年3月28日